우리나라의 지방자치와 지방분권

– 자치분권으로 가는 길

우리나라의 **지방자치**와 **지방분권**
- 자치분권으로 가는 길

초판 발행 2020년 2월 20일

지은이 김순은

발행인 이재영
발행처 도서출판 조명문화사
출판등록 1989년 7월 13일 제2-846호
주소 서울특별시 중구 장충단로4길 24-6
전화 02-498-3017 **팩스** 02-498-3018
이메일 jjj248@nate.com

ISBN 978-89-7257-503-0 93350
값 20,000원

우리나라의 지방자치와 지방분권

– 자치분권으로 가는 길

김순은 지음

도서출판 조명문화사
CMPress

머리말

우리나라의 지방자치는 1948년 현대적 헌법의 규정에 포함되면서 제도로서 우리에게 부여되었다. 일상의 경험이나 역사에 없었던 제도였기 때문에 실행에 소극적이었다. 마을에서 일상적으로 대표를 선출하고 마을의 일을 위하여 세금을 거두었던 경험에 기초하였던 국가와는 다를 수밖에 없었다.

1949년 지방자치법이 제정되었음에도 실행이 미루어졌던 지방자치 선거가 1952년 전격 실시되면서 지방자치의 막이 올랐다. 당시 집권당이었던 자유당의 정권연장 수단으로서 지방자치가 이용된 것이다. 대통령을 국회에서 선출하였던 당시 제도하에서 재선이 불확실하였던 이승만 대통령은 대통령 직선제의 도입을 주장하였다. 1952년 1월 대통령·부통령 선거를 국민의 직선제로 전환하는 시도가 찬성 19표, 반대 143표로 부결되었다. 이에 따라 이승만 대통령은 지지자의 확보를 위해 지방자치를 활용하였다. 1952년 4월 25일 수복지구를 중심으로 전격적인 지방선거를 실시하였다. 지방의원의 지지를 바탕으로 1952년 7월 4일 계엄령하에서 발췌개헌안이 통과되어 대통령의 직선제가 채택되었다. 지방자치가 중앙정치의 수단이 된 것이다.

일단 시작된 지방자치는 몇 번의 지방자치법의 개정을 거치면서 시행착오를 거듭하였다. 단체장이 의회선출, 주민직선제, 임명제 등으로 변화하는 과정을 거쳤다. 1960년 4·19혁명에 의하여 수립된 민주당 정부는 지방자치를 시·도에도 확대하여 광역과 기초지방정부를 포함한 전국적인 지방자치제도를 실시하였다.

지방자치의 확대실시가 이루어졌으나 발전하기도 전에 1961년 5·16 군사정변에 의하여 전면적으로 폐지되는 상황에 이르렀다. 지난 10여 년간의 지방자치 경험이 부정적으로 인식되어 경제발전, 더 나아가 국가발전에 도움이 되지 않는다는 군사정부의 판단에 의한 것이었다. 민주성보다는 효율성이 강조되는 상황에서 교육행정이 국가사무로 전환되고 읍·면을 포함한 군체제가 도입되었다. 중앙정부의 효율적 집행을 위한 체제개편이었으며 이후에도 지방자치의 기본사상과는 결을 달리하는 조치들이 이어졌다.

1961년 이후 지방자치는 기나긴 휴면기에 접어들었다. 1991년까지 지방자치는 나름의 불씨를 이어갔다. 지방자치의 부활은 대통령 직선제의 요구와 함께 민주화 운동의 중요한 의제였다. 1987년 6·10항쟁으로 민주화의 전기를 맞이하면서 지방자치의 부활도 더이상 꿈이 아니었다. 6·10항쟁의 결과로서 1987년 6·29선언이 발표되었는데 중요한 내용으로 대통령 직선제와 지방자치의 부활이 명시되었다. 이의 제도화를 위하여 1987년 10월 29일 헌법 제9차 개정이 이루어졌다. 2012년부터 이날을 지방자치의 날로 기념하고 있다.

1988년 지방자치의 부활을 위한 지방자치법 전부개정이 이루어졌으나 중앙정부의 소극적 태도로 실제의 실행은 차일피일 늦추어졌다. 이에 1990년 10월 김대중 총재가 단식에 돌입하면서 상황이 급히 진전되었다. 당시 3당 합당으로 탄생한 민주자유당이 지방자치의 재개를 수용하면서 본격적인 지방자치제도 준비에 착수하였다.

단식을 통해 쟁취한 지방자치의 부활이 제도적 논의로 지연되는 것을 김대중 총재는 가장 경계하였다. 주민의 선거에 의하여 단체장과 지방의회를 구성하는 조건만 충족되면 불완전한 제도하에서라도 지방자치가 재개되어야 한다는 신념이 강했다. 1991년 선거에서는 단체장은 임명직으로 유지하고 지방의회만을 주민의 선거로 하는 극히 불완전한 지방자치가 출범하였다. 당시 지방자치는 임명직 단체장이 큰 권한을 행사하는 극강시장-극약의회 형태를 띠었다. 지방의회를 지원하는 사무기구의 인사권마저 단체장에 부여하였다. 1995년 선거 때부터 단체장의 선출도 주민직선으로 개선되어 지방자치의 외형적 틀을 갖추게 되었다.

단식을 통해 지방자치를 쟁취한 김대중 총재가 대통령에 당선되어 지방정부의 권한 강화를 시도하였다. 1999년 "중앙행정권한 지방이양 촉진에 관한 법률"을 제정하여 중앙행정권한의 지방이양을 추진하였다. 이 법에 기초하여 설립된 지방이양추진위원회는 현재는 폐지되었으나 유사한 기능을 가진 기구들이 구성되어 유사기능을 수행하고 있다.

노무현 정부 때는 지방이양추진위원회와 정부혁신지방분권위원회, 이명박 정부 때는 지방분권촉진위원회와 지방행정체제개편추진위원회, 박근혜 정부 때는 지방자치발전위원회가 각각 중앙행정권한의 지방이양을 촉진하는 역할을 담당하였다. 노무현 정부의 혁신적 실행기, 이명박 정부의 미온적 조정기, 박근혜 정부의 정책적 시련기를 거쳐 현재 문재인 정부에서는 자치분권위원회가 자치분권 기능을 수행하면서 자치분권의 르네상스를 목표로 하고 있다.

본 저서는 역대 정부의 지방(자치)분권의 정책과 실행과정 및 쟁점을 분석하였다. 필자의 전문 학술지, 일반 학술지 및 학술대회 발표논문 등을 중심으로 재정리한 것이다. 지방(자치)분권에 관심 있는 독자들에게 다소나마 도움이 되기를 기원한다.

그 동안 본 저서가 가능하도록 도와준 어유경 박사, 이장범, 윤일 조교선생, 이재영 사장님을 비롯한 출판사 등 저를 격려해주신 모든 분들에게 감사의 말씀을 올린다.

차 례

제 1 장

우리나라 지방자치의 발전[1)]

제1절 우리나라 지방자치의 도입

1. 지방자치의 기원

1945년 광복 이후 미군정에 의하여 몇 가지 자치제도가 실시되었으나 우리나라의 전면적 지방자치는 1948년 제헌헌법에 의하여 제도적으로 도입되었다. 미군정이 제주도를 전라남도로부터 분리하여 독립된 행정구역으로 설치하면서 서울시가 특별시로 승격되었다.

로스앤젤레스의 시정부 형태를 모델로 미군정은 시헌장제도를 검토하였다. 결과적으로 시장과 시의회를 구성하는 기관분리형을 채택하였다. 미국의 모형은 시장과 시의원 외에도 회계감사관, 법무관, 재무관 등을 선출직 공무원으로 충원하는 권력분

1) 본 글은 출판되지 않은 필자의 "지방행정 60년사" 원고를 수정·보완한 것임.

산형이다. 비록 후속조치가 이루어지지 않아 실시되지는 못했지만 미국식 시헌장제도의 검토만으로도 의의를 지니고 있었다(김순은, 2013a).

우리나라 지방자치의 특징 중의 하나가 지방자치로부터 교육자치를 분리한 것인데 이 또한 같은 때 도입되었다. 미국의 특별구인 교육구가 독립적으로 설치된 것을 참고하여 우리나라에서도 교육자치가 지방자치로부터 분리되었고 현재에 이르고 있다. 5·16 군사정변 이후 잠시 통합한 기간이 있었지만 기간이 매우 짧았다.

그 후 우리나라의 지방자치는 시대별로 차별적인 특징을 지닌 가운데 발전하였다. 1948년의 헌법과 지방자치법의 제정, 1960년 4·19 혁명에 의한 민주당 정부의 개혁, 1961년 5·16 군사정변에 의한 재개혁, 1991년 지방자치의 재개, 1999년 이후의 지방분권을 거쳐 현재에 이르고 있다.

2. 지방자치의 발전

지방자치의 발전을 다양한 시각에서 논의할 수 있지만 제도의 변천을 중심으로 분석하는 것이 무엇보다도 중요하다. 왜냐하면 제도의 개혁은 시대적 상황을 반영하고 있고 새로운 형태의 지방자치가 싹트는 계기가 되기 때문이다. 본 절에서는 1948년 이후 지방자치의 발전을 제도의 변천이라는 관점에서 분석하였다.

개괄하여 보면 우리나라의 지방자치는 크게 6개의 시대적 단계를 거쳐 발전하였다. 필자는 이 시대적 구분을 도입기, 도약시도기, 휴면기, 재도입준비기, 재도입기, 도약기, 지방분권시도기로 대분하여 논의하였다. 도입기는 1948년 자력에 의한 현대적 정부의 출범에서부터 1960년 제2공화국 수립 이전까지의 시기이며 도약시도기는 4·19 혁명을 기점으로 민주주의의 새로운 시도기를 의미한다. 휴면기는 1961년 지방자치가 폐지된 시점부터 1979년까지이며 재도입준비기는 1980년부터 1991년 지방의회 선거가 실시되기 이전까지이다. 재도입기는 1991년 지방자치가 재도입된 시기를 의미한다. 도약기는 1995년 지방정부의 장을 선출하는 선거가 실시되어 지방자치의 틀이 자리를 잡은 시점이며 지방분권시도기는 1999년 국민의 정부가 지방분권 개혁을 시도한 시점이다. 이러한 기준에 따라 우리나라 지방자치를 시대별로 논의하면 아래와 같다.

제2절 우리나라 지방자치의 시대적 발전과 특징

1. 도입기(1948-1960)

1) 도입 연혁

1948년 7월 17일 제헌헌법의 공포와 1948년 11월 17일「지방자치에 관한 임시조처법」및 1949년 7월 4일 지방자치법의 제정·공포로 지방자치체제가 확립되었다. 지방자치의 도입기에 1949년 12월 15일, 1955년 12월, 1956년 2월, 1956년 7월, 1958년 12월 지방자치법 개정이 각각 이루어졌다.

1948년 7월 제헌헌법에서 지방자치에 관하여 규정된 내용은 2개의 조항으로 이루어졌다. 아래와 같은 조항은 최초로 현대적 의미의 지방자치에 관한 사항을 규정하였다는 데에는 의의가 있었다. 그러나 지나치게 간단하게 규정하여 지방자치의 보호에 미흡하다는 평가가 이어졌다. 이는 2003년 이후 지방분권 개혁이 본격적으로 논의될 때 분권형 헌법 개정이 필요하다는 논거가 되었다(김순은, 2003a; 이기우, 2006).

> 제8장 지방자치
>
> 제96조 ① 지방자치단체는 법령의 범위 내에서 그 자치에 관한 행정사무와 국가가 위임한 행정사무를 처리하며 재산을 관리한다. ② 지방

자치단체는 법령의 범위 내에서 자치에 관한 규정을 제정할 수 있다.

제97조 ① 지방자치단체의 조직과 운영에 관한 사항은 법률로써 정한다. ② 지방자치단체에는 각각 의회를 둔다. ③ 지방의회의 조직, 권한과 의원의 선거는 법률로써 정한다.

1948년 헌법의 제정 이후 1949년 7월이 되어서야 지방자치법이 공포되었던 점은 당시 이승만 정부가 정권의 유지와 관련하여 보인 지방자치에 대한 태도가 호의적이지 않았음을 보여주는 실증적 자료라 할 수 있다. 이승만 정부의 지방자치에 대한 인식과 태도는 지방자치법의 내용과 선거 시기를 보면 쉽게 알 수 있다. 최초의 지방자치 선거는 미뤄지다가 1952년 전쟁 중에 수복지구에 한하여 실시되었다. 지방자치법의 내용은 아래 절에서 논의하였다.

2) 지방자치의 주요 내용과 특징

(1) 지방자치법의 제정

1948년 11월 공포된 「지방자치에 관한 임시조처법」은 지방자치의 조직을 규정한 최초의 제도였다. 이 법에 따라 광역지방자치기관으로 서울시와 14개 도를 설치하고 서울시 산하에 구, 도(道)의 산하에는 부, 군, 도(島)를 설치하였다. 군, 도의 산하에는 지방자치단체인 읍·면을 설치하였다. 이 제도는 지방자치법이 제정되기 이전의 임시적인 지방자치조직이었다. 1949년 7월 지방자치법이 제정되면서 「지방자치에 관한 임시조처법」은 폐지되었다. 1949년 7월 지방자치법에 따라 지방자치단체의 종류는 도, 서울특별시, 시·읍·면 등 5종류가 설치되었다. 지방자치단체의 기관 구성의 경우 도지사와 서울특별시장은 임명제를 따르고, 시·읍·면장은 의회에서 선출하도록 규정하였다. 시·읍·면장은 도지사의 허락을 얻어 지방의회를 해산할 수 있었고, 지방의회는 단체장에 대한 불신임 결의를 할 수 있었다. 지방의회 의원은 주민 직선의 임기 4년을 가진 명예직이었다.

지방자치단체는 지방자치의 수행을 위하여 제한된 범위의 자치행정권, 자치조직권, 자치입법권이 인정되었다. 도와 서울특별시의 과장급 이상은 국가공무원으로 충원하였으며 시·읍·면과 도와 서울특별시의 5급 이하의 직원은 지방공무원으로 충원하였다. 기관위임사무를 제외한 지방자치 분야에 대한 국가의 감독은 사후적, 교정적, 합법적 감독만이 인정되었다(정세욱, 2000).

1949년 7월 제정된 지방자치법을 보완하기 위하여 12월 제1차로 개정되었다. 주요 내용은 지방자치단체의 책임성 제고와 지방선거 실시 이전 지방자치의 운영에 관한 것이었다. 전자의 차원에서 조례와 규칙에 의한 벌칙제정이 가능하게 되었고 선출직 공무원의 책임요건이 강화되었다. 즉, 지방의원의 제명 및 단체장의 탄핵소추제도 등이 도입되었다. 뿐만 아니라 지방자치단체가 지방채를 발행할 때에는 내무부 장관의 승인을 받도록 하였다.

후자의 차원에서 지방의회가 구성될 때까지 시장은 대통령이, 읍·면장은 도지사가 임명하도록 하였다. 지방의회의 의결은 서울특별시와 도의 경우에는 내무부장관, 시·읍·면은 도지사의 승인을 얻도록 하였다.

(2) 지방선거의 실시

지방선거는 차일피일 연기되다가 1952년 4월 면의원 선거, 5월 도의원 선거가 수복된 지역에서 역사적으로 실시되었다. 당시 미수복지역이었던 서울, 경기도, 강원도를 제외한 남한에서 최초의 지방선거가 실시되어 선거에 의한 지방의회가 구성되었다.

전쟁 중에 최초의 지방선거를 하게 된 연유에 대해서는 많은 국민들로부터 의아심을 불러 일으켰다. 연기되던 지방선거가 전쟁 중에 실시된 것은 지방자치를 통한 민주주의의 강화보다는 자유당 정권의 공고화를 위한 정치적 수단이었기 때문이었다(임용주, 2002). 이론적인 차원에서 민주주의의 학교라고 평가되는 지방자치가 우리나라에서는 반민주적 정치시도에 활용된 점은 역사적 아이러니라고 보아야 할 것이다. 1952년 지방선거에서 60%를 차지하였던 친여성향의 지방의원은 자유당 정권의 연장을 시도하는 과정에서 민의를 유리하게 이끄는 역할을 담당하게 된다.

(3) 1956년 지방자치법의 개정

1949년 지방자치법을 시행한 결과 나타난 문제점을 토대로 1956년 2차례에 걸친 개정작업이 이루어졌다. 최초의 지방자치법은 의원내각제의 구조와 같이 강한 지방의회의 구조를 기초로 하여 지방의회에게는 단체장에 대한 불신임권을, 단체장에게는 지방의회의 해산권을 인정해주었다. 그런데 이와 같은 지방자치단체의 법적 구조가 지방의회와 단체장 간의 갈등과 반목을 낳아 1956년 2월 이와 같은 제도적 내용을 폐지하는 개정이 이루어졌다.

시·읍·면장의 선거를 주민의 직접선거로 전환하고 지방의원의 정수를 축소시켜 단체장의 지위를 제고하였다. 반면, 시·읍·면장의 징계제도를 규정하여 책임성을 제고하였다. 이외에도 선출직 공무원의 임기를 4년에서 3년으로 감축하고 지방의회의 의결에 대한 자치단체장의 거부권이 인정되었다.

1956년 7월에 또 한 차례의 지방자치법 개정이 이루어지는데 주로 도의원의 선거구 조정이 개정 대상이었다. 민의원 중심의 선거구 획정을 인구비례로 개정하는 것이 주된 내용이었다. 그 밖에도, 서울특별시의 구청장은 시장의 추천으로 중앙정부가 임명하고 그 외의 시의 구청장은 도지사의 승인을 얻은 후 시장이 임명하게 되었다.

(4) 1958년 12월 지방자치법 개정

1958년 12월 지방자치법 개정의 주요 내용은 중앙집권을 강화하는 내용이었다. 지방의회의 권한을 축소하고 단체장의 임명제를 도입함으로써 자치보다는 중앙정부의 지배를 강화하였다. 선출직 단체장이 임명직으로 전환됨으로써 임명권자인 중앙정부의 통제력이 강화되었다. 역지방분권인 셈이었다. 이와 같은 개정의 정치적 의도는 지방자치의 축소를 통하여 자유당 정권의 지배를 공고히 하는 것에 있었다. 시·읍·면장 및 동·리장의 선거제를 임명제로 전환하고 지방의원의 임기를 3년에서 4년으로 연장하는 한편 폐회 중의 위원회 개최를 금지하였다.

3) 지방자치에 대한 평가

이 시기는 최초로 지방자치법이 제정되고 자치적인 지방자치가 수립되었다는 역사적인 의의를 지녔다. 그럼에도 불구하고 자율과 책임에 기초를 둔 지방자치의 발전을 기대하기는 어려웠다. 기초지방자치단체에는 지방공무원만이 배치되었으나 광역지방자치단체에는 중앙공무원과 지방공무원이 공동으로 근무하였다. 과장급 이상은 중앙공무원으로 채워져 관치행정의 요소가 잔존하였다.

이 시기의 지방자치기구에 관한 제도는 지방자치법과 '도의 행정기구에 관한 건'이라는 대통령령이었다. 이러한 제도에서 행정기구의 명칭과 사무내용을 구체적으로 규정하였다.

우리나라도 1952년 지방자치 선거가 실시된 이후 지방자치의 상황은 혼란의 연속이었다. 제도의 개정이 지방자치의 건전한 발전을 위해서라기보다 주로 집권당의 정치적인 목적을 위한 것이었기 때문이다. 지방자치의 장이 간선제에서 직선제로, 재차 임명제로 전환되었던 점이 대표적인 사례이다. 특히 지방정부의 장과 지방의회의 관계는 갈등과 반목으로 점철되었다. 1952년과 1956년 사이에 지방의회의 지방정부에 대한 불신임이 66회, 지방정부의 장에 의한 지방의회 해산이 18회에 달하였다(김순은, 1997). 1956년 이후 지방의회의 불신임이 폐지되고 지방정부의 장이 시민들의 직접선거에 의하여 선출되었음에도 불구하고 지방의회와 지방정부의 장 간의 갈등은 계속 이어졌다. 이는 1961년 5·16 군사정변 이후 지방자치가 국가발전에 걸림돌이 된다는 이유로 군사정부에 의하여 지방자치가 폐지되는 빌미가 되었다.

2. 도약시도기(1960-1961)

1) 도입 연혁

도약시도기는 1960년 4·19 혁명에 의하여 새롭게 헌법이 개정되고 민주주의의 분위기가 확산된 시점이다. 비록 1961년 5·16 군사정변에 의하여 곧 중단되었지만 도입기보다는 제도적으로 발전된 모습을 보여 주었다. 아래에서 보는 바와 같이 시·읍·면장은 선거로 선출하도록 규정하는 등 지방자치단체의 구성을 헌법에서 규정하였다.

> 第96조 지방자치단체는 법령의 범위 내에서 그 자치에 관한 행정사무와 국가가 위임한 행정사무를 처리하며 재산을 관리한다. 지방자치단체는 법령의 범위내에서 자치에 관한 규정을 제정할 수 있다.
>
> 第97조 ①지방자치단체의 조직과 운영에 관한 사항은 법률로써 정한다.②지방자치단체의 장의 선임방법은 법률로써 정하되 적어도 시, 읍, 면의 장은 그 주민이 직접 이를 선거한다.〈신설 1960.6.15.〉③지방자치단체에는 각각 의회를 둔다.④지방의회의 조직, 권한과 의원의 선거는 법률로써 정한다.

2) 지방자치의 주요 내용과 특징

이 시기는 민주주의를 염원한 4·19 정신이 지방자치를 토대로 한 지방자치에도 제도적으로 반영된 시점이다. 헌법에서 시·읍·면장을 선거로 규정한 점을 더욱 발전시키는 지방자치법 개정이 1960년 11월 이루어졌다.

헌법에서 규정한 시·읍·면장 외에도 모든 지방자치단체의 장을 선거로 선출하는 혁신적인 개혁을 이루었다. 서울특별시장, 도지사, 시·읍·면장 등 모든 지방자치단체의 장이 선거제로 전환됨으로써 자치적인 지방자치의 제도적 틀이 마련되었다. 선거연령을 21세에서 20세로 낮춘 것도 같은 맥락이다.

지난 10년간 실시하면서 터득한 지방자치의 폐단을 견제하는 제도들도 도입되었다. 지방자치단체장과 지방의회의 의장단에 대한 통제장치가 마련되어 서울특별시장, 도지사, 시장의 위법행위에 대해서는 내무부 장관이, 읍·면장의 위법행위에 대해서는 도지사가 징계위원회에 회부하도록 규정하였다. 지방자치단체 내부의 갈등에 대한 통제장치를 중앙정부가 마련한 셈이다. 지방의회의 의장단에 대해서는 불신임제도를 도입하여 지방의회의 일탈을 견제하였다.

지방자치단체장은 선거로 선출되었지만 지방자치단체의 국·과장은 계속적으로 중앙정부가 임명하여 왔기 때문에 중앙정부의 지방자치단체에 대한 관여는 계속되었다. 때로는 지방자치단체장과 중앙정부의 공무원 간 갈등도 적지 않게 발생하였다(정세욱, 2000).

3) 평가

이 시기는 지방자치의 전면적인 실시로 선거와 자율에 의한 지방자치의 외형적인 틀이 마련되었다는 데에 의의가 있다. 기초지방자치단체의 선거제도가 지난 10년간 간선제, 직선제, 임명제로 변화되었으나 광역지방자치단체는 임명제를 유지하였다. 그러나 4·19를 계기로 전면적으로 선거제로 전환되어 지방자치의 의지를 보여준 시점이었다.

한편 전면적 지방자치의 실시와 더불어 혹시 발생할지도 모를 단체장과 지방의회의 일탈에 대하여 제도적인 대비를 하였다는 점도 주요한 특징이다. 처음 실시하는 광역지방자치단체장의 선거에 대하여 징계제도를 도입하여 위법행위에 대한 제어장치를 마련하였다. 그러나 이러한 제도적 실험도 1961년 5·16 군사정변 후 전면적인 지방자치의 중단으로 인해 중지되었으며, 지방자치는 휴면기에 접어들고 관치적 지방행정의 시대가 개시되었다.

3. 휴면기(1961-1980)

1) 도입 연혁

1961년 5·16 군사정변에 의하여 제3공화국이 수립된 후 지방자치는 커다란 변화를 겪게 되었다. 무엇보다도 '군사혁명위원회포고 제4호'에 의하여 지방의회가 해산되고 '국가재건최고회의 포고 제8호'에 의하여 지방의회의 역할을 상급 지방자치기관장이 맡게 되어 관치행정이 개시되었다.

1991년까지 지속된 관치적인 지방행정의 변천은 1962년 헌법의 개정, 1961년 9월 '지방자치에 관한 임시조치법' 등 특별법의 제정을 통하여 이루어졌다. 1961년 9월 「지방자치에 관한 임시조치법」, 1962년 「이북5도에 관한 특별조치법」, 1962년 1월 「서울특별시 행정에 관한 특별조치법」, 1962년 11월 「부산시 정부 직할에 관한 법률」, 1963년 「교육법」, 1973년 지방자치법이 여기에 속한다.

1962년 헌법에서 지방자치단체의 사무에 관한 규정과 지방의회의 구성시기에 관한 사항이 새롭게 개정되었다. "지방자치단체는 주민의 복리에 관한 사무를 처리하고 재산을 관리하며 법령의 범위 안에서 자치에 관한 규정을 제정할 수" 있게 되었으나 부칙의 규정에 따라 지방의회의 구성시기는 별도의 법률에 위임하였다.

> 제109조 ①지방자치단체는 주민의 복리에 관한 사무를 처리하고 재산을 관리하며 법령의 범위안에서 자치에 관한 규정을 제정할 수 있다.
> ②지방자치단체의 종류는 법률로 정한다.
>
> 제110조 ①지방자치단체에는 의회를 둔다.②지방의회의 조직·권한·의원선거와 지방자치단체의 장의 선임방법 기타 지방자치단체의 조직과 운영에 관한 사항은 법률로 정한다.
>
> 부칙 제7조 3항
> 이 헌법에 의한 최초의 지방의회의 구성시기에 관해서는 법률로 정한다.

2) 주요 내용 및 특징

(1) 일반적 주요 내용

제3공화국의 출범 전후하여 지방자치는 1961년 9월 「지방자치에 관한 임시조치법」, 1962년 「이북5도에 관한 특별조치법」, 1962년 1월 「서울특별시 행정에 관한 특별조치법」, 1962년 11월 「부산시 정부직할에 관한 법률」, 1963년 「교육법」을 통하여 결정되었다.

1961년 9월 제정된 「지방자치에 관한 임시조치법」의 내용은 임시조치법이라는 명칭에도 불구하고 제3공화국의 지방자치 및 지방자치를 결정하는 기본법적인 성격을 띠었다. 주요 내용은 지방자치체제와 행정기구 및 지방자치의 장의 임명에 관한 것이었다. 지방자치체제로서 서울특별시, 도와 직할시제를 도입하고 기존의 읍·면을 폐지하고 군을 설치하였다. 1961년 기존의 읍·면을 군자치제로 전환하는 개혁을 단행하여 26시 85읍 1,407면이 26시 140군으로 대폭 축소되었다. 인구 50만 이상의 시에는 행정구를 설치하도록 하였으며 시와 도의 행정기구는 대통령령으로, 시·군·구의 행정기구는 지방자치단체의 규칙으로 정하되 내무부장관의 승인을 필요로 하였다.

무엇보다 중요한 변화는 지방자치단체장이 선거제에서 임명제로 전환되고 지방의회는 폐지하였다는 점이다. 1962년 「지방자치에 관한 임시조치법」에 의하여 서울특별시장, 직할시장과 도지사는 대통령이 별정직으로 임명하고 시장과 군수는 대통령이 일반직 공무원으로 임명하였다. 1963년 6월 「지방자치에 관한 임시조치법」에 의하여 인구 15만을 초과하는 시의 경우 시장은 별정직으로 임명할 수 있게 개정되었다.

별도의 특별법으로 이북5도와 서울특별시 및 부산시의 지방자치를 규정하였다. 1962년 1월 「이북5도에 관한 특별조치법」의 제정에 따라 수복되기 이전의 행정조직으로 도지사와 임시사무소를 설치하였다. 도지사는 대통령이 별정직으로 임명하며 사무소는 서울특별시에 설치하는 것으로 하였다. 도지사는 주무장관의 지휘에 따라 조사연구·계몽선전·난민구조 등의 사무를 처리하도록 하였다.

(2) 서울특별시의 특례

1962년 1월 「서울특별시 행정에 관한 특별조치법」에 따라 수도인 서울이 특별한 지위와 권한 및 조직상의 특례를 가지게 되었다. 서울특별시가 내무부 산하에서 국무총리 직속으로 지위가 상승하였고, 각 부의 통제를 제한함에 따라 서울특별시의 위상이 제고되었다. 이에 따라 시장은 조례의 제정, 예산, 기채, 예산외 업무 분담에 관한 사항은 국무총리의 승인을 얻어야 하지만 그 외 지방의회의 의결이 필요한 사항은 독자적으로 처리할 수 있게 되었으며 6급 이하의 국가공무원에 대해서도 임용권을 행사할 수 있게 되었다. 행정처리 상의 구조에서 내무부가 제외됨으로써 단순화되는 효과가 발생하였다. 서울특별시에서 근무하는 5급 이상의 국가공무원을 대통령이 임면하는 제도는 유지되었다.

(3) 부산직할시제의 도입

도시화가 진행됨에 따라 직할시제도가 도입된 것도 이 시기이다. 1962년 11월 제정되어 1963년 1월 1일부터 시행된 「부산시 정부직할에 관한 법률」에 따라 부산시가 정부직할의 도시로 지위가 상승하였다. 직할시 지정 이전에 부산시는 인구 100만 명을 초과하여 일반도시와는 상이한 특례가 요구되었음에도 불구하고 일반도시와 동등한 지위가 부여되어 도시행정의 비효율이 노정되었다. 이에 따라 대도시 특례의 차원에서 부산시를 직할시로 승격하여 광역지방자치단체의 지위를 부여하게 되었다. 이때부터 부산시는 경상남도로부터 분리되어 독립적인 지방자치단체로 발전하기 시작하였다. 직할시제는 대도시의 행정을 일체화하는 장점을 강화하는 제도로서 의의를 갖게 되었다(김순은, 2002).

(4) 특별지방행정기관 등의 정비

5·16 군사정변에 의한 박정희 정부는 상기에서 논의한 사항 외에도 지방자치의 새로운 변화를 시도하였다. 선출직 지방자치단체장을 폐지하고 중앙정부의 정책 효율성을 제고하기 위한 차원에서 특별지방자치기관의 정리와 기관위임사무의 강화를 추진하였다. 전자의 차원에서 서울특별시, 도, 시·군·구에 설치되었던 선거관리위원회를 각 지방자치단체와 통합하였고 일반행정기관과 교육행정기관을 통합하였다. 즉, 교육위원회를 폐지하여 지방자치단체의 교육국 또는 교육과로 신설하였다. 후자의 차원에서 중앙정부가 직접 처리하던 농림, 보건사회, 교통, 상공, 건설과 관련된 사무를 기관위임사무의 형태로 지방자치단체로 위임하였다(정세욱, 2000; 임용주, 2002). 그러나 1963년 교육법의 개정에 따라 일반행정과 교육행정은 재차 분리되어 현재에 이르고 있다. 일반행정과 교육행

정의 통합과 관련된 정책적 과제는 2004년 이후 지방분권의 흐름 속에서 지방분권의 주요 과제 중의 하나로 논의되어 왔으나 관련 당사자 간의 이견이 커 합의에 이르지 못하고 있다(이기우, 2007; 김순은, 2009a).

(5) 지방공무원제도의 정비 및 역량강화

지방공무원의 인사기관, 직위분류제, 임용·시험·보수·복무·신분보장 및 징계에 관한 제도로서 1950년 지방공무원령이 제정되었으며 1961년 5.16 군사정변 이후 직업공무원제와 실적주의가 확립되면서 공무원제도 대개혁이 단행되었다. 이를 제도적으로 공고히 하기 위해서 1963년 11월 최초로 지방공무원법이 제정되었다. 이를 근거로 지방공무원임용령(1963.12.11), 지방공무원 보수규정(1963.12.12), 지방공무원수당지급규정(1962.12.12) 등 세부시행령이 제정되었다.

1963년 제3공화국이 출범되어 중앙정부가 경제발전의 핵심적 역할을 수행하면서 지방자치는 중앙정부의 정책을 현장에서 집행하는 보조적인 역할을 부여받았으며 지방자치단체의 정치적 기능은 무시되었다. 지방자치의 시대에서 지방행정의 시대로 진입한 것이다. 보조적인 역할이었음에도 지방자치는 경제발전의 중요한 당사자로서 중요성이 급증하였다. 중앙정부의 정책이 현장에서 지방자치를 통하여 집행되기 때문이었다.

중앙정부의 정책이 통일적으로 일관성을 유지한 채 현장에서 집행될 수 있는 체제의 구축이라는 차원에서 지방자치의 역량강화를 위한 조치들이 이어졌다. 중앙정부가 추진하는 발전행정의 패러다임 속에서 경제개발 5개년 계획, 국토종합개발계획, 시범면육성계획 등 다양한 종합적인 계획들을 지방의 수준에서 적절하게 수행할 수 있는 지방자치역량을 강화하기 위한 조치들이 행해졌다. 중앙행정사무의 지방위임으로 지방자치의 사무범위를 확대하였으며 지방자치기관의 사무자동화를 통하여 사무의 효율성 제고에 노력하였다. 지방자치의 역량이 결국 인적자원에 달려있다는 판단하에 농촌지도자의 양성과 지방공무원의 교육훈련을 강화하였다. 특히 지방자치의 대주민 책임성을 높이고 주민의 호응을 유인하기 위하여 주민참여를 강조하였다는 점도 특이할 사항이다(정세욱, 2000; 임용주, 2002).

(6) 중앙정부의 지도와 감독

지방자치는 철저하게 중앙정부의 수직적인 명령, 지시, 통제와 관여 하에서 이루어졌다. 무엇보다도 중앙부처와 담당 지방자치 부서 간에 수직적인 관계가 강해져 지방자치 내에서의 종합행정 구현은 매우 어렵게 되었다.

1972년 헌법의 개정으로 제4공화국이 출범하였다. 제4공화국 헌법에서 지방자치에 관한 내용은 제3공화국 헌법의 내용과 동일하였으나 다만 부칙 10조에서 "이 헌법에 의한 지방의회는 조국통일이 이루어질 때까지 구성하지 아니한다"라고 규정해 지방자치의 후퇴와 지방행정의 강화라는 틀이 강화되었다. 1973년 지방교부세 법정비율이 폐지되고 1977년 부가가치세의 도입으로 지방세원이었던 유흥음식세가 국세로 전환된 것들이 전자의 사례이다. 후자의 예로는 1970년대 새마을운동의 시작으로 지방행정의 중요성이 배가되었다. 특수지의 경우 내무부 장관의 승인을 얻어 특별채용할 수 있는 제도를 1972년 도입하였다. 공무원의 능력을 배양하기 위하여 1978년 관비장학제도가 도입되었다.

(7) 광역행정의 도입

이 시기 광역행정의 차원에서 새로운 제도가 도입되었다. 1973년「지방자치에 관한 임시조치법」에 따라 2개 이상의 지방자치단체에 관련된 사무의 수행을 위하여 행정협의회를 구성할 수 있도록 허용하였다. 도와 직할시의 행정기구는 대통령령인 "도와 직할시의 행정기구에 관한 규정"에 따라 설치되었다.

3) 평가

이 시기는 5·16 군사정변에 의해 수립된 군사정권 및 제3, 제4공화국에 의하여 국가발전과 경제성장이 무엇보다도 국정에서 최우선시되는 때였다. 가난으로부터의 탈출이라는 명분하에 행정의 효율이 중시되면서 지방자치는 사치적인 것으로 폐지되었다. 이러한 판단 뒤엔 1952년 이후 실시되면서 표출되었던 지방자치의 부작용이 자리 잡고 있었다.

행정의 효율을 극대화하기 위해 중앙정부의 정책을 현장에서 효율적으로 집행하는 지방자치의 구축이 시급한 과제였고 이러한 체제의 구축에는 선출직 단체장보다는 임명직 단체장이 적합하였다. 지방민주주의를 희생하는 대신에 국가 정책을 위한 지방자치의 구축이 중시된 결과였다. 지방자치가 주로 중앙부처의 종적인 지시와 감독을 통하여 이루어졌기 때문에 지방의 종합행정이 어렵게 되었다. 60년대 이후 80년도 말까지 괄목한 경제성장의 이면에는 효율적인 행정이 커다란 역할을 했고 여기에 지방자치를 포기하고 지방행정을 강화한 것도 주효했다고 할 수 있다. 지방자치가 중앙정부가 구축하였던 발전행정의 중요한 한 축이 되었던 셈이다. 특수지의 특별채용과 관비장학제도는 공무원의 능력을 배양하는 제도라는 점에서 이 시기에 지방자치의 역량강화가 발전행정의 관점에서 매우 중요한 요소임을 확인해 준다.

4. 재도입준비기(1980-1990)

1) 도입연혁

1979년 10월 사태를 기점으로 1980년까지는 정치적으로 격변의 시대였고 1980년 10월 헌법개정에 의하여 제5공화국이 출범하게 되었다. 제5공화국 하에서 헌법상 지방자치는 제4공화국과 커다란 차이를 보이지는 않았지만 실시시기에 관한 내용이 크게 변화하였다. 제4공화국 헌법에서는 지방자치의 실시시기를 조국의 통일로 규정하였으나 제5공화국 헌법 부칙 10종에서는 “이 헌법에 의한 지방의회는 지방자치단체의 자립도를 감안하여 순차적으로 구성하되, 그 구성 시기는 법률로 정한다”로 규정하여 지방자치의 실시시기를 지방자치단체의 재정자립도와 연결시켜 놓았다.

1987년 10월 개정된 헌법에서는 이러한 부칙을 삭제함으로써 지방자치의 실시가 가시화되었다. 이와 같은 배경에는 민주주의를 희생하면서 이룩한 경제성장의 이면을 정치적 민주주의의 발전을 통하여 보완하겠다는 의지로 해석할 수 있으며 정치적 민주주의의 발전에 지방자치가 중요한 요소였음을 보여주었다. 바꾸어 표현하면 이 시대 우리나라의 지방자치는 민주주의의 발전이라는 목표하에 추진되었다고 해도 과언이 아니다.

2) 주요 내용 및 특징

(1) 지방인사체제 정비

제5공화국이 출범하면서 정치권에서는 지방자치의 재개에 관하여 합의하고 이를 준비하기 위한 기구로서 "지방자치실시연구위원회"를 국무총리 산하에 설치하였다. 지방인사체제를 직위분류제와 실적주의에 기초한 직업공무원제도의 강화에 초점을 두고 개선하였다. 구체적인 방안으로 공무원의 종류를 경력직과 특수경력직으로 분리하고, 특별임용의 요건을 확대하였다. 승진제도에 능력과 실적이 합리적으로 반영되도록 하였으며 명예퇴직수당제도를 도입하였다. 공무원 임용에 있어서 군사원호대상자 외에 국가유공자에게도 특례가 인정되었다. 1982년 지방공무원법의 개정에 따라 5급 이상의 공무원의 정년이 3년의 범위 내에서 연장되어 직업공무원제도가 강화되었다.

1986년 지방공무원법이 제정되어 국가공무원과 지방공무원의 정년을 일치시켰다. 6급 이하 공무원의 경우 종전 55세의 정년에서 58세로 연장하였다.

(2) 대도시 행정체제의 강화

대도시의 행정체제가 강화된 것도 주요한 특징이다. 지방의 대도시를 육성하는 것이 국토의 균형발전에 기여할 수 있다는 가정하에 대도시의 직할시제도를 확대하였다. 1981년 「대구직할시 및 인천직할시 설치에 관한 법률」의 제정, 1986년 「광주직할시 및 송정시 설치에 관한 법률」에 따라 대구, 인천, 광주시가 직할시로 승격되었다.

(3) 1988년 지방자치법의 전부 개정

1988년 그동안 지방자치의 골격을 이루던 「지방자치에 관한 임시조치법」을 폐지하고 지방자치법을 전면적으로 개정한 것이 지방자치 재도입의 시발점이 되었다. 지방자치법의 개정에는 1987년 헌법의 개정이 기초가 되었음은 물론이다. 1988년 지방자치법은 그 이후 많은 개정에도 불구하고 근본적인 내용은 크게 바뀌지 않은 채 전수되고 있다. 주요 내용을 서술하면 아래와 같다. 이 시대의 지방자치는 민주주의를 발전시킨다는 명분하에 도입된 제도였으나 당시 지방자치를 준비하던 내무부는 지방자치의 실시에 매우 소극적이었다. 소극적인 태도는 1988년 지방자치법의 제정에 그대로 반영되었다.

지방자치단체의 법적구조를 극강시장-극약의회로 채택하고 단체장을 임명하는 체제를 출범시킨 점은 내무부의 당시 의도를 가늠할 수 있게 한다. 지방의회는 선출직 의원으로 구성하되 일비와 여비를 지급함으로써 상근직 대신 명예직 의회제도를 도입하였다. 특히, 지방의회의 사무기구의 인사권을 단체장에게 부여함으로써 지방의회의 기능이 제도적으로 제약받게 될 가능성을 잉태시켰다. 지방의회 사무기구의 인사권 독립은 지방의회가 가장 절실하게 요구하는 개선사항 중의 하나로 현재에까지 내려오고 있다(안성호, 1993; 김순은, 2013b). 지방의회의 집행부에 대한 감독권은 삭제되었으나 사무조사권과 행정사무감사권이 인정되어 지방의회의 대집행부 견제가 나름대로 가능하게 되었다.

지방자치단체의 2층제가 확립되었다. 광역지방자치단체로서 서울특별시, 직할시와 도가 규정되었으며 기초지방자치단체로서 시와 군 외에 대도시의 자치구가 포함되었다. 정치적인 목적에서 도입된 자치구는 현재에 이르러 기능조정 등 대도시의 경쟁력 강화라는 차원에서 개혁의 대상이 되고 있다(김순은, 2013c).

1988년 지방자치법에서 지방자치단체의 선거를 기초와 광역을 분리하여 전자는 1년 이내에 후자는 2년 이내에 실시하도록 규정하였으나 1989년 개정에 의하여 지방의원 선거는 1990년 6월 30일 이내에, 지방자치단체장의 선거는 1991년 6월 30일 이내에 실시하도록 연기되었다. 그러나 지방의회 선거는 예정대로 1991년 6월 실시되었으나 지방자치단체장 선거는 1995년까지 연기되었다.

3) 평가

이 시기는 지방자치의 재도입을 위한 준비단계였다. 민주화의 기점이었던 1987년 6·29선언에 따라 지방자치의 실시가 가시적으로 예측되었고 내무부는 소극적인 분위기 속에서 지방자치의 새로운 틀을 준비하게 되었다. 임명직 단체장 중심의 지방자치제도를 구상하였지만 지방의회의 구성으로 최소한 지방자치의 상징성은 보장되었다.

비록 내무부의 소극성에도 불구하고 지방자치의 재도입에 대한 준비는 민주주의에 대한 기대감으로 발전되었다. 비록 현재까지 다양한 측면에서 지방자치법 등 제도적으로 개선되어야 할 부분이 남아 있지만 지방의회만이라도 주민의 선거로 선출하는 제도의 마련은 당시로써는 커다란 변화였다. 1988년 제도를 기초로 1991년 역사적 지방의회가 실시되어 지방자치의 새로운 시대가 개막되었다.

5. 재도입기(1991-1994)

1) 도입 연혁

1988년 지방자치법이 전면적으로 개정된 이후 지방선거가 연기되다가 1991년 3월 기초 지방의원 선거, 6월 광역 지방의원 선거가 실시되었다. 지방자치단체의 장은 임명직으로 유지되었으나 1994년 지방자치법의 개정에 의하여 1995년 단체장마저 선거직으로 전환되었다. 뿐만 아니라 종전의 도와 직할시 및 서울특별시의 행정기구를 규정하였던 「도와 직할시의 행정기구에 관한 규정」과 「서울특별시 행정기구에 관한 규정」은 폐지되고 1991년 「지방자치단체의 기구와 정원에 관한 규정」과 1991년 「서울특별시와 그 소속기관 직제」가 이를 대체하였다. 1991년 지방자치법의 개정을 통하여 지방의회가 활성화될 수 있도록 조치하였다. 이러한 규정은 1995년 지방자치단체장의 선거가 실시되기 이전에 1994년 「지방자치단체의 행정기구와 정원에 관한 규정」이 전면적으로 개정되면서 폐지되었다.

2) 주요 내용 및 특징

이 시기에는 지방의회만이 선거에 의하여 구성되고 지방자치의 단체장은 지속적으로 임명직으로 유지되었다. 따라서 첫 번째의 특징은 주로 지방의회의 운영을 개선하는 방향에서 지방자치법의 개정이 이루어졌다는 점이다. 지방의회 회의의 경우, 1991년 광역의회의 정기회는 35일, 기초의회의 정기회는 30일, 임시회는 10일씩으로 연장하고 총 회의일수는 광역의회가 100일, 기초의회가 60일로 각각 연장되었다. 그런데 1994년 지방자치법의 개정으로 광역의회의 정기회는 40일, 기초의회의 정기회는 35일, 임시회는 15일씩 연장되어 광역의회의 총 회의일수는 120일, 기초의회의 총 회의일수는 80일로 연장되었다.

두 번째 특징은 1994년 지방의원에게 지급하던 경제적 반대급부를 개선하였다는 점이다. 지방의회의원에게 의정활동비를 지급하고 광역의원에게는 의정활동보조비를 추가로 지급하였다. 1991년 12월 지방자치법의 개정을 통하여 광역의회에게만 허용되던 상임위원회 제도를 기초의회에게도 확대하는 요건을 대통령령으로 규정하였다. 지방의회의 사무기구는 지방의회 의장의 추천으로 지방자치단체장이 임명하는 제도로 1994년 다소 개선되었다. 1991년 지방선거에서는 광역의원과 지방자치단체장은 정당의 공천이 허용되고 기초의원은 공천이 배제되었다. 지방의원은 소선거구제도를 통해 선출되었다.

행정체제의 개편에 관한 사항도 1994년 지방자치법의 개정 내용 가운데 중요한 부분이었다. "시와 군을 통합한 지역이나 인구 5만 이상의 도시 형태를 갖춘 지역이 있는 군을 도·농복합 형태의 시로 할 수 있도록 하고 이러한 시에는 읍·면·동을 둘 수 있다"는 규정을 신설하였다. 이러한 규정에 따라 1995년 통합시의 신설로 83개의 시·군이 통합되어 41개로 축소되는 효과를 낳았다(김순은, 2013d).

지방자치시대에 부응하는 조치도 이어졌다. 부산, 대구, 인천, 광주 등의 직할시제도를 광역시로 개편하였다. 아울러 광역시 산하에 자치구 외에 군도 설치할 수 있도록 규정함으로써 도·농복합 대도시가 가능하도록 하였다. 특별시와 광역시 내 자치구 간의 재원조정에 요구되던 행정자치부 장관의 승인을 폐지하여 대도시의 자율성을 제고하였다. 1994년 12월 개정된 지방자치법의 핵심은 단체장의 직선제와 더불어 단체장의 재임회수를 3회로 제한한 것이었다. 원래 단체장의 선출방식은 1989년 주민이 직접 선출하는 것으로 개정하였으나 지방자치의 분위기가 성숙되지 않았다는 이유로 연기되던 상황이었다.

본격적인 지방자치시대를 대비하여 1994년 12월 지방자치단체의 행정기구와 정원에 관한 「지방자치단체의 기구와 정원에 관한 규정」이 전면적으로 개정되었다. 지방자치단체가 지역의 실정에 맞게 탄력적이고 효율적으로 조직을 운영할 수 있도록 유도하기 위하여 조직진단을 의무화하였다.

지방자치단체에 근무하는 국가공무원의 임용방식을 개정하였다. 지방자치단체장은 국가 공무원의 임용과정에 의견만을 제시하였으나 1995년 1월 지방자치법의 개정에 따라 제청권으로 강화되었다.

3) 평가

지방의회는 구성되었음에도 단체장은 종전처럼 임명직으로 유지되어 반쪽의 지방자치라는 평을 받았으나, 1994년 지방자치법을 개정하면서 1995년부터는 단체장도 주민의 직접선거를 통해 선출되었다. 최소한 외형적인 형태에 있어서는 지방자치의 틀을 갖추었다. 비록 단체장의 권한이 지방의회에 비하여 지나치게 강하기 때문에 지방의회와의 견제와 균형의 원리에 적합지 않다는 비판도 있었지만 단체장의 직선제만이라도 정치적 의의는 지대하였다(김순은, 1994). 김대중 당시 야당총재가 주장하였듯이 단체장의 직선제를 토대로 1997년 대통령 선거에서 정권이 교체되는 결과로 이어졌다. 그간 야당 지도자들이 끊임없이 지방자치의 실시를 민주화의 중요한 항목으로 주장한 이유가 명백해졌다고 할 수 있다.

6. 도약기(1995-1998)

1) 도입 연혁

1995년 6월 27일은 우리나라의 정치사에 있어서 매우 역사적 의의가 크다. 1961년 폐지되었던 지방자치의 시대가 개막된 날이기 때문이다. 통합지방선거의 투표율도 68.5%로 역대 어느 지방선거보다 높아 단체장 선거에 대한 유권자의 기대를 반영하였다. 1991년 3월 실시된 기초의원선거의 투표율은 55%, 6월 실시된 광역의원 선거의 투표율은 58.9%였다. 1998년 통합지방선거의 투표율은 52.7%, 2002년 선거는 48.9%, 2006년 선거는 51.6%, 2010년 선거는 54.5%였다. 1995년 6월 당선된 지방의 선출직 공무원은 국회의원선거의 실시시기와 주기를 맞추기 위하여 임기를 3년으로 조정하였다.

역사적인 지방선거의 실시와 더불어 비례대표제를 도입한 선거제도 개편, 지방자치단체인 군체제의 개선, 지방공무원의 신분보장 강화 등이 실시되었다.

2) 주요 내용 및 특징

1995년 지방선거제도에 최초로 광역의원 선거에 비례대표제가 도입되었다. 광역의원 정원의 10% 범위 내에서 비례대표제가 도입되어 지방의회의 전문성 제고가 기대되었다.

군이라는 지방자치단체의 요건도 완화되었다. "인구가 15만 이상으로서 대통령령이 정하는 요건을 갖추고, 군내의 인구가 2만 이상으로 도시 형태를 갖춘 지역이 2개 이상으로서 인구의 합이 5만 이상인 경우"에도 도농복합형태의 시가 될 수 있도록 설치기준을 완화하였다. 1995년 12월 교육법의 개정에 따라 국민학교라는 명칭을 초등학교로 개칭하여 자율정신에 기초한 개선을 이루었다.

1997년 12월 지방공무원법의 개정이 이루어졌다. 민간전문가의 공직파견제를 도입하고 전문직의 임용범위를 확대하였다. 공무원의 신분보장과 부당한 처분에 대한 구제기능을 강화하기 위하여 소청심사위원회의 구성요건을 강화하였다. 7인의 위원 중 4인 이상을 외부위촉위원으로 규정하고 임기제로 신분을 보장하였다. 인사위원회와 동일하게 정당인이나 지방의원은 위원으로서의 결격자로 규정함으로써 정치적 중립성을 제고하였다.

3) 평가

비록 1991년 지방의원 선거가 실시되었으나 단체장의 임명제가 유지되었기 때문에 불완전한 지방자치의 실시였다. 지방자치단체의 단체장마저 1995년 6월 선거로 전환하고 선거를 실시함으로써 외형적으로는 지방자치의 틀을 갖추게 되었다. 관선직 단체장 시대가 막을 내리고 민선시대의 개막이었다. 이러한 민선시대는 1997년 대통령 선거에서 여·야 간 정권교체로 이어지는 결과로 이어졌다는 점을 고려할 때 이 시기 지방자치의 미션을 가늠할 수 있다.

민선시대에 부응하여 지방자치단체의 전문성을 제고한다는 차원에서 민간전문가의 파견제도를 도입하고 전문직의 범위를 확대한 것도 제도적인 의의는 높았다. 비록 아직까지 이러한 제도의 활용도는 높지 않지만 제도의 취지는 매우 컸었다고 할 수 있다. 향후 적극적인 제도의 활용이 이루어진다면 지방자치단체 조직의 탄력성과 전문성 제고에도 크게 기여할 것이다.

7. 지방분권 시도기(1999-현재)

1) 도입 연혁

1980년대 이후 세계적으로 나타난 대표적인 현상이 지방화였다. 지방분권을 통해 국가의 통치체제를 개혁하려는 움직임이 세계 곳곳에서 진행되었다. 글로벌 국제사회의 등장과 냉전체제의 붕괴, 민주적 복지사회의 구현, 출산율 저하와 고령화 사회로의 진입 등이 주요 원인이었다(김순은, 2003a).

우리나라는 1990년대에 들어 지방분권의 필요성을 느끼기 시작하였다. 이에 따라 지방분권을 추진할 기관으로서 지방이양합동심의회를 구성하였다. 제도적 뒷받침이 없었던 지방이양합동심의회는 행정사무의 재배분을 위한 기초자료에 대한 조사를 마무리하여 총 3,701건 사무 중에서 2,008건을 지방자치단체로 이양할 사무로 확정하였다(홍준현, 2000).

지방자치단체의 무관심 속에서 중앙부처의 편의 위주, 중앙부처의 관점과 기준에 따라 사무이양이 이루어져 실질적인 지방분권의 성과가 없다는 비판이 제기되면서 김대중 정부는 1999년 「중앙행정권한의 지방이양 촉진 등에 관한 법률」을 제정하여 지방분권의 새로운 틀을 시도하였다. 새로운 제도는 지방이양추진위원회라는 대통령 자문기구를 중심으로 행정사무의 지방이양을 촉진하려는 것이었다.

2002년 대통령선거에서는 지역정책이 선거의 최대 이슈가 되었다. 행정수도의 건설, 지방분권 및 국토균형발전이 선거의 최대 쟁점으로 부각되었다. 「자율과 분권의 지방화시대」라는 공약집을 제시하였던 노무현 후보가 대통령에 당선되어 지방분권은 새로운 상황을 맞게 되었다. 노무현 대통령의 참여정부는 2003년 지방분권특별법을 제정하여 획기적인 지방분권개혁을 단행하였다.

지방분권특별법이 폐지되면서 2008년 「지방분권 촉진에 관한 특별법」이 제정되었고 이명박 대통령이 취임하였다. 이명박 정부는 지방분권과 더불어 행정체제개편에 남다른 관심을 보였다. 이를 위하여 2010년 「지방자치체제개편에 관한 특별법」이 제정되었고 박근혜 정부가 출범하면서 앞의 두 법이 폐지되고 2013년 「지방분권 및 지방행정체제개편에 관한 특별법」이 제정되었다. 2018년 문재인 정부가 출범하면서 「지방자치분권 및 지방행정체제개편」에 관한 특별법을 제정하여 자치분권위원회가 출범하였다.

지방자치법도 1999년 개정을 위시하여 2000년, 2002년, 2003년, 2004년, 2005년, 2006년 2011년, 2013년 매년 개정되어 지방자치행정이 점진적으로 개선되는 결과로 이어졌다. 이와 더불어 지방공무원도 점진적으로 시대적 상황에 부응하도록 제도를 개정하였다. 2002년, 2005년, 2008년, 2011년, 2012년, 2013년, 2014년, 2015년, 2016년, 2017년 매년 주요 개정작업이 이어졌다.

2) 주요 내용 및 특징

(1) 지방분권의 강화

김대중 정부인 1999년 「중앙행정권한의 지방이양 촉진 등에 관한 법률」에 기초하여 지방이양추진위원회가 추진주체로서 중앙행정사무의 지방이양을 추진하였다. 2007년 해체될 때까지 중앙행정권한을 단위사무별로 지방으로 이양하는 기능을 수행하였다. 1,568건의 사무를 지방으로 이양할 것을 결정하였으며 이 중에서 1,501건의 이양이 완료되었다. 지방이양추진위원회와 후속 지방분권 추진주체가 달성한 사무이양은 아래 〈표 1-1〉과 같다.

표 1-1 행정사무 지양현황

구분	총계	지방이양추진위										지방분권촉진위						지방자치발전위		자치분권위		
		국민의 정부				참 여 정 부						이명박 정부						박근혜 정부		문재인 정부		
		소계	'00	'01	'02	소계	'03	'04	'05	'06	'07	소계	'08	'09	'10	'11	'12	소계	'13~'17	소계	'17	'18
이양 확정	3,101	612	185	176	251	902	478	53	203	80	88	1,587	53	698	481	277	78	-	-	-	-	-
이양 완료	2,349	611	185	176	250	887	466	53	201	80	87	851	53	453	245	71	29	-	-	-	-	-
추진 중	752	1	-	-	1	3	12	-	2	0	1	736	0	246	235	205	50	-	-	-	-	-

출처: 자치분권위원회

2004년 설치된 정부혁신지방분권위원회는 지방분권을 위한 위원회로서 주민소환제도, 주민투표제도, 주민소송제도, 주민참여예산제도 등을 도입하여 주민참여를 확대하는 성과와 함께 2006년 7월 제주특별자치도를 출범시켜 차등적 분권을 실험하였다.

2008년 설치된 지방분권촉진위원회는 지방이양추진위원회를 대신하여 중앙행정사무의 지방이양을 담당하였다. 지방으로 이양이 확정된 사무의 수는 1,587건이었고, 이 중에서 이양이 완료된 사무의 건수는 851건이었다. 추진 중인 사무의 건수가 736건이었다. 이 시기에 지방자치단체의 관점에서 커다란 성과는 지방소비세가 도입되었다는 점이다. 지금까지도 지방자치단체는 꾸준히 중앙정부에 대하여 지방재정의 확충을 요구하여 왔다. 지방소비세의 확충은 박근혜 정부에서 6%, 문재인 정부에서 10%를 상향할 것으로 계획되어 있어 부가가치세의 21%가 지방소비세로 발전하였다. 이런 점을 감안할 때 지방소비세의 도입은 획기적인 조치였다. 지방분권촉진위원회는 2010년 지방자치체제개편위원회의 출범으로 역할이 크게 위축되었다.

이명박 정부의 행정체제개편에 대한 정책적 의지에 따라 지방자치체제개편위원회는 지방분권과 더불어 지방자치체제의 개편에 비중을 두었다. 2012년 6월 주민투표를 통하여 청주시와 청원군이 통합하게 되는 결과가 나왔다. 2013년 박근혜 정부의 출범과 함께 지방자치발전위원회가 출범하여 현재 지방자치의 발전을 위해 다양한 방안을 논의하여 지방자치발전 종합계획을 수립하였으나 성과로는 이어지지 못했다. 문재인 정부가 출범한 후 구성된 자치분권위원회는 종합계획, 시행계획의 완성은 물론 지방자치법의 전부개정안, 자치경찰을 위한 국가경찰과 자치경찰의 조직과 운영에 관한 법률, 지방이양일괄법을 국회에 발의하였다.

(2) 지방의회 권한의 강화와 윤리성의 제고

이 시기에는 지방의회에 대한 다양한 규정이 새롭게 도입되었다. 1999년 회기제도가 보완되어 연 2회 정례회가 실시되었으며 상임위원회에게도 조례안의 발의권을 부여하였다. 지방의원에 대한 재정적 급부를 개선하고자 1999년 회기수당이 도입되었으며 2003년도에는 의정활동보조비를 기초의원에게도 확대하였다. 지방의원을 상근·유급제로 발전시키기 위하여 2005년 월정수당의 도입하였고, 이로 인해 지방의원에 대한 경제적 급부가 상승하게 되었다.

지방의회의 대표성을 제고하기 위하여 2000년 정원 10% 범위에서 정당명부식 비례대표가 도입되었다. 2002년에는 정당명부식 비례대표가 도입되면서 여성후보를 의무화하였다. 2005년 정당명부식은 유지되면서 여성후보자에게 홀수 번호를 부여하는 비례대표제로 발전하였다.

2005년 지방자치법의 개정으로 지방의회의 회의일수는 조례로 자유롭게 정하게 되었다. 2005년 기초의원에게까지도 정당공천이 허용되었다. 2005년 기초의원은 중선거구제에서 선출되었다.

2006년 12월 상임위원회의 설치를 기초의회에도 전면적으로 허용하였다. 지방의회 사무기구의 제도가 개선되어 일반직 공무원은 의장의 추천으로 단체장이 임명하되 별정직, 기능직, 계약직 직원은 사무기구의 장에게 위임하였다. 2006년 7월 출범한 제주특별자치도의회 의장은 일반직 공무원을 제외한 정책자문위원 및 기타 공무원의 인사권을 행사하게 되었다. 2006년 지방의회 의원이 준수하여야 할 윤리강령 및 윤리실천 규범을 조례로 정하도록 하였으며 지방의원의 윤리위반 행위를 심의하기 위하여 윤리특별위원회를 설치하도록 규정하였다.

2019년 발의된 지방자치법 전부 개정안 중에는 오랫동안 지방의회가 주장해온 사무기구의 인사권 독립이 포함되어 있다. 기초의회의 경우에는 기구의 규모로 인해 반영되지 못했으나 작은 기구의 특성을 극복할 수 있는 안을 도출할 경우 적극적으로 검토되어야 할 것이다.

(3) 주민참여의 강화

1999년 지방자치법은 위에서 논의한 지방의회에 관련된 사항 이외에 다양한 제도를 도입 또는 개선하였다. 무엇보다도 주민참여를 활성화시키기 위하여 간접적 주민발안제도와 주민감사청구제도를 도입하였다. 주민들이 직접적으로 발의할 수는 없지만 지방자치단체의 장에게 조례의 제정과 개폐를 청구할 수 있는 제도를 도입하였으며 정부의 책임성을 제고하기 위하여 주민감사청구제도가 도입되었다. 유권자의 50분의 1의 범위 안에서 대통령령이 정하는 바에 따라 주민이 지방자치단체의 감사를 청구할 수 있는 제도가 도입되었다. 2004년 주민투표제도를 도입하도록 지방자치법이 개정되었다. 2005년에는 주민감사청구의 요건이 "지방자치단체의 20세 이상의 주민은 시·도는 500명, 제161조의2의 규정에 의한 50만 이상 대도시는 300명, 그 밖의 시·군 및 자치구는

200명을 초과하지 아니하는 범위에서 당해 지방자치단체의 조례가 정하는 20세 이상의 주민 수 이상의 연서"로 규정되어 요건 충족 시 주민감사청구가 가능하게 되었다. 2005년 지방재정법의 개정으로 복기부기제도와 임의적인 주민참여예산제도가 도입되었고 2011년 임의적인 주민참여예산제도가 필수적인 제도로 전환되었다.

주민참여의 강화는 박근혜 정부에서 주민자치회 시험실시를 통해서도 이루어졌다. 가시적인 커다란 성과는 서울특별시, 논산, 당진, 시흥, 서울시 성북구, 은평구, 서대문구 등에서 자율적으로 확대되고 있다는 점이다. 문재인 정부가 출범하면서 "주민주권의 실현"이라는 전략적 선택으로 주민직접조례발안제, 주민투표, 주민소환, 주민감사, 주민참여예산제도 등 주민의 직접참정제도는 물론 주민자치회의 활성화가 본격적으로 논의되고 있다.

(4) 단체장 대행체제의 강화

지방자치단체장의 대행체제를 구체적으로 보완하였다. 지방자치단체의 권한의 공백을 최소화하기 위한 조치였다. 종전에는 사고가 있는 경우에 한정하였으나 궐위, 공소가 제기된 이후 구금상태에 있는 경우, 입원 후 60일이 경과한 경우, 선거에 입후보한 경우로 명시하였다. 2002년 지방자치법에서는 지방자치단체의 장이 금고 이상의 형을 받은 경우 부단체장이 대행하도록 강화하였다. 2000년 지방자치법은 부지사의 수를 인구 800만 명을 초과하는 지방자치단체의 경우 2명에서 3명으로 증원할 수 있도록 규정하였다. 문재인 정부가 제안한 지방자치법 전부 개정안에도 단체장의 인수위원회를 설치할 수 있는 근거를 두고 광역의 부지사 충원 요건을 완화하여 자치조직권을 강화하였다.

(5) 지방자치단체 간의 분쟁조정기구 강화

지방자치가 실시된 이후 지방자치단체 간 분쟁이 증가함에 따라 심의기구였던 지방자치단체조정위원회를 의결기구로 개선하였다. 아울러 지방자치단체 간의 분쟁이 공익을 현저히 저해하는 경우에는 상위 지방자치단체장 또는 중앙정부가 직권으로 조정할 수 있도록 규정하였다.

(6) 지방자치단체 협의회 구성 및 특별자치단체 근거

지방자치단체장이나 지방의회의장 등의 협의회가 법정기구화 되었으며 이들은 중앙정부의 지방자치에 영향을 미치는 법령에 관하여 의견을 제출할 수 있게 되었다.

2006년 지방자치법에서는 제주특별자치도의 설치에 따라 특별자치도가 새로운 지방자치단체로 규정되었으며 2011년 5월 세종시의 출범으로 특별자치시가 새로운 형태의 지방자치단체의 유형으로 법정화되었다. 문재인 정부의 지방자치법 전부 개정안에는 지방자치단체 간의 협력을 강화하는 차원에서 광역연합 등 특별자치단체제의 제도를 명문화하였다.

(7) 자치인사권 및 자치조직권의 강화

2005년 지방공무원법의 개정에 의하여 인사위원회의 정수를 증대하고 개방형 직위의 범위를 확대하였다. 2008년 5급 이상 및 6급 이하 공무원의 정년을 연차적으로 60세로 단일화하였다. 2011년 기능직 10급을 폐지하였으며 육아휴직이 가능한 연령을 만 8세 이하로 개정하였다.

지방분권의 분위기 속에서 2007년 「지방자치단체의 기구와 정원에 관한 규정」의 개정에 따라 총액인건비제도가 도입되어 지방자치의 탄력성이 제고되었다. 2014년부터는 총액인건비제도가 기준인건비 제도로 변경되었다.

행정안전부는 자치단체의 인구와 장애인 수, 외국인 수, 65세 이상의 고령자 수, 주간인구의 수 등 10개 지표를 활용하여 기준인건비를 산정하여 통보한다. 지방자치단체가 기준인건비를 초과하여 사용하는 경우에는 중앙정부가 지급하는 보통교부세를 2017년까지 삭감하였으나 2018년부터 폐지되었다. 중앙정부는 보통교부세, 특별교부세, 부동산 교부세, 소방안전교부세 등의 교부세 제도를 운영하고 있다. 이밖에 문재인 정부는 시·도의 규모에 따라 부단체장을 추가로 설치할 수 있는 지방자치법 전부개정안을 국회에 발의하였다.

3) 평가

1988년 개정된 지방자치법은 당시 시대적 상황을 반영하듯 극강시장-극약의회를 기초로 작성되고 주민참여에 관한 사항도 고려하지 않은 최소한의 관치적 지방자치였다(김순은, 2009b). 중앙정부와 지방자치단체 간의 사무비율이 1994년을 기준을 할 때 7.5:2.5였으며 국가공무원과 지방공무원의 비율은 2002년을 기준으로 할 때 6.5:3.5, 국세와 지방세의 비율은 2003년을 기준을 할 때 7.8:2.2였음을 보면 지방자치단체의 분권적 상황이 매우 열악하였다(강재호, 2011). 2013년도를 기준으로 국가사무와 지방사무는 67.7:32.3, 국가공무원과 지방공무원의 비율은 63.1:36.9, 국세와 지방세의 비율은 2019년을 기준으로 78.3:21.7로 미미한 변화가 있었다.

지방자치단체장의 권한과 지방의회의 권한을 비교하면 단체장의 권한이 강하다. 재의결요구권, 대법원제소권, 선결처분권을 비롯하여 지방의회 사무기구의 인사권이 단체장에게 귀속되어 지방의회의 효과적인 운영을 기대하기 어려웠다(김순은, 2013b). 따라서 지방자치 및 지방자치의 개선은 이러한 현황을 개선하는 것이었다. 즉, 중앙정부와 지방자치단체 간 관계에서는 지방분권적 개혁이 요구되었고 단체장과 지방의회의 관계에서는 지방의회의 권한이 강화되는 것이었다. 1999년 이후의 변화는 이러한 요구를 반영하는 것이었다.

1999년부터 설치되었던 지방이양추진위원회, 정부혁신지방분권위원회, 지방분권촉진위원회, 지방자치체제개편위원회, 지방자치발전위원회는 모두 지방자치체제를 포함한 지방분권의 추진을 위한 주체였다. 앞에서 언급한 추진주체들은 대통령 직속의 자문기구로서 지방분권의 추진과 계획의 수립과 추진과제의 선정 등의 업무를 담당하였다. 문재인 정부 소속의 지방분권 추진주체는 자치분권위원회이다.

현재의 관점에서 1999년 이후 추진된 지방분권의 실적이 충분히 만족스럽지는 못하지만 나름의 성과와 분권적 지방자치의 방향에 합의가 되었다는 점에는 커다란 의의가 있다. 제주특별자치도의 설치와 세종특별자치시의 출범 및 지방소비세의 도입 등은 자치분권의 매우 소중한 유산이다.

뿐만 아니라 관선자치를 보완하는 차원에서 도입된 간접적 주민발안제도, 주민감사청구제도, 주민소환 및 주민투표제도, 주민참여예산제도, 주민소송제도 등은 향후 주민자치의 활성화를 위하여 크게 기여하여 왔다. 제주도의 경우 주민투표를 통하여 행정체제의 개편을 추진하였고 주민투표를 통해 방사성 폐기물 유치장의 유치여부를 확인하기도 하였다. 주민소환을 통하여 정책실패나 부조리를 행한 선출직 공무원을 견제하기 시작하였다. 이미 주민소송의 결과 과도하게 인상된 지방의회 의정비를 환수받기도 하였다. 주민감사청구제도도 시민들에 의하여 활용되어 주민자치의 발전에 기여하고 있다. 문재인 정부는 간접적 주민발안제도를 개선하여 주민조례직접발안제도로 개선한 법률안을 발의하였다.

지방분권의 차원에서 지방자치단체로 하여금 지방자치에 관한 의견을 중앙정부에 전달하는 적절한 통로를 마련하여 준다는 것도 적절한 조치이다. 중앙정부는 지방 현장에 대한 정보가 늦거나 부족하기 때문이다. 이와 같은 방안의 하나로 전국시도지사협의회, 전국시장군수구청장협의회, 전국시도의회의장협의회, 전국시군구의회의장협의회 등 4단체와 4단체의 연합체 구성이 가능하게 한 것도 매우 적절한 규정이다. 문재인 정부는 중앙정부와 지방정부의 상시적인 소통창구로서 중앙-지방협력회의의 상설화를 추진하고 있다.

1999년 이후 꾸준히 지방의회의 권한이 강화되고 지위가 상승된 것도 매우 바람직하였다(김순은, 2003b). 의정활동비 외에 월정수당이 도입됨으로써 지방의원들도 경제적으로 자립할 수 있는 여건이 성숙되어 가는 과정이라고 할 수 있다. 지방자치단체에 따라서는 이미 유급제의 수준을 초과하는 경우도 발생하여 젊은 지역의 인재들이 지역정치에 참여할 수 있는 상황으로 발전하였다. 지방의회의 권한과 지위가 강화됨에 따라 지방의원이 준수하여야 할 윤리를 강화한 것도 논리적으로 매우 타당하다. 문재인 정부는 지방의회가 그동안 꾸준히 제기한 지방의회 사무기구의 인사권 독립을 시·도에 한하여 추진하고 있다.

아울러 지방의원 선거에 도입된 정당비례대표제도와 기초의원 선거에 도입된 중선거구제도는 여성의 지방의회 진출에 크게 기여하여 여성의 정치참여를 제고하였다. 그동안 제한된 수준의 여성 정치참여는 공평한 사회를 형성하는 데 커다란 장애물로 논의되었다. 다양한 이론적 노력에도 불구하고 여성의 정치참여가 제한되어 시대적 상황에 부응하지 못하였으나 정당비례대표제도와 중선거구제도는 그러한 문제점을 해소하는 데 성과를 거두었다. 특히 중선거구제도는 선거의 지역주의를 희석시키는 데에도 크게 기여한 것으로 나타났다(김순은, 2010).

지방자치가 발전함에 따라 나타난 부작용 중의 하나가 지방자치단체 간의 지나친 경쟁과 지역 이기주의에 기초한, 빈번한 갈등의 발생이었다. 선호시설이나 선호사업에 대한 지방자치단체 간의 과도한 경쟁은 물론 비선호시설에 대한 거부와 반대로 인해 국정과제의 수행에 차질을 빚고 있다.

지방자치의 발전으로, 지방자치단체가 지역주민에게 있어 차지하는 역할이 복지 등의 분야에서 점증하고 있다. 따라서 단체장의 궐위는 행정공백으로 이어져 주민들에게 피해로 이어질 가능성이 높다. 이런 점에 착안하여 부단체장의 대행체제를 상세하게 규정한 것은 지방자치단체의 행정적 안정성을 확보하는 데 매우 적절한 조치였다.

제3절 소 론

지난 60여 년의 지방행정에 기초한 지방자치는 시대적 상황에 따라 상이한 모습으로 발전하여 왔다. 우리나라 지방자치의 발전을 시대별로 분석하여 볼 때 시대별 미션이 있었음을 발견할 수 있다.

1948년 제헌헌법이 제정되고 1949년 지방자치법이 제정되면서 성립된 지방자치에게 주어진 최초의 미션은 현대적 자유 민주주의의 체제 구축이었다. 제헌헌법에서 지방자치를 규정한 것은 자유 민주주의의 체제가 요구하는 '중앙정부와 지방자치단체 간의 권력분립'이라는 원리에 부응하기 위한 조치였다. 따라서 우리나라의 정치사 가운데 처음으로 지방자치라는 정치제도를 도입하였고 이에 따른 지방자치가 실시된 것이었다. 이에 따라 1952년 지방선거의 실시로부터 1960년 민주당 정부 때까지 다양한 형태로 지방자치가 변모했다.

1961년 5·16 군사정변은 우리나라 사회 전반적으로 새로운 패러다임이 개시되는 시점이었다. 국가의 최우선 국정과제는 경제발전이었고 이를 뒷받침하기 위한 발전행정의 관점에서 행정이 개시되는 시점이기도 하였다. 지방자치는 폐지되고 행정의 효율성을 극대화하는 차원에서 지방자치의 패러다임이 결정되었다. 임명직 단체장 체제와 지방의회의 폐지는 지방자치와 지방행정의 효율을 제고하는 데 크게 기여함으로써, 지방의 민주주의는 희생되었지만 경제발전을 위한 지역의 주체로서의 미션을 성공적으로 수행하였다.

희생된 민주주의는 자연스럽게 다음 세대에 최대의 정치적 이슈가 되었고 1980년의 지방행정과 지방자치는 정권교체를 통한 민주주의의 발전이라는 시대적 소명을 안게 되었다. 1991년 지방의회의 구성과 1995년 선출직 단체장의 출현으로 1997년 야당의 후보자가 대통령이 되는 정권교체가 이루어져 적어도 시대적 요구인 지방자치의 미션을 달성하였다. 부연하면 지방자치와 지방자치에 대한 구체적인 제도적 사항보다는 선출직 단체장의 존재 자체가 정치적으로 매우 의의가 컸다. 바꾸어 표현하면 1980년대 이후 지방자치는 정권교체를 위한 지방자치의 틀 구축이었으며, 비록 극강시장-극약의회의 지방자치단체 구조를 띠었음에도 불구하고 선거에 의한 지방자치단체의 구성은 훗날 정권교체에 크게 기여하여 소정의 미션을 완수하였다.

1999년 이후의 지방자치는 구체적인 제도적 실현을 통해 지역의 자존심과 자립심을 배양하는 데 기여하는 것이었다. 지방자치단체가 중앙의존적인 자세에서 벗어나 자율적으로 발전을 모색하는 분권사회의 구축이 이 시대의 지방자치에게 주어진 미션이었다. 내용적인 측면에서는 비판의 소리가 많지만 적어도 지방분권과 지역균형발전이라는 지역의 이슈가 국정의 최우선 과제가 되었고 이에 부응하기 위하여 지방자치는 나름대로의 소명을 수행하기 위한 노력을 보였다. 중앙정부의 소극적인 자세로 인해 지방분권의 과제들이 충실히 구현되지 않았지만 지방자치는 나름대로 지방의 견해를 중앙정부에 전달하여 왔다.

그럼에도 현재는 지방분권의 분위기가 다소 침체되어 있다. 따라서 새로운 지방자치의 미션을 고려할 시점이다. 새로운 지방자치의 미션은 2010년 이후 지속되는 시대적 상황에 대한 분석으로부터 도출되어야 한다.

우리나라에서는 2010년 이후 고령화와 도시화가 급속하게 진행되고 있다. 농촌 군지역의 인구가 고령화되는 동시에 총 인구는 감소하고 있다. 도시화율이 92%에 이르는 등 도시화의 진행도 매우 빠르게 진행되었다. 향후의 지방자치는 이러한 시대적 상황에 효과적으로 대응하는 방향으로 발전되어야 할 것이다. 시대적 상황에 효과적으로 대처하는 경쟁력의 강화가 새롭게 지방자치에 주어지는 미션이 되어야 한다. 즉, 지방자치의 발전과 개선은 지방자치의 경쟁력 강화라는 틀 속에서 이루어져야 한다.

문재인 정부는 이러한 시대적 상황 속에서 새로운 소명을 부여받았다. 지난 30여 년의 지방자치는 민주주의의 외형적 틀을 구축하는 데 초점을 맞추고 선거를 통한 대의 민주주의에 발전에 집중하였다. 정권교체에는 성공하였지만 주민의 스스로 지역문제를 해결하는 내실 있는 민주주의와는 거리가 멀었다. 이제는 민주주의의 질적 제고라는 측면의 충실한 콘텐츠가 요구되고 있다.

문재인 정부는 주민주권의 실현이라는 새로운 패러다임 하에서 주민의 참여를 기본으로 하는 질적인 민주주의의 제고를 위한 지방자치법 전부개정안을 마련하였다. 입법화로 이어진다면 지방자치의 르네상스를 여는 계기가 될 것이다.

제 2 장

김대중 정부의 지방자치와 지방분권

제1절 1999년 이전의 지방분권: 지방분권의 점진적 도입기

우리나라의 지방자치는 앞에서 논의한 바와 같이 도입기, 도약시도기, 휴면기, 재도입준비기, 재도입기, 도약기, 지방분권시도기를 거치면서 발전하여 왔다. 지방분권과 관련해서는 1999년을 기점으로 지방분권의 점진적 도입기, 지방분권의 제도적 도입기, 지방분권의 혁신적 실행기, 지방분권의 미온적 조정기, 지방분권의 정책적 시련기, 지방분권의 포용적 르네상스기로 구분하여 논의할 수 있다.

일본의 사례와 유사하게 우리나라의 지방분권 논의는 행정기능 및 행정사무의 재배분과 관련하여 논의하는 것이 일반적이었다(한국지방행정연구원, 1995). "지방분권화의 핵심요소 가운데 하나가 바로 행정기능(functions)이다"(김익식, 1998: 1). 장기간의 중앙집권 체제하에서 대부분의 행정기능이 중앙정부에 귀속되어 지방자치의 발전에 커다란 장애물이 되었다(김익식, 1998; 김병준, 1996). 중앙집권의 명분이 사라짐에 따라 행정사무의 재배분을 통한 지방분권의 필요성이 곳곳에서 주장되었다(한국지방행정연구원, 1992; 이종수, 1994; 이기우, 1996; 김익식, 1998).

이러한 시대적 분위기를 반영하여 중앙정부는 1991년부터 1998년까지 지방이양합동심의회를 구성하여 행정기능의 재배분에 필요한 기초자료를 분석하였다. 총 3,701건에 해당하는 사무를 심의·분석하여 심의한 행정사무의 54%인 2,008건을 지방이양의 대상으로 확정하였다. 이중에서 81.6%인 1,639건에 해당하는 행정사무의 이양이 완료되었다(지방이양추진위원회, 2001). 그럼에도 불구하고 중앙정부는 스스로 중앙정부의 행정사무 이양에 많은 한계가 있음을 인정하였다. 특히, 지방이양합동심의회의 법적근거 및 위상, 심의회의 운영방식 등에 관한 법적·제도적 장치의 부재로 인하여 행정사무의 지방이양이 효과적인 결과를 얻지 못하고 있는 것으로 평가되었다(김병준, 1999; 홍준현, 2000; 지방이양추진위원회, 2001). 대통령령인 총무처직제와 국무총리의 조직관리지침에 의거하여 행정자치부에 설치되었던 지방이양합동심의회는 법적 근거가 희박하였을 뿐만 아니라 이행 강제력이 없었다. 따라서 관련 중앙부처가 반대하거나 소극적인 자세를 보이는 경우에는 효과적으로 이양을 추진할 수가 없었다. 건설교통부의 업무 중 지방이양 대상으로 결정된 40여 건의 사무가 건설교통부의 반대로 보류되었다(김병준, 1999). 때로는 중앙부처가 법령의 개정을 지연시키거나, 이양의 내용을 축소하는 경우도 발생하였다.

1999년 이전 행정사무의 지방이양은 형식적으로는 지방정부의 요구나 중앙정부의 요청에 따라 추진되는 모양새를 갖추었으나 지방정부의 단체장들의 무관심 속에서 실질적으로는 중앙부처의 편의 위주, 중앙부처의 관점과 기준에 따라 집행되었다(김익식, 1998; 김병준, 1999; 심상돈, 1999; 홍준현, 2000). 아울러 지방이양의 대상을 발굴하는 체계적인 체제도 갖추어지지 않았기 때문에 중앙정부의 편의에 의하여 이루어지는 경향이 강했다. 뿐만 아니라 지방이양에 따른 행·재정적 지원이 병행되지 않은 탓에 지방정부가 행정사무만의 이양을 반대하는 경우도 발생하였다. 이러한 평가와 더불어 '국민의 정부'가 공약한 지방분권과 지방자치의 활성화 방침에 따라 1999년 1월 제정·공포된 「중앙행정권한 지방이양 촉진 등에 관한 법률」은 지방분권 추진의 새로운 전기가 되었다.

1999년 이전의 지방분권 추진실적과 우리나라의 「중앙행정권한의 지방이양 촉진 등에 관한 법률」의 특성상 우리나라의 지방분권 추진은 많은 문제점이 미리부터 예상되었다. 일본에서는 「지방분권추진법」이 한시법으로 제정되어 지방분권추진위원회의 활동을 심리적으로 압박하고 지방분권추진위원회의 권한을 강화하였다. 우리나라의 「중앙행정권한 지방이양 촉진 등에 관한 법률」을 일본의 사례와 비교할 때 우리나라 추진체제의 문제점을 발견할 수 있었으며, 이는 1999년 이후 실적을 가늠하는 중요한 대목이 되었다(안성호, 1999).

제2절 김대중 정부의 지방분권: 지방분권의 제도적 도입기[1)]

1. 의의

김대중 정부의 출현은 우리나라의 민주화와 지방자치, 지방분권과 지역균형발전의 측면에서 다양한 의의를 지니고 있다. 김대중 대통령은 호남출신의 야당 대표로서 지방자치의 재개를 주장하면서 민주화 운동에 헌신하였다. 김대중 대통령의 당선은 지방자치가 정권교체에 기여함으로써 우리나라의 민주화에 기여하였음을 실증적으로 보여 주었다. 김대중 대통령은 지방분권보다는 지역균형발전에 초점을 두는 정책에 비중을 두었다. 기존의 경부선 축의 발전모형이 영·

1) 필자의 "우리나라 지방분권의 특징과 과제: 영국과 일본의 지방분권화의 비교를 중심으로(2001a)"를 수정·보완하였음.

호남 발전의 불균형을 낳았고 상대적으로 낙후되었던 호남 출신이었기에 김대중 대통령은 지역균형발전을 강조한 것이다.

당시 지방분권은 지방분산을 포함하는 지역균형발전의 도구로서 간주되었다. 김대중 정부에 들어서면서 상대적으로 발전에 뒤쳐졌던 호남 지역에 집중적인 투자가 이루어져 지역균형발전의 관점에서는 커다란 변화가 이루어졌다. 지방분권은 1999년「중앙행정권한 지방이양 촉진 등에 관한 법률」제정으로 가시화되었다. 이 법에 따라 지방이양추진위원회가 설치되었으며 해당 기구는 이명박 정부의 지방분권촉진위원회가 설립될 때까지 존속하면서 행정권한의 지방이양을 담당하는 법정기구였다.

김대중 정부가 국정을 수행하는 동안 지방이양추진위원회가 2회에 걸쳐 구성되었다. 김대중 정부의 지방이양추진위원회는 2001년 3월부터 10개월에 걸쳐 법령상의 국가사무 전수조사를 실시하는 성과를 거두었다. 전수조사의 결과 41,603개의 국가사무 중 중앙사무는 73%인 30,240개, 지방사무는 27%인 11,363개임을 확인하였다. 이러한 내용은 향후 중앙권한의 지방이양을 검토하는 기본적 자료가 되었다(소순창, 2011). 국민의 정부는 지방이양 확정사무로 612건을 확정하였고 이 중에서 232건에 대하여 지방이양을 완료하였다(최병대, 2015). 그러므로 김대중 정부는 지방분권을 추진을 위한 제도의 도입을 시도한 정부라고 평가할 수 있을 것이다. 김대중 정부의 지방분권은「중앙행정 권한의 지방이양 촉진 등에 관한 법률」의 제정으로부터 시작되었다. 이를 상세히 논의하면 아래와 같다.

2. 주요 내용

1)「중앙행정 권한 지방이양 촉진 등에 관한 법률」제정 및 의의

1999년 이전 행정사무의 지방이양에 대한 문제점을 시정하고, 효과적인 지방분권을 추진하기 위하여 1999년 1월「중앙행정권한 지방이양 촉진 등에 관한 법률(이하 지방이양촉진법)」을 제정·공포하였다. 1999년 7월 지방이양촉진법의 시행령이 제정·공포되었고 1999년 8월 지방이양추진위원회 위원을 위촉하고 위원회가 구성되었다. 1999년 10월 지방이양전담지원팀과 지방이양추진실무위원회가 구성되었다. 2000년 2월 지방이양추진기본계획이 수립되었고, 2000년 8월 지방이양 행·재정지원단 운영규정이 제정되었다. 이에 따라 지방이양 행·재정지원단이 구성되었다.

지방이양촉진법은 내용상의 문제점에도 불구하고 제정의 의의가 있었다(심상돈, 1999; 김병준, 1999). 무엇보다도 특정한 행정기능의 일괄이양보다도 단위사무를 중심으로 집행업무만을 이양하였던 지방이양합동심의회의 방식에 비추어 볼 때 지방이양촉진법의 제정으로 행정사무의 지방이양을 제도적으로 추진할 법적 근거를 마련하였다는 데 의의가 있었다. 특히 중앙행정 권한의 지방이양 과정에 지방정부의 의견이 고려될 뿐만 아니라 지방이양추진위원회에서 내려진 지방이양의 결정이 법적 구속력을 갖게 됨으로써 행정사무의 지방이양이 촉진될 것으로 예측되었다. 이러한 지방이양촉진법의 주요 내용은 다음과 같다.

2) 「중앙행정 권한 지방이양 촉진 등에 관한 법률」의 주요 내용

(1) 지방이양의 원칙 설정

앞 절에서 1999년 이전의 행정사무 지방이양이 중앙정부의 편의 위주와 자의적인 형태로 행해졌음을 지적하였다. 지방이양촉진법에서는 이러한 것을 방지할 뿐만 아니라 지방이양 대상사무의 발굴과 심의·의결의 판단기준으로 삼을 지방이양의 기본원칙을 규정하였다.

중앙행정권한의 지방이양 및 지방정부 간의 사무배분에 있어서는 지방정부의 여건 및 능력을 고려하고 지방정부의 의사를 존중하여야 한다. 지방정부가 이양을 받은 사무를 자주적인 결정과 책임 아래 처리할 수 있도록 이양되는 사무와 관련되는 일체의 사무를 가능한 한 동시에 이양하여야 한다는 원칙을 명시하였다. 보완성의 원리, 즉 "지방정부 우선의 원칙"이 확인되었다. 주민의 복리 및 생활편의와 직접 관련된 권한 내지 사무는 시·군·구에 우선적으로 배분할 것을 명문화하였다. 우리나라의 경우도 보완성의 원리를 확인함으로써 지방자치의 뿌리가 하위 지방정부임이 자명해졌다(제3조).

(2) 지방이양추진위원회의 설립

지방이양촉진법에서 규정하고 있는 내용 가운데 특히 주목할 부분은 지방이양추진위원회의 설립에 관한 것이다. 앞 절에서 1999년 이전 행정자치부 산하의 지방이양합동심의회가 법적 근거가 희박하여 활동의 효과성이 낮았음을 언급하였다. 이를 감안하여 지방이양촉진법에서는 지방분권을 효과적으로 추진할 기구를 명시하였다.

지방이양추진위원회는 지방이양합동심의회에 비하여 강력한 권한을 가진 기구로서 중앙행정권한의 지방이양 및 지방정부 간의 사무배분 등을 효율적으로 추진하기 위하여 대통령 소속 하에 설치하였다. 지방이양추진위원회는 독자적으로 행정사무의 지방이양에 관한 기본계획을 수립하고 심의 대상사무의 발굴 및 조사를 할 수 있는 권한을 갖고 있다(제7조).

지방이양추진위원회는 심의·의결권을 갖고 있기 때문에 중앙부처는 지방이양위원회의 결정에 제도적으로 기속된다. 따라서 지방이양을 통보 받은 부처는 이행계획을 지방이양추진위원회에 제출하여야 하고 지방이양추진위원회는 관련 법령의 개정 등 사무이양에 요구되는 조치를 완료하여야 한다(제6, 7, 8조).

지방이양추진위원회는 15인 이상 20인 이내의 위원으로 구성되며 위원장은 국무총리와 해당 분야에 관한 학식과 경험이 풍부한 자 중에 대통령이 위촉한다. 위원은 해당 분야에 관한 학식과 경험이 풍부한 자 중에서 대통령이 위촉하는 자와 대통령이 정하는 국가공무원 및 지방공무원으로 충원하되 민간위원의 수가 과반수가 되어야 한다(법8조).

(3) 지방이양의 행 · 재정적 지원

1999년 이전에는 행정사무의 지방이양이 지방정부의 행·재정적 부담만을 증가시켜 지방정부가 행정사무의 지방이양에 소극적인 자세를 견지하였다. 이를 감안하여 중앙부처의 장은 중앙행정권한의 지방이양을 함에 있어서 지방정부가 이양을 받은 사무를 원활히 처리할 수 있도록 행정적·재정적 지원을 병행하여야 한다. 행·재정적 지원의무는 이양사무의 조기 정착을 위하여 요구되는 제도로서 지방이양의 성공여부를 결정할 만큼 중요하다. 지방이양촉진법 시행령에서는 행정지원의 내용, 재정지원의 범위와 협의, 재정지원 협의 기구의 구성 등에 관하여 규정하고 있다.

3) 추진 계획 및 성과

(1) 추진계획 및 2001년도 운영방향

지방이양추진위원회는 중앙행정권한의 지방이양 및 지방정부 간의 사무배분을 체계적으로 추진하기 위하여 지방이양 기본계획을 수립하고 국무회의의 심의를 거쳐 대통령에 보고하여야 한다. 기본계획은 법령에 규정된 사무의 전수조사에 관한 사항, 중앙행정권한의 지방이양 대상사무의 조사 및 선정에 관한 사항, 지방정부 간의 사무배분에 관한 사항, 중앙행정권한의 지방이양 및 지방정부 간의 사무배분 대상의 확정과 그 사후관리에 관한 사항, 기타 행정적·재정적 지원 등 중앙행정권한의 지방이양 및 지방정부 간의 사무배분을 효율적으로 추진하기 위하여 필요한 사항을 포함하여야 한다(법13조).

지방이양추진위원회가 수립한 단계별 추진계획은 사전준비단계, 본격이양단계, 사후관리단계 등 3단계로 되어 있다. 1999년 1월부터 1999년 12월은 사전준비단계로서 중앙행정권한의 지방이양촉진법 및 동법 시행령의 제정·공포, 지방이양추진위원회, 동 실무위원회 및 실무지원팀 구성, 지방이양 기본계획 수립 등 지방이양추진을 위한 기본 틀을 마련하였다.

제2단계는 본격이양단계로서 2000년 1월부터 2002년 12월까지로 되어 있었다. 지방이양추진 및 실무위원회가 본격적으로 가동되어 지방이양 대상사무의 체계적 발굴과 본격적인 지방이양이 추진되는 과정이다. 광역지방정부와 기초 지방정부의 사무 재배분도 제2단계에서 이루어진다. 아울러 지방이양 확정사무에 대한 행정적, 재정적 지원대책도 강구되었다.

제3단계는 지방이양추진 상황의 종합평가 및 향후 방향을 설정하는 단계이다. 제3단계에서는 지방이양 사무의 조기 정착을 위한 지원이 강화될 계획이었다(지방이양추진위원회, 2001). 지방이양추진위원회가 밝힌 2001년 운영방향은 다음과 같다. 지방이양 대상사무를 다양하게 발굴하고, 자치사무의 비중을 높여 실질적인 지방분권이 이루어질 수 있도록 기관위임사무를 점진적으로 축소할 예정이다. 사무의 이양과 더불어 이양사무의 수행에 필요한 인력과 재원이 적절하게 지원될 수 있도록 예산지원방안을 강구할 계획이다. 이양이 확정된 사무에 대해서는 사후관리의 계획도 갖고 있다.

중앙행정권한의 지방이양 결정과정은 실무분과위원회의 심의·조정, 실무위원회 심의·조정, 지방이양추진위원회의 심의·의결과 국무회의 심의를 거쳐 확정된다. 지방이양추진위원회의 심의·의결 과정에는 지역의 의견을 존중하도록 되어 있다. 지방이양추진위원회는 지방분권의 과정에 주민의 참여를 촉진시키기 위하여 홈페이지를 개설하여 관련 정보를 제공하고 지방이양 대상업무의 발굴에 주민들의 적극적인 참여를 촉구하고 있다. 2000년 3월 1일 이후 2001년 5월 2일 현재 지방이양추진위원회의 홈페이지에 접속된 건수는 25,605회로 나타났다.

(2) 추진실적

1999년 8월 지방이양추진위원회가 구성된 이후 제8차 지방이양추진위원회 회의가 개최되었다. 1999년 12월 개최되었던 제2차 지방이양추진위원회에서는 교육부와 건설교통부의 국가사무 23건을 지방으로 이양하기로 확정하였다. 일반건설업 등록 및 지도감독에 관한 사무 등 그동안 지방정부가 지방이양을 건의하였던 사무 등이 포함되어 있었다. 2000년 3월 제3차 지방이양추진위원회에서는 그 동안 시·군·구에 위임하여 처리하던 사무들 중 지방정부의 독자적인 처리가 가능하다고 판단된 사무 50개를 지방으로 이양할 것을 의결하였다. 제3차 회의에서 결정된 사무의 특성은 “주민편의를 우선 고려한 사무, 주민의 안전과 밀접한 사무, 지역특성에 맞는 문화예술의 전승·창작활동을 도모하기 위한 사무 등으로 기초자치단체에 권한과 책임을 일치시켜 책임행정을 구현하는 등 지방자치 발전에 기여할 것"(지방이양추진위원회, 2001)으로 평가하였다. 제3차 회의에서 이양할 것으로 결정된 대표적인 사무는 조리사의 면허 관련 5개 사무, 이용사 및 미용사의 면허 관련 사무 등이 포함되어 있다.

2000년 5월 개최된 제4차 지방이양추진위원회의 회의에서는 국가사무의 지방이양과 광역 지방정부 사무의 기초 지방정부로의 이양이 의결되었다. 화물자동차 운송사업 등록 등 33개의 국가사무가 광역 지방정부의 사무로 이양되었다. 기초 지방정부에서 설립한 10억 미만의 사채발행승인, 수리계 관련 사무 17개 사무를 시·도에서 기초 지방정부로 이양하였다.

2000년 8월 제5차 지방이양추진위원회의 회의가 개최되었다. 제5차 회의에서는 분료처리시설의 설치·변경의 승인, 관광지 조성계획 등 46개 사무를 국가사무에서 광역 지방정부 및 기초 지방정부 사무로 이양하였다. 국내외 여행업 지도·감독, 의료기관 세탁물 처리업자의 지정관련 사무 등 17개 사무를 광역지방정부 사무에서 기초 지방정부 사무로 이양하였다.

제6차 지방이양추진위원회의 회의에서는 중앙정부에서 광역 지방정부로 26개의 사무를 이양하고, 광역 지방정부에서 기초 지방정부의 사무로 10개의 사무를 이양하기로 결정하였다. 전자에는 소방파출소 설치·폐지·통합에 관한 사무, 민방위대 동원권 등이 포함되었다. 후자에는 자가용 화물차 사용신고 수리와 자동차 책임보험 관련 사무 등이 포함되었다.

지방이양추진위원회의 제7차 회의에서는 6개 부처 45개의 행정사무를 지방으로 이양할 것을 의결하였다. 중앙정부에서 13개의 사무를 광역 지방정부로 이양하고, 32개의 사무를 광역지방정부에서 기초 지방정부로 이양하기로 결정하였다. 전자에는 영화상영의 제한, 영화업자 등에 대한 영업정지 등의 사무 등이 포함되어 있고, 후자에는 석탄가공업의 등록, 석탄 가공업의 변경 신고 등이 포함되었다.

2001년 2월 개최된 제8차 회의에서는 산업자원부 등 4개 부처 29개의 행정사무를 지방으로 이양할 것을 의결하였다. 축산물 보관업의 허가·신고, 안전인

증 대상 전기용품의 개선과 관련된 업무, 노인복지시설의 설치·운영에 관한 사무 등이 포함되었다.

2001년 4월 개최된 제9차 회의에서는 25개의 사무를 지방으로 이양하기로 결정하였다. 25개의 사무는 환경부 하수종말처리시설의 설치인가권을 비롯하여 해양수산부 소관 어항시설의 사용허가 사무는 그동안 해양수산부와 광역지방정부의 공동사무였으나 기초지방정부로 이양하기로 결정하였다.

2001년 5월 현재 국가 사무의 지방이양 실적은 분석하면 다음과 같다. 1999년 8월 이후 총 9회의 지방이양추진위원회 회의가 개최되어 12개 부처 321개 사무가 광역지방정부 또는 하위 지방정부로 이양되었다. 유형별로는 국가사무 중 광역 지방정부로의 이양이 129건, 광역 지방정부로부터 기초 지방정부로의 이양이 158건이었다. 기타 공동사무가 34건이다(지방이양추진위원회, 2001). 국민의 정부는 지방이양 확정사무로 612건을 확정하였고 이 중에서 232건에 대하여 지방이양을 완료하였다(최병대, 2013).

3. 김대중 정부의 지방분권 비교분석: 영국과 일본과의 비교

영국, 일본, 우리나라 김대중 정부 모두 지방분권의 필요성을 인정하고, 지방분권이라는 용어를 사용하고 있지만 지방분권의 주체, 내용, 과정 등에 있어서 적지 않은 차이점이 있다(김순은, 2001a). 김대중 정부가 추진한 우리나라와 영국의 지방분권 개혁을 비교하면 유사점보다는 차이점이 많다.

영국은 정당과 정치가가 정책의 이니셔티브를 갖고 있다. 수상, 대장성 장관, 환경·교통·지역부 장관의 정책적 이니셔티브에 의하여 영국의 지방분권은 성공적으로 마무리되었다. 지방분권 개혁정책과 관련해서는 지역의 단체 및 지도자들의 역할도 매우 중요하였다. 스코틀랜드의 경우 정당, 교회, 노동조합, 지방정부, 시민단체 등이 연대하여 헌정회의를 구성하였다. 헌정회의를 통하여 지역의 의견을 수렴하고 이를 토대로 중앙의 정책과정에 반영하였다.

영국의 지방분권은 정치적 분권으로 요약할 수 있다. 지방분권의 내용에 있어서 정치적·행정적 권한이 포괄적으로 이양되어 스코틀랜드의 경우는 마치 독립국가에 가깝게 되었다. 개혁 과정에서도 자문문서, 백서 등을 통하여 업무 일체를 민주적, 포괄적으로 처리하였다. 상기의 차이점을 감안할 때 우리나라의 지방분권은 일본의 사례와 심층적으로 비교하는 것이 적실성이 있다고 판단된다.

1) 김대중 정부와 일본 지방분권과의 유사점

김대중 정부가 추진한 우리나라의 지방분권과 일본의 지방분권을 비교·분석하면 정책환경, 정책주체, 분권개혁의 과정 등에서 유사점이 발견된다. 일본과 우리나라의 중앙집권 체제는 근대국가의 완성과 경제발전이라는 명분하에서 이루어졌다. 양 국가 모두 중앙집권 체제하에서 관료의 정책적 지위가 확보되었다. 정책의 이니셔티브가 대부분 관료들에 의하여 수립되었다. 이러한 맥락에서 일본의 경우 지방분권추진위원회, 우리나라의 경우 지방이양추진위원회라는 기구를 설치하여 지방분권을 추진하고 있다. 관료의 영향력은 지방분권의 심의 과정에서도 두드러지고 있다. 소위 핵심 업무로 간주되는 사무는 비록 지방정부가 수행하는 것이 타당하다 할지라도 중앙부처 관료들의 반대에 의하여 실현되지 못하고 있다(西尾, 1999; 홍준현, 2000).

영국의 경우 지방분권에 대한 지역의식이 매우 높은 반면 일본과 우리나라에서는 지방분권에 대한 주민의 의식이 매우 낮다는 점도 유사하다(自治·分權ジャーナリストの會, 2000; 소영진, 2000). 3년 전 IMF 구제금융이라는 경제적 상황이 지방자치의 실시와 깊은 관련이 있다는 주장, 경제발전만 이루어지면 지방자치는 별다른 의미가 없다는 의식 등이 지방분권에 대한 우리의 낮은 의식을 대변하고 있다. 따라서 전국의 시민단체들이 지방분권의 필요성을 제기하고 주민의 호응을 호소하고 있지만 주민의 반응은 무관심에 가깝다.

2) 우리나라와 일본 지방분권과의 차이점

김대중 정부가 추진한 우리나라의 지방분권과 일본의 지방분권을 비교·분석하면 상기와 같은 유사점 외에 근본적인 차이점을 발견할 수 있다. 일본의 지방분권은 행정적 분권이라고 평가받는다(新藤, 1999). 행정적 분권이라는 틀 속에서 지방분권의 방향과 중앙정부와 지방정부의 상호관계를 결정할 기본 이념을 지방분권추진법에서 명시함으로써 지방분권의 추진을 효과적으로 감독하였다. "중앙정부와 지방정부는 국민복지 향상의 공통목적하에 상호 협력을 바탕으로, 중앙정부와 지방정부 상호 간 역할의 명확화, 지방의 자주성 제고, 지역의 활력화"를 기본이념으로 규정하였다(김순은, 2000: 10). 지방분권 추진의 기본 방침으로 중앙정부와 지방정부의 역할, 지방분권 추진에 관한 중앙정부의 시책, 지방세재원, 지방정부 행정체제의 정비에 관한 것을 규정하여 지방분권의 추진이 보다 종합적이고 체계적으로 추진되었다. 보다 구체적으로 기관위임사무, 필치규제, 지방사무관제도의 폐지를 언급하고 있어 분권개혁의 방향이 명확히 제시되었다.

일본의 지방분권을 추진하였던 지방분권추진위원회는 중간보고에서 기관위임사무의 폐지, 제1차 권고안에서 중앙정부와 지방정부의 역할분담과 중앙정부 관여의 규칙, 제2차 권고안에서 필치규제, 광역 지방정부와 기초 지방정부와의 관계, 제3차 권고안에서 지방사무관제도의 폐지, 제4차 권고안에서 단체위임사무, 분쟁조정 방법, 제5차 권고안에서 공공사업 및 통합보조금에 관한 사항을 일괄적으로 권고하였다. 우리나라의 지방분권은 법률의 명칭이 시사하듯이 중앙행정권한의 지방이양, 즉 행정적 분권이라고 할 수 있다. 그러나 지방분권의 절차는 앞장에서 분석하였듯이 주로 개별적인 행정사무를 대상으로 지방이양을 의결하고 있어 포괄적 이양방식을 채택하였던 일본의 사례와는 대조적이다.

일본 지방분권이 나름대로의 성공을 거둘 수 있었던 원인을 규명함에 있어서도 우리나라와의 차이점을 발견할 수 있다. 일본 지방분권의 성공적 수행의 이면에는 무라야마와 하시모토 수상의 지방분권에 대한 강력한 의지와 리더십이 있었다(高木, 1999; 西尾, 1999). 관료들의 반대를 설득하고, 지방분권추진위원회의 활동을 지지하였던 수상의 리더십이 일본 지방분권이 나름대로 성공을 거둘 수 있었던 주요한 원인이었다. 우리나라의 경우 '국민의 정부'가 국정개혁 100

대 과제 중의 하나로 지방분권을 명시하고, 지방이양추진위원회를 대통령 직속 기관으로 수립하였다. 그럼에도 불구하고 대통령이나 정치권의 지방분권에 대한 관심은 별로 크지 않은 편이다.

일본 지방분권과 우리나라의 지방분권의 제도적 차이점은 일본의 지방분권추진법이 한시법으로 제정되었다는 점이다. 5년의 한시적 기한을 명시하여 지방분권 개혁에 관련된 정책담당자에게 지방분권 개혁이 5년 이내에 완료되어야 한다는 심리적 압박을 가했다. 2000년 6월 지방분권추진법이 완료될 예정이었으나 공공사업에 대한 보다 철저한 분석과 지방분권의 진행상황을 감시하기 위하여 1년 연장되었다.

3) 종합비교·분석

영국, 일본, 우리나라의 지방분권을 지방분권의 기본이념, 지방분권의 성격과 지방분권의 방식, 지방분권의 주체, 정치적 지지의 정도, 주민참여의 정도 등을 중심으로 비교·분석하면 다음과 같다.

영국과 일본의 지방분권 개혁과정에서 지방분권의 이념이 비교적 뚜렷한 것으로 사료된다. 영국의 중앙정부와 지방정부 간의 관계는 분권-분리형으로 중앙정부와 지방정부의 역할과 기능이 명확하다. 이러한 배경 속에서 "보완성의 원리"와 "지역의 강력한 민주적 리더십 강화"라는 이념이 영국의 지방분권을 지배하였다. 일본의 경우 전통적으로 집권-융합형의 정부 간 관계를 유지하였다. 이러한 역사적 배경 속에서 "중앙정부와 지방정부의 역할의 명확화, 지역의 자주성·자립성 강화, 개성과 활력이 넘치는 지역사회의 건설"이라는 이념하에서 일본의 지방분권이 진행되었다. 중앙정부와 지방정부와의 관계가 종래 상·하 복종관계에서 상호 대등·협력관계로 재정립된 것이 일본 지방분권의 중요한 특징이다(佐藤, 2001).

우리나라의 경우 지방이양추진법에서 "주민의 복리증진과 지역의 발전에 이바지할 수 있는 권한의 이양"을 행정사무 지방이양의 목적으로 삼고 있다(제1조). 아울러 지방이양의 기본원칙 중 "기초 지방정부 우선의 원칙"을 천명하고 있다(제3조 5항). 그럼에도 불구하고 중앙정부와 지방정부 간의 관계와 책무에 관한 언급이 없어 지방분권의 향방을 가늠하는 데 적지 않은 어려움이 있다.

지방분권의 성격을 보면, 영국이 정치적 분권이라면 일본과 우리나라의 경우는 행정적 분권에 속한다. 영국은 스코틀랜드와 웨일즈에 정치·행정권한을 포괄적으로 이양하고 있고, 일본과 우리나라의 경우 행정적 권한이 이양됨과 함께 중앙정부의 관여가 제도적으로 인정되고 있다. 지방분권 방식에 있어서 영국과 일본이 포괄적 방식에 의하여 정치·행정권한을 지방정부로 이양한 반면 우리나라는 현재 기능별 이양을 위해 노력하고 있음에도 불구하고 지방이양추진위원회의 심의 결과를 보면 개별 단위별로 행정사무의 지방이양을 심의·의결하고 있다.

영국 지방분권의 주체는 정당과 정치인으로, 노동당과 수상, 대장성 장관, 환경·교통·지역성 장관, 지역의 대표들이 주동이 되었음은 앞 장에서 언급하였다. 일본의 경우에는 지방분권추진위원회, 우리나라의 경우에는 지방이양추진위원회가 핵심적 역할을 수행하고 있다. 영국의 지방분권은 집권여당과 수상의 적극적 지지를 받아 진행되었다. 일본의 경우도 지방분권에 대하여 무라야마, 하시모토 수상의 적극적 지지가 있었다. 반면 우리나라의 정치 지도자의 지방분권에 대한 관심은 크지 않은 편이다. 주민참여의 정도를 비교하면 영국과 일본 및 우리나라의 차이는 매우 크다. 영국은 논의 초기부터 지역의 참여가 활발하고 지역의 주장이 매우 강했던 반면 우리나라와 일본의 경우 지방분권 과정에 주민참여의 정도는 매우 약한 편이다. 상기의 내용을 표로 요약하면 〈표 2-1〉과 같다.

표 2-1 영국, 일본, 우리나라의 지방분권 비교표

	영 국	일 본	우리나라
지방분권의 기본이념	보완성의 원리 지역의 강력한 민주적 리더십	정부 간 역할의 명확화 지역의 자주성·자립성 개성·활력있는 지역	복리증진 지역발전 기초 지방정부의 우선
지방분권의 성격	정치적 분권	행정적 분권	행정적 분권
지방분권의 방식	포괄적 이양	포괄적 이양	행정사무단위별 이양
지방분권의 주체	정당, 정치인	지방분권추진위원회	지방이양추진위원회
정치적 지지의 정도	정당과 수상의 적극적지지	수상의 적극적 지지	정치적지지 미약
주민참여의 정도	매우 적극적	미미	미미

4. 김대중 정부 지방분권의 주요 특징과 문제점

우리나라 지방분권에 대한 평가는 지방분권의 접근방법에 대한 거시적 평가와 지방이양촉진법의 운영, 즉 지방이양추진위원회의 활동에 대한 미시적 평가로 대분하여 논의할 수 있다. 전자가 지방이양촉진법 제정 당시 논의되었던 지방분권의 접근방법에 관한 근본적인 것이라면 후자는 지방이양촉진법의 운영상황에 대한 평가라 할 수 있다.

지방분권에 대한 거시적 평가는 영국과 일본의 지방분권 사례에 대한 비교·분석을 통하여 이루어질 수 있을 것이다. 지방이양촉진법의 제정 당시 지방분권에 대하여 "지방이양은 국가 시스템의 근원적 재편문제"(오재일, 1999), "중앙정부의 자의성 배제, 이를 객관적으로 조정할 법률 제정 필요"(이종수, 1994; 조문부, 1999) 등이 지적되었다.

다시 말하면 지방분권은 국가 통치구조의 근본적 개혁을 의미하기 때문에 근본적 개혁이 나아갈 방향을 지시할 이념이 존재하여야 함에도 불구하고 그러한 이념설정이 되어 있지 않았다. 우리나라의 지방분권은 단순히 행정사무의 지방이양에 한정함으로써, 형식적으로는 지방분권을 실시하는 형태를 보이고 실질적으로는 기존의 체제를 유지하려는 의도가 있지 않았나 평가된다. 무엇보다도 중앙정부와 지방정부의 관계, 중앙정부와 지방정부의 책무 등에 관한 근본이념이 법률의 형태로 표현되었어야 했다. 같은 맥락에서 지방분권은 행정사무 외에도 지방정부의 정치적 권한, 지방정부의 행정체제, 지방정부의 재원, 지방정부의 계층제 등과 함께 종합적으로 논의되어야 함에도 불구하고 우리나라는 지방분권 논의를 행정사무에 한정함으로써 지방분권의 근본적 과제를 도외시한 결과가 되었다(김병준, 1999).

'국민의 정부'는 지방분권을 100대 국정개혁의 과제로 설정하고, 행정자치부의 업무평가를 지방분권의 성과에 따라 행할 것을 천명하였다. 그럼에도 불구하고 지방이양촉진법의 기본 틀이나 지방이양추진위원회의 활동성과를 보면 지방분권에 대한 정치지도자의 관심이 크지 않은 듯하다. 이와 더불어 지역주민의 지방분권에 대한 필요성 결여와 무관심이 무엇보다도 큰 문제점으로 지적할 수 있다. 전국의 시민단체를 중심으로 지방분권의 필요성 및 추진방향 등이 활발하게 논의되었으나 일반 시민들의 반응은 별로 크지 않다는 것이 일반적 평가이다.

결과적으로 지방분권 개혁정책을 범정부와 범시민적 차원에서 강력하게 추진할 체제를 갖추지 못하였다고 할 수 있다(성경륭, 2001; 김성호, 2000). 따라서 지방분권의 추진이 효과적으로 이루어지지 못하고 있다. 앞장에서 지방이양추진위원회의 활동실적을 분석하였다. 지방이양추진위원회의 성과에 대한 평가의 경우, 발표된 연구에 의하면 지방이양추진위원회의 운영상에 적지 않은 문제점이 지적되었다(홍준현, 2000). 무엇보다도 지방이양 대상사무들이 주로 지방정부가 요구하는 사업에 한정되다보니 대상사무의 발굴에 한계가 발생하였다. 지방자치의 경험이 일천한 관계로 지역의 주장이나 논리를 전개하는 데 소극적인 지방정부에만 의존하다보니 보다 지방이양 대상사무의 발굴이 활발하게 진행되지 못한 것으로 사료된다.

같은 맥락에서 지방정부의 지방분권에 대한 관심도 크지 않다고 할 수 있다. 지방정부에서 행정사무의 이양과 관련된 업무 환경은 이를 담당하고 있는 직원의 수, 직원의 직급, 근무 시간 면에서 매우 열악한 것으로 나타났다(홍준현, 2000).

지방분권을 추진함에 있어서 1999년 지방이양추진법이 단위사무별로 심의·의결하는 방식을 채택하였음은 앞장에서 논의하였다. 이와 같은 단위사업별 접근방식은 지방분권 논의에 근본적 한계를 안고 있다. 지방분권 개혁은 고도의 행정적·정치적 성격을 띠고 있다(毛, 1997). 따라서 정치적으로 민감한 분야, 예를 들면 교육 및 경찰 등의 이슈는 논의 자체가 이루어지기 어렵다. 현재까지의 논의결과를 보면 지방이양추진위원회는 정치적으로 중요한 행정사무에 대해서는 논의를 하지 못하였다(홍준현, 2000).

5. 소 론

김대중 정부의 지방분권의 추진방식에 대하여 당시에는 다음과 같은 개선방안이 제시되었다. 앞서 우리나라의 지방분권을 영국과 일본의 지방분권과 비교·분석하여 우리나라의 지방분권의 문제점을 논의하였다. 이를 근거로 향후 효과적인 지방분권의 추진을 위하여 다음과 같은 중·단기적 과제를 해결해야 할 것이다.

중·단기적으로는 지방분권에 관한 기본 틀을 새로이 마련하는 것이다. 현재 추진체제의 문제점을 감안하여 새로운 추진체제의 시도가 필요하다. 새로운 틀 속에는 무엇보다도 지방분권의 기본이념을 명시하여야 할 것이다. 기본이념은 지방분권의 근본적인 방향을 결정하는 것으로서 정권이나 관련부처 장관의 교체에도 불구하고 변경되지 않는 것이어야 할 것이다. 기본이념을 포함된 기본 틀은 자치헌장, 지방자치보호법(가칭) 등 법률의 형태로서 규정하는 것이 바람직할 것이다(이종수, 1994; 조문부, 1999).

기본이념에 포함될 내용으로는 2001년 3월 선포되었던 지방자치헌장의 내용에서 보듯이 중앙정부와 지방정부의 명확한 역할, 중앙정부와 지방정부와의 상호관계의 재정립, 중앙정부의 책무, 지방정부의 책무, 보완성의 원리[2], 지방정부의 행·재정체제 등이 포함되어야 한다. 중앙정부와 지방정부의 역할과 상호관계 등 기본이념의 차이에 따라 기능배분 및 지방분권의 내용이 달라지기 때문이다(오희환, 1993). 유럽의 지방정부헌장과 일본의 지방분권추진법이 좋은 참고가 될 것이다. 구체적으로 일본의 사례와 같이 지방분권의 근본적 방향으로서 기관위임사무의 폐지 등이 포함되어야 할 것이다.

기본이념의 제정은 물론 지방분권의 추진과정에 정치 지도자의 지속적인 관심이 요구된다. 지방분권 개혁은 국가의 통치구조 개혁으로서 국가의 통치체제

2) 보완성 원리를 적용할 경우 현재 정치·행정적으로 논란이 되고 있는 자치경찰과 자치교육은 지방정부의 주요 기능이 되어야 한다. 영국과 미국의 경우 경찰과 교육 기능이 지방정부의 주요한 기능이 되고 있음도 우리에게 좋은 사례가 되고 있다.

를 개선하는 것이다. 중앙정치인이나 공무원의 반대나 소극적인 자세를 견제하고, 설득하는 데 정치 지도자의 리더십이 절대적으로 요구된다. 이러한 점은 영국과 일본의 성공적 지방분권 사례에서 발견할 수 있다.

아울러 지역주민의 지방분권에 이해와 관심도 성공적인 지방분권 개혁에 매우 중요한 요인이다. 영국과 일본의 지방분권 과정에서는 지역이 매우 중요한 역할을 수행하였다. 스코틀랜드의 경우 스코틀랜드 헌정회의가 작성한 지방분권 초안이 중앙정부가 제정한 법률의 중요한 골격이 되었다. 일본의 경우 지방6단체가 지방분권추진법의 대안을 제시하여 지역의 의견을 반영하였다.

이러한 관점에서 지방4단체의 역할이 어느 때보다 요구된다. 지방4단체는 지방분권 개혁을 요구하는 정치적인 역할뿐만 아니라 지방분권의 내용, 즉 분권되어야 할 행정사무를 심층적으로 연구하여야 할 것이다. 앞에서 논의하였듯이 지방이양 대상사무의 발굴작업이 커다란 성과를 올리지 못하고 있다는 점, 중앙정부에게 자발적인 행정사무의 지방이양을 기대할 수 없다는 점 등을 감안할 때 지방4단체야말로 지방분권의 대상을 연구·조사하는 데 커다란 역할을 수행해야 할 것이다.

현재와 같이 지방이양추진위원회의 방식에 의한 지방분권의 추진이든 향후 새로운 형태의 지방분권의 추진이든 행정사무에 대한 정보, 즉 전수조사는 매우 긴요한 사안이다(이종수, 1994; 김재훈, 1998; 홍준현, 2000). 향후 중앙정부는 국가사무의 전수조사를 완료하고 이를 근거로 지방이양 대상사무를 발굴할 계획임을 밝히고 있다(지방이양추진위원회, 2001). 중앙정부는 국가사무의 전수조사는 물론 지방분권을 추진하는 과정에 지방정부의 참여를 제도적으로 확대해야 할 것이다(이종수, 1994; 홍준현, 2000).

지역주민의 지방분권에 대한 의식과 관심을 제고하고 성공적 지방분권 개혁을 위하여 매스컴의 역할도 중요하다. 지방분권 개혁 과정에 대한 적극적인 홍보로 지역주민의 지속적인 관심을 촉발할 수 있다. 이러한 관점에서 볼 때 현재와 같이 개별적으로 구체적인 행정사무의 지방이양을 추진하는 방식은 재고할 필요가 있다. 행정사무의 개별적인 지방이양은 지역주민의 관심은 물론 매스컴의 관심도 끌 수 없을 것이다. 일본이나 영국이 행했던 포괄적인 방식을 긍정적으로 검토할 필요가 있다. 포괄적인 행정사무의 지방이양을 위하여 범부처 차원에서 지방분권을 강력하게 추진할 수 있는 새로운 추진체제의 구축도 고려할 만하다. 일본의 예와 같이 한시법의 제정을 통하여 포괄적인 지방분권을 추진한다면 업무지연의 위험성도 배제할 수 있을 것이다.

새로운 지방분권 추진체제를 모색하는 등 지방분권 논의가 구체적으로 진행되더라도 지금까지의 상황을 고려할 때 분권 논의 과정에 적지 않은 어려움이 예상된다. 지금까지의 중앙정치인들은 외면적으로 분권 논의에 중립적인 태도를 보이고 있으나 내면적으로 적지 않게 반대하고 있다. 중앙정부 공무원들은 2002년 12월까지 중앙행정권한의 지방이양을 완료할 추진계획을 언급하면서 그 때까지는 별도의 분권 논의 자체를 거부하고 있다.

중앙언론들의 최근 보도내용을 보면 지방분권에 적극적으로 반대하고 있음을 알 수 있다. 지방정부의 재정 파탄, 단체장의 비리 등에 대한 과대 보도는 그러한 입장을 대변하고 있다. 이런 점을 감안할 때 향후 우리나라의 지방분권 논의는 보다 근본적으로 원칙적인 관점에서 추진되어야 할 것이다.

우선 앞에서 언급하였듯이 지방분권의 기본이념을 명확하게 하는 설정하는 것이 필요하다. 중앙정부와 지방정부의 명확한 역할구분, 지방정부의 자율성 확보와 보완성 원리 등이 분명하게 설정되어야 한다. 효과적인 지방분권의 모델로서는 일본의 행정적 분권보다는 영국의 정치적 분권 모형이 분권추진의 전략상 유리할 것으로 판단된다. 앞에서 논의한 지방분권의 반대그룹을 저항을 극복하기 위해서는 정치·행정적 권한의 포괄적 이양과 지역의 시민단체 및 주민들이 참여하는 정치적 분권이 보다 효과적일 것이다. 같은 맥락에서 행정사무별 이양보다는 포괄적 이양방식이 보다 실효성이 있을 것이다. 포괄적 이양방식이 매스컴의 관심을 유도하고 정치적으로 민감한 교육, 경찰 등의 기능을 포함하는 데에도 유리하다.

지방분권의 주체로는 현재 활동하고 있는 지방이양추진위원회와 유사한 독립기구가 바람직할 것이다. 지방분권을 추진할 위원회가 지방분권을 강력하게 추진할 수 있는 제도적 권한을 가져야 함은 물론이다. 아울러 위원회의 구성이 전문성과 지역의 대표성을 겸비하여 지역으로부터 지지를 얻을 수 있어야 할 것이다.

지방분권의 추진과정에 지역주민의 참여가 절대적으로 필요함은 재삼 논의할 필요가 없을 것이다. 지역주민의 참여를 유도하기 위해서 지방분권을 위한 정치지도자의 강력한 리더십이 필요하다. 정치지도자의 리더십은 반대 그룹의 저항을 극복하고 지방분권의 올바른 방향설정을 위하여 필요불가결하다. 지금이야말로 수사적인 지방분권이 아니라 국토의 균형발전과 지역의 복지증진을 위한 실질적인 지방분권을 추진하여야 할 시점이다. 어떠한 명분으로도 지방분권의 흐름을 막아서는 안 될 것이다.

끝으로 부기할 것은 필자의 지방분권에 대한 주장이 절대선(Absolute good)이 아니라는 점이다. 특정 국가의 정치·경제적 사정에 따라 집권과 분권은 반복되는 것이 일반적이다. 1980년대 이후 영국이 대표적인 국가이다. 현 시점에서 필자가 지방분권을 주장하는 것은 우리나라의 현재 상황을 고려할 때 지방분권을 추진하는 것이 시대적 상황에 적합하다고 판단하기 때문이다. 필자뿐만 아니라 정치권은 물론 많은 학자들이 이에 동조하고 있다. 현 정부는 출범하자마자 중앙권한의 대폭적 지방이양을 국정개혁의 과제를 선정하였다. 행정개혁의 핵심적 과제는 지방분권의 추진이라는 주장과 함께(유훈, 1999) 지방분권에 관하여 36명의 학자들이 지방분권의 필요성을 직·간접적으로 피력하였다(중당 정세욱 화갑 기념논문집 간행위원회 편, 1997). 향후 지나친 지방분권의 폐해가 발생하면 중앙집권 체제로의 개혁이 실시되어야 할 것이다.

제 3 장

노무현 정부의 지방자치와 지방분권: 지방분권의 혁신적 실행기[1)]

제1절 노무현 정부 지방분권의 추진상황

1978~79년에 걸친 제2차 오일쇼크는 국내·외적으로 커다란 파장을 일으켰다. 1945년 제2차 세계대전이 종료되면서 주요 국가들은 복지국가의 이념을 실현하기 시작하였다. 영국은 "요람에서 무덤까지(from the cradle to the tomb)", 미국은 "위대한 사회의 건설(for the Great Society)", 스웨덴은 "강한 사회(strong society)" 등을 기치로 국가의 모습을 복지국가로 전환하기 시작하였다. 주지하다시피 복지국가의 건설에는 막대한 재정이 소요되었다. 복지기능의 확대로 행정국가화가 두드러졌으며, 국가 최저선의 확보(national minimum)를 위해 중앙집권화가 가속되었다.

---

1) 필자(2016b)의 "노무현 정부의 지방분권"을 수정·보완하였음.

그런데 제2차 오일쇼크는 복지국가를 추진하였던 국가들에 커다란 타격이 되었다. 이로 인해 19세기 말의 작은 정부론[2]에 반했던 행정국가화와 중앙집권화에 대한 반성이 대두되었다. 이러한 반성은 신자유주의가 탄생하는 배경이 되었다. 1980년대 주요 국가들을 중심으로 비대해진 중앙집권과 행정국가에 대한 재구조화가 본격적으로 가속화되었다. 이때 국가 재구조화의 중요한 축이 지방분권이었다(김순은, 2016).

1979년 영국은 대처 총리의 집권으로 집권적인 개혁이 이어졌다. 복지정책의 집행과정에서 지방정부를 낭비의 대명사로 규정한 보수당 정부는 중앙집권적인 행정개혁을 강력하게 추진하였다. 보수당 개혁에 반대하였던 런던광역시(Greater London Council)를 해체한 것이 대표적인 중앙집권적 개혁이었다(김순은, 1998). 그러나 1997년 보수당 정부가 물러나고 노동당 정부가 들어서면서 정책기조는 급변하였다. 보수당의 집권정책에서 대대적인 분권정책으로 기조가 변화하였다.

연방제의 에도시대를 마친 일본은 19세기 말 폐번치현[3], 징병제의 도입, 기관위임사무, 지방사무관, 필치규제 등을 통하여 강력한 중앙집권체제로 전환하였다. 제2차 세계대전이 종료된 이후에는 미군정에 의하여 지방분권적인 개혁이 시도되었으나 기관위임사무, 지방사무관, 필치규제 등을 잔존시킴으로써 성공적으로 중앙집권체제를 유지할 수 있었다. 1960년대 혁신지방정부의 노력으로 정책적 지방분권이 시도되었다. 본격적인 지방분권은 1980년대 행정개혁이 논의되면서 개시되었다. 2016년 아베 정부도 지방분권을 통한 지역창생을 모색하고 있다.

우리나라도 1990년대에 들어 지방분권 논의가 간헐적으로 제기되었다. 1991년부터 1998년까지 제도적인 기초가 미비한 지방이양합동심의회를 설치하고 지방분권 수요조사를 시작하였다. 그 이후 1999년 김대중 정부의 「중앙행정권

---

2) 미국은 1979년 연방정부가 탄생할 때 부처가 국무부, 재무부, 전쟁부, 우체부 등 4개였으나 현재는 15개 부처로 확대됨.

3) 세습제의 번체제를 임명제의 현체제로 전환한 것을 의미함.

한 지방이양 촉진 등에 관한 법률」의 제정을 통한 제도적 도입기, 2003년 노무현 정부의 「지방분권특별법」의 제정을 통한 지방분권의 혁신적 실행기, 2008년 제정된 「지방분권 촉진에 관한 특별법」과 2010년 「지방행정체제 개편에 관한 특별법」을 통한 이명박 정부의 지방분권의 미온적 조정기, 2013년 「지방분권 및 지방행정체제개편에 관한 특별법」을 통한 박근혜 정부의 지방분권의 정책적 시련기를 거쳐 문재인 정부의 지방분권 르네상스를 맞고 있다. 명칭에서도 알 수 있듯이, 역대 정부 중에서도 노무현 정부는 지역균형발전과 함께 지방분권을 국정의 양대 축으로 하여 혁신적인 실험을 실행하였다. 본 장은 노무현 정부의 지방분권의 배경, 추진체제, 주요 내용, 그 성과 등을 평가하는 것이 목적이다.

제2절 노무현 정부 지방분권의 추진배경

1. 지방분권의 세계적 조류

1980년대 나타난 지방분권의 국제적 조류는 크게 2개로 대분하여 논의할 수 있다. 첫 번째 조류가 서론에서 간략하게 논의한 신자유주의의 주장에 기초한 것이다. 복지국가의 건설을 위해 팽창된 정부의 규모를 다시 슬림화하는 과정의 산물로서 지방분권이 나타났다. 여기에 속하는 사례가 미국과 영국의 지방분권이다.

미국은 1960년대 "위대한 사회"의 건설을 위한 정책을 추진하면서 막대한 재정을 투입하였다. 연방정부는 주정부와 지방정부의 연방정책 집행과정에 전례가 없을 정도로 통제와 관여를 강화하였다. 대나무 울타리 연방제(bamboo-fence federalism), 말뚝 울타리 연방제(picket-fence federalism)라는 용어는 연방정부와 하위 정부 간의 수직적 관계를 단적으로 대변하였다(Elazar, 1987).

레이건 대통령이 1966년 이후 캘리포니아 주지사로서 연방정부의 부당한 간섭을 경험한 바를 토대로 1980년 레이건 행정부는 대대적인 지방분권 개혁을 단행하였다. 신연방제(New federalism)는 강화된 연방정부의 권한을 주정부와 지방정부로 환원하는 특징을 내포하는 의미이다(Kim, 1991).

영국의 경우, 1977년 선거에 승리한 노동당 정부는 1986년 폐지되었던 런던광역시(Greater London Authority)를 부활시키고 지방분권을 위한 다양한 정책을 추진하였다. 여기에는 스코틀랜드 지역과 웨일스 지역에 지역정부를 수립하여 대대적인 권한을 부여한 내용이 포함되어 있다(김순은, 2011a). 잉글랜드 지역에는 지방정부의 다양성을 도입하여 전통적인 형태 외에 선출직 단체장의 기관분리형 등을 지방정부의 자율에 맡겼다(김순은, 2016). 2011년 캐머런 정부가 출범한 이후에는 공동체의 역할을 강조하는 지방주의법이 제정되었다(김순은, 2011a). 이에 대한 실행여부를 매년 평가하는 체제 역시 도입하였다(Clark, 2012). 캐머런 정부는 지방분권의 목적으로 여섯 항목을 적시하였다. 시민사회의 활성화를 저해하는 관료제의 규제완화, 지역공동체의 권한이양, 지방재정의 재량권 확대, 행정 서비스의 공급 다양화, 주민참여에 의한 투명성 확대, 지역주민에의 책임성 확대가 지방분권의 목적이었다(김순은, 2016).

지방분권의 두 번째 국제적 조류는 민주주의와 지방자치의 고유이념에 기초한 것이다. 1980년 구소련의 붕괴와 동구권의 중앙집권체제의 변모 등이 여기에 속한다. 프랑스 등 유럽에서 실행된 지방분권의 흐름도 여기에 속하는 대표적인 사례이다. 프랑스에서는 1982년 미테랑 정부가 「드페르법(지방정부의 권리와 자유에 관한 법률)」을 제정하여 광역지방정부의 정치적 주체성을 부여하였고, 분권헌법으로 프랑스의 정치·행정체제가 근본적으로 개편되었다.

마지막으로 신자유주의와 민주주의의 조류의 혼합적 성격을 띤 지방분권 개혁이 일본의 지방분권이다. 1980년 개시된 일본의 지방분권은 행정혁신의 차원에서 추진된 외부적 요인과 지방 민주주의의 발전이라는 내부적 요인이 결합된 형태라고 할 수 있다. 이런 측면에서 우리나라의 지방분권도 일본의 지방분권과 유사한 측면이 많다. 우리나라의 지방분권은 행정혁신의 차원에서 실행된 행정적 분권이라는 점에서 일본과 유사하다(김순은, 2001b). 또, 우리나라와 일본의 지방분권을 행정적 분권이라고 평가하는 것은 신자유주의에 기초한 행정혁신을 강조한 측면이라고 할 수 있다. 지방분권의 논의 중에 주민자치를 강조하는 것은 민주주의의 측면이다. 다음 절에서 이를 구체적으로 논의하였다(김순은, 2001b).

2. 지방분권의 추진배경

1) 일본과 영국의 지방분권 추진배경

일본의 지방분권을 추진하는 배경은 크게 3가지 대분하여 논의할 수 있다. 첫째의 배경적 요인으로는 일본 정부의 재정적자를 꼽을 수 있다. 사회복지국가 건설을 위하여 막대한 재정을 투입한 이후 오일 쇼크로 재정적자가 가시화되면서 일본 내부에서는 행정개혁이 강력하게 요구되었다. 이때 행정혁신의 주요한 내용이 바로 지방분권이었다(佐佐木, 1999; 新藤, 1999; 김순은, 2004a).

두 번째 요인은 대외적 환경의 변화이다. 세계화와 냉정체제의 붕괴로 중앙정부는 종전과는 상이한 역할과 기능을 수행하게 되었다. 이를 위하여 종전의 국내적 기능을 지방으로 이전하고 중앙정부의 역량은 글로벌 업무에 집중시키는 상황이 초래되었다. 신자유주의의 확산도 행정혁신을 가속화시키는 요인이 되었다. 신자유주의는 작은 정부를 위한 혁신을 요구하였다. 따라서 중앙정부는 지방분권을 통하여 슬림화를 할 수밖에 없는 상황이 되었다.

세 번째 배경은 저출산·고령화의 결과 복지국가의 패러다임이 변화한 것이다. 저출산 대책을 위한 지방정부의 역할 강화와 고령사회의 다양성에 맞춘 행정서비스의 제공은 기존의 중앙집권체제로서는 이행할 수 없는 요소들이었다(自治省, 2000). 고령화가 진행되면 고령사회의 다양성으로 인해 소품종 대량생산에 의존하는 중앙집권적 처방은 비효율적인 것이 된다. 반면 다품종 소량생산은 지방정부가 효율적으로 처리할 수 있으므로 이를 위한 지방분권이 절대적으로 필요하게 되었다.

영국은 지방분권의 전통 위에 발전된 국가이다. 왕위의 계승을 포함한 중요한 국정을 협의를 통한 합의에 의존하는 전통, 지역이 지역의 문제를 해결하는 전통은 영국 의회주의의 기초이다. 이러한 전통의 결과가 바로 영국의 의원내각제이다. 제2차 세계대전 이후 영국은 "요람에서 무덤까지(from the cradle to the tomb)"라는 구호하에 복지국가의 실현을 추진하였다. 그러나 재정지출의 확대와 오일쇼크의 결과로 영국은 채무국으로 전락하여 1970년 말 IMF의 구제금융을 받는 처지가 되었다.

1979년 집권한 보수당의 대처 총리는 신자유주의에 입각한 대대적인 개혁을 추진하였다. 중앙정부를 슬림화하면서 지방정부에 대한 강력한 혁신을 요구하였다. 지방정부의 혁신을 중앙정부의 법률로 규정함으로써 이는 지방정부의 재량을 줄이는 결과로 이어졌다. 또, 대처 총리는 지방정부를 재정 낭비의 행위자로 인식하였다. 전통적인 지방세 중 기업레이트를 중앙정부의 재원으로 편입하였다. 나아가 재산세적인 레이트를 폐지하고 종국에는 역진적인 인두세를 지방세로 재편하였다. 1986년 중앙정부의 정책에 반대하는 노동당의 리빙스턴 시장이 이끌던 런던광역시(Greater London Council)를 해체한 것이 중앙집권적인 처방의 대표적인 사례가 되었다(김순은, 2001a).

상기와 같은 대내적 배경으로 인해 1997년 노동당 정부의 출범이 영국 지방분권의 중요한 전환점이 되었다. 이어 더불어 유럽연합의 출범도 중요한 요인으로 작용하였다. 유럽연합의 출범으로 국가의 역할이 전환되면서 지방정부의 역할이 강화되었기 때문이다. 유럽연합은 유럽지방자치헌장(European Charter of Local Self-government)을 제정하여 지방정부의 역할을 강조하였다. 중앙정부의 정치·행정 과정에 지방정부의 참여, 지방정부의 권한과 이에 상응하는 재원보장, 중앙정부와 지방정부 간의 분쟁에 대한 사법적 처리의 원칙 등을 규정한 유럽지방자치헌장은 보충성의 원리를 기본으로 규정한다. 이후 보충성의 원리는 유럽뿐만 아니라 지방분권을 추진하는 국가에서 정부 간 권한 배분의 기초가 되었다.

대처 총리의 보수당 정부에서는 의회주권(Parliamentary supremacy)과 월권금지(Ultra vires)의 법리에 따라 지방정부의 권한이 매우 제한적이었다. 유럽 지방자치헌장의 서명을 꺼리던 영국은 노동당 정부가 출범하면서 1997년 이 헌장에 서명하였다. 이는 보수당의 집권화 정책이 분권화 정책으로 전환되는 시점이었다. 1997년 이후 노동당 정부는 스코틀랜드, 웨일스 지역에 대한 대대적인 지역분권을 시작으로 런던광역시(Greater London Authority)의 설치, 지방정부의 기관을 다양화하는 방안 등 다양한 지방분권을 단행하였다.[4)]

2) 노무현 정부의 지방분권 추진배경

우리나라도 1990년대 기관위임사무를 포함한 중앙행정권한의 과다, 국세와 지방세의 불균형, 불완전한 지방자치제도로 중앙집권의 특징이 두드러졌다(김순은, 2003a). 그러나 1990년대에 들어 비대해진 중앙집권의 부작용이 곳곳에서 나타나기 시작했다. 무엇보다도 수도권 1극 집중이 지역균형발전의 관점에서 심각한 것이라는 지적이 반복되었다. 아울러 중앙집권체제의 비효율성이 곳곳에서 나타났다. 이에 대처하기 위하여 지방이양합동심의회가 구성되었고 1999년 국민의 정부는 「중앙행정권한 지방이양 촉진 등에 관한 법률」을 제정하여 단일사무별로 지방이양을 추진하였다. 앞에서 논의하였지만 이는 매우 보수적인 형태의 지방분권이었다.

2002년 대통령 선거를 앞두고 지방분권과 지역균형발전이 선거의 주요한 쟁점 공약으로 등장하였다. 당시 노무현 대통령 후보는 경쟁 후보에 비하여 구체적이고 체계적인 지방자치 및 지방분권 공약을 제시하였다. 정권 인수과정에서도 지방분권이 국정의 중요한 과제라는 것을 주지하였다.

2003년 노무현 정부는 지방분권에 대한 보수적 접근에 대한 비판을 토대로 혁신적인 대안을 제시하였다. 대통령 선거 후보시절 발간한 "자율과 분권의 지

---

4) 캐머런 정부가 출범한 이후에는 지방주의법에 의하여 공동체 단위의 지방분권도 강조되었다.

방화 시대"라는 공약집[5]에서 나타난 문구와 "지방의 활력을 통한 분권형 선진국가"라는 표어에서 확인할 수 있듯이, 세계의 흐름에 따라 우리나라도 지방분권형 국가로 전환되어야 한다는 인식이 드러난다. 이러한 인식 아래 대대적인 개혁에 착수하였다. 결국 노무현 정부가 추진한 지방분권의 배경은 우리나라의 중앙집권체제의 부작용과 세계 흐름이라고 할 수 있다(김순은, 2003b).

제3절 노무현 정부 지방분권의 추진절차와 체제

노무현 대통령은 당선 이후 공약집에서 명시한 바와 같이 획기적으로 지방분권을 추진하였다. 2003년 4월 7일 "정부혁신·지방분권위원회규정"을 제정하여 정부혁신지방분권위원회를 구성하였다. 이 위원회는 2003년 5월 "노무현 정부 지방분권의 비전과 추진방향"이라는 보고서를 통하여 지방분권 로드맵의 작성·공표, 지방분권특별법 제정, 중앙정부와 지방정부 간 획기적 권한이양 추진, 지방정부의 자율성과 주민참여 확대의 추진을 공표하였다. 보고서의 내용대로 2003년 7월 지방분권 로드맵이 결정되고 2003년 12월 지방분권특별법이 제정되었다. "정부혁신·지방분권위원회규정"과 지방분권특별법에 따라 지방분권을 위한 위원회로서 정부혁신지방분권위원회가 결정되었다. 따라서 국민의 정부 때 설치된 지방이양추진위원회와 정부혁신지방분권위원회가 지방분권을 추진하는 체제가 되었다. 전자는 중앙행정권한의 지방이양을 담당하는 기구였으며 후자는 지방분권과 관련된 계획의 수립 및 심의, 자문, 집행의 평가 등을 담당하였다.

5) 공약집에서 명기된 노무현 대통령의 지방분권 과제는 중앙-지방 행정기능의 조정, 지방재정의 확충과 운영의 자율성 확대, 주민자치의 활성화 및 지방분권법의 추진이었다.

제4절 노무현 정부 지방분권 종합계획(로드맵)

1. 지방분권 로드맵의 추진개요

제16대 대통령 선거에서 승리한 노무현 대통령은 취임 전 제16대 대통령직 인수위원회 활동기간 중 '동북아 경제중심 국가건설'과 함께 '지방분권과 균형발전'을 새 정부의 국정운영 2대 핵심과제로 선정하였고, '분권'과 '분산'을 국가발전의 새로운 패러다임으로 제시하였다(제16대 대통령직 인수위원회, 2003: 50). 참여정부는 지식정보사회의 국가운영 패러다임의 전환 요구와 세계화에 따른 국가·지방 간 역할배분의 변화의 필요성을 바탕으로 중앙집권의 비효율성, 중앙정부의 과부하 현상을 해소하기 위한 시대적 명제로 지방분권을 추진하였다. 노무현 대통령은 2003년 1월 27일부터 2월 12일까지 지방을 순회하며 국정토론회를 가졌으며, 여기에서 중앙정부의 기능과 권한을 적극적으로 지방정부에 이양하고, 지방정부의 재정력을 확충하여 지방의 자치역량을 강화해야 함을 강조하였다(정부혁신지방분권위원회, 2008).

참여정부는 2003년 7월 지방분권 과제내용과 추진일정 등을 조정한 지방분권추진로드맵을 완성하였으며, 2004년 2월 종합실행계획 수립과 관련하여 위원회의 방침이 확정되었다. 정부혁신지방분권위원회는 2004년 2월부터 4월까지 행정자치부와 협의하여 종합실행계획의 초안을 마련하였고, 2004년 5월 8일부터 18일까지 관계 중앙행정기관 및 지방4단체협의체 등의 의견을 수렴하였다. 특히, 참여정부는 「지방분권특별법」 제18조에 규정된 '지방분권의 기본방향설정 및 추진계획'을 통하여 임기 내 강력하고 효율적인 지방분권 추진을 위한 범정부적 가이드라인인 '지방분권5개년 종합실행계획' 수립을 추진하였다. '지방분권5개년 종합실행계획'을 통해 지방분권특별법 시행기간(5년) 중 과제별 추진일정을 구체화하여 명시하였고, 과제별 역할분담, 점검 및 평가 등 명확한 추진체계를 구축하였다(정부혁신지방분권위원회, 2004a).

참여정부는 〈표 3-1〉과 같이 '지방활력을 통한 분권형 선진국가'를 비전으로 "주민과 함께하는 정부, 아래로부터 지속적인 자기혁신이 가능한 정부, 지방의 창의성과 다양성이 존중되는 사회, 자율과 책임, 공동체정신을 바탕으로 한 사회"를 목표로 하였다. 지방분권을 통해 주민의 자발적인 참여와 연대가 가능한 지역사회로의 혁신, 자치역량 강화와 책임성을 확보할 수 있는 지방정부로의 혁신, 전국적 과제해결에 역량을 집중할 수 있는 중앙정부로의 혁신을 토대로 국가의 재구조화를 추구하였다. 이를 위해 보충성 원칙, 선분권·후보완 원칙, 포괄성 원칙을 3대 추진원칙[6]으로 삼았으며, 선도적 과제의 적극적 추진, 정부혁신 작업과 연계 추진, 국정의 통일성 확보 추진, 중앙부처의 자발적 참여 유도, 국민적 공감대 확대를 추진전략으로 삼았다(정부혁신지방분권위원회, 2004).

표 3-1 참여정부 지방분권의 비전과 추진전략

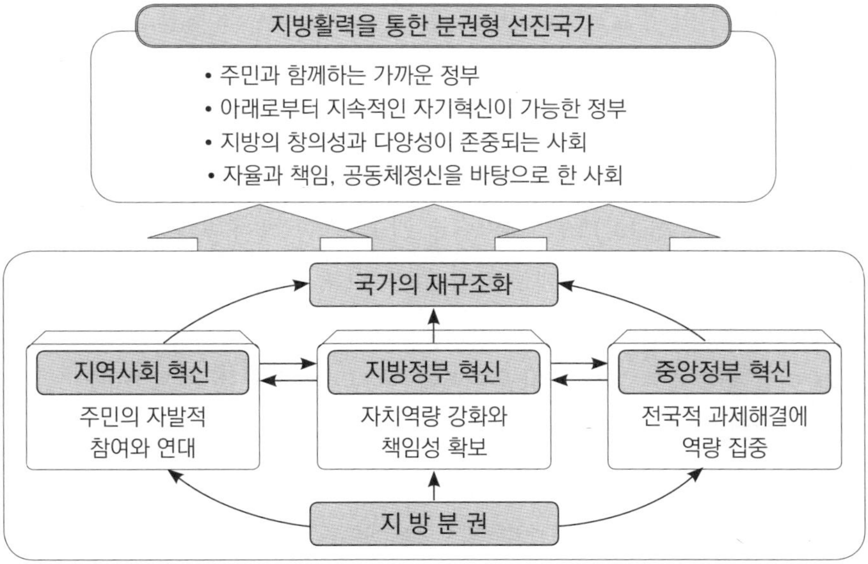

출처: 정부혁신지방분권위원회(2004a), p. 5

6) 보충성 원칙은 주민생활과 밀접한 권한은 주민에 가까운 정부로 배분하고 지방자치단체가 수행할 수 없는 기능은 중앙정부가 처리한다는 것을 의미하며, 선분권·후보완 원칙은 지방정부와 시민사회의 자율역량에 대한 신뢰를 바탕으로 선분권을 추진한다는 것을 의미한다. 또한 포괄성 원칙은 중·대단위 사무를 중심으로 포괄이양을 추진하는 것을 의미한다(정부혁신지방분권위원회, 2004).

참여정부는 지방분권추진로드맵에서 7개 기본방향과 20대 주요과제를 수립하였다. 7개 기본방향은 중앙-지방정부 간 권한 재배분, 획기적 재정분권의 추진, 지방정부의 자치행정역량 강화, 지방의정 활성화 및 선거제도 개선, 지방정부의 책임성 강화, 시민사회 활성화, 협력적 정부 간 관계 정립이 제시되었다. 중앙정부와 지방정부 간 권한재배분이라는 기본방향하에 지방분권 추진기반 강화, 중앙권한의 획기적 지방이양, 지방교육자치제도 개선, 지방자치경찰제도 도입, 특별지방행정기관 정비가 주요과제로 포함되었다. 다음으로 획기적 재정분권의 추진이라는 기본방향하에 지방재정력 확충 및 불균형 완화, 지방세정제도 개선, 지방재정의 자율성 강화, 지방재정운영의 투명성·건전성 확보가 주요과제로 포함되었으며, 지방정부의 자치행정역량 강화라는 기본방향하에 지방자치권 강화와 지방정부 내부혁신 및 공무원 역량강화가 주요과제로 포함되었다. 또한 지방의정 활성화 및 선거제도 개선이라는 기본방향하에 지방의정 활성화와 지방선거제도 개선이 주요과제로 포함되었으며, 지방정부의 책임성 강화라는 기본방향하에 지방정부에 대한 민주적 통제체계 확립, 지방정부에 대한 평가제도 개선이 주요과제로 포함되었다. 마지막으로 시민사회 활성화라는 기본방향하에 다양한 주민참정제도 도입과 시민사회 활성화 기반 강화가 주요과제로 포함되었으며, 협력적 정부 간 관계정립이라는 기본방향하에 중앙-지방정부 간 협력체제 강화, 지방정부 간 협력체제 강화, 정부 간 분쟁조정기능 강화가 주요과제로 포함되었다(정부혁신지방분권위원회, 2004a).

이와 더불어서 참여정부는 지방분권에 따른 시행착오를 최소화하기 위하여 과제의 성격과 파급효과를 고려하여 5년간 추진일정을 합리적으로 배분하였다. 내부 조직, 예산편성, 지방의정 등 지방자치의 기본적인 사항 및 제도개선을 우선적으로 추진하고, 지방선거제도 개선, 분쟁조정의 강화 등의 과제는 충분한 의견 조율을 거쳐 추진하도록 하였다. 이에 지방분권특별법상에 규정된 과제 등을 중심으로 지방분권5개년 종합실행계획에서 총 47개 과제를 제시하였다. 지방분권5개년 종합실행계획에서는 중앙정부와 지방정부 간 권한 재배분을 위해 사무구분체계 개선, 중앙행정권한의 지방이양, 대도시특례제도 강화, 제주특별자치도 추진, 교육자치제도 개선, 자치경찰제도 도입, 특별지방행정기관 기능 조정, 지방분권화 지표개발 및 분권수준 측정제도 도입, 자치단체 관할구역 합리적 조정, 지방분권특별법 제정이라는 10개의 세부과제를 제시하였다. 다음으로 획기적 재정분권의 추진을 위해 지방교부세 법정율의 단계적 상향조정, 지방교부세제도 개선, 국세와 지방세의 합리적 조정, 지방세의 신세원 확대, 재산세와 종합토지세 과표 현실화, 지방세 비과세·감면 축소, 국고보조금 정비, 지방예산편성지침 폐지 및 보완, 지방채 발행승인제도 개선, 지방양여금제도 개선, 지방재정 평가기능 강화, 자치단체 복시부기회계제도 도입, 자치단체 예산지출 합리성 확보, 재정운영 투명성·건전성 강화라는 14개의 세부과제를 제시하였다. 또한 지방정부의 자치행정역량 강화를 위해 자치입법권 확대, 자치조직권 강화, 분권형 도시계획체계 구축, 자치단체 자체혁신체제 구축, 지방공무원 교육훈련 혁신, 지방공무원 인사제도 개선, 지방자치단체 인사공정성 제고, 중앙-지방 간 인사교류 활성화라는 8개의 세부과제를 제시했으며, 지방의정 활성화 및 선거제도 개선을 위해 지방의회 의결권 강화, 보수체계 개편 등을 포함한 지방의정 활동 기반 강화와 공영제 강화, 후원회제 도입, 선거구제 합리적 개선 등을 포함한 지방선거제도 개선이라는 2개의 세부과제를 제시했다. 마지막으로 지방정부의 책임성 강화를 위해 자치단체에 대한 감사체계 개선, 주민감사청구제도 활성화, 주민소송제도 도입, 주민소환제도 도입, 자치단체에 대한 평가제도 개선이라는 6개의 세부과제를 제시했고, 시민사회 활성화를 위해 조례 제·개폐청구제 개선, 주민자치제도 개선, 자원봉사활동 장려·지원, 지역내 전문가의 정책과정 참여 확대, 주민투표제도 도입이라는 5개의 세부과제를 제시했으며, 협력적 정부 간 관계 정립을 위해 중앙-지방정부 간 협력체제강화-협의조정기능강화, 자치단체의 국정참여 활성화 등, 지방정부 간 협력체제 강화, 중앙-지방, 지방 간 분쟁조정기능 강화라는 3개의 세부과제를 제시하였다(정부혁신지방분권위원회, 2004a).

이처럼 참여정부는 다른 정부에 비해 지방분권에 대한 혁신적 의지가 있었다고 보이나 행정적으로 복잡하고, 정치적으로 이해관계가 첨예한 지방분권 계획을 적극적으로 추진할 추진체계가 불명확했다(김순은, 2003d). 참여정부는 다른 정부보다 지방분권에 많은 관심과 노력을 기울였으며, 제주특별자치도의 출범과 주민투표제, 주민소화제의 도입 등의 성과를 거두었다. 그럼에도 불구하고 대부분의 과제가 미완의 상태로 다음 정부로 넘어갔다.

대통령에게 정부혁신과 지방분권에 관하여 자문하기 위하여 2003년 4월 7일 「정부혁신·지방분권위원회규정」이 제정되었다. 이에 따라 2003년 4월 9일 정부혁신지방분권위원회의 위원장과 위원들이 위촉되면서 본 위원회가 출범하게 되었다.

정부혁신지방분권위원회는 "정부개혁 추진전략과 계획"이라는 보고서에서 노무현 정부의 행정개혁 전반에 걸친 추진방법, 선도과제, 개혁의 동력확보방안, 국민인식 변화에 대한 전략을 수립하였다. 이때 지방분권은 중앙정부의 정부혁신 방안 중의 하나로 구축되었다.

이러한 거시적인 틀 아래 노무현 정부는 2003년 5월 "노무현 정부 지방분권의 비전과 추진방향"이라는 지방분권 관련 보고서를 작성하였다. 이 보고서는 주로 지방분권의 필요성, 우리나라 지방분권의 현주소, 노무현 정부 지방분권의 비전과 추진방향, 추진원칙과 전략, 당면현안과 중점추진과제를 다루었다. 지방분권 추진계획(로드맵)이 본 보고서의 핵심이었다. 무엇보다도 해당 보고서는 당면현안으로 7월 중 지방분권 로드맵의 작성·공표, 9월 중 지방분권특별법 제정을 거론하였다.

2. 지방분권 로드맵의 주요 내용

노무현 정부의 지방분권에 관한 기본적 내용과 계획은 정부혁신지방분권위원회가 7월에 발표한 지방분권 추진계획(로드맵)에 담겨있다. 지방분권 로드맵의 내용은 크게 7개 기본방향과 20개 과제를 포함하였다. 지방분권의 기본방향과 기본과제는 훗날 다소 수정되었지만 이명박 정부, 박근혜 정부에서도 계속적으로 이어졌다(소순창, 2016). 문재인 정부의 자치분권 종합계획도 기존의 계획을 참고로 주민주권 등 새로운 개념을 부가하여 발전시킨 형태이다. 노무현 정부는 중앙-지방정부 간 권한 재배분, 획기적 재정분권의 추진, 지방정부의 자치역량 강화, 지방의정 활성화 및 선거제도의 개선, 지방정부의 책임성 강화, 시민사회의 활성화, 협력적 정부 간 관계의 정립이라는 7개의 기본방향을 설정하였다.

중앙-지방정부 간 권한 재배분의 기본방향에는 지방분권 추진기반의 강화, 중앙권한의 획기적 지방이양, 지방교육자치제도의 개선, 지방자치경찰제도의 도입, 특별지방행정기관의 정비 등 5개의 과제가 포함되었다. 획기적 재정분권의 추진의 기본방향은 지방 재정력 확충 및 불균형 완화, 지방세정제도의 개선, 지방재정의 자율성 강화, 지방재정운영의 투명성·건전성 확보 등 4개의 과제로 구성되었다. 지방정부의 자치역량 강화의 기본방향은 지방자치권 강화, 지방정부의 내부혁신 및 공무원 역량의 강화 등 2개의 과제가 선정되었다. 지방의정 활성화 및 선거제도 개선의 기본방향에는 지방의정 활성화와 지방선거제도의 개선이 포함되었다. 지방정부 책임성 강화의 기본방향에는 지방정부에 대한 민주적 통제체제 확립과 지방정부에 대한 평가제도의 개선 등 2개의 과제가 포함되었다. 시민사회 활성화의 기본방향에는 다양한 주민참여제도의 도입과 시민사회 활성화 기반 강화가 포함되었다. 협력적 정부 간 관계 정립방안의 기본방향에는 중앙-지방정부 간 협력체제의 강화, 지방정부 간 협력체제의 강화, 정부 간 분쟁조정 기능의 강화 등 3개의 과제가 선정되었다.

2003년 7월 발표된 노무현 정부의 지방분권 로드맵은 2003년 지방분권특별법이 제정되면서 2004년 지방분권 5개년 종합실행계획으로 보완되었다. 종합실행계획에서 20개의 기본과제가 47개로 확대·조정되었다. 47개의 지방분권 과제를 주관기관별과 유형별로 구분하면 아래와 같다.

47개의 과제 중에서 지방분권정책의 파급효과가 클 뿐만 아니라 정치적으로 중요한 의의가 있는 행정사무의 구분체계, 제주특별자치도의 추진, 교육자치제도의 개선, 자치경찰제도의 도입, 특별지방행정기관의 정비, 국고보조금의 정비, 분권형 도시계획체계의 구축 등 7개의 과제는 정부혁신지방분권위원회가 직접 주관하는 것으로 결정하였다.

나머지 40개의 과제 중에서 재정경제부가 1개의 과제를 주관하고 39개의 과제는 행정자치부가 주관하도록 결정되었다. 40개의 과제 중에서 9개 분야는 위원회 역점과제로서 지방교부세 법정률 단계적 상향조정, 지방교부세제 개선, 국세와 지방세의 합리적 조정, 자치입법권 확대, 자치조직권 강화, 지방의정활동 기반강화, 지방선거제도 개선, 지방자치단체에 대한 감사체계 개선, 주민자치제도 개선이 여기에 속했다.

유형별로는 중앙정부와 지방정부 간 권한의 재배분과 관련된 과제가 10개, 지방정부의 자치행정의 역량 강화와 관련된 과제가 8개, 지방의정의 활성화 및 선거제도의 개선과 관련된 과제가 2개, 지방정부의 책임성을 강화하는 과제가 5개, 시민사회의 활성화와 관련된 과제가 5개, 중앙정부와 지방정부 간 혹은 지방정부 상호 간의, 그리고 협력적 정부 간 관계의 정립과 관련된 과제가 3개, 획기적인 재정분권의 추진과 관련된 과제가 14개였다. 이를 상론하면 다음과 같다.

참여정부는 지방분권 5개년 종합실행계획에서 47개의 세부과제를 과제의 내용과 성격에 따라 위원회 주관과제, 위원회 역점과제, 부처 주관과제, 부처 자율과제로 분류하였다. 위원회 주관과제는 위원회의 주도로 기본방향 및 방안을 수립하는 과제로 다수부처 관련 과제, 개혁선도 과제 등이 포함되며, 위원회 역점과제는 부처 주관으로 하되 위원회가 역점을 두고 관리하는 과제로 전문적 연구·검토가 필요한 과제, 위원회 중점관리 과제 등이 포함된다. 부처 주관과제는 부처가 검토하고 위원회가 관리하는 과제로 지방분권특별법상 과제로 단일부처 또는 소관부처가 타 부처와의 협의를 통해 해결 가능한 과제가 포함되며, 부처 자율과제는 소관부처의 책임하에 추진계획을 수립하고, 구체적인 추진방안을 마련하는 과제로 지방분권특별법상 또는 지방분권 로드맵 상에 명시된 과제는 아니지만, 종합적·실질적인 지방분권을 위해 필요한 내용으로서 부처가 자율적으로 추진할 수 있는 과제가 해당된다.

표 3-2 참여정부 지방분권 과제구분 및 역할분담 체계

과제구분	수	기본적 역할분담	평가	시행
위원회 주관과제	7	■ 위원회 주도로 기본방향 및 방안 수립	위원회	부처
위원회 역점과제	9	■ 부처 주관으로 하되 위원회 역점관리	위원회	부처
부처 주관과제	31	■ 부처 검토, 위원회 관리	위원회	부처
부처 자율과제		■ 소관부처 책임 하에 추진계획 수립 및 구체적 추진방안 마련 ■ 필요시 위원회 보고	위원회	부처

※ 지방분권 추진 47개 과제는 위원회주관과제, 위원회역점과제, 부처주관과제로 구성되고, 47개 전 과제에 대해 정부혁신지방분권위원회 심의(지방분권특별법 제18조)

출처: 정부혁신지방분권위원회(2004a), p. 8

1) 지방분권5개년 종합실행계획의 위원회 주관과제

(1) 사무구분체계 개선

사무구분체계 개선은 「지방분권특별법」 제9조에 근거하였다. 지방자치법의 제정(1949.7.4.) 이후 지방자치단체의 사무는 3가지 기본적 사무유형인 자치사무, 단체위임사무, 기관위임사무가 그대로 유지되고 있어 지방자치단체가 수행하는 사무를 모두 포함하지 못하는 사무종류의 범주적 한계를 갖고 있었다. 또한 단체위임사무는 타 사무와의 구분이 모호하며, 기관위임사무를 처리함에 있어 자치단체장은 중앙행정기관장의 일선 기관의 지위를 가지고 있어 반자치적인 성격을 갖고 있었다. 이에 참여정부는 단체위임사무를 폐지하고 기관위임사무 중 지방자치단체가 스스로 수행할 수 있는 사무는 자치사무로, 국가가 처리해야할 사무는 국가사무로 전환하는 개선방향을 제시하였다.

해당 과제의 구체적인 추진방안은 다음과 같다. 먼저 정부혁신지방분권위원회에 T/F를 구성하여 운영하고, 사무구분의 새로운 유형과 유형별 지도·감독방법 등 개선방안을 마련하고자 했다. 그다음 사무구분 체계의 제도화를 위한 입법을 추진하며, 2005년~2006년에 거쳐 사무구분에 따른 개별 법률을 정비하고자 했다.

(2) 제주특별자치도 추진

제주특별자치도 추진은 「지방분권특별법」 제8조에 근거하고 있다. 지역특성을 반영한 자치계층구조 개편 등의 과제를 제주도 자체적으로 연구하도록 함으로써 지역의 여건과 특성이 최대한 발휘될 수 있는 자치도의 추진을 모색하였다. 자치계층의 구조개편과 자치입법, 자치조직, 자치재정 등 지방행정 전반에 대한 특례 부여를 검토하였다.

해당 과제의 구체적인 추진방안은 다음과 같다. 먼저 연구용역을 통한 사전조사 이후 제주특별자치도 기본계획에 대한 중앙부처의 협의 및 건의 과정을 거쳐 "자치계층구조 개편안"에 관한 도민 의견수렴 및 주민투표의 실시를 계획하였다. 이후 제주특별자치도 특례법안의 제정과 관련법령의 개정을 추진하고 2006년 7월 이후 제주특별자치도 시행 및 보완을 계획하였다. 제주특별자치도는 2006년 7월 1일 출범하여 현재 만 13년을 맞이하였다.

(3) 교육자치제도 개선

교육자치제도의 개선은 「지방분권특별법」 제10조에 근거하고 있다. 참여정부는 지방행정과 교육행정의 분리로 지역교육역량 및 지방교육의 책임이 분산되며, 기초자치단체 단위 교육자치의 미실시로 주민근접성이 미흡하고 단위학교의 자율성과 책임성이 미흡한 점을 지적하였다. 이에 종합적인 접근을 통해 지역교육역량을 결집하고 교육적 관점을 모든 지방행정에 반영할 것을 제시하였다. 또한 기초자치단체가 주민에 가까운 교육행정을 실시하고, 단위학교의 자치조직과 자율성 증대를 통해 학교자치를 강화하며, 현장중심의 교육자치와 교육의 창의성 및 다양성을 구현할 것을 제시하였다. 이를 위해 지방교육행정제도 개선 자문회의 및 특별위원회를 구성하고 광역자치단체의 이중적 심의·의결 구조와 시·도 교육감 선임방법을 개선하고, 기초단위의 교육자치를 확대 실시하는 등 지방교육자치제도의 개선방안을 마련하고 관계법령의 정비 및 실시를 계획하였다.

(4) 자치경찰제도 도입

경찰행정의 중앙집권에 따라 지역치안 수요에 대한 효율적인 대응에 한계가 있고, 지역치안에 대한 자치행정의 종합성과 자기책임성이 부재하며 치안행정에 대한 주민의 참여가 부족한 점을 개선하기 위해 「지방분권특별법」 제10조에 근거하여 자치경찰제도의 도입을 제시하였다. 지역의 특색을 반영하는 치안행정을 실현하고, 치안행정에 대한 주민참여를 확보하며, 치안행정의 종합적 수행과 지역치안에 대한 자기책임성을 확보하도록 방향을 설정하였다.

해당 과제의 구체적인 추진방안은 다음과 같다. 먼저 해외사례와 운영실태 및 문제점 등에 대한 비교·분석을 시행하고 자치경찰의 실시단위와 국가-자치 경찰 간의 역할 및 재원분담, 조직·인력체계 등 종합적인 제도 도입방안을 마련하고자 2004년 9월 정부혁신지방분권위원회에 '자치경찰특별위원회'를 구성·운영하는 것을 계획하였다. 또한 관계법령의 제·개정안 마련 등 법제화 및 실시 준비를 위해 행정자치부, 기획예산처, 법제처, 경찰청, 지자체 등이 참여하는 실무추진단의 구성·운영을 계획하여 추진하였다.

(5) 특별지방행정기관 기능조정

특별지방행정기관과 자치단체의 기능 수행의 중복으로 인해 행정의 비효율성과 할거행정, 책임 불분명, 주민불편 등의 각종 문제점이 나타나고 있어 「지방분권특별법」 제10조에 따라 특별지방행정기관 기능조정이 추진되었다. 주민편익을 높이는 바람직한 기능을 자치단체로 통폐합·일원화함으로써 주민과 가까운 지방자치단체가 종합행정주체로서 수행 가능한 사무를 보다 효율적으로 통합하여 수행하고, 정부차원에서 다루는 것이 부적절하고 사업적 성격이 강한 업무와 연구기관이나 민간에서 수행하는 것이 좀 더 효율적인 업무는 책임운영기관 혹은 민간부분에서 처리하는 것을 목표로 했다.

선택과 집중의 원칙에 따라, 그동안 지방의 요구가 집중되었고 각종 연구결과에 따라 공감대가 형성된 분야부터 단계적으로 추진하였다. 1단계에서는 2005년 상반기에 1차 정비방안을 마련하고 관련법령을 정비하고, 재원·인력이관 등 후속조치를 추진하였으며, 「지방자치법」 등에 특별지방행정기관의 신설 조정장치를 마련하는 것을 계획하였다. 다음으로 2단계에서는 2차 정비방안을 마련하고 2006년 하반기부터 후속조치의 추진을 계획하였다. 제주특별자치도의 출범으로 제주특별자치도에 한하여 특별지방행정기관의 정비가 이루어졌다.

(6) 국고보조금 정비

국고보조금 정비는 세분화된 소액·유사보조사업으로 불필요한 간접비용이 증가하거나 지방재정의 자율적 운용 제약, 과다한 총액계상 예산편성이나 교부지연에 따른 사업이월, 보조율의 미준수 등 재정운용의 탄력성·자율성·안정성을 저해하는 여러 문제점이 나타나고 있어 「지방분권특별법」 제11조에 따라 추진되었다.

구체적인 개선안으로 전체 보조사업의 완전이양을 전제로 필수 존치사업을 선정하는 방식을 활용하여 국고보조사업을 정비하고 지방이양 대상사업재원을 지방자치단체의 일반재원으로 전액 보전하는 것을 검토하였다.

(7) 분권형 도시계획체계 구축

당시 도시계획의 결정권한을 지방자치단체에 위임하여 자율성이 증대된 측면이 있었으나, 개발과 관리의 기본방향은 중앙에서 결정하는 시스템이었다. 중앙정부의 획일적이고 경직적인 계획 수립지침을 바탕으로 도시계획이 이루어지고 있었으며, 계획체계의 복잡함으로 인해 중복과 비효율의 문제가 발생하였다. 뿐만 아니라 계획입안권과 결정권(승인권)의 분리로 계획 확정기간이 오래 소요되어 지역주민의 불편을 초래하고 있었다. 이에 참여정부는 분권형 도시계획체계의 구축을 추진하고자 했다.

우선 중앙정부는 법령제정권한을 갖고 협의 및 조정 역할 수행 등을 담당하고, 지방정부는 도시계획의 입안·결정권 등의 행사를 담당하도록 하여 중앙정부와 지방정부의 역할분담을 재정립하고자 하였다. 또한 현행 계획체계를 공간계획과 관련한 법률 체계로 단일화할 것을 검토하고 공간계획의 결정권을 지방정부로 이양하는 방향으로 재구성하고자 했으며, 국토종합계획, 도시기본계획 등 기존 계획의 성격을 재정립하고자 했다. 이와 더불어 중앙정부의 협의와 재정적 지원을 원칙으로 분권형 도시계획체계를 추진함으로써 중앙정부의 정책의지 반영수단을 확보하고자 했으며, 지자체 및 지방의회의 계획행정 역량을 강화하는 방향으로 추진하고자 하였다.

2) 지방분권5개년 종합실행계획의 위원회 역점과제

(1) 지방교부세 법정률 단계적 상향조정

2003년 지방교부세법의 개정에 따른 교부세율을 15%에서 18.3%로 높였음에도 불구하고 자치단체의 기본적 행정수요를 충족하기에는 미흡한 수준에 그쳐 지방교부세 법정률의 단계적 상향조정이 「지방분권특별법」 제11조에 따라 추진되었다. 참여정부는 지방자치단체 간의 형평성을 제고하고 재원의 기반을 확대하기 위하여 지방교부세 재원을 확충하고, 국가기능의 지방이양 등과 연계하며, 지방교부세의 단계적인 확충을 추진하는 것을 개선방향으로 설정하였고 2005년부터 2007년까지 지방교부세율의 단계적 상향조정을 지속해서 추진하는 안을 제시하였다. 2004년 15%였던 교부세 법정률이 2005년 19.13%로 인상되었고 2006년에는 법정률이 19.24%로 상향되었다.

(2) 지방교부세제도 개선

보통교부세의 경우 수요산정방식이 복잡하여 자치단체가 이해하기 곤란한 부분이 있고, 일부는 행정환경의 변화에 따라 새로운 수요로 반영될 필요가 있었다. 특별교부세의 경우 배정수요가 5개에서 2개로 변화하였고, 인센티브의 반영 등을 위한 제도정비의 필요성이 대두되었다. 이에 참여정부는 「지방분권특별법」 제11조에 의거하여 지방교부세제도의 개선을 계획하였다. 소규모 또는 유사항목의 통폐합, 적용통계와 산식을 단순 합리화하고 고령화, 정보화 관련 수요 등 새로운 행정환경 변화요인을 반영하여 보통교부세의 수요산정방식의 합리적 개선방안을 제시하였다. 또한 특별교부세 지원기준을 구체화하고 재정운용 우수단체에 대한 인센티브를 지원하는 계획을 수립하였다.

(3) 국세와 지방세의 합리적 조정

지방세는 총 17개 세목으로 2004년 당시의 규모는 31조 9,834억 원이었고, 지방재정 중 지방세가 차지하는 비중은 48%에 불과했으며 국세 대 지방세의 비율도 80:20으로 불균형이 심했다. 이에 참여정부는 자주적인 과세권 확보를 위해 지방세제의 개선이 필요함을 지적하였으며, 「지방분권특별법」 제11조에 따라 국세와 지방세의 합리적 조정을 과제로 추진하고자 했다. 부가가치세의 일정 비율을 이양받는 지방소비세의 신설을 검토함으로써 소비과세의 보강을 통해 지방세원구조의 안정성을 확보하고, 특별소비세의 일부 과세대상(골프장·경마장·경륜장)을 지방세로 전환하는 방안을 계획하였다. 이를 위해 세원배분의 합리적인 지수를 개발하는 등 구체적 방안을 마련하고 재정경제부 등 관계부처와 지속적인 협의를 추진하였으며, 특별소비세 지방이양 방안을 마련하고 관계부처 협의 및 관계법령 등의 입법화를 추진하였다.

(4) 자치입법권 확대

헌법 제117조 헌법 제117조[7] 및 지방자치법 제15조[8]는 참여정부 당시 지방자치법 제15조의 조례제정에 대한 조항은 현 지방자치법 상의 제22조에 해당하는 내용으로 보인다.

지방자치법 제22조 지방자치단체는 법령의 범위 안에서 그 사무에 관하여 조례를 제정할 수 있다. 다만, 주민의 권리 제한 또는 의무 부과에 관한 사항이나

---

7) 헌법 제117조 ①지방자치단체는 주민의 복리에 관한 사무를 처리하고 재산을 관리하며, 법령의 범위 안 에서 자치에 관한 규정을 제정할 수 있다.
②지방자치단체의 종류는 법률로 정한다.

8) 참여정부 당시 지방자치법 제15조의 조례제정에 대한 조항은 현 지방자치법 상의 제22조에 해당하는 내용으로 보인다.
지방자치법 제22조 지방자치단체는 법령의 범위 안에서 그 사무에 관하여 조례를 제정할 수 있다. 다만, 주민의 권리 제한 또는 의무 부과에 관한 사항이나 벌칙을 정할 때에는 법률의 위임이 있어야 한다.

벌칙을 정할 때에는 법률의 위임이 있어야 한다.

자치에 관한 규정이나 조례를 제정함에 있어 "법령의 범위 안에서"라고 규정함에 따라 자치입법권이 제약되며 지방자치단체가 창의성과 다양성을 발휘하는 데 한계가 존재한다. 그동안 지방4대협의체 및 지방자치학회 등에서 자치입법권의 확대를 위한 지방자치법의 개정을 요구하고 있으나 법리논쟁과 위헌시비가 지속되고 있어 신중한 접근이 필요한 사항이었다.

이에 참여정부는 헌법과의 조화 속에서 지방자치법의 합리적인 개정방안을 강구하고자 하였다. 법률에서 조례제정의 범위를 실질적으로 확대할 수 있는 방안 모색을 병행하여 추진하고자 하였다. 또한 자치단체에서도 현행 법령체계상의 조례제정 가능분야를 적극적으로 탐색하고 지역의 실정에 맞는 다양한 조례제정을 위해 다각적인 노력이 이루어질 수 있도록 지원하고자 하였다.

(5) 자치조직권 강화

표준정원제의 시행(2003년 5월)으로 자치조직권이 대폭 확대되었으나, 5급 이상(서울은 4급)은 표준정원 이내라도 행정자치부 장관의 승인이 필요하고 표준정원 초과 정원의 책정 또한 행정자치부 장관의 승인이 요구되는 등 지역별 행정수요에 부응한 탄력적이고 자율적인 정원 운영권에는 제약이 있었다. 또한 자치단체에서 기구를 설치할 때 기구정원규정(대통령령)에 따른 인구규모별 기구 정수를 준수해야 하므로 경직된 조직운영이 발생하고 있었다. 이에 참여정부는 「지방분권특별법」 제12조에 의거하여 자치조직권의 강화를 위해 지방조직관리의 기본틀을 '총액인건비제'로 완전히 전환하고, '선분권 후보완' 원칙에 따라 행정자치부 장관의 기구·정원 승인권을 연차적으로 지방에 이양하는 것을 추진하고자 했으며, 행정조직의 팽창속성 등을 고려하여 이양 단계별로 상응하는 조직운영의 자율관리시스템 구축을 추진하고자 하였다. 2007년 노무현 정부는 표준정원제를 총액인건비제도로 전환하였다. 이후 2014년 박근혜 정부는 기준인건비제도로 전환하였다.

(6) 지방의정활동 기반 강화

지방의정활동 기반 강화는 「지방분권특별법」 제13조에 따라 계획되었다. 지방의회의 의정활동과 관련해 획일적인 회기제도나 기초의회 상임위 설치제한, 의회사무직원에 대한 인사권·직무감독권의 이원화 등 문제가 발생하였으며, 의정활동에 필요한 다양한 전문지식의 부족이나 지방의원의 역량 등에 대한 지속적인 논란이 있었다. 또한 당시 지방의회의 권한 및 운영시스템이 집행기관에 대한 견제와 감시기능을 수행하는 데 미흡하다는 평가가 있었다. 이에 참여정부는 분권화에 따른 지방의회의 자율성과 전문성을 강화하고 지방의회 의원의 책임성을 제고하는 방안을 모색하고자 했다.

먼저, 지방의회 의원의 지급경비를 자율화하고 의결권을 확대하며 회기운영제도를 개선하는 등의 방안을 통해 지방의회의 자율성을 강화하고자 했다. 또한 전문위원을 보강하고 의장에 의회 사무직원의 인사권을 부여하며 겸직금지 범위의 합리적 조정과 의정보좌 인력 보강 등을 통해 지방의회의 전문성을 강화하고자 하였으며, 의정활동 연수기능과 자체 윤리심사 기능을 강화하여 지방의회 의원의 책임성을 제고하고자 하였다. 또한, 월정수당제를 도입하여 지방의원의 경제적 처우를 향상시켰다.

(7) 지방선거제도 개선

지방선거제도 개선은 「지방분권특별법」 제13조에 따라 계획되었다. 선거비용이 많이 필요한 정치·선거문화로 정치자금의 음성적 조달, 부정부패, 행정공백 등의 악순환이 지속되고 있었으며, 지방선출직에 대한 합법적 정치자금 조달방안이 없어 유능한 인재가 지방정치에 진입하는 데 장애가 있었다. 또한 지방의원의 경우 소선거구제 운영에 따른 연고주의와 금품선거 등의 문제점이 발생하였으며, 정당공천 등 지방선거과정의 중앙정치권 개입으로 인해 생활자치로서의 지방자치제도의 본질을 훼손할 가능성이 존재했다. 이에 참여정부는 선거공영제를 확대하고, 지방선출직에 대한 후원회 제도를 도입하고자 했다. 또한 지역주민의 이익을 합리적으로 대변할 수 있도록 현행 소선거구제도를 개선하고,

기초자치단체장에 대한 정당공천의 배제를 검토하였으며, 임기 중 타 선거출마를 위한 공직사퇴를 개선, 투표참여를 높이는 등 책임성 강화방안을 마련해 이를 개선하고자 하였다.

노무현 정부는 월정수당제와 함께 기초지방의원의 소선거구제를 2~4인의 중선거구제로 전환하였다. 아울러 기초지방의원에게도 정당의 공천권을 허용하였다. 훗날 기초지방의원의 정당공천은 비판의 대상이 되었다.

(8) 자치단체에 대한 감사체계 개선

외부감사는 성과감사보다 사소한 규정 위반이나 단편적인 경비집행의 적부지적 등을 위주로 진행되었으며, 국회, 감사원, 중앙부처, 광역자치단체 등 감사주체들의 감사·감독기능이 혼재하여 중복감사의 논란이 제기되었다. 이에 「지방분권특별법」 제15조에 의거하여 자치단체에 대한 감사체계 개선방안이 계획되었다. 외부감사 중복문제의 해결을 위해 단일감사 원칙을 도입하고 감사 및 감사유사활동의 조정 등을 통해 과다 중복감사를 해소함으로써 중복감사문제의 근본적 해결방안을 강구하려고 하였다. 또한 감사기구 설치 등 내부의 감사 인프라를 구축하고 독립성·전문성을 강화하여 지방자치단체의 내부감사의 내실화를 추진하고자 하였으며, 주민참여의 활성화, 감사결과 공개 등을 통해 투명성과 신뢰성을 확보하고자 하였다. 감사의 체제를 개선하여야 한다는 논의는 많았으나 제도화에는 이르지 못했다.

(9) 주민자치제도 개선

당시 읍·면·동 단위에서 주민이 직접 또는 주민의 대표기관이 의사를 결정할 수 있는 기구는 부재하였다. 또한 2004년 10월 기준 주민자치센터 운영 현황을 살펴보면, 주민자치센터는 2,229개의 읍면동에서 설치되었으며, 주민자치위원회는 2,413개 읍면동에서 설치되어 지역 내 유사시설 간 기능중복 문제가 있었으며, 주민자치센터의 프로그램이 부족하거나, 주민자치위원의 역할이 미흡하다는 점이 문제로 제기되었다. 이에 참여정부는 주민자치제도의 개선을 위해 읍·면·동 단위 주민자치기구의 활성화를 위한 방안에 관한 연구를 수행하고 주민자치센터를 주민자치 활동이나 지역주민의 문화·복지 향상 등을 위한 지역공동체 활동의 핵심 거점으로 조성하는 방향을 모색하고자 하였다.

3) 지방분권5개년 종합실행계획의 부처 주관과제

(1) 중앙행정권한의 지방이양

중앙행정권한의 지방이양은 「지방분권특별법」 제9조에 근거하고 있다. 지방이양추진위원회 발족('99) 이후 4,880개 사무를 발굴하고 20개 부처 소관 1,090개 사무이양이 확정되었으나 2004년 6월 당시 606개 사무는 법령개정 등 미완료 상태였으며, 사무이양과 연계한 재정 및 인력의 이관이 미흡하여 불만이 제기되었다. 뿐만 아니라 중앙부처의 적극적 협조가 부족하고, 단위사무 위주의 이양으로 자치단체 사무처리의 효율성을 제고하는 데 한계가 나타났다.

이에 참여정부는 지방일괄이양법령의 단계적 제정을 추진하고자 했다. 이양확정사무 중 법률의 개정이 필요한 사무(227개)를 중심으로 2004년 1차 일괄법을 제정하고, 기존 심의보류사무와 신규발굴사무를 2005년~2006년에 거쳐 2차 일괄법으로, 사무구분체계 개선 등에 따른 이양사무를 2006년~2007년에 거쳐 3차 일괄법으로 제정할 것을 계획하였다. 또한 재원과 인력의 병행 이관체계를 강화하기 위해 재원·인력의 산정이 가능한 이양사무는 개별적으로 이관하고, 단위사무별 재원과 인력의 산정이 곤란한 사무는 자치조직권의 강화나 지방교부세 법정율의 단계적 상향 조정 등의 포괄적 지원 방식으로 추진하는 방안을 제시하였다.

(2) 대도시특례제도 강화

대도시특례제도 강화는 「지방분권특별법」 제8조에 근거하고 있다. 해당 계획은 인구 50만 이상의 대도시에 대하여 행정·재정 운영 및 국가의 지도·감독상의 특례를 현행보다 강화하여 광역시와 인구 40만 이상 대도시 간 편차를 극복하는 것을 목적으로 한다. 전국대도시시장협의회의 연구결과와 관계부처와 관할도의 의견수렴 등을 거쳐 대도시 특례제도의 구체적인 개선방안을 마련하고 법령의 제·개정을 마련하며, 관계법령의 제·개정을 추진하는 것을 계획하였다. 또한 50만 미만의 대도시 특례 부여 문제의 해결방안 모색을 위해 인구 규모별 행정수요에 대응할 수 있는 특례제도의 도입을 검토하고자 했다.

(3) 지방분권화 지표개발 및 분권수준측정제도 도입

해당 계획은 「지방분권특별법」 제20조와 제21조에 의거하여 지방분권화 수준을 과학적이고 체계적으로 측정할 수 있는 지표를 개발하여 지방분권 과제의 효율적 실현과 지방분권 촉진방안을 마련하는 것을 목표로 하였다. 지방분권화 분석지표 개발 및 실태조사를 통해 자치단체별·분석지표별 지방분권화 수준 등을 측정하고 종합 분석한 데이터를 기초로 지방분권의 발전에 활용할 수 있는 체계를 구축하고자 하였다.

(4) 자치단체 관할구역 합리적 조정

해당 계획은 「지방분권특별법」 제10조에 따라 불합리한 관할구역의 현황을 일제조사하고 조정을 추진하는 것을 목적으로 하였다. 지역개발(택지·도로 등)이나 유수변경 등으로 인해 경계조정이 필요한 지역이 상존하고 있으나 자치단체의 지역이기주의나 선거의 영향 등으로 적극적인 조정의지가 미흡하고, 상급기관의 직권 조정도 지역주민의 반발과 지방자치정신을 위배할 소지가 있어서 자치단체의 관할구역을 조정하는 데 한계가 있었다. 이에 참여정부는 자치단체 관할구역의 합리적 조정은 자치단체 간의 합의를 원칙으로 하되, 원활한 합의가 어려울 경우에는 상급기관이 중재하거나 지방자치법에 의한 권고, 주민투표 등 다양한 방법을 강구하고, 시·도 간 경계조정은 행정자치부가 담당하며, 시·군·구 간은 시·도, 일반구 및 읍·면·동 간은 시·군·구의 책임하에 추진하도록 하였다.

(5) 지방분권특별법 제정

중앙집권체제가 더 이상 효율성을 가져오지 못해 국가 전체의 경쟁력이 저해되고 지식사회화, 세계화시대에 발맞춰 국가운영 패러다임을 분권형으로 전환할 필요성이 증대됨에 따라 참여정부는 지방분권특별법의 제정을 추진하였다. 지방분권특별법에서는 지방분권에 관한 방향을 제시하였으며, 국민이 체감할 수 있는 지방분권 모델을 제시함으로써 분권과제를 명확화하고 지방분권의 집중적·가시적 추진을 위해 법 효력기간을 설정하였다.

「지방분권특별법」은 2004년 1월 16일 공포·시행되었으며, 2004년 2월 17일 정부혁신지방분권위원회규정을 개정하여 동 위원회가 특별법상 기능을 수행하도록 하여 위원회의 지방분권 관련 위원 수 증원 등 분권기능을 강화하였다.

(6) 지방세의 신세원 확대

해당 계획은 「지방분권특별법」 제11조에 따라 새로운 과세대상을 발굴하여 추가함으로써 지방자치단체의 자주재원을 확충하는 것을 목적으로 한다. 지방분권에 따른 지방재정 수요증가에 탄력적인 대응이 어렵다는 문제의식하에 원자력과 카지노에 대한 지역개발세 과세 방안과 지방자치단체에서 건의하는 관광세 도입 및 지역개발세 세원 확충에 대한 연구를 지속적으로 수행하도록 하며, 담배소비세 인상방안 마련 몇 관계부처의 협의와 입법화를 추진하였다. 이와 더불어서 기타 신세원을 확대하는 방안에 대한 지속적인 협의와 연구를 추진하고자 하였다.

(7) 재산세와 종합토지세 과세표준 현실화

기존의 재산세 부과 시 시가를 반영하지 않아 지역 간 세부담 형평성의 문제가 제기되었으며, 상대적으로 적은 보유세로 인한 부동산 투기의 증가로 중산층·서민층의 부담이 가중되고 있어 참여정부는 재산세 및 종합토지세의 과제표준을 현실화함으로써 지방자치단체의 세수를 확충하고 동시에 보유과세의 적정부담을 실현하는 방안을 모색하였다. 이에 토지과세표준을 매년 3%씩 상향조정하고 2005년부터 공시지가의 50%를 적용하도록 법정화하는 방안을 계획했으며, 2004년부터 건물과세표준을 시가 반영방식으로 개선하여 2005년부터는 기준가격을 국세청 기준시가 수준으로 인상하고 세율을 조정하는 방안을 계획하고, 종합토지세를 지방세와 국세로 이원화하여 「종합부동산세」의 신설을 계획하였다.

해당 과제의 구체적인 추진방안은 다음과 같다. 먼저 건물과세표준의 현실화에 따른 세율체계 개편과 종합토지세 과세체계 이원화를 위한 연구를 추진하고, 과세표준 현실화 및 보유세제 개편안을 마련하고자 했다. 이후 지방세법 개정안을 마련하고 입법화를 추진하고자 했으며, 이를 토대로 종합토지세 과세표준을 개별공시지가의 50%로 적용하고자 했다.

이후 노무현 정부는 2005년 종합부동산세를 도입하여 부동산 가격의 안정을 도모하였다. 그러나 2008년 이명박 정부에 의하여 과세표준과 세율이 크게 완화되었다.

(8) 지방세 비과세 · 감면 축소

해당 계획은 「지방분권특별법」 제11조에 따라 불요불급한 비과세·감면을 축소하는 것을 목적으로 한다. 2002년 지방세수의 총액은 31,525,744백만 원이었으며, 비과세감면은 3,241,902백만 원으로 전체 지방세수의 10.3%를 지방세 비과세·감면액이 차지하고 있었다. 1995년 이후 지방세 비과세·감면액의 규모가 지속적으로 증가하는 추세로 나타났는데 국책사업에 지방세 감면제도가 다양하게 활용되면서 지방자치단체의 재원누수 현상이 발생하고 장기간 감면으로 인한 조세지원의 만성화와 기득권화가 우려됨에 따라 참여정부는 지방세 비과세·감면 축소 방안을 모색하였다.

이를 위해 지방세감면 관련 법령조항의 정비를 추진하고 국책과제의 관련법령 제·개정시 재원조달방법과 부담관계를 명확하게 규정하고자 했다. 또한 지방세 감면을 결정함에 있어 지방자치단체의 참여를 확대하고 지방세 감면분에 대한 국가의 재정지원 방안을 적극적으로 검토함과 동시에 지방세지출예산제도의 도입을 제시하였다.

(9) 지방예산편성지침 폐지 및 보완

해당 계획은 지방예산편성에 대한 과도한 기준 제시로 재정운영의 자율성을 저해하고 자치단체별 재정여건이 다양함에도 불구하고 획일적인 예산편성지침 운영으로 지역적 특성 반영이 미흡한 점을 개선하고자 했다. 이에 현행 지방예산편성지침 방식을 폐지하고 최소한의 특정경비 기준만 제시하고 예산과목분류는 법제화하여 예산통계 산출의 기축을 구축하는 방향을 제시하였다.

(10) 지방채 발행승인제도 개선

지방재정의 건전성을 유지하기 위해 지방채 개별발행 승인제도를 운영하고 있었으나 지방재정 운영의 자율성을 낮추고 승인절차에 따른 행정절차의 번거로움이 발생하여 지방채 발행승인제도 개선을 「지방분권특별법」 제11조에 의거하여 제시하였다.

구체적인 개선방향은 다음과 같다. 지방채발행 개별승인제도를 폐지하고, 자치단체별 연간 지방채발행의 상한기준을 설정하여 지방재정의 건전성을 해치지 않는 범위 내에서 지방의회의 의결을 받아 지방채를 자율 발행하도록 운영하는 방안을 계획하였다. 다만, 상한기준을 초과하여 발생하거나 외채를 발행할 경우에는 행정자치부 장관의 승인을 받도록 하였다. 또한 체계적인 채무운용관리 기준을 설정하여 상한기준 내에서 지방채가 남발되지 않도록 감채기금조례를 제정하는 등 적정채무관리를 도모하고, 지방재정분석과 연계하여 지방채무의 평가 후 중·장기채무운용의 방향 설정을 모색하였다.

(11) 지방양여금제도 개선

당시 5개 사업으로 구성된 지방양여금제도는 국고보조금 성격의 사업과 보통교부세 성격의 재원이 포함되어 있어 제도의 정체성에 문제가 존재했으며, 단위사업의 세분화로 자치단체의 자율성이 제약되었으며, 지방비 부담의 가중으로 재정력이 취약한 자치단체의 사업추진 애로 발생 등의 문제가 있었다. 이에 참여정부는 「지방분권특별법」 제11조에 의거하여 지방재정의 자율성·효율성 제고를 통한 지방분권을 실현하고 중장기 지방 SOC사업 추진을 통해 지역 간 균형발전을 도모하는 방향으로 지방양여금제도의 개선을 제안하였다.

구체적인 개편내용은 다음과 같다. 지방양여금을 사업 성격에 따라 각각 개편[9] 하였으며, 지방양여금법을 폐지(2005.1.1. 시행)하였다. 지방양여금은 폐지되고 균형발전특별회계로 전환되었다. 향후 제도의 폐지에 따른 부작용을 최소화하기 위해 시행 중인 지방도로 정비사업은 완공에 소요되는 재원을 지방교부세에서 별도로 보전하는 방안을 마련하였다.

(12) 지방재정 평가기능 강화

참여정부는 당시 예산편성 결과를 단편적으로 분석한 재정분석제도가 자치단체의 개선노력 반영과 정책적 개선 유인효과가 미흡하고 분석주체의 전문성 부족과 보상시스템 미비로 자율통제 기능이 취약하다고 보았다. 이에 「지방분권특별법」 제11조에 의거하여 지방재정 평가기능의 강화를 계획하였으며, 책임성 확보를 위한 재정평가시스템을 구축하고, 지방재정 평가의 객관성과 신뢰성을 확보할 수 있는 방안을 마련하며, 평가결과에 따른 인센티브나 페널티를 부여하는 등 강력한 보상시스템 구축, 재정평가 결과의 공개 등의 개선방안을 제시하였다. 이를 위해 재정분권 추진과 관련한 지방재정평가지표 및 기법을 개발하고 지방재정평가의 실효성 확보를 위해 법제화를 추진하고자 하였으며, 2005년 상반기에 개선된 지방재정평가제도의 시행을 계획하였다.

(13) 자치단체 복식부기회계제도 도입

자치단체 복식부기회계제도의 도입은 당시 현행 예산회계제도가 투명한 재정정보 제공과 효율적 재정운영, 미래의 재정상황 예측을 통한 재정 위기관리 기능이 미흡하고 시범운영 중인 복식부기의 전면 확대도입을 위한 지속적 보완의

9) 도로정비 및 지역개발사업은 지방교부세로, 수질오염방지는 고보조금으로 농어촌 지역개발사업·청소년육성사업은 국가균형발전특별회계로 개편하였다.

필요성에 따라 「지방분권특별법」 제11조에 의거하여 계획되었다. 해당 계획은 재무제표의 검증 및 전산시스템의 보완 등 제도의 안정적 정착 지원과 재무제표 분석 및 성과평가 방안 연구, 시범운영기관의 확대 등을 통해 추진하고자 했다. 2007년 10월 국가회계법의 개정에 따라 2009년 1월 1일부터 복식부기제도가 전면적으로 시행되었다.

(14) 자치단체 예산지출 합리성 확보

해당 계획은 「지방분권특별법」 제11조에 의거하여 지방재정운영의 자율성이 강화됨에 따라 예산집행에 시민사회와 지역주민의 참여 확대를 목적으로 하였다. 명예감독관제 등 다양한 주민참여제도의 도입을 확대하고, 예산집행의 책임성·독립성 제고를 위해 통합지출관제도의 도입을 검토하였다. 구체적으로 살펴보면 예산편성 및 집행과정의 주민참여의 제도화를 위해 「지방자치단체를 당사자로 하는 계약에 관한 법률(가칭)」의 제정을 추진하고 지방재정법에 통합지출관제도 도입근거를 마련하여 2006년부터 통합지출관제도를 시행하는 것을 계획하였다. 중앙정부에는 1999년 1월부터 시행되었으며 지방자치단체는 시범실시를 거친 후 2018년 1월 1일부터 전면 시행되었다.

(15) 재정운영 투명성 · 건전성 강화

지방재정의 투명한 운영을 위한 예산편성과정에 주민 참여를 확대하고, 사전적 재정관리제도의 효율적인 운영이 필요함에 따라 재정운영 투명성·건전성 강화 방안이 「지방분권특별법」 제11조에 따라 제시되었다. 2004년 "주민참여형 예산편성제도 도입" 지방예산편성지침으로 지방예산과정에 주민참여를 제도화하였고, 지방중기재정계획의 실효성 제고를 위해 국가와 지방의 각종 사업계획 및 국가재정운용계획과의 연계방안 마련과 지방재정 투자와 융자 심사의 내실화를 위한 심사기법 개발, 관련 규정 제정, 매뉴얼 개발 보급을 계획하였다.

주민참여예산은 2003년 광주광역시 북구에서 시작된 이후 2005년 지방재정법의 개정으로 제도적 근거를 갖게 되었다. 2005년 개정은 임의규정이었으나

2011년 강제규정으로 개선되었다.

(16) 자치단체 자체혁신체제 구축

해당 계획은 지방분권·정부혁신 등 국정목표의 구현을 위해 추진하고자 했으며, 구체적인 혁신프로그램 마련과 중앙과 지방 간의 유기적인 협력을 통한 자체혁신 추진을 목적으로 하였다. 이를 위해 참여정부는 지방자치단체의 혁신지원을 전담할 '지방행정혁신과'를 행정자치부에 설치하였으며, 중앙과 지방, 민간과의 적절한 역할 분담을 통해 효과적인 혁신체제를 구축하는 방향을 모색하고자 하였다.

(17) 지방공무원 교육훈련 혁신

당시의 지방공무원 교육훈련제도는 효율적이고 책임성 있게 운영되는 데 한계가 있었다. 인적자원개발(Human Resource Development, HRD)에 입각한 체계적이고 장기적인 교육훈련체제가 미흡한 수준이었으며, 주입식 교육으로 교육훈련의 효과가 저조했고, 중앙지침에 의한 획일적 교육계획 수립으로 지방자치단체에 필요한 지방인재 육성에 어려움이 있었다. 이에 참여정부는 교육훈련시스템의 근본적 혁신을 포함하여 지방공무원의 전문성 강화 및 능력발전방안을 마련하고자 했다. 구체적으로 지방공무원의 교육훈련과 관련하여 역할분담체계를 재정립하고, 민·관·학의 협력 강화를 통해 교육훈련기관을 다양화할 뿐만 아니라 수요자 중심의 교육훈련 여건을 강화하고 교육훈련 인프라를 확충하는 방향을 모색하고자 하였다.

(18) 지방공무원 인사제도 개선

지방자치가 본격적으로 실시되고 있으나, 직급체계·보수·수당 등 대부분의 지방공무원의 인사제도가 국가공무원 제도와 유사하여 국가와 지방은 물론 지방 간 차별성이 부족하여 지방의 독자성과 자율성을 제고하기에는 미흡한 수준이었다. 이에 참여정부는 국가공무원제도와 차별화된 독자적인 지방공무원의 인사제도 개선전략을 마련하는 방향을 모색하였다. 지방 공직분류체계를 개선하고 지방공무원의 사기증진 방안도 포함하여 추진하고자 했으며, 외국제도 및 국가공무원, 자치단체 간 실정 등에 대한 심층적인 검토를 수행하고, 다각적인 의견수렴 과정을 거쳐 개선방안을 마련하였다. 또한 전면실시에 따른 부작용 발생을 방지하기 위해 시범적으로 실시하는 방안을 강구하고 시범결과를 분석·보완하여 법제화를 추진하고자 하였다.

(19) 지방자치단체 인사공정성 제고

기존에도 인사운영의 공정성과 투명성을 높이기 위해 자치단체별 인사위원회를 구성·운영하고 있었으나, 공무원 중심의 위원구성과 형식적 심사 등의 문제가 있었고 일부 자치단체에서 인사의 공정성 및 중립성을 저해하는 사례가 발생함에 따라, 참여정부는 지방자치단체의 인사공정성을 제고하는 방향을 모색하고자 하였다. 이에 위원수를 당시 5~7인에서 7~9인으로 확대하고 외부위원의 위촉자격요건을 완화하며, 서면심의 가능범위를 명확하게 하여 인사위원회 심의기능의 내실화를 제고하는 등 인사위원회의 구성 및 운영을 개선하고자 하였다. 또한 평정비율 자율성 부여 및 교육훈련이수제를 도입하고 승진후보자 명부 순위의 정기적인 공개를 의무화함으로써 지방공무원의 평정제도를 개선하고 다면평가제의 운영을 보완하고자 하였다.

(20) 중앙-지방 간 인사교류 활성화

해당 계획은 「지방분권특별법」 제12조에 의거하여 중앙과 지방 간 인사교류의 활성화를 목적으로 한다. 당시 중앙과 지방 간 인사교류는 하위직의 고충처리를 중심으로 추진되었으며 상위직 대상의 정책적 교류는 저조하였고, 인사교류에 대한 법적 구속력도 미비하였다. 이에 참여정부는 중앙-지방 간 인적교류의 제도적 기반을 조성하고, 인적교류 활성화를 위한 체계적 인력관리 방안을 마련하고자 하였다. 이를 위해 자치단체와의 교류대상을 전 중앙부처로 확대 시행하고 신분보장이나 인사상 인센티브 등 인사교류 활성화를 위한 유인방안을 강구하고자 하였으며, 인사교류 D/B를 구축하고 인력풀(Pool) 관리체제 구축 등을 계획하였다.

(21) 주민감사청구제도 활성화

1999년 8월 지방자치법 개정으로 주민감사청구제가 도입되었으나, 청구요건·절차의 엄격성과 검사결과의 불신 등으로 활용실적이 미흡한 수준이었으며, 대부분 자치단체에서 청구인 정수를 낮췄으나 감사청구의 활성화를 위해서는 추가적인 조정이 필요하였다. 또한 감사청구의 절차와 관련하여 감사청구심의회 위원이 모두 지방자치단체의 공무원으로 구성되어 있어 청구주민의 의견이 제대로 반영되기 어려운 실정이었다. 이에 참여정부는 주민감사청구제도 활성화를 위해 주민감사청구인 정수를 낮추고 감사청구심의회에 외부전문가가 참여하도록 하며, 청구대표자의 의견진술권을 보장하고, 외부민간인이 감사에 참여하게 하는 등 주민감사청구제도 운영을 개선하는 방안을 모색하였다. 또한 해당기관이나 상급기관의 선택적 청구방안, 선해당기관 감사 후 상급기관 감사방안 등 자율통제 기능을 강화하는 방안도 고려하였다.

(22) 주민소송제도 도입

민선자치 실시 이후 지방재정을 운영하는 과정에서 자치단체장의 선심성 사업추진 등 방만한 재정운영에 따른 지방재정의 어려움 가중, 각종 부패·비리 상존 등의 문제점이 대두되었다. 그러나 행정내부의 통제와 감시, 자율적 시정노력은 미흡한 수준이었다. 지방행정의 민주성과 책임성을 향상하고, 재무행정의 적정한 운영을 위해 주민에 의한 민중소송제도의 도입 필요성이 제기되었다. 이에 참여정부는 자치단체의 위법한 재무회계행위를 주민이 자기의 권리와 이익에 관계없이 시정을 법원에 청구할 수 있도록 하는 주민소송제의 도입을 계획하였다. 2005년 주민소송제도를 도입하고 2006년 1월 1일부터 시행되었다.

주민참정권 확대를 위해 도입되는 목적은 달성하면서 소송법체계의 혼란을 방지하고자 지방자치법의 개정을 통해 추진하고자 하였다. 또한, 제도도입으로 인한 지방행정의 혼란을 예방하고, 법원의 부담 완화, 행정 내부의 자율적 통제 및 전문성 등을 고려하여 필수적 주민감사청구전치주의를 채택하고자 했다. 이와 더불어서 빈번한 소송제기로 인해 지방행정이 위축되거나 정치적 목적으로 악용될 가능성, 소송 남발 등의 폐해를 최소화할 수 있는 방안도 마련하고자 하였다.

(23) 주민소환제도 도입

주민소환제도의 도입은 「지방분권특별법」 제14조에 의거하여 선거직에 대한 주민의 자율통제기능을 강화하고, 자치행정 전반에 걸쳐 효율성과 적법성을 제고하는 것을 목적으로 한다. 민선자치의 실시 이후 자치단체장에 대한 실질적 제재수단이 부재하였으며, 지방의원의 경우에는 지방의회 의결을 통한 자격심사·징계 등 제도적 장치는 마련되어 있으나 실제 활용 사례는 미미하였다. 참여정부는 주민소환제 도입방안에 대한 연구를 수행 및 검토하고 공청회 등을 통해 다각적으로 의견을 수렴하여 관련 입법을 추진하였다. 또한 정치적 악용, 지역분열, 지방행정의 불안정 등 예상되는 문제를 최소화하기 위한 보완장치를 마련하는 방안도 모색하였다. 2006년 5월 주민소환제에 관한 법률이 신규로 제정되어 2007년 7월부터 시행되고 있다.

(24) 자치단체에 대한 평가제도 개선

「정부업무 등의 평가에 관한 기본법」 제정(2001년 1월) 이후 매년 시·도에 대한 합동평가를 실시하고 있었으나, 대상과제가 단편적이고 경미한 시책 위주로 편성되어 있어 지방자치단체가 추진하고 있는 국정시책에 대한 포괄적·종합적인 평가가 미흡하였다. 부처별 개별평가로 인한 부담 가중으로 자치단체에서 불만을 제기하였으며, 지방자치단체의 자체평가는 평가기법이나 경험 등 평가역량이 부족함과 동시에 단체장의 무관심 등으로 그 실효성이 부족하였다. 이를 해소하고자 참여정부는 자치단체에 대한 평가 제도를 개선하고자 하였다. 우선, 자치단체 합동평가의 실효성을 확보하기 위해 대상과제를 지방자치단체가 수행하는 대표적인 국정 주요시책 중심으로 개편하고 개별평가를 최소화하며, 주요 개별평가 결과의 합동평가 연계 등을 추진하고자 했다. 또한 지방자치단체의 자체평가제도의 조기 정착을 위해 평가지표 및 기법을 개발하고 보급하고자 하였으며, 관련 공무원들을 대상으로 하는 교육의 실시 등을 검토하였다. 마지막으로 지방자치단체의 평가제도 개선에 따른 관련 법률의 개정을 검토하고자 했다.

(25) 조례 제 · 개폐청구제 개선

1999년 지방자치법의 개정으로 조례 제·개폐청구제가 도입되었으나, 청구 대상의 제한, 엄격한 청구요건, 서명수집의 어려움 등으로 인해 활용실적이 저조하였으며, 주민소환조례 등 상위법에 위배된 청구, 편법 서명수집, 개인정보의 유출 등 제도운영상의 문제가 발생하였다. 참여정부는 본질적인 지방의회 권한을 침해하지 않는 범위 내에서 주민의 입법참여를 활성화할 수 있는 방향으로 제도를 개선하고자 하였으며, 이를 위해 청구인 수의 완화, 위법조례 청구제한, 개인정보 유출에 따른 벌칙 마련 등을 계획하였다. 이 제도는 2019년 문재인 정부가 주민조례직접청구제도로 발전시켜 직접 발안제도를 30여 년 만에 지방자치법 전부 개정안에 포함하였다.

(26) 자원봉사활동 장려 · 지원

자원봉사활동에 대한 국민들의 관심과 참여영역이 확산되는 추세에 있었으나, 자원봉사활동을 권장하고 육성할 수 있는 법적·제도적 뒷받침이 미흡한 실정이었다. 이에 참여정부는 자원봉사활동기본법의 제정을 통해 자원봉사국가기본계획을 수립하고, 국가 및 자치단체의 책무규정과 자원봉사자에 대한 보호규정을 수립하며, 민관파트너십과 지역자원봉사 인프라를 구축하고자 하였다. 또한 실시간 자원봉사 활동 정보를 인터넷을 통해 제공하고, 자원봉사 관련 기관·단체 간 정보 및 자원공유, 자원봉사센터 운영실태 진단 등을 통해 자원봉사센터의 운영 활성화를 도모하고자 하였다.

(27) 지역 내 전문가의 정책과정 참여 확대

해당 계획은 지역자치단체 내 위원회 참여에 관한 문제와 지방의 정책결정 과정에 대한 시민단체 참여 지원에 관한 내용을 포함하였다. 우선 지방자치단체 내 위원회 참여의 경우, 당시 지방자치단체 내 위원회가 지방자치단체의 필요와 관계없이 법령에 의해 의무적으로 설치되어 형식적으로 운영되어 낭비를 초래하고 있었고, 지역 내 전문가가 다수의 위원회에 중복 위촉되거나 지방의원이 과다하게 위원회에 참여하고 있었다. 이에 참여정부는 위원회 설치시 존치기간을 명시하고 유사기능을 통·폐합하며 위원공모제를 확대 도입하고 동일인의 2개 이상의 위원회에 중복위촉되는 것을 지양하고자 했다. 이와 더불어서 전문가 정책모니터단을 구성하고 지방의회 전문가풀(pool)제도를 운영하여 지방자치단체 내 위원회 참여의 문제를 개선하고자 하였다.

다음으로 지방의 정책결정 과정에 대한 시민단체 참여 지원의 경우 주민자치의 실현을 위해 필수적인 시민단체의 적극적인 지방행정 참여가 전문성이나 재정력의 취약 등으로 어려움을 겪고 있으며, 시민단체의 등록정보가 신속하게 전파되지 못해 자치단체의 정책결정과정에 시민단체가 참여하기 어려운 점을 개선하기 위해 계획되었다. 이를 위해 참여정부는 주민과의 이해관계가 높은 사안에 대하여 외부 전문가를 활용 시 시민단체에 위탁하거나 공동수행을 하게 함으로써 NGO의 정책참여 기반을 구축하고, 시민참여가 확대될 수 있는 분야에 대한 지원사업을 지속적으로 추진하고자 하였다. 또한, 홈페이지를 통해 비영리민간단체 등록현황을 실시간 조회할 수 있도록 D/B를 수시로 업데이트하고자 노력하였다.

(28) 주민투표제도 도입

주민투표제도의 도입은 주민참여 정치를 제도화해 지역 정책결정의 민주성과 합리성을 제고하기 위해 「지방분권특별법」 제14조에 따라 계획되었다. 2004년 1월 29일 주민투표법이 공포되었으며, 당해 7월 30일부터 시행되었다. 주민투표사무관리는 관할 선거관리위원회가 담당하고 투표권자는 20세 이상의 주민이다. 주민투표의 대상은 금지대상 외 자치단체 조례로 포괄적으로 규정하였고, 주민투표의 실시단위는 관할구역 전체단위의 실시를 원칙으로 하며, 1/3이상의 투표와 투표인 과반수의 찬성을 통해 결과가 확정되도록 하였다

(29) 중앙-지방정부 간 협력체제 강화 · 협의조정기능 강화, 자치단체의 국정참여 활성화 등

해당 계획은 지방4대협의체의 역할 및 활동확대를 위한 행·재정의 지원과 사무국의 전문성을 보강할 필요가 있으며, 지방에 관한 정책결정과정에서의 지방대표의 참여 장치가 미비한 점을 해소하기 위해 계획되었다. 중앙-지방정부 간 협력체제 강화의 일환으로, 지방정부가 국정에 참여하고 협력하면서 중앙이 지방의 의견을 종합적으로 수렴할 수 있는 제도적 장치를 마련하고, 중앙정부 위주의 행정체계를 중앙-지방 간 협력 체제로 전환하여 국가발전의 동반자의 역할을 도모하고자 하였다.

(30) 지방정부 간 협력체제 강화

해당 계획은 조합제도 활성화 등 자치단체 간 협력강화와 특별지방자치단체의 도입이라는 두 개의 방향으로 계획되었다. 우선 조합제도 활성화 등 자치단체 간 협력강화의 경우, 당시 자치단체 간 협력방식으로 지방자치단체조합의 효용성과 중요성이 부각되고 있었으며, 자치단체 간 협력제도의 활성화를 위한 개선방안 수립의 필요성이 높아졌다. 이에 참여정부는 조합 설립·운영상에 나타난 문제점을 개선하고 지방자치단체조합의 기능강화를 위한 제도개선 방안을 마련하여 지방자치단체조합 제도의 개선을 추진하고자 했으며, 다양한 협력시스템을 구축하여 자치단체의 갈등을 사전에 예방하고 해소하는 기능을 강화하고자 했다.

특별지방자치단체의 도입의 경우, 「지방자치법」에 특별지방자치단체의 설치근거는 마련되어 있으나, 하위법령의 미비로 현실적인 설치요구의 수용이 불가능하였으며, 기초자치단체의 규모 확대로 광역행정 수요가 상대적으로 낮아 도

입 활성화에 장애를 겪고 있었다. 이에 참여정부는 새로운 제도도입의 필요성을 검토하고 점증하는 광역행정수요의 효율적 처리를 위해 '특별지방자치단체' 제도의 도입을 추진하고자 했다. 또한 지방자치단체조합의 법적지위를 명확하게 하기 위해 지방자치법 관련조항을 개선하고자 하였으며, 특별지방자치단체의 도입이 필요한 분야 및 유형을 정확히 파악하여 보통지방자치단체와의 관계, 지방의회의 관여 및 주민참여 범위 등을 설정하는 것을 계획하였다.

(31) 중앙-지방, 지방 간 분쟁조정기능 강화

1995년 민선 이후 자치단체 관련 분쟁은 증가하고 있으나 자치단체의 분쟁을 예방하고 해결하기 위한 역량의 부족으로 효과적인 대응이 곤란하였으며, 당사자의 신청이 있을 경우에 분쟁조정기구를 운영하는 등 사후적이고 소극적인 분쟁해결에 치중해왔다. 이에 참여정부는 중앙-지방, 지방 간 분쟁조정기능을 강화하는 방안을 모색하고자 했다. 이를 위해 행정협의조정위원회의 직권상정권 및 이행강제수단을 확보하는 등 분쟁조정기구의 기능강화를 위한 제도개선을 추진하고자 했으며, 적극적·능동적 분쟁조정활동을 전개하고자 했다.

제5절 노무현 정부 지방분권 추진과제별 추진성과

1. 중앙-지방 간 권한 재배분

1) 행정사무의 구분체계의 개선

47개의 과제 중에서 지방분권 추진 로드맵에서 제시한 추진 일정이 수정된 것을 중심으로 논의하면 다음과 같다. 정부혁신지방분권위원회가 주관하는 행정사무 구분체계의 개선은 기관위임사무의 폐지와 정비, 자치사무에 대한 중앙정부의 관여방식 개선과 관련된 것으로서 이를 위한 법령정비 작업을 2004~2008년 내에 하는 것으로 계획되었다(정부혁신지방분권위원회, 2008).

2005년 5월 행정자치부는 사무구분체계의 개선방안을 검토하였고 2005년 9월 사무구분체계의 개선을 위한 주요 논점을 분석하였다. 법령정비 작업에 앞서 행정자치부는 2005년 12월 지방분권 TF협의회에 추진계획을 서면으로 보고하였다. 추진계획에 따르면, 사무배분법을 제정하여 현재의 기관위임사무를 폐지하고 국가사무, 국가관여지방사무, 자치사무로 재편할 계획이었다. 행정사무의 재편작업은 일본의 사례에서 보듯이 지방분권 개혁의 상징성을 갖는 과제라고 할 수 있다. 그러나 많은 노력에도 불구하고 노무현 정부 기간 내에 행정사무의 구분체계에 대한 제도적 개선은 이루어지지 않았다.

행정사무의 구분체계에 대하여 기획단을 구성하여 해외사례를 참고로 하는 개선방안의 제시가 이루어졌다. 하지만 학계, 실무가 및 정치권의 합의가 이루어지지 않아 가시적인 성과로 이어지지 않았다. 즉, 추진상황이 예정대로 이루어지지 않았다는 점이 노무현 정부가 역점을 두고 추진하였던 지방분권 개혁의 체감도를 떨어뜨리는 원인 중 하나가 되었다. 사실 행정사무의 구분은 과제의 상징성을 고려하여 보다 강력하게 추진하였어야 할 과제 중의 하나였다. 일례로 일본의 지방분권이 기관위임사무의 폐지에 초점을 맞추었던 점은 우리에게도 매우 큰 시사점으로 작용한다.

이처럼 기관위임사무의 폐지가 이루어지면 이에 따라 재정적 지원이 병행되어야 한다. 노무현 정부 시절 기관위임사무의 폐지가 이루어지지 못한 데에는 기관위임사무가 지방의 고유사무로 전환되면서 관련된 재정적 조치가 이루어지지 않아 지방의 재정적 부담만을 가중시킬 위험성이 있기 때문이었다(양영철 외 7, 2016).

2) 중앙행정권한의 지방이양

중앙행정권한의 지방이양작업은 정부혁신지방분권위원회가 추진하는 것이 아니라 지방이양추진위원회가 추진하여 왔다. 2003년 2월 노무현 정부가 출범한 이후 지방이양추진위원회는 2003년부터 2007년 9월까지 지방이양 사무를 확정하고 이를 각 부처가 실행에 옮기는 과정을 감독하였다.

표 3-3 연도별 지방이양 확정 및 완료건수

	03년	04년	05년	06	07년 9월	총계
확정건수	478	53	203	80	55	869
완료건수	164	204	436	43	102	949

출처: 정부혁신지방분권위원회(2008), p. 422

2003년 2월 27일 개최 이후 지방이양추진위원회는 상기 〈표 3-3〉에서 보는 바와 같이 총 869건의 사무를 지방으로 이양할 것을 확정하고 총 949건의 사무를 이양하였다. 노무현 정부 임기 내에 총 973개의 사무가 지방으로 이양되었다. 이와 같이 지방이양추진위원회가 많은 사무를 이양하였으나, 사실 지방정부가 요구하는 사무분야에 대해서는 소극적이었으며 지방정부가 별로 관심이 없는 사무만 이양하는 경향이 강했다(이기우, 2007a). 따라서 지방이양추진위원회의 과제추진은 다소 미흡한 것으로 평가된다. 관련 기구의 활동을 위한 예산의 부족, 중앙부처의 이기주의에 기인한 참여의 부족, 사무 위주의 이양으로 체감도가 떨어진 것 등이 그 원인이었다.

그럼에도 불구하고 제주특별자치도를 설치하고 제주특별자치도에 대하여 1차, 2차에 걸쳐 1,500여 개의 사무를 이양할 것은 특기할 만하다. 지방분권의 선도적 실험으로서 제주특별자치도의 성공 여부는 향후 지방분권에도 적지 않은 영향을 미칠 것으로 보인다. 그 외에도 향후 지방분권특별법에서 규정하고 있는 일괄이양이 이루어질 수 있도록 하는 제도화가 실현되어야 한다. 정치개혁특별위원회의 경우처럼 국회 내에도 지방분권특별위원회를 설치하기 위한 정치권과의 논의는 지금까지도 이어지고 있다.

3) 대도시특례제도의 강화

당시 우리나라에는 인구 50만 이상의 대도시가 12개[10] 있었다. 이들 대도시의 행정효율성과 자율적인 경쟁력 제고를 위하여 대도시특례제도의 강화가 새로 추가되었다. 2004년 1월 지방자치법의 개정으로 대도시 특례규정을 마련하였다.

행정자치부는 2004년 3월 대도시 특례연구에 대한 용역을 발주하였고 2004년 10월 대도시 특례제도 개선을 위한 추진계획을 수립하였다. 2004년 11월 2회에 걸쳐 국회의원, 시장과의 간담회를 개최하였다. 2004년 12월 연구용역 결과에 기초하여 관련 부처 및 도와 협의를 완료하였다.

2005년도 상반기까지 관계부처의 협의 및 법령 제·개정안이 마련되도록 예정되었다. 2005년 행정자치부는 대도시특례제도개선에 관한 추진계획을 수립하였으나, 그 후에는 별다른 진전사항이 없는 실정이다. 도 권한의 지방이양 대상사무 45건, 국가사무 위임사무 중 기타 특례 42건 가운데 대도시로 이양된 건수는 15건에 불과하였다. 이 중에서도 13건은 행정자치부 소관업무이며 문화관광부 소관업무가 2건이다. 2004년 12월 대도시특례의 대상으로 87건을 발굴하였으며 이 중에서 2006년 12월 30건을 부여하였다.

4) 제주특별자치도의 추진

정부혁신지방분권위원회가 주관하는 제주특별자치도가 추진되어 2005년도 상반기까지 자치계층개혁안 및 제주특별자치도의 기본계획을 수립하도록 되어 있었다. 제주특별자치도의 개념은 자치계층, 자치입법, 자치조직, 자치재정 등에 있어서 포괄적인 특례를 부여하는 것이다.

2005년 7월 국무총리 산하에 추진기획단이 발족되어 제주특별자치도를 위한 제도적 작업이 수행되었다. 2005년 7월 제주도에서는 자치계층개혁안에 대한

10) 현재 수원, 창원, 고양, 용인, 성남, 청주, 부천, 화성, 남양주, 안산, 전주, 천안, 안양, 김해, 포항, 평택 등이 포함된다.

주민투표가 실시되어 기초지방정부를 폐지하는 것으로 주민들의 의견이 수렴되었다.

종전에 비하여 파격적인 내용을 담은 제주특별자치도의 행정체제와 정치행정 권한에 관한 각각의 법률이 마련되었다. 대표적인 특징으로는 2층제의 제주도를 단층제로 전환하고 지방정부의 장 및 교육감을 직선으로 선출하는 등의 내용을 담고 있다. 지방분권 추진 로드맵에는 포함되지 않았던 과제이나, 노무현 정부의 지방분권 개혁의 상징성을 띠는 과제로 부상하였다.

우여곡절을 거쳐 「제주도 행정체제 등에 관한 특별법(제주도 행정체제법)」과 제주특별자치도의 자치권 및 핵심산업의 육성을 위한 「제주특별자치도 설치 및 국제자유도시 조성을 위한 특별법(제주특별자치도법)」에 의하여 2006년 7월 1일 제주특별자치도가 출범하게 되었다. 노무현 정부가 추진하였던 가장 큰 지방분권의 성과 중 하나이다(김순은, 2007a; 이기우, 2007b). 제주특별자치도는 자치의정, 인사 및 조직권, 주민참여제도, 자체 감사제도 등 지방제도의 특례가 인정되었다. 교육감의 직선도 포함되었다. 선도적인 제주특별자치도의 사례는 몇 가지 제도적 측면에서 전국으로 확산되는 계기가 되었다. 직선제 교육감은 제주특별자치도에서 실시된 이후 곧 전국으로 확산되었다. 주민참정제도 중 하나인 주민소환제도도 제주도에 도입된 이후 4개월 만에 지방자치법에 포함되었다.

제주특별자치도의 출범 이후 현재까지 총 5회에 걸친 권한이양이 이루어진 상태이다. 제1단계 이양은 2006년 2월 1,062건, 제2단계 이양은 2007년 8월 278건, 제3단계 이양은 2009년 3월 365건, 제4단계 이양은 2011년 5월 2,134건, 제5단계 이양은 2015년 7월 698건에 걸쳐 이루어졌다(양영철 외7, 2016).

5) 자치교육제도의 개선

정부혁신지방분권위원회가 주관하는 자치교육제도는 교육의결기관의 일원화와 시도교육감의 직선을 기본 내용으로 하고 있다. 2003년 7월 지방교육자치제도를 위한 기획단이 구성되었고 그 이후 전교조, 한국교총 등 교직단체의 의견을 수렴하기 시작하였다.

2004년 10월 지방교육행정제도 개선을 위한 자문회의를 구성하여 운영하였고 같은 달 지방교육행정제도 개선을 위한 토론회를 개최하였다. 2004년 12월 이후 지방교육행정제도 개선방안을 위한 공청회가 3회에 걸쳐 실시되었다. 2004년 국무총리를 중심으로 정부안이 확정되었다. 정부안의 중요 내용은 독립의 교육위원회를 지방의회의 산하 위원회로 전환하고 교육감을 직선하는 것이었다.

그러나 2005년 상반기에서 2006년도 상반기로 법제화 및 실시준비가 연기되었다. 이해당사자들의 상이한 의견으로 합의안을 도출하는 데 많은 어려움이 나타났다. 교육계 종사자, 야당, 교직단체, 지방정부의 장 등의 의견이 상이하여 매우 복잡한 정치과정을 보인 과제 중의 하나이다.

2005년 4월 지방교육자치법 개정안이 국회에 제출되어 논의되었다. 이외에 2개의 야당안을 포함하여 7개의 의원입법이 동시에 발의되었다. 다양한 안을 중심으로 논의가 되던 중 2006년 7월 국회의 의결을 거쳐 정부안에 따른 지방교육자치제도가 개시되었다. 물론 그 이전에 제주특별자치도에도 자치교육제도가 시범적으로 실시되었음은 앞 절에서 논의하였다.

노무현 정부가 추진한 지방교육자치의 목표는 일반행정과 교육행정 중 관리분야를 일원화하는 것으로서 교육위원회와 지방의회의 통합, 교육감의 직선으로 개선이 이루어졌다.

6) 자치경찰제도의 도입

정부혁신지방분권위원회가 주관하는 자치경찰제도는 지방정부의 지역 치안에 대한 책임과 역할을 강화하는 것으로 지역 특성에 부합하는 치안서비스를 제공하는 것을 목표로 하고 있었다. 지방분권 추진 로드맵에서는 2005년도 하반기에 자치경찰제도를 실시하도록 되어 있었으나, 지방분권 5개년 종합실행계획에서 2005년도 하반기부터의 시범실시로 수정되었다.

정부혁신지방분권위원회의 산하에 자치경찰특별위원회를 설치하여 자치경찰제도의 도입을 추진하였다. 또, 자치경찰특별위원회 산하에 자치경찰 TF를 설치하여 자치경찰제도안을 마련하였다. 정부 내에서는 관련 기관들이 합동으로 자치경찰제실무추진단을 구성하였다. 2004년 9월 첫 토론회를 거쳐 자치경찰제도에 관한 의견을 수렴한 후 정부안이 마련되었다.

당시 자치경찰제도는 크게 주민생활중심의 자치경찰안, 광역단위 경찰위원회안, 기초단독 자치경찰안이 제시되었다. 2005년 11월 자치경찰법안이 국회에 제출되었다. 자치경찰제도는 지방정부의 자율성을 보장하고 지방행정과 치안행정의 연계성을 제고하는 틀 위에서 마련되었다. 법안의 주요 내용은 국가경찰과는 별개의 자치경찰을 창설하여 주민생활에 밀접한 치안서비스를 수행하는 것이었다. 시장·군수·구청장 산하에 자치경찰대를 설치하는 것이 가장 중요한 부분이었다. 자치경찰대가 수행하는 치안사무는 방범순찰, 사회적 약자 보호, 교통안전 및 단속, 기초질서 유지, 지역시설·행사경비 등이었다(정부혁신지방분권위원회, 2008).

그러나 자치경찰의 실질적 내용이 원래의 계획에 미치지 못하는 부분도 있다. 그런데도 국회의 논의는 크게 진전을 보지 못하고 제주특별자치도에만 시범적으로 실시되고 있는 실정이다.

7) 특별지방행정기관의 정비

정부혁신지방분권위원회가 주관하는 특별지방행정기관의 정비 계획은 정부혁신과 지방분권의 관점에서 추진되는 대표적인 사업이다(김순은, 2004b). 지방정부와 특별지방행정기관이 수행하는 기능이 중복되는 경우 이를 통합하여 행정의 통합성, 효율성, 자율성을 제고하려는 목적에서 추진되는 과제이다. 본 과제는 단계별 추진계획으로 수정되어 제1단계 정비방안이 2005년도 상반기까지 완료되도록 계획되어 있었다. 이를 위하여 2005년 상반기에 정비방안을 마련하고 관련 법령을 정비하며, 재원과 인력의 이관 등 후속조치가 2005년 하반기에 추진되도록 계획되었다. 제2단계 정비계획으로는 2005년 중 정비계획을 마련하고 2006년 하반기에 후속조치를 추진하는 것이었다.

그러나 실질적인 추진실적은 제1단계 정비방안만을 마련하는 수준에 그쳤다.

2005년에 추진하도록 계획이 되었던 관련 법령의 개선 등 후속조치, 신설·억제 등의 근거 마련, 제2단계 정비방안에 대한 실적은 없다고 할 수 있다.

특별지방행정기관의 기능조정과 관련하여 지방분권TF협의회는 식품의약품 안전청, 국토관리청, 환경청, 중소기업청 등의 기능을 우선적으로 지방으로 이양하는 전략을 수립·추진하였다. 그러나 실적은 매우 미미한 편이다. 다만 제주특별자치도에만 부분적으로 특별지방행정기관의 일부 기능이 이관된 정도이다. 제주지방국토관리청, 제주지방해양수산청, 제주지방노동위원회, 제주환경출장소, 제주보훈지청, 제주지방중소기업청, 광주지방노동청 제주지청 등 7개의 특별행정기관이 제주특별자치도로 이관되었다.

8) 분권 지표개발 및 분권 수준의 측정

정부가 추진하는 지방분권의 추진상황을 평가하기 위한 지표개발 및 분권 수준의 측정제도 역시 계획되었다. 2004년도 말까지 분석지표의 개발이 완료되고 2005년도 전반기에 실태조사를 하도록 계획되어 있었다. 2005년 상반기에 활용지표를 최종적으로 확정하는 것으로 예정되어 있었다.

2005년 10월 지방분권지료의 활용방안을 확정하고 시범측정을 개시하였다. 국가 전체적으로 활용이 가능한 지표 18개와 체감지수를 나타내는 주민만족도를 포함하여 측정대상을 확정하였다. 2005년 12월 시범측정 및 정부혁신지방분권위원회에 보고하였다. 이는 정부 측에 의하여 완료된 과제로 분류되었다.

노무현 정부가 개발한 지방분권의 양과 질을 평가하는 분권지표는 인사·조직, 사무배분, 재정분야 등 3개 분야에서 39개의 지표가 사용되었다. 이는 아래 〈표 3-4〉와 같다.

표 3-4 분야별 지방분권 측정지표

<table>
<tr><th colspan="2">분야</th><th>분석차원</th><th>측정지표</th><th>검토결과</th></tr>
<tr><td rowspan="8">조직인사</td><td rowspan="6">국가전체</td><td rowspan="3">국가와 지방 간 인적자원 배분</td><td>전체공무원 대비 지방공무원 비율</td><td>활용</td></tr>
<tr><td>자치단체 소속 4급 이상 공무원 중 국가공무원이 아닌 비율</td><td>활용</td></tr>
<tr><td>국가공무원 비율의 국가 간 비교</td><td>장기검토</td></tr>
<tr><td rowspan="2">국가일선기관의 비중</td><td>전체국가공무원 중 특별지방행정기관 공무원이 아닌 비율</td><td>활용</td></tr>
<tr><td>전체특별지방행정기관 공무원 정원 중 지방이양 가능한 9개 분야 특별지방행정기관 공무원이 아닌 비율</td><td>활용</td></tr>
<tr><td>조직 · 인사에 대한 국가의 관여</td><td>중앙의 승인이 없이 설치되는 조직·정원의 비율</td><td>활용</td></tr>
<tr><td rowspan="2">부처별</td><td>부처별 국가와지방 간 인적 자원의 배분</td><td>분야별 지방공무원 비율</td><td>활용</td></tr>
<tr><td>부처별 국가일선기관의 비중</td><td>부처별 특별지방행정기관의 공무원이 아닌 비율</td><td>활용</td></tr>
<tr><td rowspan="17">사무배분</td><td rowspan="8">국가전체</td><td rowspan="6">국가와 지방 간 사무배분</td><td>전체사무수 대비 지방사무의 수 비율</td><td>활용</td></tr>
<tr><td>전체사무수 대비 자치사무의 수 비율</td><td>활용</td></tr>
<tr><td>전체위임사무의수 대비 자치사무로 전환된 비율</td><td>활용</td></tr>
<tr><td>전체공동사무의수 대비 자치사무로 전환된 비율</td><td>활용</td></tr>
<tr><td>국가사무의수 대비 위임사무로 전환된 비율</td><td>장기검토</td></tr>
<tr><td>국가사무의수 대비 공동사무로 전환된 비율</td><td>장기검토</td></tr>
<tr><td>사무배분의 내실화</td><td>중앙·지방 간 사무배분과 인력배분의 연계정도</td><td>장기검토</td></tr>
<tr><td>국가의 관여</td><td>전체 사무 중 중앙의 협의·인가없이 처리 가능 사무</td><td>활용</td></tr>
<tr><td rowspan="9">부처별</td><td rowspan="7">부처별 국가와 지방 간 사무배분</td><td>전체사무수 대비 지방사무의 비율</td><td>활용</td></tr>
<tr><td>전체사무수 대비 자치사무의 비율</td><td>활용</td></tr>
<tr><td>전체위임사무의수 대비 자치사무로 전환된 비율</td><td>활용</td></tr>
<tr><td>전체공동사무의수 대비 자치사무로 전환된 비율</td><td>활용</td></tr>
<tr><td>전체국가사무의수 대비 위임사무의수 비율</td><td>장기검토</td></tr>
<tr><td>전체국가사무의수 대비 공동사무의수 비율</td><td>장기검토</td></tr>
<tr><td>사무의 배분과 인력배분의 연계정도</td><td>장기검토</td></tr>
<tr><td>부처별 사무배분의 내실화</td><td>사무배분과 재정배분의 연계정도</td><td>장기검토</td></tr>
<tr><td>부처별 국가관여</td><td>전체 사무 중 중앙의 협의없이 처리할 수 있는 사무</td><td>활용</td></tr>
<tr><td rowspan="14">재정</td><td rowspan="14">국가전체</td><td rowspan="4">지방자치단체지출</td><td>GDP 대비 자치단체 지출비율</td><td>활용</td></tr>
<tr><td>총 정부지출 대비 자치단체 지출비율</td><td>활용</td></tr>
<tr><td>GDP 대비 지방지출의 국가 간 비교</td><td>장기검토</td></tr>
<tr><td>정부지출 대비 지방지출의 국가 간 비교</td><td>장기검토</td></tr>
<tr><td rowspan="4">지방자치단체세입</td><td>총 정부세입 대비 지방세 비율의 국가 간 비교</td><td>장기검토</td></tr>
<tr><td>지방자치단체 자주재원 비율의 국가 간 비교</td><td>장기검토</td></tr>
<tr><td>총 정부조세수입 대비 지방세 수입비율</td><td>활용</td></tr>
<tr><td>총 정부세입 대비 자치단체 세입비율</td><td>활용</td></tr>
<tr><td rowspan="4">지방재정운영 재량성</td><td>전 지방세목 중 탄력세율을 적용 가능 세목수</td><td>활용</td></tr>
<tr><td>총 국고보조금 중 포괄보조금 비율</td><td>활용</td></tr>
<tr><td>총 지방채 중 중앙의 승인 없이 발행한 지방채 비율</td><td>활용</td></tr>
<tr><td>자치단체 일반회계예산중 자주적 사용 비율(신설)</td><td>활용</td></tr>
<tr><td>부처별 지출</td><td>부처별 지출 대비 특별지방행정기관 지출비율</td><td>활용</td></tr>
<tr><td>부처별 지방재정운영의 재량성</td><td>부처별 총 국고보조금중 포괄보조금 비율</td><td>활용</td></tr>
</table>

출처: 정부혁신지방분권위원회(2008), pp. 220-221

9) 지방정부 관할구역의 합리적 조정

생활권역의 변화 및 지역개발 등으로 행정관할 구역과 주민의 생활권이 일치하지 않는 지방정부의 관할 구역에 대한 조정계획도 추가되었다. 2005년도 상반기까지 경계의 조정을 추진하도록 되어 있다. 2005년 6월 시·군·구간 11개소, 읍면동 66개소 등 제1단계 경계 조정을 마무리하였다. 정부는 이를 완료된 과제로 분류하였다.

10) 지방분권특별법의 제정

2003년 12월 지방분권법을 제정하여 이에 기초한 지방분권의 추진체제가 출범하였다. 2008년까지 한시법으로 제정된 지방분권특별법은 많은 한계가 있었음에도 불구하고 지방분권의 새로운 원칙과 추진체제 및 과제를 명시하였다는 데에 의의가 있었다.

1999년 이후 우리나라의 지방분권은 단위사무의 지방이양이라는 방식이라는 매우 보수적인 접근방식을 채택하였다. 이에 비하여 지방분권특별법은 포괄성의 원칙, 선분권 후보완, 보충성의 원칙을 지방분권의 틀로 제시하였다. 여기에 차등 및 시험적 분권을 명시한 점도 주요한 특징이다(김순은, 2003c).

지방분권특별법에서는 추진기구로 "지방분권의 추진을 위한 위원회"를 규정하였다. 정부가 지방분권의 추진을 위한 위원회로서 정부혁신지방분권위원회를 지정하면서 2003년 4월 대통령령에 의한 설치된 정부혁신지방분권위원회의 법적지위가 공고화되었다.

지방분권특별법에서는 기관위임사무의 정리, 특별지방행정기관의 정비, 지방교육에 대한 지방정부의 권한과 책임의 강화, 지방행정과 치안행정의 연계성 확보, 지방정부 관할 구역의 조정에 관한 권한 부여, 지방재정의 확충 및 건전성 강화, 자치행정역량의 강화, 지방의회의 활성화와 지방선거 제도의 개선, 주민참여의 확대, 자치행정의 책임성 강화, 국가와 지방정부 간의 협력체제 강화 등을 지방분권 개혁의 주요 과제로 예시하였다. 이를 토대로 지방분권 5개년 종합실행계획이 작성되었다.

2. 획기적 재정분권의 추진

1) 지방교부세 법정률의 단계적 상향조정

지방정부 간의 재정력 격차를 완화하기 위하여 지방교부세의 재원을 확충하고, 지방분권에 따른 중앙정부의 기능이 지방으로 이양되는 경우에 부합하도록 지방교부세 법정률을 인상하기로 계획되어 있었다. 지방교부세의 재원은 지방양여금과 국고보조금을 전면적으로 정리하면서 확보하였다.

지방분권 추진 로드맵에서는 2004년부터 법정률을 인상하기로 되어 있었으나 지방분권 5개년 종합실행계획에 의하여 2004년도 말까지 법정률의 상향 준비를 완료하고 2005년도부터 법정률을 상향하도록 수정되었다.

그러한 계획에 따라 2004년 1월 지방교부세법이 개정되었다. 개정된 내용은 법정교부세율을 15%에서 18.3%로 인상하고 특별교부세의 비중을 지방교부세 총액의 9.09%에서 4%로 축소하였다. 2004년 12월 법정교부세율을 19.13%로 인상하고 분권교부세가 신설되었다.

2005년 신설된 분권교부세는 67개 사회복지사업을 포함하여 149개의 국고보조사업의 지방이양에 따라 재원보전의 차원에서 도입된 제도이다. 분권교부세율은 2005년 0.83%, 2006년 0.94%로 상향조정되었다. 5년의 한시적 제도로 운영될 예정이었으며, 5년 연장 후 2015년 폐지되었다.

2005년 지방재정법의 개정으로 부동산 교부세가 신설되어 교부세의 재원이 내국세의 19.13%에서 19.24%로 증액되었다. 부동산 교부세는 종합부동산세를 재원으로 하는 교부금이었다. 부동산교부세도 2015년부터 지방세로 전환되었다.

2) 지방교부세제도의 정비

2004년 12월 지방교부세법 시행령을 개정하였고 2005년 1월 시행규칙을 개정·완료하였다. 그 결과 보통교부세 수요산정산식을 정비하여 12항목, 31개 세항을 9개 항목, 26개 세항으로 축소하였다. 여성의 경제활동 참여와 저출산을 고려하여 사회보장비에 아동복지비가 신설되었다. 지역의 정보화를 촉진하기 위하여 지역사회개발비에 지역정보화비가 추가되었다.

지방교부세 법정비율을 19.24%로 인상하고, 지방교부세 산정공식의 항목을 통·폐합하였으며, 재산세의 일부를 공동세로 전환하였다.

3) 국세와 지방세의 합리적 조정

지방특별소비세 등을 연구하기 위하여 조세특별위원회는 연구용역을 추진하였다. 지방소비세 및 지방소득세 등이 거론되었으나 결실은 보지 못하였다. 지방소비세와 지방소득세는 역설적으로 지방분권에 소극적이었던 이명박 정부에서 결실을 보았다.

4) 지방세의 신세원 확대

지방세의 신세원을 확대하는 지방세법 개정안이 2005년 1월 국회에 제출되었다. 원자력발전에 대한 지역개발세가 가능하게 되었다. 중앙정부는 완료된 과제로 분류하여 처리하였다.

5) 재산세와 종합토지세의 과세표준 현실화

2005년 1월 지방세법 개정안이 공포·시행됨으로써 재산세와 종합토지세의 과세표준이 현실화되었다. 2002년 33.3%, 2003년 36.1%, 2004년 39.2%로 꾸준히 현실화하는 노력을 보였다.

6) 지방세 비과세 및 감면의 축소

지방세의 비과세 범위 및 감면의 범위를 축소하기 위하여 2005년 4월 지방세 감면제도의 개선방안을 마련하여 추진하고 있다.

7) 국고보조금의 정비

정부혁신지방분권위원회가 주관하는 국고보조금 정비의 핵심은 국고보조사업을 지방으로 우선적으로 이양하고 반드시 남겨야 할 사업은 존치사업으로 선정한다는 것이다. 지방으로 이양하는 사업은 지방정부의 일반재원으로 전액 보전하고 나머지 국고사업도 가급적 포괄지원방식으로 전환하는 계획이다. 2003년에 정비계획이 마련되어 2004년부터 실시하도록 되었으나, 지방분권 5개년 종합실행계획에서는 2004년 말까지 관련 법령의 정비와 재원이양의 방안을 마련하는 것으로 수정되었다.

2004년 국고보조금 재분류에 따라 533개 국고보조금 사업(총 12.7조 원) 중 163개 사업(1.1조 원)은 지방이양, 126개 사업(3.6조 원)은 균형발전특별회계 사업, 233개 사업(7.9조 원)은 국고보조사업으로 유지하기로 결정하였다(정부혁신지방분권위원회, 2008).

2004년 12월 지방교부세법을 개정하여 국고보조금 제도를 개선하고 분권교부세를 신설하였다. 149개 지방이양사업이 분권교부세의 대상이 되었다. 중앙정부에 의하여 완료된 과제로 분류되었다.

국고보조금 제도가 정비되면서 국가균형발전특별회계가 설치되었다. 기획예산처가 주무부처였으며 지역개발계정과 지역혁신계정으로 대분되어 운영되었다. 전자는 일정한 공식에 의한 배분방식이며 후자는 사업별로 배정하는 예산이었다. 2005년 기준으로 총 5.5조 원이었으며 지역개발계정이 4.2조 원, 지역혁신계정이 1.3조 원이었다(정부혁신지방분권위원회, 2008).

8) 지방예산편성 지침의 폐지 및 보완

중앙정부는 지방정부에 대하여 매년 예산편성지침을 하달하여 지방정부의 재정권을 통제하여 왔다. 이에 대한 개선의 주장이 커지면서 1999년 세항이 11개에서 8개, 목이 40개에서 36개, 세목이 118개에서 78개로 축소되는 추세였다.

그럼에도 불구하고 지방정부의 재정자율성을 제고하는 차원에서 예산편성지침 자체의 폐지가 꾸준히 제기되었다. 지방예산편성 지침의 폐지 및 보완을 위한 지방재정법 개정안이 2005년 6월 국회에서 의결되었다. 그 결과 2005년 7월 공식적으로 폐지되었다.

예산편성지침의 폐지에 따른 부작용을 예방하기 위하여 행정자치부령으로 건건전재정운영에 필요한 경비 등에 관한 기준을 마련하였다. 예산편성지침은 폐지되었으나 지방정부에 대하여 예산편성 운영기준 및 기금운용지침으로 대체되었다. 여기에는 각종 수당의 단가, 특근매식비 단가, 직원능력 개발비 등의 기준이 제시되었다. 행정자치부는 2005년부터 예산편성 매뉴얼을 개발하여 보급함으로써 예산편성에 필요한 자료를 제공하였다.

9) 지방채 발행 승인제도의 개선

지방정부는 지방채를 발행하면서 건별로 승인을 받아야 했다. 이를 개선하기 위한 결정이 정부혁신지방분권위원회에서 2003년 6월 이루어졌다. 위원회는 관련 이슈를 연구한 이후 2005년 지방자치법과 지방재정법을 개정하였다. 2005년 8월 지방채 발행 승인제도의 개선을 위한 지방재정법이 개정되었다. 또, 지방채발행 총액한도제가 도입되었다. 제도의 개선 이전에 행정자치부는 지방채 총액한도의 설정기준이 마련되었고 2005년 8월 지방정부별로 지방채발행한도액이 통보되었다.

10) 지방양여금 제도의 개선

지방양여금 제도는 지방재정확충과 지방의 사회간접자본 확대를 위하여 1991년 지방자치 재개를 앞두고 도입된 제도이다. 지역균형발전의 차원에서 도입된 제도라고 할 수 있다. 국세 중 일부에 해당하는 세목의 전부 또는 일부를 지방에 양여하는 것으로 주로 도로 등 사회자본 확충과 지방재정의 확충을 위한 제도였다. 이 제도는 세분화된 대상사업으로 지방정부의 자율을 위축시킨다는 비판을 받았다. 동시에 목적세와 특별회계가 지니는 단점을 지녔다. 도로 등 사회간접자본에 대한 투자를 요건으로 하였기 때문에 불필요한 공사가 증가하기도 하였다.

따라서 2004년 12월 지방양여금을 폐지하는 법률이 개정되었다. 그 결과 지방양여금(5개 사업)을 지방교부세, 국고보조금, 국가균형발전특별회계로 개편하였다. 지방도로사업과 지역개발사업은 지방교부세, 수질오염방지사업과 청소년 육성사업은 국보보조금, 농어촌 지역개발사업은 균형발전특별회계에 각각 편입되었다(정부혁신지방분권위원회, 2008).

11) 지방재정에 대한 평가기능의 강화

지방재정의 운영과 관련하여, 지방정부의 자율성 강화에 맞추어 책임성의 확보수단으로 지방재정의 평가기능을 강화하는 계획을 추가하였다. 이를 위하여 2005년도까지 지방재정의 평가지표 및 기법을 개발하여 2005년도 상반기 시행하는 것으로 계획되었다. 계획의 내용에는 인센티브와 페널티가 동시에 포함되어 있다. 2005년 11월 지방재정 분석기능의 강화를 위한 재정분석 매뉴얼을 개발하여 보급하였다.

12) 지방정부의 복식부기 회계제도의 도입

정부의 재정사업을 평가하기 위해서는 원가정보가 필요하다. 단식부기 현금주의 회계체제에서는 원가정보를 정확하게 반영할 수 없다. 따라서 복식부기 발생주의 회계가 필요하다. 1997년 IMF 구제금융 이후 복식부가 발생주의에 대한 필요성에 따라 경기도 부천시와 서울특별시 강남구에 1999년 시범 실시가 이루어졌다(정부혁신지방분권위원회, 2008).

노무현 정부는 이를 확대하기로 결정하였다. 2004년 50개 지방정부, 2005년 150개 지방정부가 시범적으로 복식부기 회계제도를 실시하였다. 2005년 6월 표준화 용역을 완료하였다. 용역과 시범실시로 토대로 2006년 10월 '지방자치단체 회계기준에 관한 규칙'이 공포되어 모든 지방정부가 복기부기제도를 도입하였다.

13) 지방정부 예산지출의 합리성 확보

지방정부 예산지출의 합리성을 확보하기 위하여 새로운 제도의 도입이 계획되었다. 일정한 규모 이상의 공사에 대하여 주민참여를 강화하는 "주민참여 감독제"의 도입, 지방정부의 장의 감독과 지휘를 받지 않고 예산집행을 담당하는 "통합지출관"의 도입을 계획하였다. 2004년도 말까지 예산집행과정에 대한 주민참여 제도가 계획되었다. 2005년 8월 주민참여 예산편성 및 집행제도가 도입되었다. 2005년 8월 통합지출관 제도가 도입되었다.

14) 재정운영의 투명성·건전성 강화

재정운영의 투명성·건전성 강화를 위한 주민참여형 예산제도가 2003년 7월 도입되었으며, 기초지방정부의 행사성 사업의 투·융자 심사대상을 10억 이상에서 5억 이상으로 확대하였다.

3. 지방정부의 자치역량 강화

1) 자치입법권의 강화

헌법의 기본적인 틀 아래 조례제정권의 실질적인 확대를 위한 자치입법권의 강화는 지방의회의 숙원이었다. 각계의 의견을 수렴하여 2005년도 상반기에 지방자치법을 개정하는 것으로 예정되어 있었다.

이를 위하여 2004년 5월 전문가 중심의 자치입법제도개선연구단을 구성·운영하였으며 2005년 3월 자치입법권의 확대 추진상황을 보고하였다. 2005년 8월 자치입법권 확대에 관한 과제의 내용을 수정한 의견을 제출하였다. 2005년 12월 조례 제·개폐 청구제도의 개선안이 국회에 제출되었다. 그럼에도 불구하고, 법리상의 이슈를 정리하지 못하여 로드맵의 계획대로 법제화에는 이르지 못하였다.

자치입법권의 강화를 위하여 지방자치법 제15조(현 22조)의 단서조항 삭제를 추진하였으나 위헌성 논란으로 실현되지 못하였다. 당시 행정자치부가 위헌가능성을 근거로 이에 강하게 반대하였다.

2) 자치조직권의 강화

노무현 정부는 지방정부의 자율성을 제고하기 위하여 2가지 차원에서 핵심적 조치를 단행하였다. 첫째, 기구 및 인력운영에 관한 중앙정부의 각종 승인권을 폐지하는 것이었다. 2004년 이후 총 15개의 권한을 폐지 또는 이양하였다.

둘째, 총액인건비제도를 도입하여 조직의 탄력적 운영을 보장하는 것이었다. 노무현 정부의 출범 이후 2003년 5월 "표준정원제"의 실시로 자치조직권이 확대되었다. 표준정원제 아래에서는 표준정원을 초과하거나 일정 직급 이상의 인원을 확대하는 것이 불가능하였기 때문에 지방정부의 기대에는 미치지 못하는 제도였다.

노무현 정부는 자치조직권을 연차별로 이전하는 방침을 정하고 2004년 한시기구 설치의 승인권, 시·도 5급 이상 기술직렬의 정원조정의 승인권을 이양하였다. 2005년 2월 시·도 5급 정원, 분동시 동장정원의 책정 승인권, 2005년 4월, 직속기관, 출장소, 합의제행정기관, 자문기관 설치 승인권, 2005년 말 별정직 정원조정, 사업소 설치 승인권을 각각 지방정부에 이양하였다(정부혁신지방분권위원회, 2008). 즉, 기구·정원관리권 이양의 경우 당초 목표대로 8개의 사항이 모두 지방정부로 이양되었다. 2006년에는 본청기구의 설치기준과 정원책정기준을 하달하였다.

총액 인건비제도는 2005년도 상반기에 시범적으로 실시함과 동시에 보완을 거쳐 2007년부터 전면적으로 실시되었다. 2006년 시범지역에서의 문제점을 토대로 2007년 1월 전국적으로 실시되었다. 총액인건비제도는 인건비성 경비를 기준으로 지방정부가 기구 및 정원을 결정하는 것이다. 행정자치부가 결정한 총액인건비 기준액에 따라 지방정부가 자율적으로 행정기구와 정원을 결정할 수 있어서 자율권이 신장되는 효과가 있었다.

3) 분권형 도시계획체계의 구축

지방자치가 재개되었음에도 불구하고 지방정부는 지역의 발전을 위한 계획을 도시계획을 수립할 권한을 갖고 있지 못하였다. 중앙정부의 통제 아래에 있기 때문이었다.

정부혁신지방분권위원회는 지방자치의 취지에 따라 각 지방정부가 기본적인 도시계획을 입안하고 결정할 수 있는 분권형 도시계획 체제를 구상하였다. 정부혁신지방분권위원회가 주관하는 분권형 도시계획의 체계를 구축한다는 계획은 도시의 기본 및 관리계획의 승인·결정권한을 지방정부로 이양하는 것을 의미한다. 특별시·광역시의 도시기본계획의 승인권을 중앙정부에서 지방정부로 이전하는 것을 의미하며, 시·군의 도시관리 계획의 결정권도 도지사에서 시·군으로 이전하는 것을 의미한다. 2004년도 말에 구축안이 마련되어 2005년 말까지 관련법령이 개정되는 것으로 되어있었다. 그러나 건설교통부와의 협의과정에서 건설교통부의 권한이 강화되어야 한다는 의견이 강력하게 제기되어 실현되지 못하였다.

4) 지방정부의 자체혁신체제의 구축

이는 지방분권에 부응하여 지방정부의 행정·재정적 혁신을 요구하는 계획이다. 지방정부별로 혁신·분권을 전담하는 기구의 설치는 물론 자율적인 혁신 여건을 추진하였다. 지방정부의 자체혁신체제 구축도 2005년부터 본격적으로 추진되는 것으로 되어 있었으며 2005년 10월 혁신전담조직이 보강되었다.

2005년 8월부터 2006년 7월까지 혁신선도 지방정부를 선정하여 운영하였으며 지방정부 혁신평가 실시, 결과 및 공개 및 인센티브 375억을 부여하였다. 2006년에도 혁신선도자치단체와 혁신브랜드사업을 추진하였다.

5) 지방공무원 교육훈련 혁신

현행 지방공무원 훈련제도가 지방분권의 시대에 적합하지 않다는 판단에 따라 효율적이고 책임성을 갖춘 지방공무원 교육훈련제도의 수립을 계획하였다. 2004년 7월 지방공무원 교육훈련혁신연구단의 운영계획을 수립하였으며, 2004년 9월 민간교육기관과의 자문회의를 개최하였다. 2005년 2, 3월 시·도지방공무원 교육원 관계자와 회의를 개최하였다. 행정자치부의 안을 토대로 국무조정실 범정부적 공무원교육훈련 강화방안을 마련하였다.

2005년 12월 행정자치부는 지방공무원 교육훈련 혁신방안을 지방분권TF협의회에 보고하였다.

6) 지방공무원 인사제도의 개선

지방공무원은 지방정부의 다양성에 비추어 다양한 제도에 의하여 운영되어야 한다. 즉, 국가공무원 제도와는 차별화된 제도가 요구된다. 또, 지방공무원의 공직분류 및 보수체계 등의 개선이 요구되었다. 따라서 지방공무원 인사제도도 2005년도 상반기에 도입방안이 마련되는 것으로 되어 있었다.

이를 위하여 2004년 9월과 12월 사이에 청와대 인사수석실이 주관하여 토론회가 개최되었으며 2005년 2월 정부혁신지방분권위원회에 보고되었다. 2005년 3월 지방인사위원회와의 토론회, 2005년 3월 지방행정본부장이 주재하는 토론회, 2005년 7월 지방 5급 및 7급 공채의 확대에 대한 의견수렴이 실시되었다. 2005년 9월 지방공무원 인사제도의 개선을 위한 계획이 수립되어 2005년 8월 지방인사제도의 개선방안이 확정되었다.

7) 지방정부의 인사공정성 제고

2005년 8월 지방인사제도의 개선방안이 확정되어 인사위원회 수를 5~7명에서 7~9명으로 확대하였으며 평정제도를 개선하였다. 승진후보자 순위의 공개 등 공무원 평정제도의 개선이 이루어졌다.

지방분권의 실시와 함께 지방정부의 장의 전횡을 방지하는 제도들도 지방정부의 인사공정성 관점에서 중요하게 부각되었다. 인사운영의 공정성과 투명성이 없이는 공무원의 사기를 제고할 수 없고 지방정부의 장의 자의적인 정부운영을 예방할 수 없기 때문이다.

인사운영의 공정성과 투명성을 위하여 인사위원회제도의 개선이 요구되었다. 공무원 중심의 인사위원회 구성과 형식적인 심사 등이 문제가 되었다.

인사위원회 구성과 운영의 개선, 지방공무원 평정제도의 개선, 다면평가제의 보완 등이 이루어졌다. 구체적으로 승진후보자 순위의 공개 등 공무원 평정제도의 개선이 이루어졌다.

8) 중앙정부와 지방정부 간의 인사교류의 활성화

지방분권이 강화되어도 중앙정부와 지방정부 간의 인사교류는 절대적으로 필요하다. 지방정부의 관점에서는 인력양성이라는 이점이 있으며 중앙정부의 관점에서는 지역의 이해라는 이점이 있다. 중앙정부-지방정부 간 인사교류의 활성화 방안은 2005년도 말까지 제도개선을 하는 것으로 수정되었다.

2005년 10월 하반기 인사교류대상자의 선정 및 교류가 이루어졌다. 인사교류계획의 수립 및 활성화를 위한 실무간담회, 인사교류심의위원회의 개최, 인사교류의 수요조사, 인사교류 관련 법규의 개정 등이 이루어졌다. 2005년 10월 하반기 인사교류대상자의 선정 및 교류가 이루어졌다.

4. 지방의정 활성화 및 선거제도의 개선

1) 지방의회의 의정활동 기반 강화

지방의회의 의정기반을 강화하기 위하여 지방의원의 수당인상 및 회기제도의 개선이 필요하였다. 지방의원의 책임성 확보와 전문성 강화도 중요한 과제이다. 지방의정의 활성화 방안은 2004년도 하반기부터 사안별로 추진하는 것으로 수정되었다.

2004년 10월 지방의정활동기반 혁신방안의 확정, 2004년 10월 정부혁신지방분권위원회에의 보고, 2005년 2월 각계의 의견을 수렴한 행정자치부안 마련을 거쳐, 2005년 6월 청와대에 보고하였다. 주요 내용은 지급경비의 자율화, 회기운영의 자율화, 지방의원의 역량 제고 방안, 상임위원회 설치의 자율화, 사무직원에 대한 인사권 부여 등 5개 안으로서 여기에는 지방의회의 책임성 확보방안까지 포함되어 있었다.

이를 토대로 2005년 7월 지방의회의 의정활동 기반강화를 위한 지방자치법 개정안이 국회에 제출되었다. 행정자치부안이 의원입법으로 제출된 상태였다. 2005년 7월 지방의회의 의정활동 기반강화를 위한 지방자치법 개정안이 국회에 제출되었다.

그 결과 월정수당제가 도입되어 지방의원의 경제적 반대급부가 크게 증가하였다. 그러나 2006년 처음 시행한 월정수당이 지나치게 높아 오히려 여론의 비판을 받는 결과로 이어졌기에 중앙정부가 월정수당의 가이드라인을 제시하였다. 지방의회의 회기도 법정으로 제한하지 않고 지방의회의 조례로 결정하게 되었다. 지방의회의 상임위원회의 설치도 자율화되어 지방의회의 조직권이 강화되었다.

또한, 의회사무처(국)의 직원에 대한 지방의회의 인사권이 다소 강화되었다. 지방의회 사무처(국)의 공무원 가운데 별정직, 계약직, 기능직에 대한 인사권은 지방의회에 부여하였다.

지방의회의 전문성을 제고하기 위하여 기존 상임위원회별로 1명씩 배치하던 전문위원제도 외에 2~3명의 정책전문위원을 추가로 배치하였다.

지방의회의 의정활동 기반이 강화됨에 동시에 지방의회의 책임성을 강화하는 제도도 마련되었다. 지방의회 내에 윤리위원회를 설치하도록 하여 지방의회의 도덕성과 윤리성을 확보하도록 하였다.

2) 지방선거제도의 개선

지방의회의 건전한 발전을 위하여 지방선거제도의 개선도 시급한 과제였다. 지방선거제도의 개선방안으로 선거비용의 국가 또는 지방정부의 부담확대에 기초한 공영제의 도입, 지방선거의 후원회제도 도입, 의원정수의 적정조정, 지방정부의 장의 공천배제 등이 정책대안으로 제시되었다. 이는 2005년 12월 완료하는 것으로 예정되었다.

행정자치부는 그동안 기초지방정부의 장의 정당공천배제를 위하여 다양한 노력을 기울였다. 열린우리당과의 정책협의에도 이를 정식으로 건의하였으며 지방분권전문위원회의 보고서에도 정당공천 배제가 포함되었다. 이를 토대로 2005년 6월 열린우리당에 지방자치 및 지방선거 개선방안을 제출하였다. 2005년 6월 국회 정치개혁특별위원회에 공직선거법 개정의견을 제출하였다. 2005년 6월 지방선거관련제도가 개정되었다. 그러나 국회에서의 공직선거법 개정은 긍정적 요소와 부정적 요소를 모두 포함하였다. 광역지방정부의 장에 대한 후원회제도가 도입되었으며 기초의원의 정당공천제와 비례대표제의 도입, 기초의원 선거구의 중선거구제도 전환, 비례대표제의 여성 홀수 번호 부여 등이 결정되었다.

기초의원의 경우 정원이 20% 감축되었으며 중선거구제도가 도입되었다는 점이 특히 두드러진다. 이와 더불어 시·군·구의원의 선거구를 시·도의 조례로 결정할 수 있도록 선거구 획정권한을 지방으로 이양하였다. 그러나 지방정부가 선거구 획정권한을 지역의 다수당이 남용함으로써 지방분권의 취지에 어긋나는 행태를 보였다.

지방분권의 차원에서 기초지방정부의 장의 정당공천제도를 배제하려고 노력하였으나 오히려 지방의원에 대해서도 정당공천이 확대됨으로써 정치권이 비판의 대상이 되었다(양영철 외7, 2016). 따라서 이는 오히려 지방분권에 역행하는 제도가 되었다. 선거연령의 인하와 선거공영제의 확대로 지방정부의 재정부담이 크게 증가한 점도 이슈가 되었다.

5. 지방정부의 책임성 강화

1) 지방정부에 대한 감사체계의 개선

그동안 꾸준히 논의되었던 중복감사의 배제, 감사유사활동의 조정 및 통제방안, 지방정부의 자율적인 감사기능의 강화, 지방정부의 감사기구의 독립성 확보, 주민참여에 의한 감사의 활성화와 결과의 공표 등이 지방정부의 감사와 관련하여 제기된 주요 내용이다. 2005년 12월까지 지방자치법 또는 관련 법률을 제·개정하는 것으로 예정되어 있었다.

정부혁신지방분권위원회는 감사원, 행정자치부와의 합동으로 2003년 8월 지방정부의 감사에 관한 법률안 작업에 착수하였다. 2004년 4월 지방분권전문위원회에 지방정부 감사체계개선 기획단을 구성하여 정부혁신지방분권위원회의 토론, 관계부처와의 협의, 공청회, 지방정부에의 설명회 등을 거쳐 법률안을 작성하였다. 2005년 10월 「공공감사에 관한 법률안」이 당시 국회에 계류 중이었다. 「공공감사에 관한 법률」은 이명박 정부에서 2010년 7월 제정되었다. 이 외에 2005년 3월 시민감사관 활용지침이 마련되었다.

6. 시민사회의 활성화

1) 주민감사청구제도의 활성화

지방정부의 책임성을 확보하는 방안 중의 하나로 주민감사청구제도를 들 수 있다. 주민감사청구제도의 활성화 방안은 2005년도 상반기에 시행령을 개정하여 추진하는 것이었다. 2005년 7월 주민감사청구제도의 활성화를 위한 시행령이 개정되었다. 감사청구의 활성화를 위한 주민소송제도가 도입되었고 감사청구의 요건을 완화하는 조치가 단행되었다.

시민감사관제도의 도입, 외부 전문가 등 감사 참여의 지속적인 확대, 감사청구심의회의 요건 완화, 감사청구인 정수의 축소, 주민소송제와의 연계 등을이 2005년 12월까지 완료하는 것으로 추진되었다.

지방자치법과 2005년 7월 주민감사청구제도의 활성화를 위한 시행령이 개정되었다. 이 개정으로 감사청구의 요건완화, 감사청구 범위의 확대, 감사청구심의회의 구성에 외부전문가 영입 등이 이루어졌으나 감사청구심의회 구성의 개선이 미흡하였다는 평가를 받는다.

2) 주민소송제도의 도입

지방정부의 위법한 재무·회계 행위에 대하여 지역주민이 법원에 시정을 요구하는 제도는 지방정부의 책임성 확보에 있어서 필요하다. 주민소송 제도는 2004년 말까지 지방자치법을 개정하고 2005년 말까지 관련 법령을 개정하여 추진하는 것으로 계획되었다.

주민참정권의 차원에서 추진된 과제이나 주민소송제도의 도입에 따른 혼란을 예방하기 위하여 주민감사청구 전치주의를 채택하는 것이 주요 내용이었다.

2005년 1월 지방자치법을 개정하였고 2005년 8월 시행령을 개정하였다. 226개의 지방정부의 주민감사청구 조례의 개정을 완료하였다. 2006년 1월부터 본격적으로 시행되고 있다.

지방정부의 위법한 재무·회계 행위에 대하여 지역주민이 법원에 시정을 요구하는 제도는 지방정부의 책임성 확보에 있어서 필요하다. 2005년 1월 주민소송제도가 도입되었고 2005년 8월 지방자치법 시행령이 제정되었다.

우리나라의 주민소송제도는 주민감사청구 전치주의가 채택되면서 앞 절에서 논의한 주민감사청구의 요건이 완화되었다. 주민감사청구의 요건은 본래 주민총수의 1/50 범위 안에서 조례로 정하도록 하였다. 이러한 요건을 시·도에서는 500명, 인구 50만 이상의 대도시는 300명, 시·군·구에서는 200명 내에서 조례로 정하도록 완화하였다. 주민감사청구가 이루어진 이후에는 1명의 주민이라도 주민소송을 제기할 수 있게 되었다.

3) 주민소환제도의 도입

주민소환제도는 주민의 선거에 의한 정치인들의 불법과 위법한 행위를 통제하기 위하여 추진된 과제이다. 주민소환제도의 정치적 악용을 방지하기 위한 대비책도 포함되었다. 주민소환제도는 그동안 꾸준히 검토되어 온 과제이나 정치적인 악용의 소지 때문에 제도화에 이르지 못하고 있었다.

행정자치부도 민선자치 10년의 평가에서 여건이 성숙될 때 신중하게 도입하자는 의견을 제시하였다. 여러 의견이 상존하여 중앙정부에서는 신중한 입장을 보였으나 지방분권TF협의회는 조속히 실시할 것을 요청하였다. 따라서 이는 당시 추진 중이었던 제주특별자치도법에는 포함되었다. 그리고 제주특별자치도에서 도입된 이후 곧 2006년 주민소환제도가 전국적으로 도입되었다.

4) 지방정부에 대한 평가제도의 개선

2001년 1월 '정부업무 등의 평가에 관한 기본법 제정' 이후 매년 시·도에 대한 합동평가를 실시하고 있다. 그러나 종합적이고 포괄적인 평가가 미흡하다는 지적에 따라 이를 보완하자는 의견이 제기되었다. 개선안의 추진목표는 지방정부의 부담을 경감하여 중앙정부와 지방정부 간의 관계를 개선하자는 것이었다.

2004년 5월 이후 지방정부의 합동평가에 대한 개선방안이 마련되어 추진되었다. 지방정부의 자체평가 및 평가시스템을 개발하여 보급하는 계획을 수립하였다. 2004년 11월 표준지표의 개발과 보급이 이루어졌고, 2005년 6월 시범지역을 선정하였다.

또, 지방정부에 BSC(Balanced Scorecard)를 도입하기 위하여 2005년 5월 실무TF를 구성하였다. 2005년 9월 BSC 표준매뉴얼 작성, 성과지표개발을 위한 기본계획의 수립과 정책연구에 착수하였다. 그러나 중앙정부에 의한 평가제도가 축소되어 분권형 평가시스템을 구축하는 데에는 성공을 거두지 못하였다.

5) 주민발안제도의 개선

주민들이 지방정부에 적극적으로 참여시키기 위하여 주민발안제도가 필요하였다. 우리나라에서도 조례 제·개폐청구제도가 도입되어 있었으나 엄격한 청구요건으로 실효성이 매우 낮았다. 위법조례의 청구제한, 개인정보 유출의 벌칙부과 등을 포함하여 주민참여의 활성화를 위한 주민발안 제도의 개선은 2005년도 상반기에 완료하는 것으로 되어있었다.

청구인 수의 완화와 벌칙 등을 위한 지방자치법 개정안이 2005년 11월 국회에 제출되었다. 다만 2006년 1월 조례의 제정 및 개정청구 요건이 다소 완화되었다.

6) 주민자치제도의 개선

우리나라 기초지방정부는 비교적 대규모이기에 주민자치의 기능이 미약하다. 이를 보완하기 위하여 마련된 주민자치제도는 하위 행정단위인 읍·면·동의 주민자치위원회, 주민자치센터를 활성화하여 주민의 직접참여를 제고하기 위한 정책안이다.

2005년 전국 주민자치센터 박람회를 지원·홍보하고 2005년 10월 읍·면·동 사무소의 주민복지·문화센터 전환을 위한 기본계획을 수립하였다. 2005년 12월 주민자치센터의 표준조례안 개정안을 통보하였다.

7) 자원봉사 활동의 장려와 지원

지역주민들의 자원봉사활동에 대한 관심 및 참여영역의 확대를 위한 분권과제이다. 자원봉사활동 기본법의 제정, 자원봉사 정보시스템의 구축, 자원봉사센터의 운영실태 진단 및 효율적 운영의 개발 및 보급 등이 주요 내용이었다.

2005년 1월 자원봉사센터의 운영실태를 진단하였고, 2005년 4월 국민의 자원봉사 의식 및 공무원의 자원봉사 활성화를 위한 의식조사를 실시하였다. 2005년 8월 자원봉사기본법의 제정을 추진하였으며 자원봉사센터의 표준운영모델의 개발과 연찬회가 실시되었다. 자원봉사센터 표준모델을 작성하여 지방정부에 2005년 12월 보급하였다.

8) 지역 내 전문가의 정책과정 참여(1)

NGO와 정부의 파트너십 구축을 통한 공익활동의 증진을 도모하고, 참여 민주주의의 실현으로 민주사회 발전에 기여하며, 풀뿌리 민주주의의 육성과 시민운동의 활성화를 위하여 추진된 과제이다. 이를 위하여 비영리민간단체지원법에 따라 민간단체의 공익활동을 지원하게 되었다.

2005년 1월 시·도 민간단체 지원사업의 기본계획과 사업공고(안)이 제출되었다. 2005년 4월 지원사업의 심사와 선정결과가 제출되었다. 2005년 9월 중간평가 결과가 제출되었고 2006년 3월 종합평가가 제출될 예정이었다. 이외에

NGO 등록현황 등 DB 구축을 완료하였다.

9) 지역 내 전문가의 정책과정 참여(2)

지방정부의 위원회 민간비율을 확대하였다.

7. 협력적 정부 간 관계의 정립

1) 중앙-지방 간 협력체제의 구축

지방분권 개혁이 강화되면 중앙정부와 지방정부 간의 협력체제가 더욱 절실해진다. 중앙정부와 지방정부 간의 역할 및 기능이 재정립되면 중앙과 지방의 새로운 관계가 모색되어야 한다. 이것이 국가경쟁력과 밀접하게 관련되어 있기 때문이다.

이를 위한 구체적인 정책대안으로서 중앙-지방 간 상생협력의 강화, 중앙-지방 간 쌍방향 정책협의의 활성화, 지방의 국정참여 및 협의채널의 활성화 및 다각화 모색, 지방4단체 협의회를 활용한 국정수요 파악, 시·도지역협력관제의 운영의 내실화, 중앙-지방 간 분쟁·갈등의 효율적 조정 및 중재 등이 논의될 수 있다. 이러한 과제들은 2005년도 상반기에 지방자치법을 개정하는 것으로 되어 있었다.

정부혁신지방분권위원회에 이를 위한 TF가 구성되었으나 상기의 과제들은 대체로 미흡한 수준으로 추진되었다. 중앙정부-지방정부 간 협력체제의 강화를 위한 2005년도 상반기에 지방자치법 개정을 통해 전국의 지방정부를 대표하여 협의하는 위원회의 구성이 가능해졌다. 그럼에도 불구하고 중앙-지방의 협의회는 실질적으로 구성되지 못했다.

2) 지방정부 간 협력체제의 강화

지방정부 간의 갈등과 분쟁이 고조됨에 따라 지방정부 간의 협력방식으로서 지방정부의 조합 및 행정협의회 등의 중요성이 부각되었다. 지방정부 간 협력적 자치토대를 마련하기 위한 것이었다.

2004년 조합제도의 운영실태점검을 통하여 도출된 개선방안이 추진되었고 이와는 별도로 특별지방정부의 수립이 진행되었다. 구체적으로 경제자유구역을 중심으로 2005년 12월 특별지방자치단체의 도입을 위한 방안이 추진되었다. 지방정부협력법의 제정을 추진하였으나 성공을 거두지 못하였다.

3) 중앙정부-지방정부 간, 지방정부 간의 분쟁조정 기능의 강화

사회가 민주화되어 다양한 요구가 분출되면 정책, 법령, 제도 등을 둘러싸고 갈등이 확대된다. 이를 효율적으로 관리하고 해결하는 체제의 구축이 절실히 요구된다. 이를 위하여 '공공기관의 갈등관리에 관한 기본법(안)'이 추진되었다. 중앙-지방정부 간 분쟁의 조정을 위한 다양한 논의가 진행되었으나 제도화에는 이르지 못하였다.

제6절 노무현 정부 지방분권 추진 성과평가

노무현 정부는 지방분권 추진 로드맵에서 7개 분야 20개 과제를 제시하고 지방분권5개년 종합실행계획에서는 7개 분야 47개 과제를 제시하였다. 이에 대한 추진결과는 앞 절에서 논의하였다. 추진 로드맵에서 제시한 7개 분야 20개 과제를 중심으로 추진성과를 평가하면 아래와 같다.

앞에서 논의하였듯이 노무현 정부는 대통령 선거기간부터 지방분권을 국정의 최우선 과제로 삼고 어느 정부보다도 의욕적으로 지방분권을 추진하였다. 초대 정부혁신지방분권위원회 위원장으로 대통령의 측근 인사를 위촉함으로써 정책적 의지를 보였다.

그럼에도 불구하고 〈표 3-5〉를 보면 노무현 대통령의 임기 내에 거둔 성과는 크지 않은 것으로 평가할 수 있다. 대통령 임기 내에 성공을 거두었다고 평가된 항목은 1개이며, 보통이라고 평가된 항목은 4개, 그 밖의 15개 과제는 실패한 것으로 평가된다(양영철 외7, 2016).

성공적인 성과를 거둔 과제는 시민사회의 활성화를 위한 다양한 주민참여제도의 도입이었다. 위에서 설명하였듯이 주민투표, 주민소환, 주민소송제도가 새롭게 도입되었고 조례안 제·개정청구요건과 주민감사청구 요건이 완화되어 주민의 참여기회가 크게 신장되었다.

보통의 성과를 거둔 과제는 지방분권의 추진기반 강화, 중앙권한의 지방이양, 지방교육자치제도의 도입, 지방정부에 대한 민주적 통제체제의 확립이었다. 지방분권의 추진기반은 정부혁신지방분권위원회 규칙과 지방분권특별법의 제정 등이다. 이들 과제는 어느 정도 제도적인 여건을 갖추었다고 할 수 있다. 또한, 지방이양추진위원회의 지속적인 중앙행정권한 지방이양 및 제주특별자치도의 설치가 보통의 성과라는 평가결과의 기초가 되었다. 지방교육자치제도는 교육감의 직선, 교육관리행정과 일반행정의 통합으로 인해 보통이라는 평가를 받았다. 주민감사청구 조건의 완화와 주민소송제 도입 등과 관련된 주민에 의한 민주적 통제 역시 보통의 성적을 거두었다.

그러나 그 외 15개 과제는 목표대로의 성과를 거두지 못한 것으로 평가된다. 오히려 기초지방의원 선거에 있어서 정당공천의 확대는 지방분권의 흐름에 반했다는 평가도 존재한다.

표 3-5 지방분권 추진과제별 성과표

기본방향	주요과제	추진실적	비고
I. 중앙-지방정부 간 권한 재배분	1. 지방분권 추진기반강화	△	
	2. 중앙권한의 획기적 지방 이양	△	-지방이양추진위원회이양활동 -제주특별자치도 설치
	3. 지방교육자치제도 개선	△	부분적 실현
	4. 지방자치경찰제도 도입	X	제주도만 도입
	5. 특별지방행정기관 정비	X	제주도만 실현
II. 획기적 재정분권의 추진	6. 지방재정력 확충 및 불균형 완화	X	지방교부세비중을 15%에서 19.24%로 인상하였으나 금액증가 미미
	7. 지방세정제도 개선	X	
	8. 지방재정의 자율성 강화	X	
	9. 지방재정운영의 투명성, 건전성 강화	△	
III. 지방정부의 자치행정역량 강화	10. 지방자치권 강화	X	총액인건비제도입
	11. 지방정부 내부혁신 및 공무원 역량강화	X	
IV. 지방의정 활성화 및 선거제도 개선	12. 지방의정활성화	X	
	13. 지방선거제도 개선	X	정당공천확대 등 당초구상과는 반대로 진행
V. 지방정부의 책임성 강화	14. 지방정부에 대한 민주적 통제 체계 확립	△	주민에 의한 통제는 강화되었으나 중앙통제는 잔존
	15. 지방정부에 대한 평가제도 개선	X	지나친 평가로 부작용 나타남
VI. 시민사회의 활성화	16. 다양한 주민참여제도 도입	O	주민투표, 주민소환, 주민소송 제도 등 도입
	17. 시민사회 활성화 기반강화	X	시민단체지원은 늘었으나 시민단체의 신뢰위기와 능력상의 한계노출
VII. 협력적 정부 간 관계정립	18. 중앙-지방정부 간 협력체제 강화	X	
	19. 지방정부 간 협력체제 강화	X	
	20. 정부 간 분쟁조정 기능강화	X	

O: 성공, △: 보통, X: 실패

출처: 이기우(2007a), 양영철 외7(2016), p. 122

제7절 노무현 정부의 지방분권 저해요인

1. 노무현 정부의 정치이념과 지방분권정책의 괴리

노무현 정부의 지방분권에 영향을 미친 요인은 아래에서 보는 바와 같이 매우 다양하다. 이 중에서 첫 번째로 논의되어야 할 요인은 정부의 정권이념과 지방분권정책의 특징에서 찾을 수 있다. 서구 선진국의 경험에서 볼 때 정부가 사회의 형평성 등 재분배 정책에 비중을 두는 시기에는 분권체제보다는 집권체제를 구축하는 것이 일반적이었다. 1960년대 "위대한 사회의 건설"이라는 복지국가의 실현을 위하여 미국의 민주당 정부는 중앙집권적 특색을 강하게 띠었다. 반면 1980년 레이건의 공화당 정부는 경제발전을 위한 배분정책을 위하여 작은 중앙정부와 지방분권 체제로 전환하였다.

영국의 경우, 1980년대 중앙정부가 추진하려던 경제정책의 강화에 대하여 1950년대 이후 사회복지의 중요한 역할을 담당하였던 지방정부들이 강력하게 저항하자 보수당 정부는 지방정부의 재량권을 제약하며 강력한 중앙집권 체제의 구축을 시도하였다. 또한, 지방정부가 부의 재배분에 있어 중요한 역할을 담당해왔기 때문에 재분배를 강조한 노동당 정부는 1990년대 하반기부터 분권정책을 강화하였다. 영국의 대도시는 노동당이 지배하고 있기 때문에 지방분권정책이 노동당의 복지구현과 일치한다고 할 수 있다. 이때 유럽통합이라는 국제적 상황으로 인해 지방분권정책을 채택할 수밖에 없었던 국제적 조류도 중요하게 작용하였다.

일본은 중앙정부의 계획경제에서 경제성장을 이룩한 국가이다. 따라서 자민당 정부는 계획경제를 위하여 중앙집권 체제를 선호할 수밖에 없었다. 그러나 계획경제를 위한 중앙집권체제의 폐단, 특히 동경일극 집중현상이 강화되면서 정부의 규제완화를 통한 자유경제로의 전환을 시도하게 되었다. 지방분권정책은 규제완화의 차원에서 강력하게 추진되었다.

물론 중앙정부의 재정적자가 현재의 자민당 정부가 지방분권을 추진하였던 중요한 이유이자 계속적으로 추진하는 동인으로 작용하였다. 그러나 정치이념적인 관점에서만 보더라도 지방분권정책은 자민당의 정치이념과 부합한다고 할 수 있다.

즉, 정치이념적인 관점에서 볼 때 지방자치와 지방분권은 작은 정부의 구현이라는 자유민주주의의 중요한 요인으로서 시장친화적인 정책이다(김성배, 2006). 바꾸어 표현하면 사회복지의 구현 등 형평성을 구현하려는 사회민주주의의 구현과는 다소 거리가 있는 정책이다.

그런데 노무현 정부는 정권의 출범 초기부터 국부의 신장보다는 부의 균형적 배분 등 형평성의 가치에 매우 큰 비중을 두었다. 형평성의 제고 등 사회정의의 구현이라는 목표 아래 채택된 다양한 정책들은 반시장적이고 비경쟁적이며 중앙집권적 요소를 띠게 된다. 이러한 특성은 경제정책, 사회복지정책, 부동산 정책, 교육정책 등을 통하여 구체적으로 표출되었다. 종합토지세와 같은 부동산 정책, 특목고의 신설을 통제하는 교육정책, 국가균형발전을 위한 산업정책, 공기업 분산정책 등이 그 대표적인 예이다.

종합하면 작은 중앙정부의 구현과 시장친화적인 경쟁적인 요소를 내재하고 있는 지방자치와 지방분권정책은 노무현 정부의 정치적 이념과 다소 거리감이 있었다. 오히려 정부 초기부터 강력하게 추진하였던 국가균형발전정책과 당시 비중을 두었던 지방정부의 혁신정책이 노무현 정부의 이념과 매우 부합하는 정책이라고 할 수 있다.

노무현 정부는 정부의 출범 초기에 민주당의 역사적 과업을 계승하여[11] 지방분권정책을 중요한 국정과제를 채택한 것으로 보인다. 노무현 정부가 지방분권정책을 정부의 브랜드로 표방하였으나 정책 추진상 어려움이 발생하였다.

노무현 정부는 크게 3가지 이유에 기초하여 지방분권을 추진한 것으로 추론된다. 첫 번째 이유는 세계의 신지방화현상이었다. 영국, 프랑스, 일본 등의 국가가

11) 지방분권과 지방자치는 박정희 체제의 중앙집권적 발전적 독재에 대항하였던 민주당의 이념이었음.

지방분권을 강력하게 추진하여 성공을 거두었고 우리나라에서도 1980년대부터 지방분권의 필요성이 강력하게 제기되어 왔기 때문에 정부 이념과의 괴리에도 불구하고 지방분권정책을 국정과제로 채택하였을 가능성을 제기할 수 있다. 영국의 신노동당이 1997년 이후 지방분권정책을 추진한 배경과 유사하다.

두 번째의 이유는 노무현 정부의 출범에 기여하였던 인사의 정책적 편향이었을 가능성이 있다. 지방분권을 지지하였던 학자로서 노무현 정부의 출범에 적극적으로 관여하면서, 본인의 학자적 신념을 구체화하는 과정에서 지방분권정책이 노무현 정부의 브랜드가 되었을 수도 있다.

세 번째의 이유는 지방분권정책이 국가균형발전 정책과 조화롭고 국가균형발전정책에 기여할 수 있다는 정책적 기대였다. 일견하면 두 정책은 상호 간에 크게 모순을 보이지 않을 것처럼 보이지만 두 정책을 동시에 추진하는 것은 180도 각도를 이루면서 달리는 2마리의 토끼를 잡는 노력과 유사한 점이 있다고 할 수 있다.[12)]

노무현 정부는 집권 중반기를 지나면서 상기의 정책괴리를 확인하였던 것으로 보인다. 정권 말기 노무현 정부가 지방분권정책보다는 국가균형발전정책과 정부혁신정책에 정책적 비중을 두는 것도 정책괴리의 확인이 있었기 때문이다. 노무현 정부의 정치적 이념을 구현하기 위해서는 지방분권체제보다는 중앙집권체제가 효과적이고, 국가균형발전과 정부혁신 정책도 중앙집권적 특징이 강하기 때문이다. 결국 노무현 정부는 지방분권정책의 강력한 추진을 더 이상 기대할 수 없었다.

12) 따라서 필자는 전략적 조화설의 관점에서 두 정책의 전략적 조화를 강조하고 있음.

2. 정책의 전략적 혼선[13)]

노무현 정부는 지방분권과 국가균형발전을 지역정책의 두 축으로 삼고 정부 초기부터 매우 강력하게 추진하였다. 전자를 위해 정부혁신지방분권위원회를 설치하고 후자를 위하여 국가균형발전위원회를 구성하였다. 외견상 양자의 정책은 상호보완적이고 모순이 없어 동시에 추진하면 시너지 효과를 낼 것으로 보였다.

그런데 정책의 특성과 내용을 분석하면 두 정책은 매우 상이하며 때로는 상호 모순적이다. 정책의 기본성격만을 보더라도 두 정책의 차이점이 확연하다. 지방분권정책과 지역균형발전 정책은 기본 성격에서도 매우 상이한 특징을 지니고 있다. 지방분권은 상대적이고 동적인 개념으로 이해되어야 한다. 지방분권정책이 지향하는 분권적인 정치·행정체제는 절대적인 선이 아니다.

시대적 상황에 따라 집권적인 정치·행정 체제가 요구되는 경우에는 지방분권정책을 포기하고 집권적인 정책을 추진하여야 하며, 반대로 시대적 상황이 분권적인 정치·행정체제를 요구하는 경우에는 지방분권정책을 추진하여야 한다. 미국과 영국이 대표적인 사례이다. 1960년대 미국의 민주당 정부는 '위대한 사회(Great Society)'의 건설을 위하여 집권적인 정책을 추진하였으며 반대로 1980년 레이건 행정부는 주정부 및 지방정부의 재량을 확대하는 분권적인 정책으로 전환하였다.

영국도 1979년 이후 집권적인 정책을 추진하다가 1997년 이후 분권적인 정책으로 전환하였다. 대처 총리는 국가의 경제재건을 위하여 지방정부에 대한 통제와 규제를 강화하였다. 제도적인 관점에서뿐만 아니라 작업적 정부 간 관계에 있어서도 대결정치라고 명명될 만큼 지방정부를 강하게 압박하였다(김순은, 2005b). 반면 1997년 노동당 정부는 보수당과는 대조적인 정책을 추진하였다. 대단히 분권적인 정부라고 할 수 있다. 스코틀랜드와 웨일스 지역에 각각 독립

---

13) 김순은(2005a)의 "지방분권정책의 평가와 과제"의 일부분을 대폭 수정·보완한 내용임.

의회를 설립하고 현재 잉글랜드 지역에 광역지방정부를 설립하는 지방분권정책을 추진 중에 있다(김순은, 2001a, 2001b; Office of the Deputy Prime Minister, 2002, 2004).

지방분권정책의 두 번째 특성은 지방정부 간 차별성과 경쟁을 전제로 하고 있다는 점이다. 즉, 지방정부의 다양성을 인정하면서 정치와 행정권한을 이양하면 지방정부들은 다양성과 강화된 정치·행정권한을 토대로 지역의 발전을 도모하게 된다. 그 결과 지역 간의 격차는 더욱 확대될 소지가 있다. 이런 점을 감안할 때, 지방분권정책의 내용에는 수평적 재정조정제도가 반드시 포함되어야 한다. 수평적 재정조정제도는 재정분권으로 재정이 강화되는 지방정부가 재정이 악화되는 지방정부를 보조하는 제도를 의미한다.

반면 지역균형발전은 시대와 공간을 초월하여 항상 추진하여야 하는 규범적 정책 과제이다. 지방분권과 지방자치를 헌법과 법률로 제한하였던 우리나라에서도 역대 정부 모두가 구호만이라도 지역균형발전을 국정의 중요한 과제 중의 하나로 삼았다. 폐지된 지방양여금제도와 지방교부세 제도가 어떤 측면에서는 지역 간의 불균형을 해소하기 위한 지역균형발전의 제도들이었다.

일본에서도 지역균형발전은 모든 정부의 중요한 정책과제였다. 특히 동경일극중심의 폐단이 극심해짐에 따라 수도권 정비계획은 우선순위가 높은 국정과제였다. 영국의 경우도 예외는 아니었다. 런던권의 인구억제 정책과 지역균형발전은 항상 패키지로 등장하는 과제였다. 영국과 일본 모두 중앙정보의 교부금이나 양여금과 같은 제도가 있음은 물론이다.

지역균형발전정책의 세 번째의 특성은 지방정부 간의 차별화를 축소한다는 전제를 둔다는 점이다. 지역에 따라서는 산술적 균형을 주장하기도 한다.

요약하면 지방분권정책은 시대적 상황에 따라 변하는 전략적·상황적 과제이나 지역균형발전을 시공을 초월하여 상시적으로 추진하여야 하는 규범적 과제라고 할 수 있다. 전자는 집권적인 정치·행정체제가 요구되는 상황이 도래하면 언제든지 회귀되어야 하는 기본 성격을 가지며 중앙집권의 폐해가 발생할 경우 중앙집권의 폐해로 인한 상황을 전략적으로 치유하기 위하여 거버넌스(국정운영체제)의 개선을 제시하는 정책이다. 반면 지역균형발전은 국가가 존재하는 한 시대와 공간을 초월하여 중단됨이 없이 지속되어야 하는 규범적 과제라고 판단된다.

지방분권정책은 지역 간의 경쟁과 차별성을 전제로 한 정책인 반면 지역균형발전은 차별화의 축소를 지향하고 있다. 두 정책은 정책의 방향이라는 측면에서 상이한 특성을 지니고 있다.

지방분권정책과 지역균형발전정책의 특성은 공유재산과 사유재산에 비유되기도 한다. 특정 지방정부가 아무리 지방분권정책에 관심을 보여도 그 혜택은 모든 지방정부에 돌아가는 공유재산의 성격이 강하며, 지역균형발전은 특정 사업을 추진할 경우 그 혜택은 열심히 노력한 지방정부에게 돌아가는 사유재산의 성격이 강하다.

지방분권정책과 지역균형발전정책은 정책목표의 특성에서도 상이하다. 지방분권정책이 지향하는 분권형 정치·행정체제의 실현은 그 자체가 최종 목적이 아니라 분권형 정치·행정체제를 통하여 이룩하려는 국가의 경쟁력 또는 지역균형발전을 위한 수단적 성격을 띠고 있다.

반면 지역균형발전정책이 목표로 지향하는 국토의 균형발전은 정책의 최종 목적이라고 할 수 있다. 따라서 지역균형발전정책의 실현을 위하여 분권, 분산, 분업 등의 3분 정책이 수단적 정책으로 채택된다. 경우에 따라 지방분권정책은 지역균형발전정책의 수단 중의 하나가 될 수 있다. 이러한 차이점은 향후 지방분권정책과 지역균형발전정책 간의 우선순위를 결정하는 데 중요한 요인이 된다.

지역균형발전정책은 배분정책이며 지방분권정책은 구성정책에 속한다. 전자는 주로 자원의 배분에 초점이 모아지며 후자는 국가의 통치구조와 밀접하게 관련되어 있다. 이러한 차이점으로 인하여 대통령 탄핵 소추 이후 두 정책 중 국가균형발전 정책의 비중이 급격히 증가하였다.

3. 대통령 탄핵 시도

노무현 정부의 지방분권을 위한 개혁의 추동력을 결정적으로 약화시킨 것은 대통령 탄핵소추와 가결이었다. 노무현 대통령이 2004년 2월 18일 언론사와의 간담회에서 특정 정당의 지지를 호소한 발언과 2004년 2월 24일 방송기자클럽 초청 대통령 기자회견에서 특정 정당의 지지를 기대한다는 발언이 빌미가 되어 탄핵소추의 결과로 이어졌다. 2004년 5월 14일 헌법재판소의 기각 결정이 있었으나 정부의 국정 동력은 적지 않은 타격을 받았으며 특히 지방분권의 추진에 적지 않은 영향을 미치게 되었다.

4. 국민의 지지 부족과 무관심

우리나라에서 지방자치가 1952년 실시된 이후 약 9년간 실시되어 오다가 1961년 군사정변으로 폐지되었다. 30년간 폐지된 지방자치가 1991년 지방의회를 시작으로 재개되고 1995년 선출직 지방정부의 장의 선거로 지방자치의 외형적인 틀을 갖추었다. 지방정부의 권한이라는 차원에서 앞 장에서 논의한 바와 같이 중앙집권적 요소가 많았음에도 나름의 성과를 거둔 것은 사실이다(김순은, 2015a). 그럼에도 불구하고 기대한 목표보다는 크게 미흡하다.

지방자치의 발전이 미흡한 원인 중의 하나로 권한의 부족이 논의되고 이를 해결하기 위한 지방분권이 1980년대 이후 지속적으로 제기되어 2016년 박근혜 정부까지 이어지고 있다. 앞 장에서 논의하였듯이 제도적 여건과 정부의 의지가 노무현 정부만큼 견고했던 정부도 없다. 그럼에도 노무현 정부의 지방분권 추진은 커다란 성과를 보이지 못했다. 지방분권을 포함하여 지방자치의 발전이 미흡한 데에는 국민들의 지지와 무관심이 주요한 원인이었다(김순은, 2010a).

제8절 소 론

노무현 정부가 종료된 이후 지금까지도 지방분권의 필요성은 인정된다. 박근혜 정부도 지방자치발전위원회를 설치하고 지방분권을 추진하였으며, 현재의 문재인 정부는 더욱 강하게 자치분권의 의지를 밝히고 있다.

향후 지방분권은 다음과 같은 측면에서의 내용을 포함하여야 한다. 첫째, 지방정부의 창의성을 제약하는 규제를 완화하는 것이다. 중앙정부의 과도한 규제로 지방정부가 자주적으로 지역발전을 도모할 수 없다. 둘째, 여기에서 한 걸음 더 나아가 지역 공동체의 활성화를 도모하여야 한다. 지역 공동체에 권한을 위임함으로써 공동체를 중심으로 자조(自助)의 길을 전개하여야 한다. 셋째, 지역의 재정적 자립을 제고하는 것이다. 지방정부의 책임하에 재정의 자율성이 보장되지 않고는 지방정부의 창의성을 기대할 수 없다. 지방정부의 재정 자율성은 공공 서비스의 공급자를 통제할 수 있는 수준이어야 한다. 공급자의 다양성을 통하여 행정의 효율을 기대할 수 있기 때문이다. 서비스 공급자에 관한 결정은 투명하게 이루어져야 한다. 공공 서비스 공급자 결정을 단순히 공개하는 것뿐만 아니라 시민의 선택권을 부여하여 지방행정의 책임성을 강화해야 한다.

실질적인 지방분권이 이루어지기 이전이라도 지방자치단체라는 용어를 버리고 법적으로 지방정부라는 용어를 사용하여야 할 것이다. 지방정부라는 용어는 자주결정권과 책임성을 지닌 지방의 통치주체라는 의미를 지니고 있다.[14] 단순히 중앙정부의 사무를 이양해서는 안 되며 지방정부의 정치권한을 제고하여야 한다. 조례제정권의 확대가 여기에 속한다. 단체자치의 관점에서뿐만 아니라 주민자치의 관점에서 조례제정권의 확대가 지방정부의 의미를 제고하는 첩경이다. 이를 위하여 철저한 주민자치의 원칙, 충실한 단체자치의 원칙, 보충성의 원칙에 의한 사무배분, 사무배분의 원칙에 따른 재원배분 등이 수반되어야 한다.

---

14) 문재인 정부가 발의한 2018년 헌법개정안의 내용 중에 지방자치단체를 지방정부로 개정하는 것이 포함되어 있었음.

제 4 장

이명박 정부의 지방자치와 지방분권: 지방분권의 미온적 조정기

제1절 이명박 정부의 지방분권 추진개요

제17대 대통령 선거에서는 지방분권이 중요한 이슈가 되지 못했다. 지방분권은 이명박 대통령 후보의 20대 공약에도 포함되지 않았다. 다만 의례적인 수준에서 자치권의 신장, 지방재정의 확충, 행정권한의 지방이양 등이 공약사항으로 제시되었다. 그 중 특히 광역경제권의 형성이라는 새로운 지역발전체제를 공약으로 제시하였다(이창균, 2010). 이명박 정부의 지방분권에 대한 제도적 기반은 이전 노무현 정부에서 제정된 지방분권특별법이 소멸된 이후 국회의원이 발의한 「지방분권 촉진에 관한 특별법(이하 지방분권촉진법)」에 있었다. 2008년 12월 늦게 출범한 지방분권촉진위원회는 노무현 정부의 정부혁신지방분권위원회와 지방이양추진위원회를 통합하여 추진기구의 효율성을 높일 것으로 기대되었다. 그런데 이명박 정부는 2010년 제정된 「지방행정체제 개편에 관한 특별법(이하 지방행정체제개편법)」이라는, 행정체제와 지방분권을 다루는 새로운 제도를 도입하여 지방분권보다는 행정체제에 초점을 두는 양상을 보였다. 이명박 정부의 지방분권은 「지방분권촉진법」과 「지방행정체제개편법」이라는 2개의 제도적 토대 위에 실시되었다.

이에 따라 지방분권의 추진기구도 지방분권촉진위원회와 지방행정체제개편위원회로 이원화되기도 하였다. 지방분권촉진위원회는 '지방분권 비전 및 과제별 (4개 분야 20개 과제) 추진계획'을 통하여 분류방식이 상이하지만 노무현 정부의 내용과 유사한 추진과제를 발표하였다. 새로운 과제로서 지방자치행정체제 정비, 특별지방자치단체의 도입 및 활용, 지방분권의 홍보 및 공감대 확산이 포함되었다.

지방자치행정체제의 정비를 위하여 2010년 「지방행정체제개편법」이 제정되고 지방행정개편위원회가 구성되었다. 지방행정체제개편위원회는 2012년 6월 대통령에게 보고할 지방행정체제개편 기본계획을 확정하였다. 그 내용은 시·군·구 통합, 대도시의 기능조정, 대도시의 사무특례를 주요 내용으로 하는 2012년 중점과제 및 근린자치와 도의 기능조정에 초점을 둔 2013년 중점과제로 대분되었다. 종전과 구별되는 역점 과제는 시·군·구의 자율통합원칙과 근린자치의 활성화였다.

이명박 정부의 지방분권 성과로는 2010년 도입된 지방소비세[1)]와 창원·마산·진해의 통합을 들 수 있을 것이다. 부가가치세의 5%를 적립하여 지방소비세로 전환하는 개혁은 지방재정의 확충에 나름 기여하고 있다. 창원·마산·진해의 통합은 여러 논란에도 불구하고 성공적으로 통합에 이른 사례가 되었다. 지방사무이양의 측면에 대해서는 지방이양추진위원회가 해체되고 그 대신 지방분권촉진위원회가 발족되어 지방이양 사무를 추진하였다. 1,587건의 사무에 대하여 지방이양을 확정하였고 이 중에서 763건의 사무에 대한 이양을 완료하였다(최병

1) 국세의 감세에 따른 교부세의 축소 및 수도권 규제완화에 대한 지방의 반발을 무마하기 위해 도입됨.

대, 2013). 이명박 정부 때에는 지방분권촉진위원회와 행정체제개편위원회가 양립하여 지방분권의 시너지를 높이는 대신에 오히려 지방분권을 미온적으로 조정하는 시기였다.

제2절 이명박 정부의 지방분권 배경 및 실태

1. 시대적 배경

사회가 글로벌화, 지식정보화, 분권화됨에 따라 국가운영에 있어서도 패러다임의 전환이 요구되었다. 이는 기존 중앙 통제 하의 국가운영체제를 중앙·지방 간 협력체제로 전환하고, 규제를 완화하여 권한과 책임을 전제로 한 자율성에 기초하여 국가를 운영하는 것을 의미한다. 오늘날 대다수의 국가들이 중앙집권의 행정에서 벗어나 지방의 다양성과 활력을 바탕으로 한 새로운 성장 동력 확보에 주력하고 있다. 우리나라도 중앙부처의 과부하와 지방의 자율성 및 권한 부족의 문제점을 해결하기 위해 과감하고도 지속적인 분권을 주문하였다.

2. 지방분권의 현주소

2001년 사무조사 결과 국가와 지방사무의 비율은 73:27로 그간 지속적으로 권한을 이양(1,288건)했음에도 불구하고 국가사무의 영역이 여전히 과다함을 알 수 있다. 국세와 지방세 비율 또한 79.2:20.8로 지난 5년간 큰 변화가 없으며, 지방세로 인건비 해결이 곤란한 기초단체가 무려 131개(57%)에 달하는 실정이었다.

국가가 포괄적으로 특별지방행정기관을 유지하고 감독하는 당시의 제도는 지역종합행정을 더 어렵게 만들고 있었다. 특히, 경찰·교육 분야에 대한 자치단체장 등 지방의 역할이 부재한 실정이었다. 분권은 곧 분열이라는 오해가 확산되면서 지역이기주의 현상이 증가하고 지역 간 협력이 사라졌으며, 이로 인해 불필요한 행정비용이 발생하는 부작용이 초래되었다.

3. 지방분권 성과와 한계

1999년 이후 다양한 분권과제를 제시함에 따라 제주특별자치도를 출범시키고 주민투표·주민소환제를 도입하는 등 일부 성과를 창출하였다. 그럼에도 불구하고 국가-지방 간 관계를 재정립하기 위해 수립된 핵심과제들이 제대로 된 성과를 창출하지 못하여 분권에 대한 국민들의 체감도는 여전히 낮은 수준이었다.

지방분권의 추진체계로서 정부혁신지방분권위원회를 설치하였고, 위원회의 전문성과 통합성을 바탕으로 분권과제를 지속적으로 수행하였다. 하지만, 분권으로 야기될 부작용에 지나치게 신경 쓴 결과 선분권·후보완이라는 원칙이 훼손되고 노무현 정부의 말기에는 분권보다는 분산·균형에 치중되는 결과를 낳았다.

4. 주요 국가의 지방분권 노력

일본은 지방분권일괄법('99.7)에 의거하여 475개의 법률(23개 성청소관)이 일괄 개정되었다. 이 외에도 위임사무를 폐지하고 중앙의 관여를 완화 및 철폐하는 노력을 보였다. 프랑스는 권양이양기본법('83.1)을 제정하고, 같은 해 순차적 사무배분법을 제정함으로써 지방분권에 대한 의지를 표명하였다. 그리고 마침내 헌법 제1조에 분권국가임을 명시하였다('03.3). 영국은 스코틀랜드와 웨일즈에 지역자치정부를 구성하였다('99). 이에 더불어 기관 구성을 다양화하고 지역정부의 재정 자율성을 강화하기 위해 노력하였다. EU는 자치헌장('85)을 제정한 이후 각 회원국가에서 지방분권을 실천하고자 했다.

제3절 이명박 정부 지방분권의 비전·원칙·전략 및 절차

1. 비전

'선진일류국가'라는 국가비전 아래 지방분권의 비전으로서 '창의와 활력이 넘치는 지역사회'를 제시하였다. 이는 주민의 삶의 질 향상, 지방자치역량 확대, 지역경쟁력 강화, 공동체 민주시민의식 제고를 내용으로 한다. 이 비전을 이루기 위해 구체적으로 3대 원칙과 5대 전략이 제시되었다. 보충성, 자율성, 포괄성이 3대 원칙에 해당되며, 핵심과제의 우선적 성과 창출, 지방의 다양성 및 책임성 확보, 관련기관·단체와의 협력 강화, 사무 및 기능 배분과 재원보장의 연계, 국민 참여 및 공감대 확산이 5대 전략에 해당된다.

2. 원칙

이명박 정부는 지방분권의 추진원칙으로 3가지를 명시하였다. 첫째, 주민생활과 밀접한 권한과 기능에 대해서는 우선적으로 지방자치단체에 배분하되, 지방자치단체 차원에서 수행할 수 없는 사항에 한하여 중앙정부가 직접 처리하도록 하는 보충성의 원칙을 명시하였다.

둘째, 지방자치단체가 지역실정을 충분히 고려하고 주민들의 의견을 토대로 하여 최대한 자유롭고 창의적으로 정책을 결정하고 집행하도록 하는 자율성의 원칙을 명시하였다. 셋째, 중·대단위 사무(기능)를 중심으로 이양하고, 이양한 사무 및 기능 수행에 필요한 재원과 인력 등도 함께 이양한다는 포괄성의 원칙을 명시하였다.

3. 전략

이명박 정부는 지방분권의 성공적 추진을 위하여 5개의 전략을 수립하였다. 첫째, 핵심과제로 중앙행정권한의 지방이양, 특별지방행정기관의 기능조정, 국세-지방세 조정을 결정하고 이 과제들의 우선적 성과 창출을 위해 가용역량을 집중하기로 계획하였다. 시급하고도 중요한 핵심과제들을 우선적으로 잘 수행해 낸다면 타 분권과제의 추진동력도 더불어 확보될 것이라 판단한 것이다.

둘째, 각 지역 및 자치단체의 여건과 실정을 적극 존중하고 고려함으로써 지방의 다양성과 책임성을 확보하고자 하였다. 자율성이 높아지고 권한이 늘어남에 따라 이에 걸맞은 자치역량과 경쟁력을 향상시키기 위한 것이다.

셋째, 지방분권 과정에 다양한 주체들의 참여를 확대하고 폭넓은 의견을 수렴하고자 하였다. 정치권과 중앙부처뿐만 아니라 지방4대협의체, 다양한 분야의 학계·학회 등과의 협력을 촉진하는 전략을 세웠다. 제출된 의견들에 대해 검토과정을 거친 후 조치 계획 및 결과 등을 통보하는 방식의 정책환류체계를 구축하고자 하였다.

넷째, 중앙부처의 사무(기능)를 지방으로 이양할 시 소요되는 재원 및 인력을 포괄적으로 지원함으로써 분권의 효과성을 제고하기 위해 수립된 전략으로, 앞서 언급한 포괄성의 원칙과 일맥상통하다. 효과적인 연계를 위해 소요되는 재원 및 인력에 합리적 지원 기준을 마련하기로 하였다.

다섯째, 지방자치 및 지방분권에 대한 국민들의 참여와 공감대를 확산시키는 전략을 구상하였다. 지방분권 추진과정에 다양한 국민여론을 수렴하고자 각계

대표인사의 위원 영입을 확대하고자 하였으며, 지역단위 공동체의식 및 민주시민정신 고양을 위해 다양한 교육 및 홍보프로그램을 마련하여 시행하는 계획을 세웠다.

4. 추진체계: 협력형 네트워크 구축·운영

핵심분권과제를 추진하는 체계로서 지방분권촉진위원회를 필두로 하여 중앙부처, 지방자치단체, 지방4대협의체, 학계 등이 유기적으로 연계된 협력형 네트워크를 구축하였다. 각 협력주체들의 역할 및 기능은 다음과 같다. 먼저, 대통령 소속의 지방분권촉진위원회는 지방분권을 총괄·조정·심의하며 분권의 방향을 설정하고 성과를 평가하는 역할을 수행한다. 행안부·기재부 등의 중앙부처는 지방분권과제들을 실질적으로 추진하고 행·재정적인 연계를 지원한다. 이와 관련하여 관계 기관들의 의견을 수렴하여 대안을 마련하고 제시하는 역할을 수행하기도 한다. 지방자치단체 및 지방4대협의체는 지방의 실정을 고려하여 수요자 입장에서 분권 정책·제도·과제 등을 분석 및 평가하여 그 결과를 환류하는 역할을 수행한다. 정당 등의 정치권은 지방분권과 관련된 법제화 및 제도화를 지원하며, 이 밖에 학계·언론·시민단체는 분권의 비전과 전략 등을 공론화하고 공감대를 확산하는 기능을 수행할 것으로 기대되었다.

5. 절차

추진절차는 총 7단계로 계획되었다. 첫째, 분권과제를 발굴하고 추진방향을 설정한다. 이때 지방분권촉진위원회뿐만 아니라 중앙행정기관, 지방자치단체, 지방4대협의체, 정치권, 학계 등 다양한 주체들의 참여를 촉진한다. 둘째, 관계기관 및 단체들의 의견을 수렴하는 단계이다. 전 단계에서 발굴된 지방분권과제에 대한 다양한 협력기관들의 의견을 수렴하기 위해 공청회 및 현장조사, 전문가 자문 등이 실시된다. 셋째, 실무위원회의 검토와 조정이 이루어진다. 각 분권과제별로 수립된 실행계획을 검토·조정하고 전문적인 조사와 연구가 이루어지는 단계이다. 넷째, 지방분권과제별 계획 또는 실행계획을 지방분권촉진위원회가 심의·의결한다. 다섯째, 심의와 의결을 통과한 계획을 대통령에게 보고한다. 필요시 국무회의 보고를 선행하기도 한다. 여섯째, 관계 중앙행정기관과 지방자치단체 등 소관부처에 보고결과를 통보하고 언론매체 등을 활용하여 국민들에게 공표하는 절차를 거친다. 마지막으로, 지방분권과제 추진 및 이행상황에 대해 반기별 점검과 평가가 이루어지며, 그 결과는 국무회의 심의를 거쳐 대통령에게 보고한 후 해당기관에 권고 및 독려한다. 이 내용은 다시 첫 단계로 환류하여 보다 발전된 새로운 분권과제를 발굴하는 데 영향을 미치게 된다.

제4절 이명박 정부 지방분권과제별 세부실행계획

1. 권한 및 기능 재배분 분야

1) 사무구분체계 개선

자치단체 입장에선 현재의 기관위임사무가 자율성을 제약하는 요인으로 인식되는 반면, 중앙정부 입장에서는 국가사무의 원활한 수행 장치로 인식되면서 서로 상반된 입장을 보였다. 자치단체에서 처리하는 사무임에도 불구하고 여전히 중앙의 포괄적인 감독을 받고 있을 뿐만 아니라 조례 제정이 제약되어 있어 지방행정의 자주성과 종합성을 저해한다는 문제점이 존재하여 개선의 필요성이 대두되었다.

이에 따라 자치단체의 자율성과 지방행정의 자주성을 확대하기 위해 기존 기관위임사무를 폐지하고 자치사무(또는 국가사무)로 체계적 정비를 계획하였다. 사무 특성상 자치사무 또는 국가사무로 명확히 분류하기 어려운 경우엔 기존 위임관계를 대체할 수 있는 새로운 사무구분체계를 마련하고, 지방자치법 등 관련 법을 개정하여 사무구분을 명확히 하기로 결정하였다.

2008년 한 해 동안 추진된 해당 과제의 경과는 다음과 같았다. 전 부처 법령을 검토하여 기관위임사무를 파악('08.2~4)한 후, 처리실태 조사 및 1차 시·도 의견 조회('08.4~6), 정비대상 사무(안)에 대한 2차 시·도 의견조회('08.8~9)가 곧 이어 이루어졌다. 기관위임사무를 대체할 새로운 사무구분체계개선안에 대해서는 연구용역을 의뢰('08.6~9)했으며, 이후 기관위임사무 중 이양대상사무를 지방분권지원단에 통보하였다('08.11). 최종적으로 사무구분체계 개선안을 마련하고 관련 법령 개정 방안에 대한 검토가 이루어졌다('08.12).

해당 과제의 세부추진계획은 다음과 같다. 사무구분체계 개선안에 대한 의견을 수렴하여 확정하고 이를 반영한 법령을 정비하고자 했다('09.12). 이는 사무구분체계 개선에 따른 후속조치 계획을 수립하고 지방자치법 및 소관부처의 개별법령 개정안을 마련하는 것을 내용으로 한다. 끝으로 2010년~2012년에 걸쳐 지방자치법 및 사무구분체계 관련 법령을 개정하는 계획을 구체적으로 명시하였다.

2) 중앙행정권한의 지방이양

지속적인 지방이양 추진에 따른 이양사무의 양적 증가에도 불구하고, 지방의 분권체감 효과는 여전히 미흡한 것으로 나타났다. 이는 이양확정사무에 대해 소관 중앙부처의 법령개정이 제대로 이루어지지 않았거나 행·재정적인 연계지원이 미흡하기 때문이었다.

이를 개선하기 위해 지역경제 파급효과가 비교적 큰 기능중심의 포괄적 지방이양을 추진하기로 결정하였다. 이와 관련하여 「지방분권촉진특별법」 제62조(사무배분의 원칙)에 의거하여 100대 지방이양 과제(기능)를 선정하여 이양을 추진하고 발굴된 사무의 신속한 이양절차 진행과 부처별 법령개정을 계획하였다.

이에 덧붙여 이양사무에 대한 행·재정적 연계지원방안을 강구하고 수요자와 기능 중심의 이양대상사무를 발굴하고자 하였다.

그간 지방이양을 위해 역대 정부는 다음과 같은 노력을 해왔다. 1998년 국민의 정부는 '중앙권한의 지방이양'을 "국정개혁 100대 과제"로 선정하였다. 이후 노무현 정부는 '중앙권한의 획기적 지방이양'을 "지방분권 로드맵"에 포함하였으며('03), 이명박 정부는 '중앙권한 지방이양'을 "중점국정과제"로 선정하였다('08). 지방이양추진위원회가 운영('99~'08.8)됨으로써 그간 총 1,568건의 지방이양이 확정되었으며, 실제로 1,288건의 이양이 이루어졌다. 기존의 지방분권촉진특별법은 전면 개정되어 「지방분권촉진에관한특별법」으로 그 명칭이 바뀌었다('08.2.29).

해당 과제의 세부추진계획 및 일정은 다음과 같았다. 2009년 한 해 동안 실무위 및 본위원회에서 이양타당성을 심의하고, 지방4대협의체 등에서 적극적으로 이양대상사무를 발굴할 계획을 수립하였다. 기능중심의 포괄적 지방이양 추진과 이양확정사무의 법령개정 및 이행상황 점검과 같은 사후관리는 정권 전 기간에 걸쳐 추진하기로 결정하였다.

3) 특별지방행정기관 기능조정

특별행정기관의 현황을 살펴보면, 노동부 등 21개 부처에 총 4,579개의 특별지방행정기관이 설치되었으며, 전체 국가공무원 60만 4천명의 33%에 해당하는 20만 1천 명의 인력이 각 기관에 배치되었다. 이 중 정비검토대상으로 8개의 지방청(지방중소기업청, 지방국토관리청, 지방노동청, 지방해양항만청, 지방환경청, 지방식품의약품안전청, 지방보훈청, 지방산림청), 201개의 기관, 총 11,130명의 인원이 선정되었으며, 세무·공안·현업기관 등 4,378개의 기관, 190,461명은 검토대상에서 제외되었다.

중앙정부가 소속 지방행정기관을 통하여 일선 행정서비스를 직접 수행함에 따라 지방의 자치역량을 저해시킨다는 문제점이 지적되었다. 뿐만 아니라, 자치단체로 창구 일원화가 가능함에도 불구하고 중앙과 지방의 이중적 업무 수행으로 인력 및 예산 낭비가 초래되며 행정의 효율성이 저하된다는 지적이 존재하였다. 이처럼 지나친 중앙의 획일적 규제는 지역의 특성 및 실정과 주민의 요구를 반영하기 힘들게 하고, 지방행정의 발전과 서비스 개선에 제약을 주었다.

이에 따라 특별지방행정기관과 자치단체 간 기능을 조정하는 것을 개선의 기본방향으로 결정하였다. 구체적으로 중앙은 정책적·광역적 기능만을 수행하고, 현지성이 높은 집행적 기능은 지방자치단체로 이관한다는 내용이다. 기능조정에 따라 인력 및 예산 또한 동시적으로 이관하겠다고 명시하였다. 기능이관의 기준으로는 현지성이 높고 주민생활 편의와 밀접한 분야, 지방에서 수행하는 것이 더 효율적이고 지역경제 활성화에 도움이 되는 분야가 제시되었다.

당시 정부는 '특별지방행정기관 정비'를 핵심국정과제로 선정('08.2)한 이후, 관계부처들의 의견을 수렴하여 구체적인 '특별지방행정기관 정비방안'을 마련하였다('08.3~4). 5.28~6.30 사이에는 이해관계자들과의 소통을 통한 의견 수렴이 이루어졌는데, 관계부처(본부, 지방청), 자치단체, 관련단체, 국회, 노조 등 총 45개의 단체가 의견 개진 및 수렴 절차에 참여하였다. 이를 바탕으로 마침내 '특별지방행정기관 정비'에 관한 정부방침을 확정·발표(1차 균형위, 7.21)하였으며, 이에 따라 업무성격, 이관효과, 지자체 능력 등을 고려한 단계적 이관을 추진하였다.

해당과제의 단계적 이관에 관한 세부추진계획은 다음과 같다. 1단계에서 우선 추진하기로 한 3개의 분야(국도·하천, 해양항만, 식의약품)와 관련된 법률을 개정하기로 결정하였다. 개정대상은 총 11개로, 국토위 8개, 복지위 2개, 지경위 1개이며, '09년 2월에 예정된 임시국회에서 처리하도록 계획하였다. 관련 하위법령에 해당하는 총 18개 법률(개정법률 10개+기타법률8개)의 시행령 및 시행규칙 또한 법률 개정 일정과 연계하여 '09년 상반기 중 개정을 완료하기로 계획하였다. 2008년 7월 21일 정부방침 확정 및 발표 이후, 25일 「특행정비 후속조치 계획」이 수립되었으며, 이에 따라 '특행정비추진단'이 구성되었다. 단장은 행안부 1차관이 맡고, 관련부처를 포함한 인사 재배치·조직개편·예산 등 정비분야별로 별도반을 구성하여 분야별 후속조치에 대한 쟁점을 협의하고자 했다

('08.5~12). 2단계에서 추진하기로 한 5개의 분야(노동, 보훈, 산림, 중소기업, 환경)에 대한 각 분야별 정비방안을 구체화한 후, 분야 광역화 및 계층 축소를 우선 추진하여 효율성을 증대하고자 했다. 규제합리화 등 추가 정비를 추진한 이후, 지속적 지방이관 등 특별지방행정기관의 제도발전을 모색하는 것을 계획하였다.

4) 교육자치제도 개선

교육과 관련된 권한과 기능이 중앙정부와 교육청에 집중되어 있어 내실 있는 교육자치를 구현하는 데 저해가 되며, 자율성 있는 단위학교 운영에 어려움을 겪고 있다는 문제점이 제기되었다. 일반자치와 교육자치 간의 연계와 협력 또한 미흡한 실정이었다.

이를 개선하기 위해 '전국교육감협의회' 법제화를 통해 초·중등교육 권한 이양을 위한 자율적 토대를 마련하고자 했다. 시·도 및 지역교육청에 속해있던 사무와 지침을 단위학교로 이양하여 운영의 자율성을 확대하고자 했으며, 미흡했던 일반자치와 교육자치의 연계와 협력을 강화하는 방안을 제시하였다.

이명박 정부는 교육자치를 추진하기 위해 '교육분권화팀'이라는 전담조직(한시 TF팀)을 운영했다('08.4~'08.12). 단위학교 운영의 자율성을 침해하는 지침을 정비('08.4.15~)하고 교육규제와 관련된 공문서 시행 및 관리에 관한 훈령을 제정('08.11.13)하는 등 학교운영의 자율화 추진을 위한 계획을 마련하였다. 이에 덧붙여 대통령령 이하 법령, 교육공무원 임용령('08.8.27), 교원 등의 연수에 관한 규정('08.7.27), 공무원수당 등에 관한 규정 및 지방공무원 수당 등에 관한 규정('08.9.30), 연구학교에 관한 규칙('08.7.30) 개정 및 제정을 완료하였다. 유아교육법('08.9.29), 초·중등교육법('08.11.12), 장애인등에 대한 특수교육법('08.11.12), 지방교육자치에 관한 법률('08.11.12)과 같은 관련 법률에 대해서도 국회 제출 및 개정추진이 완료되었다.

해당 과제의 세부추진계획은 다음과 같았다. 첫째, 유·초·중등교육에 대한 장관의 권한을 시·도 교육감에게 이양 및 위임하여 지역실정에 맞는 양질의 교육을 실시하는 계획을 세웠다. 둘째, 지방교육행정체제의 효율성을 증대하기 위해 시·도 교육청에 소속되어 있는 지방직 공무원의 정원을 감축하는 등 지방교육행정기관의 인력 및 조직 운영의 합리화를 제고하고자 했다. 셋째, 시·도 교육감의 교원 인사권을 학교장에게 일부 위임하여 학교 단위 교원채용을 확대하고, 학교 교육과정 개편 및 운영에 있어 자율권을 확대하기로 결정하였다. 마지막으로, 교육자치와 일반자치 사이의 유기적 협조체제를 마련하여 행정의 효율성을 증대하는 방안을 검토하겠다고 밝혔다.

5) 자치경찰제도 도입

국가경찰제가 비교적 안정된 치안수준을 유지하고 있으나, 중앙집권적으로 운영되고 있어 지역특성과 주민의사를 반영한 치안행정을 구현하기엔 미흡하다는 지적이 제기되었다. 이에 따라 현실적 여건을 감안하여, 국가경찰제의 근간은 유지하면서 실질적 지방자치분권을 조화롭게 구현할 수 있는 자치경찰제를 도입하는 방안을 강구해냈다. 국가경찰과 자치경찰 간의 합리적 역할분담을 이루어 국가 전체적인 치안역량을 강화하고 주민 치안만족도를 제고하고자 하였다.

자치경찰제는 2004년 1월 처음으로 「지방분권특별법」(제10조 제3항)에 도입 의무화가 명시되었다. 이후 이명박 정부는 '5대 국정지표, 193개 국정과제'에 '자치경찰제 도입방안'을 포함하였으며, 관계기관 조정회의를 거쳐 확정하였다('08.5). 일전에 폐기되었던 「자치경찰법」 정부안을 다시 입안하였으며, 이명박 정부 100대 국정과제에 이를 포함('08.10)하면서 자치경찰제 실시에 대한 의지를 표명하였다.

세부적으로 '09년 2/4분기 내에 당정협의를 마친 후 대국민 의견수렴을 거쳐 국회에 정부안을 제출하고, 심의·의결을 하겠다는 계획을 제시하였다. 법안 국회통과가 이뤄지면 6개월 내로 하위법령을 제정하고, 2010년 한 해 동안 시범실시를 한 후 이후 2011년도부터 전면실시를 계획하였다.

2. 지방재정 확충 분야

1) 국세와 지방세의 합리적 조정

기존 재산과세 중심(48.8%)의 지방세 구조에 소비 및 소득과세가 확충됨에 따라 기업을 유치하는 등 지방의 노력이 지방세수로 연계되는 구조가 마련되었다. 또한, 민선 이후 재정분권 수준이 지속적으로 퇴보하면서 재정의존도가 더욱 심화되고 자율성에 제약을 받게 되었다. 이러한 배경하에 지방소비세 및 소득세 도입을 추진하게 된 것이다.

하지만 지방세 세목체계에 많은 문제점들이 지적되었다. 유사세목과 동일세원에 중복적으로 과세하는 등 세목체계의 복잡성과 세수가 1조 원 미만인 세목이 무려 7개에 이른다는 세목체계의 영세성이 지적되었다. 각 자치단체에 세원이 불균형적으로 배분되어 재정력 격차가 점차 커질 뿐만 아니라, 현행의 이원적인 세목배분구조는 자치단체의 계층별 특성을 반영하지 못하고 있다는 문제점이 제기되었다.

헌법 제59조에 명시된 엄격한 조세법률주의에 따르면 조례를 통해 세목을 신설하거나 세율을 결정할 수는 없다. 하지만 제정수요를 충당하고 지자체의 자율성과 책임성을 강화하고 지방세의 가격 기능을 활성화하기 위해서 자치단체의 과제자주권을 확대해야 할 필요성이 대두되었다.

이에 따라 국세의 일부를 지방세로 이양하고 지방소비세 및 소득세 도입을 추진하여 국세 대 지방세 비중을 단계적으로 개선하고자 하였다. 징세 및 납세협력비용을 최소화하기 위해서는 기존의 국세징수체계를 활용하기로 하였다. 세목체계의 복잡성과 영세성, 그리고 세원 불균형 문제에 대해서는 현행 16개 세목을 9개로 간소화하고, 세목 배분체계를 재조정하는 등의 조치를 취하겠다고 명시하였다. 또한, 당해 자치단체가 적합한 세목과 세율을 직접 지정하여 지방세를 과세하는 선택적 과세제도를 확대하는 방안을 채택하였다.

해당 과제의 추진경과는 다음과 같았다. 지방소비·소득세 도입을 위해 대통령 주재회의 및 관계부처 협의가 여러 차례 이루어졌으며, 이에 따라 12.15 "지역

경제활성화대책"에 '10년 도입목표 추진'을 명시한 바 있다. 세목체계를 간소화하기 위하여 세제개편안을 발표('08.9.25)하였으며 지방세법 전부개정안에 대한 법제처의 심사가 완료되었다('08.12.2).

세부적으로, 지방소비세 및 소득세 도입을 위한 2건의 의원입법안이 발의되었다. 의원발의안의 주요내용은 부가가치세의 20%를 지방소비세로 전환하고, 현 소득할주민세를 국세부가세 방식에서 독립과세 방식으로 전환한다는 것이다. 당시 정부방침은 미확정인 상태였으나, '09년 5월에 정부안을 확정하기로 결정하였으며 도입이 결정될 시 '09년 하반기에 입법을 추진하기로 계획하였다. 세목체계의 간소화는 2단계를 통해 단계적으로 시행하기로 계획하였는데, 1단계에서 현행 16개 세목을 9개까지 줄이고 2단계에서 지방소비·소득세 도입과 연계하여 7개까지 간소화하기로 결정하였다. 자치단체 간 세원불균형을 완화하기 위해서는 현행 이원적 세목배분체계를 다원체계로 변경하고자 하였으며 해외 선진사례를 참고하여 공동과세 도입을 검토하기로 하였다. 선택적 과세 확대를 위해선 '09년 중으로 관련 지방세법의 국회통과를 지원하고 개정을 추진하고자 하였다.

2) 지방교부세제도 개선

지방이양 사회복지사업에 대한 수요가 급격히 증가함에 따라 지방자치단체들의 재정 부담이 가중되었다. 세제가 개편됨에 따라 자치단체의 세수 감소가 예상되어 지방재정을 보전할 수 있는 방안에 대한 강구되어야 할 시점이었다.

'09년 분권교부세 기한만료로 인해 제도개선의 필요성이 대두되었고, 이에 따라 지방이양 사회복지사업을 국고보조사업으로 환원하는 등의 대책이 마련되었다. 자치단체의 재정운영의 자율성을 제고하고 지방재원을 확충하기 위하여 지방교부세의 법정률을 인상하는 방안과 세부계획('12년)이 제시되었다.

3) 지방재정의 투명성·건전성 제고

'95년 민선 지방자치 및 IMF 이후 재정개혁의 일환으로 발생주의 및 복식부기회계제도가 도입되었고, 전 지자체에서 이를 전면 시행하였다. 이에 따라 지방재정의 투명성 및 건전성과 회계 책임성 등이 제고되었지만, 기존 예산회계 결산과 재무회계 결산이 중복되어 제공된다는 문제점이 야기되었다.

위 문제를 해결하기 위해 해당 과제는 총 3단계의 개선안을 제시하였다. 첫째, 예산회계 결산과 재무회계 결산 사이의 차이를 조정하고 내용의 중복문제를 해소하기 위해 일원화된 결산작성 통합기준을 마련하기로 하였다. 둘째, 지방정부회계에 적합한 맞춤형 재무분석지표를 공시하여 지방재정 운영의 투명성과 건전성을 제고하고자 하였다. 셋째, 지방자치단체의 결산제도의 완전한 통합을 위해 통합 결산보고서 모델 개발을 계획하였다. 이와 관련하여 그간 「지방회계기준」, 「지방자치단체 회계처리지침」 등 관련 법령을 제·개정하여 제도적 도입기반을 조성하는 등의 노력이 이루어졌다.

3. 자치역량 강화 분야

1) 자치입법권 확대

현재의 조례 제정범위는 단순집행 절차로 한정되어 있으며 중요사항은 법령에서 정하도록 명시되었다. 이에 따라 원칙적으로 기관위임사무에 대해서는 조례제정이 불가하며, 규제가 필요하거나 지역여건을 반영해야 하는 행정수요에 대한 적극적인 대처가 불가하다는 문제점이 제기되었다.

조례제정의 한계를 극복하고자 법률에서 직접 조례로 위임하거나 삭제할 수 있도록 지방자치 관련 개별 법령을 개정하여 조례제정의 자율성을 제고하는 방안이 제시되었다. 기관위임사무도 조례제정을 가능하게끔 사무구분체계를 개선하고 규제와 지역 특성 반영이 가능한 조례제정 범위 및 근거 규정을 확대하기로 하였다. 이외에도 주민조례 청구제도를 개선하고 주례규식심의회 운영의 자율권을 확대하는 방안 등도 계획되었다. 해당 과제 수행을 위해 그간 시도 및 관계부처 협의를 통해 41건의 개선과제를 발굴하고 개선방안을 시범적으로 추진하였으며, 지자체의 자치입법 활동을 지원하는 노력을 보였다.

2) 지방의회의 전문성·자율성 강화

지방분권시대가 도래하였지만, 자치단체장의 권한에 대한 지방의회의 견제와 균형 기능은 여전히 미흡한 실정이었다. 이에 따라 지방의회 의정기반 조성의 필요성이 대두되었고, 구체적인 전략으로 지방의회의 전문성과 책임성 확보가 제시되었다.

해당과제 수행을 위해 '지방의정활동기반 혁신계획'이 6대 과제로서 추진되었고('06.5), 구체적으로 지방의원 의정비 관련 평가방식 개선 계획을 제시하였다. 이외에도 지방의회 의정기능 및 윤리기능을 강화하기 위해 지방의회 특별위원회를 상설화하여 운영하고, 지방의회 인사권을 독립하기로 결정하였다.

3) 주민직접참여제도 보완

대표적인 주민직접참여제도로 주민투표제도, 주민소환제도, 주민조례청구제도가 존재한다. 주민투표제도는 2004년 1월 도입 이후 2008년까지 총 3회 실시 되었는데, 이 과정에서 운영상의 미비점이 지적되었다. 한 예로, 국내에 거주하는 재외국민에게 주민등록을 하지 않았다는 이유만으로 주민투표권을 부여하지 않는 것에 대해 헌법재판소는 평등권을 침해한다는 결정을 내렸다. 주민소환제도도 마찬가지로 소환투표 과정에서 문제점이 나타났으며, 주민조례청구제도 또한 국내에 거주하는 재외국민과 지자체에 거주하는 외국인에게 청구권을 부여하지 않는다는 문제점이 제기되었다.

위 문제점들을 개선하고자 주민투표제도는 투표연령을 19세로 하향조정하고, 거소를 신고한 재외국민에게도 투표권을 부여하는 등 운영 규정을 보완하기로 하였다. 주민소환제도 또한 서명활동의 보장을 강화하고 제도의 악용방지 대책 및 의견대립 시 조정방안 등을 마련하여 운영상의 미비점을 보완하고자 하였다. 주민조례청구제도는 거소를 신고한 재외국민과 영주권을 취득한지 3년이 지난 외국인에게도 청구권을 부여하기로 결정하였다.

주민직접참여제도의 추진경과는 다음과 같았다. 주민조례청구제도가 가장 먼저 도입('99) 및 시행('00)되었으며, 이후 주민투표제도가 도입되었다('04). 이에 뒤따라 주민소송제도('05)와 주민소환제도('06)가 도입되었으며, 「주민투표법」 및 「지방자치법」 개정안을 국회에 제출하였다('08). '09년의 세부추진계획으로 「주민투표법」 개정에 따른 후속조치와 「주민소환에 관한 법률」 개정, 「지방자치법」(주민조례청구) 개정 등을 제시하였다.

4) 지방선거제도 개선

지방선거제도와 관련하여 2007년 한 해에만 두 건의 헌법불합치 판결이 존재하였다. 기존의 주민등록만을 기준으로 하여 선거권을 부여하는 방침은 주민등록을 할 수 없는 국내거주 재외국민의 참정권을 침해한다는 판결과 시·도의원 선거구간 인구편차가 심하여 투표가치의 불평등이 초래된다는 판결이 이에 해당한다. 재·보궐선거가 지나치게 자주 실시되어 지방행정의 안정성을 저해한다는 문제점 또한 지적되었다.

위 헌법불합치 판결 내용을 반영하여 국내 거소 신고를 한 재외국민의 지방선거 참정권을 보장하고, 시·도의원 선거구를 획정하는 데 있어 헌재가 정한 기준(시·도별 선거구 평균인구의 ±60% 범위)을 적용하기로 하였다. 지방행정의 안정성을 제고하기 위해서는 선출직 공무원의 임기 중 사직을 방지하는 방안을 제시하였다. 세부추진계획으로서 국회 정치관계법 특위의 공직선거법 개정이 제시되었으며, 차기 지방선거 실시를 위한 철저한 사전준비와 정당공천제 폐지 등 지방선거제도 개선방안을 검토를 계획하였다.

5) 지방자치단체 평가기준 마련 및 진단·평가

지방자치단체가 수행하는 국가위임사무, 국가주요시책, 국고보조사업 등에 대한 평가수단으로서 '지방자치단체합동평가'가 운영되었다. 하지만 합동평가와 별개로 각 부처에서 운영하는 개별평가가 난립하여 평가운영의 효율성을 저해하고 자치단체에 과도한 평가부담을 안겨준다는 지적이 제기되었다.

이러한 문제를 해결하기 위해 지방자치단체에 대한 평가를 통합평가(합동평가+개별평가)로 일원화하고 행정안전부가 운영하기로 결정하였다. 이는 지방자치단체의 책임성과 정책역량을 제고하고 국정운영의 통합성 및 효율성을 증대하기 위함이었다. '08년 2월 실용정부는 지방자치단체 평가제도 개선을 국정과제로 채택하였다. 이후 매년 상반기(3~7월)에 통합평가를 운영하겠다는 세부계획을 밝혔다.

6) 지방자치행정체제 정비

농촌지역은 급격한 인구 감소와 고령화를 겪고 있는 반면, 도시지역은 이미 포화상태라 발전에 필요한 면적이 부족할 지경에 이른 당시의 실상은 자치단체의 자생적 발전을 저해하고 있다는 지적이 제기되었다.

이를 개선하기 위해 이명박 정부는 100대 국정과제에 지방자치행정체제 정비를 포함하였으며 개편 특별법안을 발의하였다. 향후 국회특위를 구성하여 개편에 관한 논의를 하고 입법화를 추진할 계획을 세웠으며, '지방행정체제 개편위원회'를 구성하여 다양한 개편안을 수렴하고 검토하기로 결정하였다.

4. 협력 및 공감대 확산 분야

1) 정부 및 지방자치단체 간 협력체제 강화

지방자치단체장 초청 국정설명회, 지방 4대협의체와의 간담회 등 중앙-지방 간 소통과 협력을 도모하기 위한 정기적 채널을 구축하는 등 정부는 지방현안 및 건의사항 등이 국정에 반영될 수 있도록 적극 노력해 왔다. 정부 및 지방자치단체 간 협력을 위해 마련된 틀이 형식화되지 않고, 실질적으로 효과를 극대화하기 위해선 꾸준한 점검과 내실화가 필요하다고 판단하여 다음과 같은 개선방향과 계획을 제시하였다.

중앙-지방 간 실질적 협력체계를 구축하기 위해 대통령 및 행정안전부 장관이 주재하는 '시·도지사회의' 및 영상회의 등을 정례적으로 개최하기로 하였다. 국정철학을 공유하고 국정현안을 논의하는 장으로서 '국정설명회'를 개최하고, 수시로 지방건의사항을 공유하고 처리할 수 있는 시스템을 구축하고자 하였다.

2) 분쟁조정 기능 강화

민주주의 확산과 더불어 중앙정부와 지방자치단체 사이의 분쟁과 지방자치단체 상호 간 분쟁이 보다 장기화 및 고질화되는 양상을 보였다. 이에 따라 주민들의 불편은 가중되고 분쟁을 조정하는 데 행·재정적으로 낭비가 초래되어 사회적 비용이 증가한다는 문제가 제기되었다. 그간 중앙분쟁조정위원회에 계류 중인 분쟁의 조속한 해결을 추진하기 위해 많은 노력을 기울여왔으나 분쟁조정제도 및 기구의 실효성을 확보하기 위한 방안이 요구되었다.

해당 과제의 세부추진계획 및 개선방향은 다음과 같다. 각 지자체에 분쟁 사례분석과 분쟁관련 공무원 교육 등을 확대시켜 갈등 및 분쟁관리의 사전예방적 역량을 제고하고자 하였다. 행정협의조정위원회 설치 및 구성과 이행의무 근거에 관한 기존 지방자치법 시행령 규정사항을 법률로 격상시키고, '재판상 화해' 효력을 부여하는 등 분쟁조정기구의 실효성을 확보하는 방안을 제시하였다.

3) 특별지방자치단체제도 도입·활용

특별지방자치단체란 권한, 구역, 사무 등이 일반지방자치단체와 달리 규정된 특수한 형태의 공법인으로, 지방자치법 제2조('88년, 전문개정)에 설치근거가 규정되어 있다. 하지만, 동법은 설치근거에 관해서만 규정하고 있을 뿐, 구체적인 도입방안 및 필요성에 대한 내용은 미비하다는 지적이 제기되었다.

새로운 광역 행정수요에 대응하기 위해 정부는 특별지방자치단체 도입방안과 지방자치단체 간 협력제도 개선방안을 적극 검토하고 연구하겠다고 밝혔다. 해당과제를 수행하기 위해 정부는 '지방정부 간 협력체제 강화'를 지방분권 핵심과제로 선정('03.7)하고, 특별지방자치단체 도입을 위한 TF팀 구성('05.7) 및 지방자치법 개정안 국회제출('06.11)과 같은 노력을 보였다.

4) 지방공무원 인사교류 확대 및 교육훈련제도 개선

지방자치제도의 성공적인 정착을 위해서는 우수한 지방공무원들의 충원과 역량 확충이 필수적이다. 하지만 기존의 지방공무원 인사교류는 제도화되지 못하고 개인적 친분, 이해관계 등과 같은 개인적 채널을 통한 교섭에 의존하면서 저조한 실적을 낳았다. 지방공무원의 국내·외 장기교육 결원보충제도 또한 교육기간이 1년 이상인 경우로 제한하는 등 교육훈련의 자율성을 저해하고 있다는 문제점이 제기되었다.

이를 시정하기 위해 정부는 지방공무원 인사교류센터를 구축('07.12)하고, 「지방공무원임용령」 및 「지방공무원수당규정」을 개정('08.9)하였다. 향후엔 중앙-지방 간, 지방상호 간 교류파견제도를 활성화하기 위해 인사교류 수요조사 실시, 인사교류자 만족도 평가, 추진실적 분석 등을 실시하겠다고 밝혔다. 지방공무원 장기교육 결원보충기간도 기존 1년에서 6개월로 단축하기로 결정하였으며, 6급 이하 지방공무원의 국내 장기교육훈련 계획 수립권한을 시·도로 이양하는 등 교육훈련의 자율성을 제고하는 계획을 제시하였다.

5) 자원봉사활동 장려·지원

자원봉사에 참여하는 인구가 과거에 비해 크게 증가하였으나, 선진국에 비해서는 참여율 및 자율성이 다소 저조한 수준을 기록하였다. 그간의 정부는 자원봉사활동을 장려하고 지원하는 제도적 장치로서 「자원봉사활동기본법」('05.8) 및 시행령('06.2)을 마련하였고 자원봉사활동진흥 제1차 국가기본 계획을 수립하여 시행하였다('07.7).

해당 과제에 대한 세부추진계획은 다음과 같았다. 자원봉사활동 기반을 조성하기 위해 자원봉사센터활성화지침을 개정하고 자원봉사 인프라 구축 및 센터를 지원하는 계획을 수립하였다. 이외에도 자원봉사활동관리 표준매뉴얼을 제작하고 단체 운영 실태를 조사하는 등 역량강화에 힘쓰고자 하였으며, 소외계층-자원봉사센터 등과 네트워크를 구축하고 전문봉사단을 발굴하여 육성하겠다고 밝혔다. 자원봉사문화를 확산하고 지속적인 참여기회 확대를 위해 각종 교육 및 포럼, 세미나 등을 적극적으로 지원하고, 사회지도층의 사회공헌활동을 유도하는 프로그램 마련을 계획하였다.

6) 지방분권 홍보 및 공감대 확대

본격적으로 지방자치와 지방분권이 구현된 지 각각 14~15년이 경과했음에도 불구하고, 지방자치에 대한 국민들의 이해도와 관심도는 여전히 매우 저조한 실정이었다. 이는 그동안의 지방분권이 중앙정부-지방자치단체 사이의 권한 및 기능을 재배분하는 수준에만 머물고 있을 뿐, 그 필요성과 성과 등에 대한 국민적 공감대를 형성하지 못했기 때문이다. 성공적인 지방분권 정착을 위한 필수적 소양인 지역단위의 공동체의식과 민주시민정신 또한 체계적 교육 및 홍보 프로그램이 부족한 탓에 제대로 함양되지 못하였다.

위 문제점을 개선하기 위해 향후 학교 및 평생교육, 공청회 및 토론회 등을 통해 지방자치 및 분권에 대한 다각적인 교육 및 홍보활동을 전개하고, 관계부처, 자치단체, 학계, 시민단체 등의 자발적 참여를 유도하여 국민적 공감대 확대를 위해 노력하겠다는 의지를 표명하였다.

제5절 이명박 정부의 지역정책 평가[2)]

1. 추진배경

이명박 정부는 친서민정책에 비중을 두는 듯 보였으나 대통령 선거과정에서의 공약과 정부 인수위원회의 활동에 비추어 볼 때 정부의 국정목표는 '선진한국의 건설'이었다.

이명박 정부는 '선진한국의 건설'이라는 국정목표를 달성하기 위하여 '활기찬 경제', '인재대국', '글로벌 코리아', '능동적 복지', '섬기는 정부'라는 국정지표를 제시하였다. 이들 국정지표는 경쟁원리의 도입과 기초체력의 강화라는 기본원리에 기초하고 있었다. 종종 '따뜻한 시장경제' 또는 '활기찬 시장경제'라는 모토는 경쟁이 경제 및 사회체제 운영의 기본원리임을 천명한 것으로 해석되었다. '인재대국'과 '글로벌 코리아'의 건설도 같은 맥락이라고 할 수 있다.

'능동적 복지'와 '섬기는 정부'는 선진한국이 되기 위하여 요구되는 건전한 지원체제 및 기초체력의 구축을 의미하였다. 능동적 복지는 은혜적 복지를 넘어서 자활의 의지를 심어주는 선진형 복지를 지향하게 되며 섬기는 정부는 작은 정부를 지향함으로써 민간, 기업, 지방정부의 자율적인 활성화를 유도하는 체제의 구축을 시사하였다.

이명박 정부가 제시한 선진한국의 건설이라는 목표를 달성하기 위하여 국가와 지역의 경쟁력은 필수적인 요소이며 지역의 경쟁력은 지역의 자발적인 참여와 활동을 통한 창의성의 제고에 있었다. 지역의 경쟁력 강화라는 관점에서 이명박 정부의 제5대 국정지표를 재해석하여 보면 당시 이명박 정부의 지역정책을 유추할 수 있었다(김순은, 2008a).

---

2) 본 글은 필자의 "이명박 정부의 지역정책 분석·평가 및 과제: 지방분권과 지역균형발전을 중심으로(한국행정학회 국정포럼발표원고)"를 수정·보완한 것임.

향후 전개될 글로벌 시대에 부응하는 국가의 경쟁력은 지역의 경쟁력과 밀접한 상관관계를 맺고 있으며 지역의 경쟁력은 지역 간 선의의 경쟁을 통하여 배양될 수 있음을 암시하고 있었다. 지역 간, 지방 간에도 활기찬 시장경제의 원리가 적용되어야 한다는 것을 의미하였다. 바로 지역, 지방 간의 경쟁체제를 구축하는 것이 지방자치와 지방분권이다. 지방에 적절한 정치·행정적 권한을 부여하고, 지방으로 하여금 주어진 권한과 지역적 특성을 토대로 자발적인 경쟁의 기초 위에 자주·자립적 발전을 도모하도록 하는 것이 지방분권의 기본적 취지이다.

그런데 지역 중에는 지리적 여건 및 발전의 정도에 따라 원초적으로 타 지역과 기본적으로 경쟁이 될 수 없는 경쟁불리지역과 경쟁소외지역이 존재한다. 지방분권과 지방자치가 강화되어 지역 간의 경쟁이 가속화되면 경쟁에서 낙오된 경쟁낙오지역도 발생하게 된다. 경쟁불리지역, 경쟁소외지역, 경쟁낙오지역[3]의 발전이 국가 전체의 경쟁력 강화라는 관점에서 추진되는 정책이 지역균형발전정책이다.

이명박 정부는 '섬기는 정부'라는 국정지표 속에서 중앙정부의 조직을 개편하여 중앙정부의 슬림화를 추진하였다. 뿐만 아니라 광역경제권 구상을 통하여 새로운 지역균형발전 정책이 추진되었다. 중앙정부의 슬림화가 지방분권의 전제조건임과 광역경제권 구상이 자주·자립적 지역균형발전의 기초임을 감안할 때 '활기찬 시장경제'와 '섬기는 정부'는 지방자치와 지방분권 및 지역균형발전과 적절한 조화를 이룰 것으로 기대되었다. 즉 이명박 정부도 지방자치와 지방분권 및 지역균형발전이 향후 국가와 지방의 경쟁력을 강화하는 중요한 요소들이 될 것임을 확인하였다고 판단된다. 이러한 이명박 정부의 지역정책 방향은 노무현 정부가 추진하였던 지역정책의 평가와 문제점으로부터 제시되었다.

노무현 정부는 지방분권과 지역균형발전에 관한 한 매우 혁신적이고 종합적인 정책을 추진하였다고 평가된다(김순은, 2008b). 전자를 위하여 지방분권특별

3) 필자는 뒤에 발전지역, 발전가능지역, 발전지체지역으로 대분함.

법을 제정하였고 후자를 위하여 국가균형발전특별법을 제정하여 정부혁신·지방분권위원회와 국가균형발전위원회가 핵심적인 정책을 수행하였다. 47개 추진과제를 적시함으로써 지방분권의 종합적인 정책을 제시하였고 국가균형발전을 위하여 행정중심복합도시와 서울에 소재한 공기업을 지방으로 이전시켜 혁신도시를 만드는 정책을 추진하였다. 그 결과 제주특별자치도의 설치, 교육자치의 실시, 주민투표, 주민소환, 주민소송제도의 도입 등 지방분권 정책의 성과와 행정중심복합도시와 혁신도시의 지정을 통한 가시적인 성과도 있었다.

그러나 노무현 정부의 지방분권 정책과 국가균형발전에는 문제점도 적지 않았다. 두 정책과 관련하여 가장 문제점으로 지적된 것은 중앙정부가 집권적인 방식으로 추진하여 지역의 자발적 참여와 지역의 창의성이 발휘되기 어려웠다는 점이었다. 지방분권 정책과 국가균형발전정책의 구조에 대한 전략의 부족으로 정책 간에 부조화가 발생하여 정책집행에 적지 않은 애로를 겪었다. 지방분권 정책은 주로 행정분야에 집중되어 실질적인 분권이 이루어지지 못하였고 하드웨어 중심의 국가균형발전정책은 신개발주의라는 비판을 면하지 못하였다. "균형"이라는 용어가 산출적인 의미로 전달되어 지역주민들에게 환상에 가까운 기대감을 준 것도 문제점이었다. 지역발전의 주체를 시·도로 규정함으로써 초광역정부의 출현과 같은 시대적 상황에 적절치 않았다. 특히 지역균형발전이 수도권과의 상생발전이라는 이미지를 주지 못하고 수도권과의 제로-섬 게임으로 비추어진 것도 문제점이었다.

이명박 정부의 출범에 맞추어 이명박 정부의 지역정책은 상기에서와 같은 노무현 정부의 문제점을 시정하고 새로운 시대적 상황에 적합하게 제시될 것이 기대되었다. 이명박 정부의 지역정책에 대한 청사진은 인수위원회의 활동을 통하여 제시되어, 정부가 출범하면서 국정지표를 통하여 간접적으로 제시되었음은 앞에서 논의하였다. 이명박 정부의 출발 초기부터 이명박 정부가 추진하게 될 지역정책에 대해서는 기대와 우려와 동시에 상존하였다.

2. 이명박 정부 지역정책의 기대와 우려

1) 이명박 정부의 지역정책에 대한 기대

대통령 선거과정에서의 선거공약과 정부인수위원회 활동 내용 중에서 본 주제와 관련하여 주목을 받았던 부분은 '따뜻한 시장경제' 또는 '활기찬 시장경제'와 '작은 정부'였다. 정부의 개혁을 이끌었던 외국의 사례를 근거로 할 때 '활기찬 시장경제'와 '작은 정부'에 대한 이명박 정부의 방침은 지역정책의 관점에서 기대가 되었던 대목이었다.

정부의 개혁을 성공적으로 마무리하였던 역사적 사례로부터 큰 정부는 재정적 낭비를 초래하고 도덕적 해이를 낳는다는 전통적 지혜를 도출할 수 있을 것이다. 이런 관점에서 볼 때 이명박 정부의 작은 정부로의 개혁은 매우 시의적절하였다. 이명박 정부는 노무현 정부의 중앙부처를 15부 2처 18청으로 대폭 축소하였다. 대통령비서실과 대통령 경호실을 대통령실로 통합하였으며, 대통령비서실의 비서실장, 정책실장, 통일외교안보실장을 대통령실장으로 축소·개편하였다. 국정홍보처를 폐지하고 홍보기능을 문화체육관광부로 이관하였다. 부총리제를 폐지하였으며 국무총리비서실과 국무조정실을 통합하여 국무총리실을 신설하였다. 기획예산처, 재정경제부, 과학기술부의 일부업무를 통합하여 기획재경부를 신설하고, 산업자원부, 정보통신부, 과학기술부를 통합하여 지식경제부를 신설하였다. 해양수산부, 보건복지부의 식품산업진흥정책을 이관 받아 농림수산식품부로 확대·재편되었다. 과학기술부와 교육인적자원부를 통합하여 교육과학기술부를 신설하였으며, 보건복지부는 국가청소년위원회와 여성가족부의 일부 업무, 기획예산처의 일부 업무를 이관받아 보건복지가족부로 확대·개편되었다. 문화관광부는 국정홍보처의 홍보기능, 정보통신부의 디지털콘텐츠정책업무를 이관받아 문화체육관광부로 확대·개편되었다. 행정자치부는 중앙인사위원회, 국가비상기획위원회, 정보통신부의 국가정보화·정보보호업무를 이관받아 행정안전부로 확대·개편되었다. 건설교통부는 해양수산부의 일부 업무, 행정자치부의 일부 업무를 통합하여 국토해양부로 확대·개편되었다.

역사적으로 볼 때, 각 국가가 작은 정부를 추구하며 세운 방침은 시장기능의 확대와 지방정부의 활성화를 낳았다. 작은 정부의 구현으로 민간 및 기업부문의 기능이 활성화되며 자연스럽게 시장의 원리가 자원배분의 기본이 되었다. 나아가 이와 같은 시장의 원리는 공공부문에도 자연스럽게 적용되게 되었다.

1980년대 이후 신자유주의의 흐름 속에서 추진되었던 신공공관리개혁은 대표적인 실증적 자료이다. 일본 등의 개혁 사례에서 그 같은 자료를 확인할 수 있다. 1980년 일본은 재정위기를 타개하기 위하여 작은 정부의 구현과 시장원리의 적용을 기초로 대대적인 정부개혁을 단행하였다. 정부혁신에 의한 민영화, 행정개혁 차원의 지방분권 개혁, 중앙부처의 축소라는 경쟁체제의 수립에 대하여 긍정적인 평가를 받았다(新藤, 1999).

1980년대 일본의 나카소네 수상은 철도와 통신의 민영화를 완료하였고 3차에 걸친 행정개혁심의회가 1990년대 걸쳐 이루어졌다. 1995년 이후 지방분권 개혁이 구체적으로 진행되면서 1999년 지방분권일괄법의 제정이 이루어졌고 2001년 1월 1부 21성청을 1부 12성청으로 축소하는 작은 정부의 수립에 성공하였다(김순은, 2004a; 홍진이, 2008). 이런 관점에서 이명박 정부의 '작은 정부'와 '따뜻한 시장경제'의 목표가 일본의 사례와 유사한 개혁으로 이어진다면 우리도 지방분권개혁으로 자연스럽게 이어질 것이며 분권적인 체제의 확립에 크게 기여할 것으로 예상되었다. 지방분권 개혁에 기초하여 펼쳐지는 지방정부 간의 자치경쟁은 시장원리에도 부합되며 이런 관점에서 차기정부에 대한 기대는 지대하다고 할 수 있었다.

지역정책과 관련하여 또 하나의 기대는 인수위원회 활동과정에서 발표된 지역균형발전과 관련된 내용이었다. 상기에서 노무현 정부 때에는 시·도가 지역발전의 주체가 되어 시대적 상황에 맞지 않았음을 논의하였다. 21세기 지역주의의 흐름에 따라 우리도 초광역단위의 개발주체가 필요하였음에도 이에 적절하게 대처하지 못하였다. 이런 점을 감안하여 이명박 정부는 시·도의 행정구역을 초월하는 초광역단위의 지역발전주체를 설정하여 전국을 5+2로 구분하는 초광역발전주체를 제시하였다. 이러한 틀에 따라 새로운 접근방식의 지역균형발전을 추진할 것이라는 구상이 발표되어 지역발전에 대한 새로운 기대감이 생성되었다.

2) 이명박 정부의 지역정책에 대한 우려

1980년 신자유주의에 기초하여 신공공관리론적 개혁을 추진하였던 영국과 일본의 사례는 공통점과 차이점을 지니고 있다. '작은 정부의 구현'과 '시장원리의 적용'이라는 측면에서 동일하였지만 중앙정부와 지방정부 간의 관계에 있어서는 정반대의 개혁이 이루어졌다.

영국 대처 수상도 작은 정부를 구현하면서 민영화, 책임운영기관의 실시, 공공부문에의 시장원리 적용 등을 강력하게 추진하였다. 그러나 지방정책은 일본의 경우와는 달리 중앙집권적인 방식을 채택하였다.

영국의 지방정부는 1945년 이후 추구하였던 복지국가의 건설과정에서 중앙정부의 복지정책을 집행하는 행정기구의 기능을 수행하였다. 이러한 과정에서 지방정부는 인사와 조직 및 재정의 측면에서 높은 자율성을 부여받았다. 그런데 복지정책의 집행과정에서 지방정부는 낭비의 대명사로 비판받았다(Byrne, 1994). 보수당의 마가렛 대처 수상은 이러한 폐단을 치유하기 위하여 제2단계에 걸친 개혁을 단행하였다. 지방정부의 자발적인 혁신이 아니라 중앙정부에 의한 중앙집권식 개혁이었다는 특징을 갖는다(Travers, 1986).

대처 수상은 제1단계 개혁으로 지방재정에 대한 통제와 관련된 1980년 「지방정부·계획·토지법(Local Government, Planning and Land Act)」, 1982년 「지방재정법(Local Government Finance Act)」, 1984년 「레이트법(Rates Act)」, 1985년 「지방정부법(Local Government Act)」 등을 제정하였다. 제2단계 개혁은 지방정부의 관리개혁이었다. 지방정부의 관리계획에는 지방정부의 역할, 조직, 관리, 강제경쟁입찰제도 등 운영방식의 개혁이 포함되었다.

대처 수상이 단행하였던 지방행정개혁의 절정은 런던광역시(Greater London Council)의 폐지였다. 보수당의 지방정책에 대하여 노동당의 켄 리빙스톤 런던광역시장 등 6개 대도시 시장들이 결사적으로 반대하자 런던광역시를 비롯한 6개 광역시를 폐지하는 개혁을 단행하였다(김순은, 2002).

보수당의 대처수상이 중앙집권식 개혁을 단행한 이면에는 보수당과 노동당 간의 정책이 상이한 이유가 내재되어 있었다(Wilson and Game, 1994). 보수당의 대처 수상이 신자유주의에 기초한 신공공관리론적 개혁을 추진하였다. 런던 광역시를 포함하여 노동당이 집권하였던 지방정부들이 강력하게 반대하자 보수당은 영국의 경제부흥을 위하여 중앙집권식 개혁방식을 채택하였다. 본래 신공공관리론은 분권지향적이라고 할 수 있으나 영국은 정반대의 실험을 단행하였다(이재원, 2007). 그것은 정당이 지배하는 영국정치의 특성에 기인하였다. 중앙정부는 보수당이 집권하고 대도시를 비롯한 많은 지방정부는 노동당의 지배하에 있어 중앙정부의 정책집행에 지방정부의 반대가 잦자 대안으로 중앙집권식 개혁이 이루어졌다.

출범 당시 이명박 정부에 대한 우려도 영국의 사례에 근원을 두고 있었다. 이명박 정부도 1980년대의 영국과 같이 경제발전 및 경제부흥을 선진국 진입을 위한 첫 번째 목표로 설정하였다. 이명박 대통령 당선자의 선거가 끝난 이후 발언을 종합하면 첫째도, 둘째도 경제임을 강조하였다. 이와 같은 목표를 위해서 자원의 효율적 배분을 우선적으로 고려하였다. 경제발전의 단기적인 성과에 지나치게 집착할 가능성도 있었다. 현재까지 이슈가 되고 있는 4대강 사업(혹자는 아직도 대운하사업으로 오해) 같은 대규모 토목사업을 중심으로 경제발전을 추진할 가능성도 배제할 수 없었다.

이런 가능성은 이명박 대통령이 대통령 선거운동 과정을 거치면서 각 지역을 대상으로 발표한 선거공약을 보면 더욱 분명하게 나타났다. 부산을 "유라시아 관문도시"로, 울산을 "녹색 기업도시"로, 인천을 "동북아의 허브 국제비즈니스도시"로, 제주를 "관광-레저-휴양의 삼다도"로, 강원을 "아시아의 관광·건강의 메카"로, 대전·충남을 "대한민국의 새로운 중심"으로, 충북을 "한반도 대운하의 심장"으로, 광주·전남을 "영산강의 기적 창조"로, 경남을 "남해안 시대의 전초기지"로, 전북을 "새만금을 동북아의 두바이"로, 경기를 "한반도 발전의 견인차" 등으로 만든다는 대부분의 내용이 중앙집권시대의 지역개발구상과 거의 유사하였다.

발표된 정부인수위원회의 8대 중점과제에서도 이를 간접적으로 예상할 수 있었다. 보도된 바에 따르면 8대 중점과제로 민생경제대책, 공공부문 개혁과 정부조직 개편, 해외투자 유치와 국내투자 활성화, 교육개혁, 부동산 안정화 대책과 부패척결, 청년실업 해소와 보육, 노인복지 대책을 선정하였다. 장기적인 관점에서 사회비용의 절감을 위한 지방분권 및 자치와 관련된 것은 전무하였다. 정부부처의 정부인수위원회에 대한 주요 보고가 모두 마무리된 시점에도 지방분권과 지역균형발전정책은 주목을 받지 못했다. 이런 상황을 종합하여 보면 경제발전만을 위한 1970년대의 개발 논리에 매혹될 가능성이 엿보였다.

정부조직개편과 관련하여 발표된 정부부처의 명칭에서도 행정자치부를 행정안전부로 개칭하면서 "자치"라는 용어를 삭제한 것을 통하여 이명박 정부의 정책적 의중을 엿볼 수 있었다. "자치"라는 용어가 삭제되어서는 안 된다는 의견도 있었다. 이명박 정부의 지방분권 정책에 대한 의중과 비중은 「지방분권촉진에 관한 특별법(이하 지방분권촉진법)」의 집행과정에서도 확인할 수 있었다. 지방분권촉진법은 2008년 5월에 시행되었지만 6개월 이상 법에 의한 지방분권촉진위원회가 구성되지 않고 2008년 12월에서야 지방분권의 추진 주체인 지방분권촉진위원회가 발족한 사실을 통해 이명박 정부가 지방분권을 그다지 중요하게 고려하지 않는다는 것을 알 수 있다.

이명박 정부가 출범한 당시 우리나라의 지방정부가 영국의 경우와 같이 중앙정부의 정책에 대하여 이념적으로 대립할 가능성은 전무한 상황이었다. 그러나 지방선거를 계기로 상황이 급변하였다. 6·2 지방선거의 결과 야당 후보자가 당선된 지방정부는 공개적으로 중앙정부의 정책에 대하여 반대하는 실정이었다. 4대강 사업뿐만 아니라 성남시의 경우 위례신도시 개발사업에 대하여 반대의 입장을 공개적으로 표명하였다.

당시 국내외 상황을 고려할 때 다소 시간과 경비가 소요되더라도 지방분권, 지역균형발전 및 자치는 더 이상 방치해서는 안 될 과제였다(김순은, 2001b; 이기우, 2007a). 왜냐하면 단기적인 성과에 집착해서 추진하였던 집권식 정책들이 정부가 바뀌면서 분권식으로 후퇴하는 사례가 빈번하게 보였기 때문이다. 보수당에서 노동당으로 정권이 바뀌면서 대규모의 지방분권개혁이 추진되었던 영국이 대표적인 사례이다. 선진국이 되기 위해서는 하드웨어 중심의 정책도 중요하지만 소프트웨어 중심의 정책도 매우 중요하다.

후자의 관점에서 향후 21세기 선진국가가 되기 위해서는 중앙정부는 물론 중앙정부와 지방정부 간에 조정, 타협, 협력의 모델을 구축하는 능력을 배양해야 한다. 적절한 영역에 시장의 원리를 확대·적용한다는 데에는 동의하지만 정부의 모든 영역에 시장의 원리가 적용될 수는 없다. 지방정부의 관점에서 볼 때 행정서비스의 생산에는 시장원리의 적용이 가능하지만 행정서비스의 제공여부를 결정하는 것은 정치의 원리를 적용하는 것이 자유 민주주의의 기본원리이다. 정책집행의 부분에는 시장 및 경쟁원리의 적용이 용이하지만 정책결정의 영역에는 조정, 타협, 협력의 모형이 더욱 절실함은 재론의 여지가 없을 것이다. 이와 같은 필요성은 현재 우리나라의 향후 정책과정에 매우 긴요할 것이다.

따라서 경쟁력을 갖춘 통치구조의 구축을 위해서는 반드시 분권적인 이론적 토대를 전제로 하여야 한다. 우리 사회도 계속해서 경쟁력을, 인격을 갖춘 자연인에 의존하기보다 신뢰할 수 있는 제도에서 찾아야 할 것이다. 선진국이라고 평가되는 국가가 지닌 통치구조의 공통적 특징은 분권체제라는 점이다. 이런 점들을 감안하여 이명박 정부의 지방분권 및 지역균형발전정책의 방향과 내용을 분석하면 아래와 같다.

3. 이명박 정부 지역정책의 패러다임과 내용[4)]

1) 이명박 정부의 지역정책 패러다임

(1) 지역정책의 패러다임 구성요소

지역정책은 국가와 정책의 내용에 따라 분류하여 논의하는 것이 이해의 폭을 넓히는 데 바람직하다. 국가별로 볼 때 지역정책이란 용어는 산업혁명을 통해

4) 필자(2010)의 "이명박 정부의 지역정책"(「부산발전포럼」, 121: 33-39)을 보완수정한 부분임.

일찍부터 경제발전을 선도하였던 영국에서 최초로 사용되었다. 영국의 경우 경제발전의 결과 발생하는 지역 간의 불평등, 인구의 과소·과밀문제, 지역경제구조의 노후화 등에 대응하기 위하여 국가 통합성의 차원에서 정부가 추진하는 일련의 정책을 지역정책이라고 명명하였다. 반면 자본주의가 성숙되지 않은 국가의 지역정책은 주로 지역개발을 의미하는 용어로 사용된다.

따라서 지역정책의 패러다임은 크게 성숙 자본주의 국가의 지역정책과 개발도상국의 지역정책으로 대분하여 논의할 수 있다. 지역정책의 패러다임은 정책의 목표와 정책목표를 달성하기 위한 정책의 내용과 수단으로 구성된다고 할 수 있다. 지역정책의 목표를 달성하기 위한 주요한 정책의 내용과 수단은 사회간접자본 정책 등을 내포하는 경제정책과 지역 거버넌스정책으로 대분하여 논의할 수 있다.

(2) 지역정책의 패러다임의 종류와 주요 특징

① 선진 자본주의 국가의 지역정책

자본주의가 성숙된 국가들, 예를 들면 영국이나 일본에서 추진되는 지역정책의 목표는 지역의 경제발전만을 추구하는 정책이 아니라 지역의 경제발전, 환경보존 및 정치·사회발전을 동시에 달성하는, 즉 지속가능한 발전을 달성하기 위한 종합적인 것이다. 따라서 국가의 통일적 관점에서 국토의 합리적 이용과 관련된 포괄적인 성격을 띠고 있다. 1980년대 세계화가 진행되고 국민국가의 공동화 현상이 발생하기 이전에는 수도권의 인구 과밀 억제, 국토의 균형발전을 위한 형평성의 원칙하에서 산업의 분산을 기본적 내용으로 하였다. 특히 대도시의 과밀을 억제하고 지역 간의 경제적 격차를 축소하는 것이 지역정책의 가장 중요한 목표라고 할 수 있었다. 가능한 범위 내에서 자생적이고 자발적인 지역발전을 도모하였다.

이러한 목표를 달성하기 위하여 영국과 일본의 경우 지역정책의 목표를 위한 경제정책은 지역의 거점을 발전시키는 분산의 원칙에 기초한 산업입지정책과 불가분의 관계에 있었다. 그러나 1980년대부터 경제의 글로벌화와 경제의 소프트·서비스화는 지역 간의 산업분산정책의 기초를 형평성의 원칙에서 효율성의 원칙으로 전환시키는 계기가 되었다. 지역정책의 철학적 가치였던 형평성의 원칙이 다소 완화되는 결과를 낳았다. 일본에서는 분산정책의 기초였던 「수도권의 기성시가지에 있어서 공장 등의 제한에 관한 법률」(1959), 「긴기권의 기성 도시구역에 있어서 공장 등의 제한에 관한 법률」(1964), 「공장 재배치 촉진법」(1972) 등 거점도시방식의 공장3법이 20세기 말에 들어 재검토되기 시작하였다. 지역발전을 위한 종합계획서인 전국총합개발계획도 5회에 마감하고 2005년부터 분권적인 국토형성계획으로 전환하였다.

영국의 경우도 대도시권역의 과밀억제에 초점을 맞추기보다 도시의 경쟁력에 기초하여 지역발전에 있어 도시의 중요성을 강조하고 지역발전의 중심도시를 결정하여 중심도시가 대도시권(City-region)의 경제발전을 선도하는 체제로 전환하였다. 영국의 경우 1980년대 경제침체는 지역정책의 핵심을 경제발전으로 채우는 정책을 추진하였으며 이에 대한 구체적인 증거가 지역개발청(Regional Development Agency)의 설치이다(조철주, 2009). 이 점은 일본의 경우도 동일하다. 대도시의 집적효과를 극대화하기 위하여 대도시의 규제를 완화하는 방향으로 산업정책을 전환하였다.

이와 같은 상황은 자연스럽게 지역의 거버넌스 정책으로 이어진다. 종전에는 중앙정부가 지역정책을 수립하고 집행하는 집권적인 거버넌스 정책이 수립되었으나 지역정책의 핵심주체에 도시정부, 지역정부가 추가되는 분권적인 거버넌스 정책으로 발전되었다. 특히 지역정책을 수행함에 있어서 지역의 리더십이 어느 때보다 강조되고 있다.

일본은 1999년 이후 지방분권의 가속화로 지역의 정책결정권이 제고되었으며 향후 더욱 제고될 전망이다. 지역경제의 발전에 있어 비탄력적인 행정 및 경제구역의 경계로 인하여 지역 간 협력이 저조하다는 판단하에 행정구역을 확대·재편하는 작업이 꾸준히 진행 중이다. 시·정·촌의 합병, 도주제의 논의가 지역정책과 밀접한 관계를 맺고 있다. 현대 경제의 발전에는 기술, 투자, 혁신, 창업 및 경쟁 등의 요소가 필수적인데 도시가 이에 적절하다는 판단하에 경쟁력이 있는 도시, 특히 대도시의 역할이 새롭게 부각되고 있다.

영국도 1997년 이후 스코틀랜드, 웨일즈, 북아일랜드에 지역정부를 설치하고 잉글랜드 지역에도 지역정부의 창설을 추진하고 있으며 지식경제의 발전으로 도시-지역이라는 개념을 도입하여 지역의 중심도시와 인근지역이 협력하는 거버넌스를 강조하고 있다. 행정구역의 비탄력성으로 인하여 지방정부 간의 협력이 저조하다는 판단하에 단층제로의 자치계층 전환을 자율통합 방식으로 진행하였다.

사회 인프라 정책은 이제까지 모든 선진국에서 지역정책의 중요한 수단이었다. 국고보조금에 의존한 사회 인프라 정책은 지역의 사회적 간접자본을 확충하는 데 크게 기여하였다. 그런데 집권적인 사회 인프라 정책으로 지역에서 불필요한 시설이 건설되는 부작용을 낳았다. 특히 최근에는 출산율의 저하와 인구의 감소로 사회적 인프라 건설보다는 관리로 정책의 중심이 이전되었다.

② 개발도상국의 지역정책

개발도상국가의 지역정책은 지역개발정책과 동일시되고 있으며 한정된 자원을 선택과 집중의 원칙과 효율성의 원칙에 기초하여 특정지역에 집중적으로 투자하는 집권적인 패러다임에 따른다. 지역개발은 경제발전에 초점을 두고 있으며 상대적으로 환경보존이나 사회·정치적 발전은 소홀히 처리되고 있다. 개발도상국가의 경우 상대적으로 사회간접자본이 부족하기 때문에 지역개발은 주로 사회간접자본의 확충에 비중을 두고 전개된다.

이러한 집권적인 방식의 지역정책을 위하여 거버넌스 정책도 집권적인 성격을 띤다. 지역정책의 수립에 지역의 의견은 반영되기 어려우며 지역은 중앙정부의 정책에 수동적으로 수용하는 형태의 거버넌스 체제를 형성하게 된다.

2) 이명박 정부의 지역정책의 내용

(1) 지역정책 패러다임의 전환

2008년 출범한 이명박 정부는 기존의 지역정책의 패러다임을 크게 변화시켰다. 기존의 지역정책, 특히 노무현 정부의 지역정책 패러다임을 기계적·산출적 평균정책, 지방정부별·부처별 분산투자정책, 중앙집권적·시혜적 지역개발정책, 소모적·대립적 지역주의로 평가하고 이를 선택과 집중, 특성화·차별화정책, 연계와 협력, 지역개발단위의 광역화정책, 분권과 자율의 자조적 개발정책, 생산적·창조적 지역주의정책으로 패러다임을 전환하였다(지역발전위원회, 2009a; 최상철·송우경, 2009).

영국과 일본의 경험과 비교하면 이명박 정부의 지역정책은 앞에서 예시한 선진국의 경험처럼 형평성의 원칙에서 효율성의 중시로 정책이념을 전환하였던 점은 동일하였다. 효율성의 중시는 모든 정책에서 뚜렷하게 나타났다. 산업정책에 있어서 선택과 집중이 강조되었고 지방정부의 경쟁력 강화를 위하여 광역적인 지방정부의 행정체제개편을 추진하였다. 2009년 추진하였던 자율통합방식의 행정체제개편도 지방정부의 행정체제를 광역화하여 효율성을 제고하려고 하였으며 이 같은 논의는 지금도 중요한 정책과제이다(김순은, 2009c).

영국과 일본이 경제발전, 환경보존, 정치 및 사회발전을 포함하는 지속가능발전을 추진하고 있음은 앞에서 논의하였다. 지속가능발전을 천명하는 대신 이명박 정부는 녹색성장을 주도하면서 새로운 산업정책이 효율성에 기초하고 있음을 보였다.

(2) 3차원적 지역발전전략 및 내용

이명박 정부는 지역정책을 3차원으로 대분하여 추진전략을 수립하였다. 기초생활권, 광역경제권, 초광역경제권으로 대분하고 이에 따라 주요목적, 정책대상, 지역발전계획체제를 수립하였다.

주민의 기본적 삶의 질을 보장하기 위하여 163개 시·군을 대상으로 기초생활권 발전계획을 수립하였으며 지역경쟁력 강화를 목적으로 5+2 광역경제권을 대상으로 광역경제권 발전계획을 수립하였다. 이에 더하여, 국가경쟁력의 강화를 목적으로 4+α 벨트를 대상으로 초광역개발권 기본구상을 수립하였다.

163개 시·군을 대상으로 하는 기초생활권 지역정책은 시·군 간의 삶의 질의 격차를 해소하여 국가 최소기준(national minimum)을 확보하기 위한 정책이라고 할 수 있다. 이를 위한 구체적인 정책으로서 중소도시와 배후 농촌지역을 연계하는 정책을 토대로 복지와 의료, 상·하수도 시설의 확대, 지역의 녹색성장 추진, 교육제도의 개선 등을 추진할 계획이었다. 하드웨어 중심의 지역발전을 지양하고 소프트웨어 중심의 지역정책을 수립하고 있었다.

5+2 광역경제권은 수도권, 충청권, 호남권, 대경권, 동남권, 강원권, 제주권 등 7개의 권역을 지정하였으며 7개의 권역은 경제·산업별 특성과 역사와 문화의 특성을 고려하여 지정하였다. 경제·산업의 관점에서 보면 수도권은 글로벌 비즈니스의 허브, 충청권은 과학기술과 첨단산업의 센터, 호남권은 문화예술과 친환경 녹색성장의 중심, 대경권은 전통문화와 첨단지식산업의 허브, 동남권은 기간산업과 물류중심지, 강원권은 관광휴양 및 웰빙산업의 센터, 제주권은 최고의 국제자유도시를 건설을 목표로 하고 있었다(지역발전위원회, 2009a, 2009b).

4+α권역은 초광역구역으로서 동해안, 서해안, 남해안, 남북접경지역을 초국경의 신성장 벨트로 구상하는 플랜이었다. 동해안은 에너지·관광벨트, 서해안은 신산업벨트, 남해안은 선벨트, 남북접경지역은 남북교류·접경벨트로 지정하여 글로벌 시대에 대비한 국가 경쟁력을 강화하기 위한 지역정책이었다(지역발전위원회, 2009b).

(3) 이명박 정부의 지역 거버넌스 정책

이명박 정부는 지역발전위원회를 통하여 지역정책의 목표와 내용 및 전략을 명확하게 제시하였으나, 지역정책의 추진을 위한 지역 거버넌스 정책은 노무현 정부의 정책과 비교해보았을 때 아직 체계적으로 수립된 것은 아니었다. 그럼에도 불구하고 지역 거버넌스에 상당한 영향을 미칠 정책들이 단편적으로 제시되거나 추진되었다. 이 중에서도 지역의 거버넌스에 미칠 파장을 볼 때 아래의 6가지로 정리·요약할 수 있었다.

① 광역경제권 선도산업 지원단 설치

이명박 정부가 추진하는 지역정책의 패러다임 전환에서 보았듯이 지역 거버넌스의 정책도 분명히 전환점을 맞고 있었다. 지역정책의 내용 중 산업입지정책과 관련하여 지역 내의 자율성과 사업의 효율성을 제고하기 위하여 지식경제부 산하에 지역별로 광역경제권 선도산업지원단을 구성하였다. 수도권을 제외하고 6개의 권역에 설치된 광역경제권 선도산업지원단은 권역내의 선도산업에 소요되는 예산의 관리·집행·권역 내의 기획을 담당하는 기구로서 분권적인 성격을 띠고 있었다.

② 광역경제권발전위원회 설치

5+2의 광역경제권은 다수의 지방정부로 구성되어진 구역이다. 따라서 산업이나 시설의 입지선정과 관련된 지방정부 간의 협력이 산업이나 시설의 입지를 결정하고 운영의 효율성을 제고하는 데 매우 중요한 필요조건임은 재론의 여지가 없다. 중앙정부는 과거 국정사업을 수행함에 있어서 지방정부 간의 갈등으로 사업에 차질을 빚은 경우가 비일비재하였다. 부산의 경우 부산신항만의 명칭을 두고 7여 년 이상 경상남도, 진해시와 빚은 갈등이 대표적인 사례이다.

이러한 갈등을 사전에 예방하고 지역 내의 지방정부 간 협력을 자율적으로 유인하기 위하여 설치된 기구가 광역경제권발전위원회이다. 광역경제권발전위원회는 상시 사무조직을 바탕으로 지역 내의 광역사업의 계획, 지방정부 간 협력사업의 발굴, 협력사업에 대한 재원분담, 광역경제권 사업의 관리와 평가의 집행과 관련하여 지방정부 간의 협력을 자발적으로 유인하는 거버넌스이다(최상철·송우경, 2009). 광역지방정부에서 추천된 인사로 구성된 광역권발전위원회가 소기의 성과를 거둘지는 미지수이나 종전 시·도지사행정협의회보다는 효과가 높을 것으로 기대되었다.

③ 지방분권촉진위원회를 통한 지방분권

가. 추진체제

개혁정책을 추진함에 있어서는 추진체제의 구성이 매우 중요하다. 지방이양촉진법에서는 15인 이상 20인 이내의 위원을 대통령이 위촉하는데 국가 공무원 및 지방공무원이 포함되도록 되어 있었다. 지방분권특별법에서는 20인 이상 30인 이내의 위원 중에서 대통령이 정하는 국가공무원과 이에 준하는 자, 일반 인사 중에서 대통령이 위촉하는 자, 그리고 지방4단체협의회에서 추천하는 인사로 구성되었다. 양 기구 모두 위원의 수가 많고 공무원의 비중이 높았다는 비판이 있었다(김순은, 2005c).

지방분권촉진법의 추진기구는 기존의 추진체제에 비하여 효율적이고 민주적으로 구성되었다. 우선 위원의 수가 10인 이내로 운영의 효과성을 제고할 수 있게 되었으며 위원도 대통령, 국회, 지방4단체가 추천하는 인사로 구성되어 중앙과 지방, 입법부와 행정부의 조화를 이룰 수 있게 되었다. 2008년 12월 출범한 지방분권촉진위원회는 아래 내용과 같은 사무이양을 추진하였거나 할 예정이었다(지방분권촉진위원회, 2010). 지방분권촉진법에 기초한 추진체제의 민주성과 효과성은 제도상의 내용으로 볼 때 매우 개선된 것이었다. 이러한 결과는 성과로 이어졌다고 보인다.

나. 중앙행정권한의 지방이양

지방분권촉진위원회가 발표한 자료에 따르면 지방이양추진위원회가 발족한 2000년부터 지방분권촉진위원회가 활동한 2010년 6월까지 중앙권한의 지방이양, 특별지방행정기관 정비, 사무구분체계 개선 등 4개 분야 20개 분권과제를 선정하여 추진하였다.

이명박 정부 시절 2010년 7월 기준으로 총 2,613건의 중앙행정권한이 지방으로 이양하는 것으로 결정되었는데, 이 중에서 26.7%에 해당하는 697건이 2009년, 13.3%인 348건이 2010년에 이양된 것이 지방분권촉진위원회의 실적이었다. 아울러 2010년 7월을 기준으로 "지역경제 활성화, 행정의 효율제고, 주민의 편의증진, 권한과 책임의 일치"(지방분권촉진위원회, 2010: 1)를 목적으로 지방 이양사무로 결정한 행정사무의 건수가 총 1,099건이었다. 이와 같은 실적은 노무현 정부 5년간 902건에 비하여 110%를 상회하는 실적이었다(이주섭, 2010). 과거의 실적과 비교할 때 매우 괄목한 성과라고 할 수 있다. 그런데

2009년 경우 이양사무로 결정된 사무의 수는 697건인데 실제로 이양이 완료된 건수는 4건이었다. 이양완료의 수가 매우 저조하다고 할 수 있다.

2009년 기준, 전체 법령 4,038개를 분석하여 법령의 사무 총 조사를 마쳤으며 이를 토대로 5,360개의 사무를 지방으로 이양할 대상으로 발굴하였다. 이 중에서 2,245개 사무는 당시 심의를 진행 중이었으며 3,115개 사무는 10월 말까지 심의를 완료할 계획이었다. 이들 사무는 "도시관리계획 결정, 산지·농지 규제완화 등 지역경제 활성화 관련 권한, 산림·노동·학교운영·지정폐기물 시설 등의 주민·고객 위주의 행정서비스 관련 권한, 도로·어린이 교통시설 등 생활안전 관련 권한, 주민 복지 관련 권한에 집중되었다"(지방분권촉진위원회, 2010: 2).

다. 기관위임사무의 폐지계획

기관위임사무는 그동안 중앙정부가 지방정부에 관여할 수 있는 대표적인 근거로 작용하였다. 일본의 사례와 동일하게 사무구분체계를 정비하는 차원에서 기관위임사무를 폐지할 것을 계획하고 이를 국가사무와 법정수임사무로 대분할 것을 검토하였다. 기관위임사무 중 지방으로 이양하는 것이 바람직한 사무는 법정수임사무(가칭)로 지정할 계획이었다.

라. 특별지방행정기관의 정비

지방정부의 종합행정을 수립하기 위하여 그동안 학계나 지방정부가 특별지방행정기관의 정비를 요구하였다. "지역 여건에 맞는 맞춤형 서비스 제공으로 주민의 편의성 강화, 중복기능의 통합 수행으로 행정의 효율성 제고, 중앙규제 완화를 통해 지방행정 발전과 서비스 개선을 도모"할 목적으로 지방분권촉진위원회는 특별지방행정기관의 정비와 관련하여 26개 법령을 개정을 완료하였다. 그 결과 208명의 인력과 3,969억 원의 예산을 지방으로 이양하였다(지방분권촉진위원회, 2010: 3).

마. 국세와 지방세의 조정효과

지방분권의 개혁과제 중에서 가장 이슈가 되었던 분야가 지방재정의 확충이었다. 지방정부의 관점에서는 지방재정이 확충되지 않고는 지방분권은 공염불에 지나지 않는다는 주장이 계속적으로 제기되었다. 그러나 중앙정부는 국가의 정책적 과제를 수행함에 있어서 재원의 지방이양에 대하여 매우 소극적이었다.

이러한 대립된 관점 속에서 지방소득세와 지방소비세의 신설이 꾸준히 논의되었으나 성과를 이루지 못하였다. 그런데 이명박 정부하에서 지방소득세와 지방소비세가 도입되어 지방재정의 확충에 다소나마 기여할 것으로 기대되었다.

지방세법을 지방세기본법, 지방세법, 지방세특례제한법으로 세분화하여 16개에 달하던 지방세목을 11개로 축소·개편하였다. 광역지방정부와 기초지방정부 간에 세원의 불균형을 해소하기 위하여 세수귀속을 재편하였다.

바. 기타 추진과제의 성과

지방분권촉진위원회가 결정한 20개 과제는 사무구분체계 개선, 중앙행정권한의 지방이양, 특별지방행정기관 기능조정, 교육자치제도 개선, 자치경찰체 도입, 국세와 지방세의 합리적 조정, 지방교부세제 개선, 지방재정의 투명성·건전성 제고, 자치입법권의 확대, 지방의회의 전문성·효율성 강화, 주민직접참여제도의 보완, 지방선거제도의 개선, 지방자치단체 평가기준 마련 및 진단·평가, 지방자치행정체제 정비, 정부 및 지방자치단체 간 협력체제의 강화, 분쟁조정기능 강화, 특별자치단체제도 도입 및 활용, 지방공무원 인사교류 확대 및 교육훈련제도 개선, 자원봉사활동 장려·지원과 지방분권 홍보 및 공감대 확대 등이었다.

이러한 과제는 향후 3년 이내에 마치는 것으로 규정되어 있었다. 관련 과제의 검토와 분석 작업이 한창 진행되었으나 커다란 성과를 거두지는 못했다. 특히 자치경찰제도의 개혁도 성공으로 이어지지 못했다.

④ 자치행정체제의 자율통합 추진

지역정책의 추진방향과 관련하여 기초생활권역의 효율적 추진과 행정의 효율성 제고를 위하여 이명박 정부가 관심을 보였던 영역이 기초자치행정체제의 통합이다. 이명박 정부는 자치행정체제의 통합방식 중 영국의 사례와 같이 자율통합의 방식으로 추진하고 있었다. 2009년 말까지 자율통합을 신청한 지방정부 중 마산, 창원, 진해시의회가 자율통합을 지지함으로써 107만 명의 거대한 기초지방정부로 전환되어 2010년 7월 1일 통합 창원시가 출범하였다.

이와 같은 기초지방정부의 통합은 향후 국회에서 논의되고 있는 자치행정체제의 개편에도 적지 않은 영향을 미칠 것은 물론이고 지역정책의 추진에도 많은 영향을 미칠 것으로 예상되었다.

⑤ 자치행정체제의 개편

이명박 대통령이 기회가 있을 때마다 거론하였던 이슈가 자치행정체제의 개편이다. 우리나라의 체제가 비효율적이고 비생산적인 까닭에 새로운 시대적 요구에 부응하지 못하고 있다는 비판을 토대로 전국을 60~70여 개의 광역시로 재편하는 것을 골자로 하는 자치행정체제 개편안들이 당시 국회에 계류 중이었다. 각 개편안마다 각론은 상이하나 대체로 기초지방정부를 확대하고 시·도를 폐지하며 중앙정부의 광역청을 설치하는 것이 중요한 내용이었다.

여·야는 특별시와 광역시의 구의회를 폐지하는 등의 내용을 중심으로 2010년 6월 2일 선거 이후 자치행정체제의 개편을 위한 특별법을 처리하는 것으로 합의하였다. 그러나 6·2 지방선거에서 야당이 압승을 거둠으로써 한나라당은 가급적 빠른 시일 내에 처리를 희망하였으나 특별법의 처리가 불발되었다. 여당이 구의회의 폐지를 철회하자는 대안을 제시하였으나 입법화에 이르지 못했다.

⑥ 세종시의 성격 전환과 4대강 사업

노무현 정부는 지방분권과 국가균형발전정책을 지역정책의 두 축으로 추진하였다. 후자의 하부 정책으로서 추진되었던 것이 행정수도의 이전정책이었다. 행정수도를 이전하는 안이 위헌으로 판정되면서 대안으로 제시된 것은 행정중심복합도시의 건설이었다. 행정중심복합도시로 건설될 새로운 도시의 명칭이 세종시였다. 세종시는 중앙정부의 9부, 2처, 2청이 이전되어 설치되는 행정중심복합도시인 셈이다.

이명박 정부는 중앙정부의 부처가 서울과 세종시에 분산되어 배치될 경우 국정의 효율성이 저하된다는 명분하에 중앙부처의 이전을 백지화하고 세종시의 성격을 기업도시 또는 과학도시 등으로 수정하는 안을 준비하였다. 그러나 이를 위한 특별법의 개정이 국회에서 부결됨으로써 논란을 빚었던 세종시의 성격전환이 원점으로 돌아가게 되었다.

특히 당시 세간의 주목을 받은 정책이 4대강 정비사업정책이다. 4대강 정비사업정책이 지역정책이냐에 대해서는 논란의 여지가 있으나 지역의 입장에서는 지역발전에 도움이 될 것으로 보는 시각도 적지 않았다. 4대강과 밀접하게 관련된 지방정부의 수가 많고 향후 체육, 문화 및 휴양 시설 등이 건설되는 등을 감안할 때 지역정책의 일부분으로 보아도 무방할 것이다. 4대강을 중심으로 지역의 사회 인프라 정책의 성격도 지니고 있다.

그런데 4대강 정비사업정책은 지역발전과 치수에 도움이 된다는 정부의 견해와 운하건설을 위한 사업으로 환경파괴를 초래한다는 주장이 맞서왔다. 정부는 다양한 집단의 반대에도 불구하고 신속하게 4대강 사업을 추진하였다.

4. 이명박 정부 지역정책의 평가

1) 지역정책의 이념

(1) 효율성 정부

영국과 일본의 사례에서 보았듯이 자본주의가 성숙한 국가에서의 지역정책은 분산의 원칙에 기초한 산업입지정책을 지양하고 도시 및 대도시의 역량을 활용하는 정책으로 전환하였다. 아울러 중앙집권식 지역정책을 분권식 지역정책으로 전환한 것도 중요한 특징이다. 이를 위하여 분권적인 광역 거버넌스를 구축하였다. 영국과 일본의 패러다임을 기초로 이명박 정부의 지역정책을 평가하면 아래와 같다.

이명박 정부는 노무현 정부에 비하여 형평성의 원칙보다 효율성의 원칙에 기초한 지역정책을 추진하였다. 산술적인 평균을 지양하고 자원의 효율을 극대화할 수 있도록 선택과 집중의 원리에 따라 권역별 산업입지를 결정하였다. 세종시의 성격을 수정하려는 정책도 효율성의 원칙에 기초하고 있었다고 할 수 있다. 이명박 정부의 효율성에 대한 비중을 다음과 같은 현상으로부터도 유추할 수 있다.

먼저, 일반적으로 전문가들이 지적하는 담론구조의 부족이다. 전문가나 이해당사자들이 정책과정에 참여하는 빈도가 노무현 정부에 비하여 현격하게 감소하였다는 것이 일반적인 평가였다. 이것은 시간의 효율을 강조하려는 정책적 비중의 결과라고 할 수 있다. 관계 당사자들의 회의나 의견조정을 위한 담론이 자칫 시간낭비라고 생각할 수도 있었을 것이다.

특히, 노무현 정부에 비하여 자문위원회의 활동이 크게 감소하였다. 전문가들이나 이해 당사자들이 참여하는 각종 위원회는 다양한 의견이 표출되는 것이 일반적이다. 따라서 의견의 조정에 많은 시간이 소요된다. 이러한 것이 어느 관점에서 보면 비효율적이라고 할 수 있다. 따라서 효율성을 제고하기 위하여 자문위원회의 활동이 크게 저하되었다.

두 번째의 현상은 시장경제의 강조이다. 시장경제의 원리는 두말할 것도 없이 효율성의 강조에서부터 출발한다고 할 수 있다.

이명박 정부에서 추진하려는 자치행정체제의 개편논리도 비효율적인 행정체제의 개편에서 찾았다. 바꾸어 표현하면 자치행정체제의 효율성 제고를 위하여 개편이 필요하다는 점은 효율성 강조와 밀접하게 관련되어 있다.

(2) 분권형 거버넌스의 추진

정책의 패러다임을 보면 분권적인 지역 거버넌스를 강조하고 있다. 광역경제권발전위원회의 설치, 지방분권촉진위원회의 분권 활동 등이 그러한 것을 뒷받침하고 있다. 정부의 표현에 따르면 기초지방정부의 개편도 분권적 차원에서 추진하는 것으로 되어 있었다. 이명박 정부가 공표한 지역정책의 내용만을 볼 경우 선진 자본주의형 지역정책의 패러다임에 기초하였다고 평가된다.

2) 지역정책의 총론적 평가

(1) 대도시 정책의 부재

이명박 정부가 천명하는 정책과 방향에도 불구하고 실체적인 내용을 중심으로 평가하여 보면 문제점도 없지 않다. 분권형 지역정책은 지역의 의견이 충분히 수렴되어야 하고 정책집행의 실체적 주체가 지역 특히 집적의 이익을 활용할 수 있는 도시 또는 대도시이어야 함에도 불구하고 이에 대한 역할이 간과되어 있었다. 특히 대도시 정책이 부재하다는 문제점을 지적할 수 있었다.

당시 5+2 광역경제권 계획, 4+α 초광역권 정책은 타당성이 매우 높았다. 실제로 광역경제권의 핵심적인 역할을 해당 지역의 주요 도시가 담당하여야 할 것으로 예상되었다. 그럼에도 불구하고 당시 광역경제권 내의 도시정책 수립에는 관심이 높지 않은 편이었으며 향후 도시권역(City-region)에 대한 구체적인 연구가 필요한 상황이었다. 세계의 메가 도시 추세로 대도시권의 경쟁력 강화가 국가경쟁력과 직결되는 상황이 전개되고 있었다. 세계도시로 평가되는 도시들, 뉴욕, 런던, 동경 및 기타 국가의 주요 도시들의 메가도시화가 두드러진다. 동경권역 3,200만 명, 뉴욕권역 1,900만 명, 런던권역 1,280명 권이며 서울을 중심으로 한 서울권역도 2,050만 명에 이른다.

(2) 광역경제권발전위원회의 기능부전

앞에서 논의하였듯이 이명박 정부가 추진하는 지역발전정책의 거버넌스는 광역경제권발전위원회였다. 시·도의 경계를 초월하여 협력할 수 있는 체제의 구축이 이명박 정부가 역점을 두었던 사항이다.

그러나 광역경제권발전위원회의 법적성격, 기능 및 권한, 예산 등을 감안할 때 소기의 성과를 거두지 못한 것으로 나타났다(김선기 외 2, 2010). 우선 법적 성격상 중앙정부의 기구인지, 지방정부의 기구인지가 명확하지 못하여 책임소재가 불분명하였다. 광역경제권발전위원회의 공동의장은 시·도지사가 맡고 있으나 예산은 지식경제부의 재원이 대부분을 차지하고 있었다.

실질적으로 시·도지사가 공동의장을 맡고 있기 때문에 관련 시·도 간에 이견이 없는 사항은 쉽게 의제로 채택될 수 있으나 시·도 간에 이견이 큰 사항에 대해서는 회의 의제로 채택하기도 어려운 실정이었다. 아울러 대부분의 운영비는 지식경제부가 지원하고 지방정부는 직원을 각각 파견하고 자체 인력은 연구원에 한정되어 독자적으로 계획을 수립하는 등의 업무에 적지 않은 어려움을 겪고 있었다.

무엇보다도 광역경제권발전위원회가 시·도를 초월하는 협력업무를 발굴하는 데 어려움이 있다는 것이 가장 큰 문제점이었다. 특히 사업비가 없기 때문에 광역경제권발전위원회의 활동에 시·도의 관심도 적었으므로 광역경제권발전위원회는 지식경제부나 지역발전위원회의 업무를 대행 내지는 전달하는 정도에 그치고 있었다.

(3) 자율적 행정체제개편의 문제점

2009년 이명박 정부가 추진하였던 지방정부의 자율적 행정체제개편은 크게 세 가지 문제점을 안고 있었다. 우선 시기상의 문제점을 들 수 있다. 행정안전부는 함안·창원·마산·진해를 포함하여 9월 말까지 자율통합을 신청한 18개 지역의 통합절차를 2009년 중으로 마무리하고 2010년 6월 지방선거 이전까지 모든 실무사항을 완료한 이후 선거에 의한 통합지방정부를 2010년 공식으로 출범시킨다는 계획을 갖고 있었다. 이런 계획이 9월에 결정되었다는 점을 감안하면 통합여부의 결정은 2개월 정도 내에 이루어졌어야 했다.

그런데 2009년 함안·창원·마산·진해의 통합지방정부 관련 청문회 상황을 보면 통합작업이 순조롭게 진행될 가능성이 매우 낮았다. 통합에 대한 찬성과 반대가 매우 명확하게 대립되었을 뿐만 아니라 행정안전부의 의도와도 매우 다르게 나타났다.

함안은 마산과의 통합을 희망하는 듯하였으며, 창원은 그동안 통합 논의에 매우 소극적인 입장을 보였다. 3선의 임기를 마치는 마산시장이 유독 통합에 매우 적극적인 편이었다. 진해의 경우에는 부산신항의 운영이나, 부산신항의 배후에 위치한 부산·진해경제자유구역청의 원활한 활동을 위해서도 내심으로는 부산광역시 강서구와의 통합을 희망하는 목소리도 있었다. 이렇게 다양한 견해를 주어진 기간 내에 무리하게 조정하였기 때문에 적지 않은 주민들이 불만을 가졌다. 그 결과는 2010년 6·2 지방선거에서 나타났다. 진해와 마산의 경우 통합에 찬성하였던 대부분의 시의원들이 낙선되었다.

두 번째의 문제점은 가치와 철학의 문제점이었다. 2009년 자치행정체제의 개편 논리로서 공통적으로 원용되는 것이 행정계층의 과다와 행정사무의 중복으로 인한 행정의 비효율이다. 자치행정계층 개편에 관한 입법을 발의한 의원들이나 행정안전부가 공식적으로 표명하는 내용이었다. 그런데 우리나라의 2층제는 외국의 경우와 비교할 때 결코 과다한 계층이 아니며 행정사무의 중복은 계층제의 문제가 아니라 행정사무 배분의 문제이다.

설사 지적된 바와 같이 자치행정체제가 다소 비효율의 측면이 있다고 하더라도 국가의 제반사정을 고려할 때 민주주의의 훈련이 효율성 제고의 측면에 못지않게 중요시되어야 한다. 우리 사회는 가진 자와 사회로부터 소외된 계층, 종교 간, 성별 간, 지역 간, 문화 간 갈등이 어느 때보다 심화되어 화합과 융합 및 조화가 요구되고 있다. 이러한 사회적 병리현상은 민주주의의 훈련 및 신장을 통해서만 해소가 가능하다는 점을 감안할 때 지나치게 큰 지방정부는 바람직하지 않을 수도 있다.

세 번째의 문제점은 통합 대상의 문제점이었다. 행정체제의 개편과 관련된 대·내외적 상황을 보면 자율통합의 대상을 짐작할 수 있다. 대내적으로 우리나라 헌법재판소는 광역의원 선거구를 상한 124,935명, 하한인구를 31,234명으로 하도록 판시하였다. 우리나라 광역의원 선거구의 평균 인구는 78,000명이다. 전국적으로 시·군·구의 인구현황을 보면 81개 시·군·구가 평균 인구에 미달이며 15개의 군이 31,000명 미만이다. 과대·과소동의 문제도 꾸준히 제기되었다. 이런 행정체제가 개편의 대상이 되어야 한다.

대외적으로 글로벌 시대에 국민·국가 간 통합이 가시화되는 유럽에서는 지역정부의 역할이 증대되고 있다. 기존에 있던 지역정부의 규모를 더욱 확대하는 노력이 각국에서 확인되고 있다. 이런 점 등을 감안하면 도너츠형 광역시와 도의 자율통합을 유도해 볼 만했다.

함안·창원·마산·진해의 통합인구가 113만에 이르며, 창원·마산·진해의 통합인구는 107만 정도로 추산되었다. 경상남도의 인구가 320만 정도임을 감안할 때 도시 간 규모의 불균형이 발생할 것으로 보였다. 현재로서는 그런 계획이 없지만 107만 통합시가 광역시의 지위를 요구하면 상황은 더욱 복잡해진다. 현재 통합 창원시는 특례시를 주장하고 있다.

(4) 지방분권정책의 평가

김대중 정부, 노무현 정부, 그리고 이명박 정부의 지방분권에 관한 정책목표는 대동소이하다. 김대중 정부는 지방의 자율성을 제고하고 국민생활의 편익을 제고한다는 목표를 설정한 반면 노무현 정부는 지방의 발전과 국가경쟁력 강화를 정책의 목표로 채택하였다. 이명박 정부는 지방의 발전과 국가경쟁력 제고를 정책목표로 삼았으며 그 외에 국민의 삶의 질을 제고한다는 사항이 추가되었다. 「지방분권촉진법」에서는 명확하게 명시되지 않았으나 지역발전정책에 따르면 지방분권은 지역발전의 수단적 성격을 띠고 있음이 명확하였다. 매우 적절한 정책목표의 설정이었다.

뿐만 아니라 앞에서 논의한 바와 같이 지방분권추진체제도 적절하게 이루어졌다고 할 수 있다. 이미 2009년 7월, 2009년 12월, 2010년 7월 3차례에 걸쳐 지방이양실적도 두드러졌다. 특히 지방소비세·소득세의 신설로 지방재정도 크게 개선될 것으로 보였다.

지방분권촉진위원회를 중심으로 중앙행정사무의 이양이 꾸준히 추진되고 있으나 지역에서 느끼는 지방분권의 체감도는 높지 않았다. 그것은 지역에서 느낄 수 있는 자치경찰, 자치교육의 획기적 조치, 지방의회의 권한 강화 등이 배제되었기 때문인 것으로 추론된다.

(5) 정책추진과정의 대화 · 소통의 부재

이명박 정부가 기초로 하는 정책이념이 효율성이기 때문에 자연스럽게 나타난 현상이 정책과정의 신속한 처리가 강조되었다는 점이다. 이런 정책과정의 반작용으로 나타난 것이 이해 당사자 간의 대화와 소통의 부재 현상이었다. 대표적으로 행정체제개편과 세종시의 성격을 전환하는 정책과정에서 이러한 현상이 나타났다. 세종시의 경우 여당 내에서의 반대의견조차 조정하지 못하였기 때문에 국회의 표결에서 특별법의 개정이 부결되는 사태로 이어졌다.

세종시의 성격전환에 대해서는 이미 행정중심복합도시의 건설과정에서 제기되었던 이슈들이 재현되었다. 정부의 효율성과 수도권의 경쟁력을 유지하기 위하여 세종시로의 부처 이전은 무효화하자는 주장과 지역균형발전과 정책의 신뢰성 유지를 위해서는 종전의 계획대로 추진하여야 한다는 각각의 주장은 나름대로 타당성이 있는 주장들이었다.

결과적으로 세종시의 성격전환이 부결됨으로써 이명박 정부로서는 정치적 좌절을 겪게 되었고 정부의 에너지를 낭비한 셈이 되었다. 향후 정책추진에 많은 시사점을 안겨주게 되었다.

5. 이명박 정부 지역정책의 과제

이명박 정부가 출범한 이후 전반기가 지나고 후반기를 맞이한 시점에서 상기에서 논의한 지역정책의 평가를 토대로 할 때 이명박 정부는 향후 지역정책을 추진함에 있어서 적지 않은 과제를 안고 있었다. 특히 2010년 6·2 지방선거의 결과는 이명박 정부에게 추가적인 과제를 안겨 주었다. 이명박 정부가 고려하여야 할 주요 과제들은 아래와 같았다.

1) 정부 간 관계의 새로운 구축과 실험

경쟁력을 갖춘 국가의 사례를 볼 때 국가의 경쟁력은 중앙정부와 지방정부가 협력적인 파트너십을 토대로 국정을 운영할 때 극대화할 수 있을 것이다. 영국의 경우 중앙정부와 지방정부는 매년 협약을 체결하여 중앙정부와 지방정부 간의 정책견해를 조정하고 있다. 중앙정부가 우선적으로 처리하여야 할 정책에 대하여 지방정부의 이해를 구하고 지방정부도 그들의 정책적 견해를 중앙정부에 전달하여 양자 간의 이해를 조정하여 국정의 경쟁력을 강화하고 있다.

그런데 우리나라는 6·2 지방선거의 결과 지방자치의 정치적 환경은 1960년대 일본의 혁신자치제 시대와 유사하게 되었다. 4대강 사업을 둘러싸고 적지 않은 마찰이 예상되었다. 나아가 중앙정부가 추진하는 국책사업에 지방정부가 나름대로 반대할 가능성도 배제할 수 없는 상황이 되었다. 야당 단체장과 야당 우위의 지방의회가 다수 탄생하였기 때문이다.

교육 분야에서도 유사한 상황이 전개될 가능성이 매우 높았다. 진보적인 성향의 교육감이 당선됨으로써 기존의 정책 내지는 중앙정부의 정책에 대하여 비판 내지는 거부할 가능성이 곳곳에서 감지되고 있는 실정이었다.

향후 중앙정부와 지방정부 간의 협력적 파트너십을 위해서는 지방정부의 의견을 적절히 중앙정부에 전달할 수 있고, 중앙정부도 중앙정부의 정책을 추진하는 과정에 지방정부의 협력을 구하는 제도적인 기제가 마련되어야 했다. 아울러 중앙정부와 지방정부가 상호 신뢰 속에 국민을 위한다는 대승적인 합의가 필요했다.

중앙정부와 지방정부와의 관계를 정립하고, 제왕적인 단체장을 정당하고 효과적으로 제어하기 위한 제도의 정비가 요청되었다. 당시로서는 지방의회의 활성화가 가장 설득력 있는 대안이 될 수 있었다. 지방의회 직원 인사권의 개선과 행정사무감사 및 조사의 제도개선 등을 고려할 수 있었다.

2) 지방분권의 획기적 추진

(1) 수도권 정책의 딜레마

앞에서 논의하였듯이 향후 국가 간의 경쟁은 대도시를 중심으로 전개될 상황이다. 따라서 모든 국가의 대도시들은 외자유치와 경쟁력 강화를 위하여 다양한 정책들을 추진하고 있다.

우리나라도 수도권의 국제경쟁력 강화를 위하여 수도권 규제완화가 요구되어 왔다. 2009년 동경소재 도시전략연구소가 발표한 글로벌 파워 지수에 의하면 서울은 세계에서 12번째로 경쟁력이 높은 도시이며('08년도 13위), 2010년 중국 사회과학원이 발표한 자료에 따르면 서울의 경쟁력이 세계 9위를 차지하는 것으로 나타났다.

중앙정부의 지역정책이 수도권의 경쟁력을 약화시키는 것에 대해서는 신중하게 접근하여야 한다. 그런데 국제경쟁력 강화를 위하여 수도권의 규제완화 정책을 추진할 경우 지역의 거센 반대에 부딪힐 가능성이 매우 높으며 수도권과 비수도권의 갈등으로 발전될 소지가 높다. 이런 점을 해결할 수 있는 방안이 지방분권이다. 지방분권을 통하여 수도권의 권한을 강화할 경우 비수도권이 반대할 명분이 없기 때문이다. 구체적인 사항은 다음 절에서 논의하였다.

(2) 새로운 도시정책의 추진

서울을 포함하여 다양한 도시의 경쟁력을 위한 도시정책을 추진할 필요가 있다. 도시의 지리적 위치와 인구규모 및 지역 내 역할에 따라 차등적인 도시정책의 수립이 필요하다. 서울을 경제수도로 육성하고 세종시를 행정중심도시로 육성하는 것도 한 방안이 될 수 있다.

아울러 핵심도시(Core City)의 개념을 도입하여 남한의 서울과 부산을 대립 및 협력 축으로 구축하고 통일 이후 서울, 부산, 평양을 잇는 3개 축의 발전을 구상하는 것도 방안이 될 수 있다. 부산을 제외한 현재의 광역시를 기초로 하여 중핵도시(Semi-core city)를 설치하는 것도 바람직하다. 80~100만 규모의 지역 중심도시(Central city), 인구 30~50만 명 규모의 도시로서 세분하고 이에 따른 차등적인 분권이 필요하다. 향후 자치행정체제의 개편도 도시정책과 유기적인 관계를 유지하여야 할 것이다.

(3) 도시전략 수립을 위한 분권조치

아래의 표에서 보는 바와 같이 지방정부들이 각각 서비스의 질적 제고를 이룩하고 경제성과를 제고하기 위하여 중앙정부는 다양한 방면의 분권조치를 단행하여야 한다. 환경권, 사회적·문화적 권한, 경제권한, 정치적 분권 등이 적절히 이루어져야 지방정부가 자발적으로 창의적인 정책을 추진할 수 있을 것이다. 물론 앞에서 분류한 도시의 종류에 따라 차등적인 분권이 되어야 함은 물론이다.

표 4-1 도시발전전략 추진과제

	지방분권	서비스 질적 제고	경제성과 제고
환경체제	- 환경권의 지방이양	- 자원의 재활용 - 에너지, 물 등의 에너지 절약	- 녹색성장 전략 - 탄소거래소 유치 - 녹색차 전진기지
사회적·문화적 체제	- 사회적, 문화적 권한의 이양	- 보건의료체제 - 레저, 스포츠 시설 - 쇼핑, 교육 시설 - 사회적 보호 규제 완비	- 문화산업육성 - 인종차별적 고용의 시정 - 보건의료 산업 육성
경제체제	- 경제 관련 권한의 이양 요구	- 경제적 규제완화	- 혁신체제 구축 - 글로벌 경제의 역할제고
정치체제	- 정치적 지방분권	- 고객 중심의 거버넌스 - 지역 거버넌스의 구축	- 적절한 거버넌스 구축

3) 광역 거버넌스의 새로운 구축

상기에서 광역경제권발전위원회의 기능이 적절하게 작동되지 않음을 논의하였다. 법적 성격이 모호하여 광역경제권발전위원회가 중앙정부의 기구인지, 지방정부의 기구인지도 불분명하였다. 다음과 같은 대안을 고려해 볼 수 있었다.

지역발전을 위한 광역거버넌스는 두 가지 차원에서 이루어져야 한다. 하나는 중앙정부의 지역 거버넌스이며 하나는 지방정부 차원의 거버넌스이다. 이것은 지역정책의 성과가 지역 거버넌스의 수립에 따라 크게 좌우되기 때문이다. 또 하나 유의할 것은 지역 거버넌스를 수립하는 과정에서 대도시권의 역할에 초점을 맞추어야 한다는 점이다. 지방정부의 행정체제개편도 이와 더불어 논의하면 될 것이다.

이런 관점에서 볼 때 당시 광역경제권발전위원회는 중앙정부의 거버넌스로 전환하여 영국의 지역개발청(RDA)과 같이 운영하는 것이 바람직할 수 있었다. 지역정책을 집행하는 중앙부처들, 지식경제부, 농림수산식품부, 행정안전부 등으로부터 예산을 할당받아 일정한 사업비를 집행하는 중앙정부의 거버넌스로 전환하는 것이 초광역 단위의 정책을 추진하는 데 더욱 효과적일 것으로 보인다.

이에 대한 지방정부의 거버넌스는 단기적으로 초광역의회의 구성이나 현재와 같은 시·도지사협의회에 해당 기초단체장들이 참여하는 구성체가 바람직할 것이다. 장기적으로는 행정체제개편과 맞물려 초광역의 지방정부를 구축하는 것도 방안이 될 수 있을 것이다. 광역 거버넌스의 구축은 지역의 자발적 참여와 협력으로 지역의 창의성을 제고하고 나아가 지역력(지역의 경쟁력)을 강화하는 것이 목적임은 두말할 나위도 없다.

6. 소 론

이명박 정부의 지역정책은 다음과 같이 종합적으로 평가할 수 있을 것이다. 총론에 있어서는 선진 자본주의형 지역정책의 패러다임을 기초로 하고 있으나 각론에 있어서는 아직도 선진국가 모형에는 미흡한 것으로 평가해도 무방할 것이다. 외관적으로는 지역이 자발적으로 참여하는 분권방식의 지역정책을 추진하고 있으나 지역개발정책, 세종시의 성격전환, 4대강 사업 등을 보면 아직도 중앙정부 주도의 집권식 집행이 두드러졌다.

이명박 정부가 추진하는 녹색성장도 경제발전과 환경보전에는 적합하나 정치와 사회발전 사안을 제외시키고 있기 때문에 선진국이 추진하는 지속가능발전과는 거리가 크다고 하겠다. 이명박 정부의 녹색성장에 기초한 지역발전은 우리나라의 새로운 산업정책의 하나로 평가할 수 있을 것이다. 때문에 이명박 정부가 당시 추진하였던 친서민정책은 사회발전을 위하여 매우 적절하다고 보였다.

광역경제권발전위원회를 구성하여 초광역 단위의 발전모형을 제시하였으나 거버넌스의 미비로 소기의 성과를 거둘 수 없음도 확인되었다. 지방분권정책도 중앙행정권한의 지방이양은 꾸준히 이루어졌으나 지역의 체감에는 크게 미치지 못한 것으로 평가된다. 자치행정체제의 개편은 지역의 경쟁력 강화보다는 중앙집권의 시도라는 평가도 매우 우세하다. 따라서 향후 이명박 정부의 지역정책의 과제는 상기에서 제기한 문제점을 토대로 개선방안을 마련하는 방향으로 전개되어야 했다.

제6절 이명박 정부의 지방분권: 노무현 정부와의 비교분석[5)]

1. 추진개요

20세기 말에 시작되어 현재에도 활발하게 논의되고 있는 정치·행정적 과제가 지방분권이다. 국가의 경쟁력을 강화하기 위하여 20세기 말부터 제기된 지방화와 신지역주의 분위기는 현재에도 진행 중에 있으며 신지역주의는 지방분권을 내포하고 있다는 특징을 지니고 있다. 영국, 프랑스, 일본 등이 신지역주의에 부응하여 지방분권 개혁을 성공적으로 추진한 국가로 평가되고 있다(배준구, 2004; 이기우, 2007a; 김순은, 2010a).

우리나라에서도 1980년대 이후 지방분권의 필요성이 제기되었으나 제도적 기초가 마련되지 않아 커다란 성과를 창출하지 못했다. 지방분권을 위한 최초

5) 필자(2010)의 "노무현 정부와 이명박정부의 지방분권 정책 비교분석"(한국지방정부학회 추계학술대회 발표논문)을 수정·보완하였음

의 제도적 토대는 김대중 정부가 1999년 1월 제정·공포한 「중앙행정권한의 지방이양 촉진 등에 관한 법률(이하 지방이양촉진법)」이다. 최초로 지방분권을 위한 제도적 기초를 마련하였다는 의의는 있었지만 성과는 매우 미미하였다(심상돈, 1999; 김순은, 2001a).

김대중 정부가 추진하였던 중앙행정권한의 지방이양 실적이 미미하다는 비판 위에 2002년 대통령 선거에서 당시 민주당 후보가 지방분권을 대통령 공약으로 제시함으로써 지방분권과 관련된 이슈는 새로운 국면을 맞게 되었다. 민주당 후보는 "자율과 분권의 지방화시대"라는 공약집을 통하여 매우 포괄적이고 종합적인 지방분권 공약을 제시하였다. 2002년 제16대 대통령 선거에서는 지방분권과 행정수도 등 지역정책이 대통령 선거의 중요한 쟁점이었다. 민주당 후보가 대통령에 당선됨으로써 노무현 정부가 출범하게 되었고 노무현 정부는 공약에 따라 대대적인 지방분권 개혁을 추진하였다(소진광, 2003; 오재일, 2005; 이승종, 2005; 이기우, 2007b). 노무현 정부는 지방분권특별법을 제정하여 노무현 정부의 정책적 의지를 보여주었고, 정부혁신지방분권위원회가 지방분권의 정책적 리더십을 발휘하였다.

노무현 정부의 임기가 만료되면서 이명박 정부가 새로이 출범하였다. 그러나 제16대와는 달리 2007년 제17대 대통령 선거에서는 지방분권 등이 중요한 선거 쟁점이 되지 못하였다. 이명박 후보의 지방정책 공약은 국가경영시스템의 재설계를 위한 방안 중의 하나로서 4대 자치권(행정권, 재정권, 자치경찰제, 교육자치)의 보장, 광역경제권의 형성, 지방교부세율 증액, 보조금제도 개선 등 지방재정의 확충, 6,500개 특별지방행정기관의 지방 및 민간이양 등이 주요한 내용이었다. 이명박 후보의 소위 20대 공약에는 속하지 않았으나 2008년 10월에 발표된 100대 국정과제 속에 지방분권 확대가 포함되었다(이창균, 2010).

지방분권을 위하여 제정되었던 지방분권특별법은 이명박 대통령이 취임하기 직전에 폐지되었다. 대통령 취임 이후 「지방분권 촉진에 관한 특별법」으로 대체되었다. 그런데, 지방분권촉진에 관한 법률(이하 "지방분권촉진법"이라고 칭함)이 국회의원이 발의한 법률이고 당시 한나라당이 야당이었던 시절에 제정되었기 때문에 이명박 정부의 정책이라고 평가하는 것이 바람직한지는 불명확하다.[6] 다만 이명박 대통령이 취임한 이후 발효되었고, 「지방분권촉진에 관한 특별법」을 집행하면서 이명박 대통령의 지방분권정책에 대한 의지와 방향이 나타났기 때문에 이명박 정부의 지방분권 정책이라고 간주하여도 논란이 되지는 않을 것이다.

본 절에서는 2003년 제정된 「지방분권특별법」의 내용과 2008년 제정된 「지방분권촉진에 관한 특별법」을 근간으로 하고 이후 발표된 정책들을 중심으로 하여 노무현 정부와 이명박 정부의 지방분권 정책을 비교·평가한 결과를 제시하고자 한다.

2. 정책비교와 평가의 대상 및 기준

1) 정책비교와 평가의 대상

비교론적 관점에서 상이한 정책을 비교·평가하는 것은 정책과정에 따라 이루어진다(Kim, 1991). 우선 정책형성의 단계에서 결정된 정책의 내용을 비교·분석한다. 정책의 내용이 정책집행에 중요한 영향을 미치는 요인 중의 하나이기 때문이다(Ingram and Mann, 1980). 정책의 내용에는 정책의 추진목적, 추진목표, 추진원칙, 추진과제, 추진체제 등이 포함된다(김순은, 2005a).

노무현 정부 정책내용은 "참여정부의 지방분권 비전과 추진방향"이라는 지방분권 계획서, 「지방분권특별법」, 지방분권 촉진 로드맵, 지방분권 5개년 종합실행계획 등에서 확인할 수 있다. 반면 이명박 정부의 지방분권 정책은 「지방분권촉진법」과 2009년 2월 확정된 세부과제, "이명박 정부의 지방분권 비전과 전략", 지방이양 대상사무의 확정, 2010년 7월 지방분권 세부실천과제 점검결과

6) 형식은 의원발의이지만 정부가 마련한 법률안을 입법의 수월성을 위해 의원발의라는 과정을 거쳤을 가능성도 매우 큼.

표를 통하여 알 수 있다. 노무현 정부의 지방분권 추진 로드맵은 노무현 정부가 추진할 지방분권의 7개 기본방향과 20개 기본과제, 그리고 기본과제의 추진일정을 명시하였다(소진광, 2003; 김순은, 2003c; 이승종, 2005). 이명박 정부의 정책내용은 지방분권촉진법과 세부과제 목록표에서 20개 과제를 명시하였다. 2008년 12월 지방분권촉진위원회는 지방이양 대상사무를 확정하였다. 이어서 2009년 2월 지방분권 비전 및 과제별 추진계획을 확정하였다. 여기에서 정책의 목적과 목표가 분명하게 나타났다(이주석, 2010).

노무현 정부의 「지방분권특별법」은 지방분권 추진 로드맵을 제도화한 것이라고 할 수 있다. 「지방분권특별법」은 지방분권의 추진이념, 추진원칙, 추진체제, 추진과제 등을 규정하였다. 이명박 정부의 「지방분권촉진법」도 대동소이하다. 그러나 이명박 정부는 지방분권 로드맵을 작성하는 대신에 2008년 12월 지방이양 대상사무의 발굴현황을 발표하였다.

두 번째의 단계는 정책집행의 단계이다. 정책집행의 단계에는 정책의 내용에서 명시된 목적과 목표가 달성되고 있는지, 정책집행의 절차가 적절하게 이루어지고 있는지를 비교하고 평가한다. 정책의 목적은 정책집행의 성과영향(Impact)라고 할 수 있으며 정책목표는 정책집행의 성과 또는 산출물(Output)이라고 할 수 있다. 본 절의 분석은 이명박 정부가 절반의 임기를 남기고 있던 시점에서 수행되었으므로 정책집행의 산출물에 한정하였다.

여기에 덧붙여 연계정책의 비교·평가를 추가하였다. 노무현 정부는 지방분권 정책과 지역균형발전정책을 동시에 추진함으로써 두 정책의 시너지 효과를 거두려고 하였다. 노무현 정부는 지방분권은 지역균형발전의 한 축을 담당한다는 논리를 전개하였다(지역균형발전위원회, 2004a). 반면 이명박 정부는 기회가 있을 때마다 지방행정체제의 개편을 지방분권정책과 연계하였다. 이명박 정부는 지방분권의 내용 중에서 지방행정체제 개편을 다루었다(김주원, 2009; 이창균, 2010).

2) 정책비교 및 평가의 기준[7)]

정책의 비교·평가에는 평가의 기준이 있어야 한다. 평가의 기준은 정성적 기준과 정량적 기준으로 대분되며 본 절에서도 정량적 기준과 정성적 기준에 따라 노무현 정부와 이명박 정부의 지방분권 정책을 비교·평가하였다. 즉 비교의 대상에 따라 상이하게 적용되어야 할 것으로 판단된다.

정책의 내용을 비교·평가함에 있어서 가장 중요한 대상은 지방분권의 내용이다. 바꾸어 표현하면 지방분권의 추진과제가 두 정부의 정책적 차이를 명확하게 할 수 있는 비교·평가의 대상이다. 추진과제의 종류와 내용을 보면 두 정부의 정책적 차이를 명확하게 알 수 있을 뿐만 아니라 추진하는 지방분권의 모형을 가늠할 수 있다. 즉 지방분권의 내용을 평가하는 기준으로 지방분권의 모형을 사용할 수 있다. 지방분권의 모형은 지방분권의 내용과 성격에 따라 크게 4가지로 대분된다. 지방분권의 모형으로 이상적 분권모형, 협상적 분권모형, 지배적 분권모형, 계층적 분권모형 등이 제시되었다(김순은, 2003d).

정책의 내용은 정책의 설계관점에서도 평가될 수 있다(강형기 외4, 2004; 김순은, 2005b; 이승종, 2005). 정책의 설계가 정책집행의 효과에 영향을 미치는 중요한 요인이라는 데에는 이론의 여지가 없다(Van Horn, 1979; Kim, 1991; 김순은, 2005a). 정책설계의 관점에서 정책의 목적, 정책목표, 정책수단, 정책의 기본원칙과 추진체제 등이 평가된다. 정책설계의 단계에서 결정된 정책목적과 정책목표는 정책의 과정에 두 가지 기능을 담당한다. 우선 정책목적과 목표는 정책집행이 수행되면서 도달하여야 할 지향점이다. 따라서 정책평가의 단계에서 정책목적은 장기적으로 정책집행이 이루어진 이후의 성과영향을 판단하는 기준이며 정책목표는 단·중기적으로 정책의 성과를 평가하는 기준이 된다. 정책집행의 하향식 관점에서 정책목적은 매우 중요한 요인이다(Robertson, 1984).

그런데 정책목적이 구체적이고 명확한 것이 바람직한 것인지 추상적이고 모호한 것이 적절한 지에 대해서는 논란이 되어 왔다(Williams, 1980). 정책집행의

---

7) 필자의 기존 논문(2003a)의 내용을 수정·보완하였음.

성과영향을 평가하는 데 기준이 되는 정책목적은 추상적이고 모호한 것이 보다 현실적이며 반면 정책집행의 산출물을 평가하는 데 기준이 되는 정책목표는 보다 구체적인 것이 바람직하다(김순은, 2005b). 이에 추진목표는 정량적으로 평가하였다.

정책수단이란 정책의 목적과 목표를 달성하기 위하여 정책집행의 과정에 투입되는 제도적 요소이다. 여기에는 강제적인 수단에서부터 인센티브의 제공까지 다양한 수단이 사용된다. 정책의 실패를 다룬 논문을 보면 정책목표와 정책수단의 부조화를 지적하고 있다(Bobrow and Dryzek, 1987). 노무현 정부와 이명박 정부는 지방분권 정책의 수단으로 강제적 방식이나 인센티브 방식을 선택하지 않았다. 반면 새로운 지방분권 추진체제를 정립함으로써 추진체제를 통하여 정책의 집행을 추진하였다. 따라서 노무현 정부의 정책수단은 추진체제의 적절성으로 평가할 수 있다. 정성적 평가이다.

노무현 정부가 수립한 정부혁신지방분권위원회와 이명박 정부가 수립한 지방분권촉진위원회의 적절성 등 추진기구의 적절성을 평가할 수 있다. 추진체제의 평가에는 정성적 기준을 적용하였으며 추진기구의 정책의지, 추진기구 운영의 효율성, 추진기구의 기능 및 권한 등의 적절성을 정성적 기준에 따라 평가할 수 있다(김순은, 2003d).

정책집행의 과정은 민주성과 효율성에 비추어 평가되어야 한다. 주지하다시피 지방분권 정책은 다양한 이해관계자가 관여되어 있다. 중앙정부와 지방정부의 관계 공무원은 물론이고 지방의원, NGO, 이익단체 등 참여하는 당사자가 매우 다양하다. 중앙정부 내에서도 부서마다 견해와 관점의 차가 매우 크다(김순은, 2004a, 2004b). 그럼에도 불구하고 지방분권 정책은 노무현 정부와 이명박 정부가 임기 내에 모든 성과를 거두기를 희망하고 있다. 따라서 효율적인 정책집행의 과정이 요구된다. 관련 당사자들의 의견청취 등을 통해 민주성을 확보하면서 과정의 신속한 추진으로 효율성을 동시에 높여야 하는 세련된 집행과정이 요구된다. 민주성과 효율성에 기초한 정성적 평가라고 할 수 있다.

정책집행의 성과평가는 정책목표가 기준이 된다는 것은 앞에서 언급하였다.

노무현 정부의 경우 지방분권 추진 로드맵과 지방분권 5개년 종합실행 계획에 추진일정을 명시하였다. 이명박 정부의 경우 추진일정을 구체적으로 명시한 기준은 찾아볼 수 없으나 2010년 7월 발표된 "지방분권 세부실천과제 점검결과표"를 참고자료로 활용하였다. 그러나 2008년 12월 지방분권촉진위원회는 지방이양 대상사무를 확정하였다. 집행의 성과를 평가함에 기준이 될 수 있을 것이다.

표 4-2 노무현 정부와 이명박 정부의 지방분권 비교의 틀과 평가 기준

<table>
<tr><th colspan="3">정책평가의 대상</th><th>노무현 정부</th><th>이명박 정부</th><th>비교·평가 기준</th></tr>
<tr><td rowspan="10">정책의 내용</td><td colspan="2">추진목적</td><td>- 특별법
- 지방분권 계획서</td><td>- 특별법
- 지방분권 비전 및 과제별 추진 전략</td><td>- 정성적 평가</td></tr>
<tr><td colspan="2" rowspan="2">추진목표</td><td>- 분권추진 로드맵</td><td rowspan="2">- 세부과제목록표
- 지방이양 대상사무 발굴현황
- 일정 부분적 명시
- 세부실천과제 점검표</td><td rowspan="2">- 정량적 평가</td></tr>
<tr><td>- 지방분권 5개년 종합실행계획</td></tr>
<tr><td colspan="2" rowspan="3">추진과제</td><td>- 분권 추진 로드맵</td><td rowspan="2">- 특별법</td><td rowspan="3">- 지방분권 모형</td></tr>
<tr><td>- 특별법</td></tr>
<tr><td>- 종합실행계획</td><td>- 세부과제목록표
- 지방이양 대상사무</td></tr>
<tr><td rowspan="3">추진체제</td><td>정책 의지</td><td rowspan="3">- 특별법</td><td rowspan="3">- 특별법</td><td>- 정성적 평가</td></tr>
<tr><td>추진기구의 크기</td><td>- 효율성 평가</td></tr>
<tr><td>기능 및 권한</td><td>- 정성적 평가</td></tr>
<tr><td colspan="2">추진원칙</td><td>- 특별법</td><td>- 특별법</td><td>- 정성적 평가</td></tr>
<tr><td colspan="3" rowspan="2">집행의 과정 및 절차</td><td>- 분권 추진 로드맵</td><td rowspan="2">- 특별법</td><td rowspan="2">- 민주성과 효율성</td></tr>
<tr><td>- 특별법</td></tr>
<tr><td colspan="3" rowspan="2">집행의 성과</td><td>- 분권 추진 로드맵</td><td rowspan="2">- 세부과제
- 지방이양 대상사무 발굴현황</td><td rowspan="2">- 정량적 평가</td></tr>
<tr><td>- 분권 종합실행계획</td></tr>
<tr><td colspan="3">지방분권과 연계정책의 적합성</td><td>- 지방분권과 지역균형 발전</td><td>- 지방분권과 행정체제개편</td><td>- 정성적 평가 (외국의 사례)</td></tr>
</table>

연계정책의 적합성에 대해서는 이론적이고 실증적인 관점에서 정성적 기준으로 평가하였다. 본 분석은 이명박 정부 임기 중에 실시된 것이어서 성과영향 평가는 비교의 대상에서 제외하였다. 연계정책의 경우 이론이 분분하다. 그러나 외국의 사례를 보면 연계정책의 타당성을 확인할 수 있다. 연계정책의 평가는 실증적인 사례를 통하여 평가하는 비교평가를 실시하였다. 평가기준으로 영국과 일본의 사례를 활용하였다(김순은, 2004a, 2006a). 정책비교·평가의 대상과 평가기준을 표로 정리하면 〈표 4-2〉와 같다.

3. 지방분권정책의 비교·평가 분석

1) 정책의 내용

(1) 추진목적

노무현 정부와 이명박 정부가 추진하였던 지방분권의 추진목적은 앞에서 논의하였듯이 "참여정부의 지방분권 비전과 추진방향"이라는 지방분권 계획서와 「지방분권특별법」, 그리고 이명박 정부의 지방분권 비전과 전략(이주석, 2010; 이창균, 2010)과 「지방분권촉진법」에 명시되었다.

노무현 정부의 추진목적은 노무현 정부의 지방분권 개혁과 비전 및 「지방분권특별법」 제1조를 통하여 알 수 있다. 노무현 정부의 지방분권 정책의 추진비전은 "지방의 활력을 통한 분권형 선진국가의 건설"이었다(김순은, 2003d). 「지방분권특별법」 제1조에서는 "지방을 발전시키고 국가경쟁력을 높이는 것"을 목적으로 한다고 규정하였다. 종합하면, 노무현 정부의 지방분권 정책의 목적은 분권형 국가의 건설로 국가 경쟁력을 제고하는 것이었다. 초기의 계획대로 추진목적이 달성되면 분권형 선진국가로 전환되며, 분권형 선진국가는 지방정부의 자치사무가 40%에 달하며 재정적으로 자립적이며 충분한 자치권으로 주민들로부터 신뢰를 구축하는 체제를 의미하였다(전영평, 2008; 금창호, 2009).

이명박 정부는 창의와 활력이 넘치는 지역사회를 통하여 선진일류국가를 건설하는 것을 지방분권의 정책목적으로 설정하였다(이주섭, 2010; 이창균, 2010). 지방분권을 지방의 발전과 국가 경쟁력의 강화를 위한 수단으로 간주하고 궁극적으로 국민의 삶의 질을 높이는 것이 최종 목적임을 「지방분권촉진법」에서 명시하고 있다.

정책의 목적을 비교·평가하면, 표현만 다소 상이할 뿐 궁극적인 정책의 목적은 유사하다고 할 수 있다. 지방의 활력을 통한 분권형 선진국가와 창의와 활력이 넘치는 지역사회에 기초한 선진일류국가는 표현은 다소 상이하지만 지향하는 바는 동일하다고 판단하였다. 노무현 정부와 이명박 정부의 지방분권 정책은 목적이라는 관점에서 양자 모두 선진형·분권형 국가체제를 지향하였다고 할 수 있다.

(2) 추진목표

지방분권의 추진목적을 위한 구체적인 정책목표로 노무현 정부는 2003년 7월 지방분권 추진 로드맵에서 7개 분야 20개 과제를, 2004년 11월 지방분권 5개년 종합실행계획에서 7개 분야 47개 과제를 선정하여 과제별로 추진일정을 명시하였다. 대부분의 과제가 2007년 말까지 종료되는 것으로 예정되었다.

반면 이명박 정부의 경우 지방분권과제별 목록은 4개 분야 20개 과제가 공표되었으며(이주섭, 2010; 이창균, 2010) 세부 일정은 세부과제 목록표에 명시되었다. 2009년 2월 "지방분권 비전 및 과제별 (4개 분야 20개 과제) 추진계획"이 확정되었다고 알려졌으며 이명박 정부의 지방분권 추진목표는 과제별로 2012년까지 완료하는 것으로 볼 수 있었다.

「지방분권특별법」에서는 추진일정, 추진절차, 추진방법 등에 관한 정책을 수립하고 연 2회 공표하는 규정이 없었으나 「지방분권촉진법」 제7조에서는 그러한 것들을 제도화하였다. 노무현 정부가 모든 과제의 추진일정을 공표하였듯이 이명박 정부도 2012년까지 마무리하는 것으로 발표하였다.

(3) 추진과제

노무현 정부는 2003년 7월 7개 분야에서 20개 과제를 지방분권의 핵심적 과제로 선정하였고, 2004년 11월 20개 과제를 47개 과제로 세분화하였다. 20개의 과제가 47개로 세분화한 것에 대하여 지방의 관점에서 체감도가 크지 않은 과제를 추가함으로써 업적 평가용이라는 비판도 제기되었다(김주원 외1, 2007). 그럼에도 불구하고 노무현 정부가 추진하려고 하였던 지방분권 과제는 매우 중요한 것이었으며 만약 100% 성과를 거두었다면 지역의 변화와 지방분권의 체감도는 상상을 초월하였을 것으로 생각한다.

이명박 정부가 제시한 4개 분야 20개 과제는 분류방식이 다소 상이할 뿐 그 내용에 있어서는 노무현 정부와 대동소이했다. 다만 지방자치행정체제 정비, 특별지방자치단체의 도입 및 활용, 지방분권의 홍보 및 공감대 확산이라는 3가지 과제가 새롭게 제시되었다. 지방자치행정체제의 정비가 지방분권 과제로 추가되었다는 것이 매우 특징적이며 특별자치단체의 도입 및 활용은 그동안 지방정부의 다양성 확보라는 차원에서 매우 필요한 것으로 지적된 이슈였다(김순은, 2004c, 2010b). 향후 자치행정체제의 개편이 지방행정체제에 관한 특별법이 제정됨에 따라 어떻게 지방분권과 조화를 이룰지가 주목되었다. 이에 대해서는 뒤에 상론하였다. 아울러 지방분권의 홍보 및 공감대 확산은 지방분권 과제라기보다는 지방분권의 추진전략에 가깝다고 판단한다. 어찌 되었든 노무현 정부와 이명박 정부의 추진과제를 비교할 때 공표된 내용대로라면 노무현 정부와 이명박 정부가 염두에 둔 지방분권 모형은 이상형 분권모형이다. 실현성 여부와는 매우 거리가 있는 과제도 적지 않다.

(4) 추진체제

노무현 정부와 이명박 정부는 지방분권 정책의 수단으로서 지방분권 추진체제를 구축하고 추진체제가 지방분권을 주도하는 방식을 제도화하였다. 정책수단으로서 「지방분권특별법」과 「지방분권촉진법」은 거의 유사하게 중앙정부와 지방정부의 책무, 추진체제의 지방분권 추진상황의 보고의무, 중앙부처의 필요한 조치의무, 추진체제의 추진상황 점검 및 평가의무, 추진체제의 권고 권한 등을 규정하였다. 노무현 정부와 이명박 정부의 추진체제와 정책수단은 거의 유사하면서도 추진체제의 의지와 구성 면에서 다소 상이하다고 할 수 있다.

「지방분권특별법」은 추진체제로서 "지방분권 추진을 위한 위원회"를 규정하였고 「지방분권촉진법」은 지방분권촉진위원회라는 추진체제를 제도화하였다. 명칭은 다소 상이하지만 기능과 역할은 크게 차이가 없었다. 후에 노무현 정부의 "지방분권 추진을 위한 위원회"는 정부혁신지방분권위원회가 역할을 대행함으로써 노무현 정부의 추진체제는 정부혁신지방분권위원회가 되었다. 따라서 정부혁신지방분권위원회와 지방분권촉진위원회의 차이점을 다음 항목을 중심으로 논의하면 다음과 같다.

① **추진의지**

1999년 마무리된 제1차 일본의 지방분권 개혁이 성공이었냐에 대해서는 논란이 많다. '총론 중의 서론(成田, 1995),' '미완성의 개혁(西尾, 1999)', '개혁의 1단계(新藤, 1999)', '개혁의 1라운드(佐藤, 2002)', '제3의 개혁(佐佐木, 1999)' 등 부정적, 긍정적 평가가 상존하고 있다. 나름대로 긍정적인 평가가 내려지는 데에는 많은 요인들이 작용하였다(김순은, 2001b, 2004a).

그 중에서도 지방분권추진위원회의 추진의지가 매우 중요한 요인이었다. 일본의 지방분권추진법도 프로그램 성격의 절차법이었다. 따라서 지방분권의 추진체제인 지방분권추진위원회의 활동 여하에 따라 지방분권의 성패가 좌우될 수밖에 없었다. 위원들 선임 때부터 분권적인 인사와 반분권적인 인사들 사이에서 무라야마 수상은 분권자들을 중심으로 7명으로 구성된 지방분권추진위원회를 구성하였다. 초기에는 소극적인 모로이(諸井) 위원장도 회의를 거듭할수록 탁월한 지도력을 바탕으로 지방분권추진위원회의 권고안을 도출하는 데 크게 기여하였다(西尾, 1999).

이런 관점에서 정부혁신지방분권위원회와 지방분권촉진위원회는 매우 대조적이다. 전자는 초기에 지방분권에 매우 의욕적인 행보를 보였다. 노무현 정부에 영향력이 있는 인사가 위원장을 맡아 의욕적인 출발을 보였다. 그러나 위원장이 교체되고, 노무현 정부가 탄핵파동으로 위기를 겪으면서 지방분권의 의지와 추진력도 크게 위축되었다.

지방분권촉진위원회는 10명으로 구성되어 있으며 당연직 위원인 행정안전부 장관과 기획재정부 장관을 제외하면, 교수가 5명, 전직 공무원이 2명, 시의원이 1명 등으로 구성되었다. 특히 여성이 위원장을 맡았다는 특징을 지니고 있었다. 당시 보도된 자료에 의하면 지방이양사무를 제외하고 이슈가 되고 있는 지방분권 과제들, 예를 들면 자치경찰, 자치교육 등과 같은 과제는 구체적으로 논의되고 있다는 자료를 발견하기가 어려웠다. 우리나라의 경우 기업을 대표하는 인사가 없다는 점도 커다란 약점이라고 할 수 있었다. 일본에 비하여 지방분권의 필요성을 느끼는 고객의 관점에서 논의되고 있지 못하다는 증거이다. 위원장의 경력을 보더라도 지방분권에 관한 업적을 찾아보기 어렵다.

② 추진체제의 효율성

추진체제가 위원회 형태일 경우 효율적인 체제여야 한다. 위원회의 규모가 20인 이상의 경우 회의의 효율성이 저하될 수밖에 없다. 다양한 의견을 수렴하는 데에는 이점이 있지만 회의과정에 시간이 많이 소요되어 비효율적이다. 그만큼 추진력이 저하되기 때문이다.

정부혁신지방분권위원회는 20인 이상 30인 이하의 인사로 구성되면서 중앙부처의 장관이 당연직으로 포함되어 있었다. 20명 이상의 위원들로 구성된 위원회에서 회의의 운영이 효과적이지 않음은 지극히 당연하다. 특히 당연직 위원은 6명 수준이었으며 행정자치부 장관을 제외하곤 대부분 반분권적인 인사로 구성되어 추진체제의 효과성은 매우 낮았다(홍준현, 2001; 김순은, 2003c, 2004c).

그런데 이명박 정부의 지방분권촉진위원회는 10명 이내로 축소하여 위원회의 활동과 회의의 운영이 노무현 정부보다는 크게 개선되었다. 당연직 위원도 행정안전부 장관과 기획재정부 장관으로 한정하여 중앙부처의 당연직 위원도 크게 감소된 점도 개선된 점이다.

③ 기능 및 권한

정책수단이 적절해야 정책목적과 목표를 달성하는 데 유리하다는 점에는 재론의 여지가 없다. 적절한 정책수단이 정책집행에 영향을 미치는 매우 중요한 변수 중의 하나이다. 이런 관점에서 볼 때 추진체제의 기능과 권한은 추진체제가 소기의 목표를 달성하는 데 없어서는 안 될 중요한 정책수단이다.

일본에서 지방분권추진위원회의 활동결과는 내각 및 행정부에 보고하여야 하고 행정부는 지방분권추진위원회의 권고안을 존중하여 지방분권추진계획을 작성하여야 했다. 행정부는 내각의 의결을 거쳐 의회에 보고하는 체제를 갖춤으로써 지방분권 정책이 제도적으로 체계적인 과정을 거쳐 집행될 수 있었다. 내각은 지방분권추진위원회의 의결사항을 존중하여야 하는 의무를 갖게 되었다.

노무현 정부의 정부혁신지방분권추진위원회는 심의만을 할 수 있었으며 이명박 정부의 지방분권촉진위원회는 심의와 의결이 가능한 추진체제라는 점이 차이가 있을 뿐 기능과 권한은 유사했다. 양 추진체제는 정기적으로 추진상황을 대통령에게 보고하고 보고를 마친 때에는 중앙행정기관의 장과 지방정부의 장에게 통보한다. 통보를 받은 중앙부처의 장은 실천계획을 수립하여 위원회에 보고하여야 한다. 양 추진체제는 추진상황을 점검·평가하여 국무회의의 심의를 거쳐 대통령에게 보고하도록 되어 있다. 다만 평가결과에 따라 중앙부처의 장이 필요한 조치를 해태한 때에는 권고를 할 수 있다. 그러나 권고를 이행하지 않은 때에 대한 대비책은 마련되어 있지 않다. 지방분권촉진위원회가 의결한 지방이양 사무는 다수이나 실제로 이양실적이 미미했던 것은 관련 중앙부처의 대처가 소극적이기 때문이었다.

(5) 추진원칙

정책의 추진원칙은 정책집행의 방향을 제시하는 데 매우 중요하다. 지방분권과 관련하여 다양한 이론적 원칙들이 제기되었다. 먼저, 사무배분에 있어서 보완성의 원리이다. 아래 레벨의 지방정부가 담당할 수 있는 사무는 원칙적으로 지역주민에게 가깝게 위치한 기초지방정부에게 배분하여야 한다는 원칙이다. 아울러 사무를 배분함에 있어서 그동안 단위사무의 이양이 낳은 문제점을 보완하는 차원에서 포괄성의 원칙이 논의되었다. 기초와 광역 간에 업무의 중복으로 인한 책임의 모호성을 방지하기 위하여 기능분리의 원칙이 중요시된다. 지역의 사정에 따라 차등적인 분권도 시험해 볼 만한 제도이다. 이러한 기능분리의 원칙, 포괄성의 원칙, 보완성의 원칙, 차등분권의 실시 등이 노무현 정부와 이명박 정부하에서 동시에 제도화되었다. 제도상으로는 아니지만 실행적인 측면에서 노무현 정부는 선분권·후보완을 강조하였다. 그러나 이명박 정부하에서는 선분권·후보완의 원칙은 거론되지 않았다. 이러한 원칙을 제도화한 것은 매우 의의가 있었다. 일본의 경우도 보완성의 원리를 지방분권추진법에서 규정하였다는 것을 높게 평가한 바 있었다(西尾, 1999).

2) 집행의 과정 및 절차

종전에는 일반 주민들이 정책과정을 알기 매우 어려웠다. 정책에 관여하는 국회의원, 공무원, 관계 전문가 외에는 정책과정이 철저히 보안 속에서 진행되었기 때문이다. 그러나 정책과정이 밀실 속에서 진행되면 정책이 결정되거나 집행과정에 국민의 지지를 받는 것이 어렵거나 이해 관계자의 불참으로 인한 문제점에 봉착할 수도 있다. 따라서 대부분의 정책과정은 일정한 과정과 절차를 거치는 것이 일반화되어 있다.

정책의 집행과정에는 크게 2가지 차원의 과정과 절차가 있다(김순은, 2003c). 먼저, 정책결정 및 집행에 관한 추진일정을 공시하는 거시적인 과정과 절차가 있다. 정책의 입안, 이해관계자의 청문회 개최, 정책 결정의 예정기간, 결정된 정책의 공시 등 정책의 과정을 거시적 관점의 절차라고 할 수 있다. 반면 구체적인 정책을 논의함에 있어서 관계 공무원이나 이해관계인 및 전문가의 참여를 통하여 합리적인 대안을 모색하는 과정을 미시적 관점의 절차라고 할 수 있다. 대부분의 정책은 양자의 관점에서 절차를 준수하여야 한다. 어떤 정책은 근거법에서 절차를 명시하기도 한다.

(1) 거시적인 과정과 절차

거시적인 관점에서 노무현 정부와 이명박 정부는 모두 「지방분권특별법」과 「지방분권촉진법」에서 추진절차에 관한 제도를 마련하였다. 노무현 정부는 지방분권 로드맵을 통하여 지방분권의 거시적 추진과제의 절차, 지방분권 로드맵의 작성, 지방분권특별법의 제정, 지방분권 5개년 종합실행계획 등을 명문화하였다. 비록 문서상이지만 노무현 정부의 경우에는 지방분권 정책의 구체적인 과제들에 대한 추진계획을 사전에 알 수 있게 제시하였다는 특징이 있었다.

반면 이명박 정부는 「지방분권촉진법」 제7조(지방분권 추진일정)를 새롭게 추가하여 제10조부터 제16조까지의 지방분권 추진과제의 추진일정, 추진방법, 추진절차에 관한 사항, 추진실적을 연 2회 공표하도록 제도화하였다. 지방분권촉진법에서 제시한 모든 과제를 5년 이내에 완료하도록 규정하고 있다. 지방분권 개혁의 거시적 절차를 제도화하여 더욱 강화하였다. 그러나 실제로 이를 집행하고 있는지는 의문이 많았다.

(2) 미시적인 과정과 절차

미시적인 관점에서 지방분권 정책의 과정과 절차는 「지방분권특별법」과 「지방분권촉진법」에서 규정하고 있으며 그 내용은 매우 유사하다. 위원회는 위원회가 심의 또는 심의·의결한 사항을 정기적으로 대통령에게 보고하여야 하며 보고를 마친 때에는 중앙부처의 장과 지방정부의 장에게 내용을 통보하도록 되어 있었다. 보고를 받은 중앙부처의 장은 지방분권에 관한 실천계획을 수립하여 위원회에 제출하고, 법령의 제정 및 개정 등 필요한 조치를 취하여야 했다. 위원회는 중앙부처의 장이 지방분권 실천계획을 차질이 없이 이행될 수 있도록 추진상황을 점검·평가한다. 그 결과를 국무회의에 보고하여야 하며 평가결과에 따라 관계 중앙부처의 장에게 권고할 수 있었다.

한편 위원회가 수행하는 중요한 과제의 설정은 대통령에게 보고하기 이전에 이루어졌다. 즉 지방이양의 사무를 발굴하거나 지방분권의 과제를 추진하는 작업은 중앙부처, 지방정부, 지방정부 4단체 협의회, 정치권, 학자, 시민단체, 이익단체 등이 참여하는 과정이 이루어졌다. 노무현 정부 시절에는 보다 광범위한 참여가 이루어져 전국적인 순회세미나가 열리고 시민단체의 참여가 매우 적극적으로 이루어졌으나 이명박 정부하에서는 그런 과정은 크게 눈에 띄지 않았다.

반면 이명박 정부하에서 주목할 점은 매년 2회에 걸쳐 추진실적을 공표하여야 했다는 점이다. 시기에 맞추어 지방이양을 실행하기로 확정된 지방이양사무의 목록이 발표되었다(지방분권촉진위원회, 2010).

3) 집행의 성과

본 분석에서 가장 논란이 될 수 있는 부분은 지방분권 정책의 집행성과에 관한 것이다. 정량적인 기준에 의하여 노무현 정부와 이명박 정부의 지방분권 정책의 집행성과를 비교·평가하지만 집행의 내용을 고려할 때 집행이 완료되었는지, 진행 중인지를 판단하는 것은 쉽지 않고 매우 주관적이다. 예를 들면 2007년 말 발행된 노무현 정부의 지방분권 백서에는 대부분의 과제가 집행된 것으로 보고하고 있으나 내용상으로 평가하면 반드시 지방분권이 이루어졌다고 보기 어려운 부분도 많다. 예를 들면 교육감 직선제의 도입은 이루어졌지만 이것이 자치교육의 본질이냐에 대해서는 논란이 많기 때문이다. 본 분석에서는 질적인 측면은 고려하지 않고 양적인 측면에서 제도의 개선이 이루어졌으면 일단 집행성과가 있는 것으로 판단하였다. 노무현 정부의 경우 47개 과제와 지방이양사무의 수를 가지고 평가하였으며, 이명박 정부의 경우도 20개 과제와 지방이양 사무의 수를 가지고 비교·평가하였다.

(1) 노무현 정부의 집행성과

정책집행의 성과에 대한 평가는 정량적으로 매우 단순하게 이루어진다. 왜냐하면 정책에서 명시한 목표의 달성 여부를 판단하는 것이기 때문이다. 실현된 정책성과의 내용까지 평가하는 질적인 평가는 성과영향의 평가의 단계에서 이루어진다(Kim, 1991).

노무현 정부가 추진하였던 지방분권 정책의 목표는 앞 장에서 논의하였듯이 지방분권 추진 로드맵과 지방분권 5개년 종합실행계획에서 구체적으로 명시하고 있다. 대부분의 과제가 2007년까지 종료되는 것으로 되어 있었다.

노무현 정부의 임기 추진실적을 분석하면 다음과 같다. 지방분권 5개년 종합실행계획에서 명시한 47개 추진 과제[8] 중에서 중앙정부의 판단에 따를 경우 완료된 과제는 36개이며, 법 개정 등 제도화의 단계에 있는 과제가 5개, 정책 기획의 단계에 있는 과제가 6개이다(행정자치부 내부자료, 2007). 완료된 과제의 수로만 보면 76%의 달성도를 보였다.

완료된 과제 중 지방분권 과제는 지방분권특별법의 제정(2004. 1), 주민투표제도(2004. 1)를 포함하여 24건이며 재정분권 과제가 12건이다. 24개의 분권과제는 중앙정부와 지방정부 간의 권한 재배분과 관련된 과제가 6건, 지방정부의 자치역량 강화와 관련된 과제가 6건, 시민사회의 활성화를 위한 과제가 5건, 의정활성화 및 선거제도 개선과제가 2건, 지방정부의 책임성 강화과제가 3건, 지방정부의 평가제도가 1건, 중앙-지방협력체제 구축과제가 1건 등이었다. 상세히 논의하면 중앙정부와 지방정부 간의 권한 재배분과 관련된 과제는 중앙행정권한의 지방이양(총 973건), 제주특별자치도의 설립, 교육자치제도의 개선, 지방분권화 지표개발 및 분권수준 측정, 자치단체 관할구역의 합리적 조정이며, 지방정부의 자치역량 강화와 관련된 과제는 자치조직권 강화, 지방정부 자체혁신 체제의 구축, 지방공무원 교육훈련 혁신, 지방정부 인사제도의 개선, 인사공정성의 확보, 중앙-지방 인사교류의 활성화이다.

시민사회의 활성화를 위한 과제는 주민자치제도개선, 주민투표제도의 도입, 조례 제·개폐 청구제도의 개선, 자원봉사 활동의 장려·지원, 지역 내 전문가의 정책과정 참여의 확대이다. 의정활성화 및 선거제도 개선과제는 지방의정활동의 기반강화와 지방선거제도의 개선이었다.

---

8) 47개 과제 중 지방분권 과제가 33개이며 재정분권 과제가 14개임.

지방정부의 책임성 강화과제는 주민감사청구제도의 활성화, 주민소송과 주민소환제도의 도입이다. 지방정부의 평가제도가 개선되었으며 중앙-지방협력체제 구축과제가 도입되었다.

재정분권의 성공적 과제는 12개이며 지방교부세 법정률 단계적 상향조정, 지방교부세도 개선, 지방세의 신재원 확대, 재산세·종합토지세 과세표준의 현실화, 지방세 비과세 감면과 축소, 국고보조금 정비, 지방예산편성지침의 폐지 및 보완, 지방채 발행승인제도의 개선, 지방양여금 제도의 개선, 지방정부 복식부기제도의 도입, 지방정부 예산지출의 합리성 확보, 재정운영의 투명성·건전성 확보이다.

당시 국회에 제출되어 제도화 단계에 있었던 것은 총 5개였으며 이 중 지방분권과 관련되어있는 과제가 1개, 자치행정의 역량강화와 관련된 과제가 2개, 책임성 강화방안이 1개, 협력적 정부 간 관계의 정립에 관한 과제가 1개이다.

자치경찰제도, 지방정부에 대한 감사체계의 개선, 지방정부 간 협력체제의 강화, 분쟁조정의 강화방안 등이 당시 제도화 단계에 있었으나 제도화에는 이르지 못하였다.

사무구분체계의 개선, 특별지방행정기관의 정비, 국세와 지방세의 합리적 조정, 자치입법권의 강화, 분권형 도시계획체계의 구축, 주민자치제도의 개선 등이 정책기획의 단계에 머물고 있었다.

노무현 정부는 후반기에 들어오면서 상기 47개의 추진과제 중에서 이미 완료된 과제를 제외하고 몇 가지 과제에 집중하는 전략을 구사하였다. 자치경찰제도, 자치교육제도, 특별지방행정기관의 합리적 정리 등이 정부혁신지방분권위원회가 집중적으로 추진하는 전략적 과제였다. 자치경찰제도는 국무회의의 심의를 마치고 국회에 법률안이 제출되었다. 시험적으로 자치경찰제도를 도입할 지방정부의 대상도 17개로 결정되었으나 전국적으로 확대하는 데에는 성공을 거두지 못하였다.

자치교육제도는 이미 국회에 법률안이 통과되어 교육감이 직선으로 변경되었다. 교육위원이 지방의회의 상임위원회로 통합되었다. 특별지방행정기관의 합리적 정리는 식품의약품안전청, 환경청, 국토관리청, 중소기업청, 해양수산청, 지방노동청 등 6개 분야에 집중하는 전략을 구사하였다. 이들도 동시에 추진하는 것이 아니라 시차를 두고 중앙정부의 반발을 조정할 계획인 것으로 알려졌고 그 결과 분권에는 이르지 못하였다.

이를 요약하면 노무현 정부의 지방분권 추진 로드맵이 발표된 이후 지방분권특별법의 제정이 이루어지고 지방분권 5개년 종합실행계획이 발표되었다. 이에 따라 지방분권특별법과 2004년 1월 주민투표법이 확정 발표되었다. 그 외에도 47개의 추진과제들 중에 비록 본래의 추진일정보다는 늦은 과제도 있지만 36개가 완료되었다는 것이 정부의 발표였다.

종합적으로 평가할 때 자치행정의 역량강화 분야와 재정분권과 관련된 분야의 성과는 여타 분야에 비하여 높은 편이다. 그러나 사무구분체계의 개선, 획기적인 중앙행정권한의 지방이양, 자치경찰제도의 도입, 특별행정기관의 정비, 국세와 지방세의 재조정, 자치입법권의 강화, 정부 간 협력체제의 구축과 관련된 과제는 괄목할 만한 성과가 없는 것으로 평가된다. 따라서 노무현 정부가 추진한 지방분권 정책의 현재까지 성과는 핵심과제가 누락되어 지역의 관점에서 체감도가 낮은 것으로 평가되었다(김순은, 2005a; 김주원 외1, 2007; 전영평, 2008; 금창호, 2009).

(2) 이명박 정부의 집행성과

① 지방분권의 완료된 과제

가. 중앙행정권한의 지방이양

이명박 정부의 임기가 절반을 넘은 상태에서 완료된 지방분권의 집행성과는 지방분권촉진위원회가 제시한 20개 과제 중에서 4개이다. 이 중에서 중앙행정권한의 지방이양 실적은 다음과 같다.

지방분권촉진위원회가 발표한 자료에 따를 경우 지방이양추진위원회가 발족한 2000년부터 지방분권촉진위원회가 활동한 2010년 6월까지 중앙권한의 지방이양, 특별지방행정기관 정비, 사무구분체계의 개선 등 4개 분야 20개 분권과제를 선정하여 추진하였다.

2010년 7월 기준으로 총 2,613건의 중앙행정권한을 지방으로 이양하는 것으로 결정되었는데, 이 중에서 26.7%에 해당하는 697건이 2009년, 13.3%인 348건이 2010년 지방분권촉진위원회의 실적이었다. 아울러 2010년 7월을 기준으로 "지역경제 활성화, 행정의 효율제고, 주민의 편의증진, 권한과 책임의 일치"(지방분권촉진위원회, 2010: 1)를 목적으로 지방이양 사무로 결정한 행정사무의 건수가 총 1,099건이었다. 이와 같은 실적은 노무현 정부 5년간 902건에 비하여 110%를 상회하는 실적이었다(이주섭, 2010). 과거의 실적과 비교할 때 매우 괄목한 성과라고 할 수 있다. 그런데 2009년 경우 이양사무로 결정된 사무의 수는 697건인데 실제로 이양이 완료된 건수는 4건이었다. 이양완료의 수가 매우 저조하다고 할 수 있었다. 2011년도에는 33개의 사무가 지방으로 이양이 확정되었다.

2009년 전체 법령 4,038개를 분석하여 법령의 사무 총 조사를 마치었으며 이를 토대로 5,360개의 사무를 지방으로 이양할 대상으로 발굴하였다. 이 중에서 2,245개 사무는 심의를 진행 중에 있었으며 3,115개 사무는 10월 말까지 심의를 완료할 계획을 수립하였다. 이들 사무는 "도시관리계획 결정, 산지·농지 규제완화 등 지역경제 활성화 관련 권한, 산림·노동·학교운영·지정폐기물 시설 등의 주민·고객 위주의 행정서비스 관련 권한, 도로·어린이 교통시설 등 생활안전 관련 권한, 주민 복지 관련 권한에 집중되었다"(지방분권촉진위원회, 2010: 2; 김순은, 2010a).

나. 특별지방행정기관의 정비

지방분권촉진위원회는 특별지방행정기관의 폐지보다는 기능의 재조정에 역점을 두었다. 당시 시점까지 기능이 재조정된 분야는 국도·하천, 해운·항만, 식의약품 등 3개 분야에서 시설관리, 인·허가, 지도·단속 업무 등으로 제1단계의 정비가 완료되었다. 그 결과 26개의 법령이 개정되었고, 인력 208명 및 예산 3,969억이 이관되었다(이주섭, 2010).

다. 국세와 지방세의 재조정

지방분권의 개혁과제 중에서 가장 이슈가 되었던 분야가 지방재정의 확충이었다. 지방정부의 관점에서는 지방재정이 확충되지 않고는 지방분권은 공염불에 지나지 않는다는 주장을 계속적으로 제기하였다. 그러나 중앙정부의 관점에서 국가의 정책적 과제를 수행함에 있어서 재원의 지방이양에 대하여 매우 소극적이었다.

이러한 대립된 관점 속에서 노무현 정부에서도 국세와 지방세의 재조정, 특히 지방소득세와 지방소비세의 신설이 꾸준히 논의되었으나 성과를 이루지 못하였다. 그런데 이명박 정부하에서 지방소득세와 지방소비세가 도입되어 지방재정의 확충에 크게 기여할 것으로 기대되었다.

지방세법을 지방세기본법, 지방세법, 지방세특례제한법으로 세분화하여 16개에 달하던 지방세목을 11개로 축소·개편하였다. 광역지방정부와 기초지방정부 간에 세원의 불균형을 해소하기 위하여 세수귀속을 재편한 것도 성과라고 할 수 있었다.

라. 자치교육제도의 개선

크게 눈에 띄지는 않았지만 자치교육과 관련하여 상당한 제도의 개선이 이루어졌다. 2008년 8월 국장급 이상 장학관 임용권이 중앙정부에서 시·도 교육감으로 이양되었고, 2009년 7월 지역교육청의 국·과의 명칭을 지원관 또는 팀으로 할 수 있도록 권한을 이양하였다. 현장 학교장의 권한도 확대하였다. 학교장의 교원 초빙권을 20%(자율학교 50%)까지 확대하였고 학교장의 교원 전입·전보 유예 요청권도 명시하였다.

일반행정과 교육행정의 연계를 강화하는 조치도 강화하였다. 학교교육과 사회 및 지역전략산업과 연계한 교육프로그램의 작성, 교육시설의 공개 등 시·도지사와 시·도 교육감이 협력할 수 있는 지방교육행정협의회를 구축하였다(이창균, 2010; 이주섭, 2010).

마. 분권교부세의 연장

지방교부세의 개선과 관련하여 2009년 분권교부세의 기한을 5년 연장하였다. 한편 분권교부세의 대상을 조정하였다. 부동산 교부세는 전액을 기초지방정부에 배분하는 것을 확정하고 2010년 1월부터 시행하였다.

바. 지방정부의 책임성 강화

지방정부의 책임성 강화 과제는 지방분권과 더불어 반드시 대두되는 과제이다. 지방정부의 권한이 강화되면서 책임성이 담보되지 않으면 권한의 오·남용으로 이어지기 때문이다. 이를 위하여 노무현 정부 때에는 지방정부 감사기구를 개선하고자 노력하였으나 여·야 간의 견해가 커서 성과를 내지 못하였다. 그런데 이명박 정부는 「공공감사에 관한 법률」을 제정하여 새로운 감사기구를 출범시키게 되었다. 종전에 비하여 지방정부의 감사가 객관화될지 주목할 만했으나 감사제도가 크게 개선되지 않았다.

사. 주민직접참정제도의 보완

주민참정제도의 보완으로 주민투표법과 지방자치법의 투표연령은 20세에서 19세로 하향하였다. 아울러 국내에 거주하는 외국인 거주자에게도 조례제정·개폐청구권을 부여하였다.

아. 기타

그 밖에 중앙정부와 지방정부 간의 회의를 통하여 협력체제의 구축을 시도하였으며, 2010년 4월 지방공무원임용령 개정, 2010년 4월 지방공무원 인사교류 운영지침 제정 및 시행을 통하여 지방공무원의 인사교류를 활성화할 수 있는 제도를 마련하였다(이창균, 2010). 지방재정의 투명성과 건전성을 제고하기 위하여 2010년 7월 지방정부의 채무관리를 강화하고 재정위기 경보체제의 도입을 추진하였다. 주민참여제도의 확산을 통하여 주민의 통제를 통한 지방재정의 건전성을 제고하려고 하였다.

② **당시 검토 중이었던 과제**

지방분권촉진위원회가 수립한 지방분권 계획에 따른 4개 분야 20개 지방분권 과제 중 상기에서 논의한 7개를 제외하곤 당시 논의 중인 과제들이었다. 중앙행정권한의 지방이양은 향후에도 계속적으로 이루어질 것으로 예상되었다(이창균, 2010; 이주섭, 2010).

가. 사무구분 체계

국가-지방 사무구분 체계의 경우 논의되고 있는 기관위임사무는 원칙적으로 폐지하고 자치사무와 국사사무로 대분할 계획이었다. 다만 사무구분의 과정에서 지방으로 이양하기는 어려우나 지방에서 처리하는 것이 바람직한 사무는 가칭 "법정수임사무"로 구분할 예정이었다. 왜냐하면 종전의 일본에서와 같이 기관위임사무가 지방행정의 책임성을 저하시키고 자율성을 제약하고 있었기 때문이다.

나. 특별지방행정기관의 기능조정

특별지방행정기관의 기능조정은 우선 환경, 보훈, 노동, 산림, 중소기업 등의 분야를 우선적으로 조정하는 것으로 방침을 결정하였다. 즉 5개 관청의 집행적 권한은 우선 이양하고 인력과 조직은 단계적으로 이양을 추진할 방침이었다.

자치교육제도는 중·장기적으로 일반행정과 통합하는 대안을 검토하였다. 자치경찰제도는 자치행정체제 개편에 따라 대응할 준비를 하고 있는 것으로 전해졌다. 기초지방정부에는 자치경찰대를 검토하고 있으며 교통관리 등 광역사무는 시·도에 부여하는 안을 검토하였다.

③ **종합평가**

지방분권촉진위원회가 제시한 20개 과제 중에서 단일사무라도 지방이양을 조치한 분야는 성과가 있다고 판단하였다. 이런 관점에서 중앙행정권한의 지방이양, 특별지방행정기관의 기능조정, 자치교육제도의 개선, 국세와 지방세의 합리적 조정, 지방교부세제도의 개선, 지방재정의 투명성·건전성 제고, 자치입법권의 확대, 주민참여제도의 개선, 지방정부의 평가제도 개선, 지방자치단체 행정체제의 개편, 지방공무원의 인사교류의 확대, 지방분권 홍보 및 공감대 확대 등의 성과가 있는 것으로 평가하였다. 그럼에도 불구하고 핵심과제의 누락으로 분권 체감도는 크지 않았다. 나머지 과제는 2012년 하반기까지 완료하는 것으로 예정되어 있었다(지방분권촉진위원회, 2010).

4) 지방분권과 연계정책의 적합성

정책을 추진함에 있어서 관련된 정책을 동시에 추진하면 시너지 효과를 극대화할 수 있기 때문에 전략적으로 연계정책의 선택이라는 전략을 구사한다. 노무현 정부는 무엇보다도 지역균형발전정책을 연계정책의 하나로 선택하였으며 이명박 정부는 자치행정체제의 개편을 분권과제를 채택하는 전략을 선택하였다. 본 절은 이의 적합성을 논의하였다.

연계 정책의 적합성을 논의하기 위해서는 연계 정책들 간의 정책구조를 분석하고 논의하여야 한다. 정책의 구조는 정적인 구조(Static Structure)와 동적인 구조(Dynamic Structure)로 대분하여 논의할 수 있다(김순은, 2008a). 정책의 정적인 구조라고 하면 정책이 집행되기 이전 정적인 상태에서의 정책의 상호관계, 즉 구조를 의미한다. 정책 상호 간의 관계를 정책의 이론적 특성과 내용을 정적인 상태에서 분석하는 것이다.

정책의 동적인 구조는 실제로 정책이 집행되면서 나타나는 정책 상호 간의 관계 즉 정책의 구조를 의미한다. 연계정책의 상호 간의 관계는 동일한 정책이라도 정적인 구조와 동적인 구조는 상이하게 변한다.

지방분권과 지역균형발전정책의 관계는 지역균형발전정책의 정적, 동적인 구조를 파악할 때 정확하게 이해할 수 있다. 지역균형발전정책이 지방분권을 내포하고 있기 때문이다. 이 점은 노무현 정부 국가균형발전위원회가 명시적으로 밝혔다. 반면 지방분권과 지방행정체제개편과의 관계는 지방분권 정책의 정적, 동적인 구조를 파악할 때 가능하다. 왜냐하면 지방분권정책이 자치행정체제 개편을 내포하고 있기 때문이다. 이 점은 지방분권촉진위원회의 세부과제에서도 명확하게 나타났다.

(1) 지방분권과 지역균형발전

① 정적인 정책구조

지역균형발전과 지방분권과의 관계를 정책의 정적인 구조의 관점에서 분석하는 논의는 주로 경제학에 기초하는 것이었다. 지역경제학에 기초한 국토연구원의 입장이 노무현 정부하에서 지역균형발전과 지방분권 정책의 정적인 구조를 대표적으로 보여주었다(국토연구원, 2005).

국토연구원은 지역균형발전을 분산정책, 분업정책, 분권정책의 종합적인 메가 정책으로 정의하였다. 분산·분업은 수도권, 특히 서울에 집중되어있는 인구와 세원을 지방으로 이전하고 분권은 중앙에 집중된 권한을 지방으로 이양함으로써 자생적인 발전을 유인하는 정책이다. 현재 우리나라 수도권에 집중된 인구와 기업 및 권한을 감안할 때 매우 타당한 정책이라 평가되었으며 차질이 없이 진행된다면 가히 혁신적인 균형을 이룰 것으로 예상할 수 있었다(국토연구원, 2005). 이를 위하여 행정중심복합도시, 혁신도시의 건설 등이 추진되었고 지방분권의 과제가 적극적으로 추진되었다.

행정중심복합도시와 혁신도시의 건설이 확정되어 정책상 가시적인 성과를 거두었으나 지방분권 정책의 성과는, 특히 지역에서의 체감도는 높지 않았다. 여기에 대한 대답은 경제학적 관점, 즉 정책의 정적인 구조의 틀에서는 설명하기가 어려웠다. 여기에는 정책의 동적인 구조를 이해하는 것이 필요하게 되었다. 주로 정치·행정학 관점의 논의가 그 해답이 되었다.

② 동적인 정책구조

정치·행정학의 관점에서 지역균형발전과 지방분권 정책은 대등한 정책으로 보거나 지방분권을 지역균형발전의 상위개념으로 보기도 한다(김순은, 2003c). 지방분권 정책이 국가의 통치구조와 밀접하게 관련되어 있기 때문이다. 국가의 통치구조를 개혁하는 과제는 매우 어려운 것이 사실이다. 같은 맥락에서 지방분권 정책의 실행도 쉽지 않은 것으로 평가되고 있다.

지역균형발전과 지방분권 정책 간의 동적인 구조는 양 정책의 집행이 추진되면서 명확하게 나타났다. 동적인 구조는 지역발전정책과 지방분권 정책이 지니는 기본성격으로부터 발생하였다. 지방분권과 지역균형발전정책은 6가지 측면에서 기본성격이 상이하다(김순은, 2005a).

먼저, 지방분권은 전략적이고 상황적인 정책인 반면 지역균형발전정책은 시간과 공간을 초월하는 상시적 정책이다. 지방분권 정책이 지향하는 분권적인 정치·행정체제는 절대적인 선이 아니지만 지역균형발전정책이 추구하는 목표는 달성하기 어려운 절대적인 선에 가깝다. 예를 들면 시대적 상황에 따라 집권적인 정치·행정 체제가 요구되는 경우에는 지방분권 정책을 포기하고 집권적인 정책을 추진하여야 하며, 반대로 시대적 상황이 분권적인 정치·행정체제를 요구하는 경우에는 지방분권 정책을 추진하여야 한다. 미국과 영국이 대표적인 사례이다. 반면 지역균형발전정책은 시대와 공간을 초월하여 상시적으로 추진하는 정책이다. 어느 정부도 공식적이며 명시적으로 지역균형발전을 포기하거나 등한시하지는 못한다. 항상 각종 정책을 추진함에 있어서 지역균형은 매우 중요한 가치를 지닌다. 심지어 집중과 선택이라는 논리가 원용될 때에도 지역균형은 내면적으로 중요한 역할을 한다. 지방분권과 지방자치를 헌법과 법률로 제한하였던 우리나라에서도 역대 정부 모두가 구호만이라도 지역균형발전을 국정의 중요한 과제 중의 하나로 삼았다. 폐지된 지방양여금 제도와 지방교부세 제도도 어떤 측면에서는 지역 간의 불균형을 해소하기 위한 지역균형발전의 제도들이다. 일본도 지역균형발전은 모든 정부의 중요한 정책과제였다. 특히 동경일극중심의 폐단이 극심해짐에 따라 수도권 정비계획은 우선순위가 높은 국정의 과제였다. 영국의 경우도 예외는 아니었다. 런던권의 인구 억제 정책과 지역균형발전은 항상 패키지로 등장하는 과제였다. 영국과 일본 모두 중앙정부의 교부금이나 양여금과 같은 제도가 있음은 물론이다.

지방분권 정책의 두 번째 특성은 지방정부 간 차별성과 경쟁을 전제로 하고 있는 반면 지역균형발전은 차별성의 축소를 전제로 한다. 지방정부의 다양성을 인정하고 공통적으로 정치와 행정권한을 이양하면 지방정부들은 그들의 다양성과 강화된 정치·행정권한을 토대로 지역의 발전을 도모하게 된다. 지역균형발전은 자생적 발전에 따른 지역 간의 격차를 중앙정부의 관점에서 차별을 축소하는 것이다. 지역에 따라서는 산술적 균형을 주장하기도 한다.

지방분권정책과 지역균형발전정책의 특성은 공유재산과 사유재산에 비유되기도 한다. 차등분권은 예외에 속하지만 특정의 지방정부가 아무리 지방분권정책에 관심을 보여도 그 혜택은 모든 지방정부에 돌아가는 공유재산의 성격이 강하며, 지역균형발전은 특정 사업을 추진할 경우 그 혜택은 열심히 노력한 지방정부에게 돌아가는 사유재산의 성격이 강하다. 따라서 지방분권정책에는 무임승차가 가능하나 지역균형발전정책에는 무임승차가 어렵다. 지방정부들은 지방분권보다는 지역균형발전정책에 더욱 많은 관심을 기울이며 보다 많은 지원을 받기 위하여 상호 경쟁한다.

특히 지방정부가 지역균형발전정책의 제안과 로비에 집중하는 것도 지역균형발전정책은 재화의 이전과 직결되기 때문이다. 노무현 정부는 물론이고 이명박 정부하에서도 지역균형발전정책을 위한 예산은 방대하지만 지방분권예산은 거의 없는 상태였다.

지방분권정책과 지역균형발전정책은 정책목표의 특성에서도 상이하다. 지방분권정책이 지향하는 분권형 정치·행정체제의 실현은 그 자체가 최종 목적이 아니라 분권형 정치·행정체제를 통하여 이룩하려는 국가의 경쟁력 또는 지역균형발전을 위한 수단적 성격을 띠고 있다. 반면 지역균형발전정책이 목표로 지향하는 국토의 균형발전은 정책의 최종 목적이라고 할 수 있다. 따라서 지역균형발전정책의 실현을 위하여 분권, 분산, 분업 등의 3분 정책이 수단적 정책으로 채택되어 있다. 경우에 따라 지방분권 정책은 지역균형발전정책의 수단 중의 하나가 될 수 있다. 이러한 차이점은 향후 지방분권 정책과 지역균형발전정책 간의 우선순위를 결정하는 데 중요한 요인이 된다.

지방분권과 지역균형발전정책은 상기에서 예시한 기본성격 외에도 정책의 추진이념과 가치, 정책의 목적과 목표, 정책의 내용, 정책수단의 필요성, 규범적인 추진논리, 정책의 정치적 구조와 추진전략, 중앙정부가 선호하는 정책의 선호도, 지방정부의 정책에 대한 태도 및 인식, 정책추진의 상호순위, 주민들의 정책에 대한 인지 및 선호도, 선거전략상의 중요도, 정책의 시장 친화성, 정책내용의 한계 등에서 상이하다(김순은, 2005a).

지방분권과 지역균형발전정책의 상이성 때문에 두 정책을 연계하여 추진하는 것은 상호모순을 낳아 정책의 효과성이 저하된다. 노무현 정부의 초기에는 지방분권 정책에 지방이 많은 관심과 지원을 보내다가 노무현 정부의 중반기를 넘기면서 지역균형발전정책에 관심이 옮겨간 것이 대표적인 사례이다.

이론적인 측면과 전략적인 측면에서 분석하면 지방분권과 지역균형발전 정책의 우선순위가 명확해진다. 이론적인 측면에서 첫째의 논의는 수도권 집중의 원인을 분석하는 작업이다. 다양한 원인이 있겠지만 지역 간의 불균형, 특히 수도권의 과다 집중 현상이 중앙집권의 폐해 중의 하나라고 한다면 이를 시정하기 위해서는 수도권 집중의 원인이었던 중앙집권 체제를 시정하여야 함은 당연하다.

두 번째의 이론적 논의는 지방분권과 국가균형발전 간의 이론적 관계를 분석하는 것이다. 타율적이고 외생적인 국가균형발전만을 고려한다면 지방분권 정책은 굳이 논의할 필요가 없다. 바꾸어 표현하면 자발적·자생적 지속가능한 지역발전을 유인하기 위해서는 지방분권이 선결조건이 되어야 한다. 지방분권으로 지역의 정치·행정권한이 보장되지 않으면 지역의 창의력을 기대할 수 없기 때문이다. 국가균형발전 정책의 중요한 부분인 지역혁신은 지방분권이 전제가 되어야 한다. 최근의 상황과 같이 공공기관의 지방이전 등 의타적인 사업이 강조될 경우 지역의 노력과 땀에 의한 자립적인 발전보다는 외부의 지원에 의존하는 외생적인 발전에 빠질 개연성이 있다. 노무현 정부는 물론이고 이명박 정부 하에서도 정치를 고려할 때 지방분권 정책이 더욱 시급하다고 할 수 있다. 지방분권 정책과 지역균형발전정책의 기본성격을 비교하면 〈표 4-3〉과 같다. 지방분권과 지역균형발전의 차이점을 고려할 때 두 정책은 전략적으로 조화점을 찾아야 한다. 이 점에 대해서는 문재인 정부의 지방자치·자치분권의 장에서 상술

하였다.

표 4-3 지방분권과 지역균형발전의 기본성격

비교항목	지방분권	지역균형발전
기본성격	- 전략적, 상황적 정책 - 차별성과 경쟁을 전제 - 공유재산 성격의 정책 - 수단적 성격의 정책 - 무임승차 가능 - 재화 생산방법의 이양적 성격	- 시간과 공간을 초월한 상시적 정책 - 차별성의 축소 - 사유재산 성격의 정책 - 최종목표적 정책 - 무임승차의 어려움 - 재화의 이양적 성격

(2) 지방분권과 자치행정체제

지방정부는 교통·통신의 발달이라는 시대적 상황에 부응하는 행정구역과 이에 따라 새롭게 발생하는 행정수요에 효율적으로 대응할 수 있는 권한을 보유하여야 한다. 전자가 자치행정체제이며 후자가 지방분권이다(김순은, 2010c; 이승종, 2010). 양자 간의 관계를 보면 지방분권의 내용을 담는 그릇에 비유할 수 있다. 따라서 지방분권 정책을 추진함에 있어서 자치행정체제를 정비한다는 것은 이론적으로 타당하다. 비록 전통적인 관점에 비추어 작은 규모의 지방정부를 지지하는 학자(방승주, 2010)도 있지만 시대적 상황에 따라 광역화하는 것은 주요 국가들의 추세이다(최영출, 2008; 이승종, 2010; 하혜수, 2008; 김순은, 2008b). 자치행정체제의 개편을 시대별로 개편해 온 국가 중의 하나가 영국이다. 1960년대 이후 지속적으로 자치행정체제 개편을 추진하였으며 방식은 자율통합을 기본으로 하였다.

① 정적인 정책구조

앞에서 논의하였듯이 자치행정체제는 지방정부의 권능과 재원을 담는 그릇에 비유할 수 있다. 그릇이 크면 많이 담을 수 있고, 그릇이 작으면 적게 담을 수밖에 없다. 따라서 지방분권과 자치행정체제, 즉 자치계층제와 행정구역의 크기는 지방분권과 매우 밀접한 관계를 갖는다. 즉 지방분권의 추세에 맞추어 적절한 자치행정체제를 구축하는 것은 지방자치의 발전을 위하여 필수불가결하다(加茂, 1990; 恒松, 1993; 全國知事會, 1995; 木村, 2001; 김순은, 2008a). 그런데 자치행정체제의 적정한 규모에 대해서는 논란이 많다(최영출, 2008; 김순은, 2008b; 이승종, 2010; 上野, 2008; Shah, 2006).

다양한 이론 중에서 가장 일반적인 것이 민주적 통치구역론이다. 민주적 통치구역론이란 지방정부가 추구하여야 할 이념 중에서 민주주의가 가장 우선되어야 하며 지역의 민주성을 제고하는 데 적합한 행정구역을 결정하여야 한다는 주장이다. 지역주민에게 가까운 정부, 지역주민의 편의를 위한 정부, 지역주민의 정체성과 소속감을 위한, 그리고 주민참여를 위한 정부 등 민주성을 강조하는 주장으로서 기초지방정부의 존재를 뒷받침하는 이론이다. 지방정부의 자치행정체제를 논의함에 있어서 역사성, 문화성, 정체성을 고려하여야 한다는 주장이다.

반면 교통·통신의 발달로 인구의 이동이 빈번하고 이동거리가 확대됨에 따라 지방정부의 자치행정체제를 개선하여야 한다는 주장이 제기되었다. 행정서비스를 제공함에 있어서 행정의 효율에 초점을 두고, 규모의 경제, 토지의 효율적 이용, 도시 인프라의 효율적 계획, 미래에 대한 전략적 계획, 재정의 재배분적 사용 등의 목적을 수행하여야 하는 것도 지방정부의 역할이 되었다. 지방정부의 민주성에 더하여 행정의 효율성이 추가되었다.

상기의 주장에 대하여 기초지방정부는 전자의 주장에 맞추어 설립하고 상위지방정부는 후자의 후장을 수용한 것으로 볼 수 있다. 국가마다 차이는 크지만 대개 2~3층제를 설치하는 것은 민주성과 효율성을 조화시키자는 시도이다. 신제도경제론적 관점도 다층제를 지지하고 있다(Shah, 2006).

이러한 상황하에서 중앙정부가 이양하는 정치·행정권한은 보완성의 원리에 따라 이루어져야 한다. 유럽국가들은 물론이고 우리나라에서도 노무현 정부, 이명박 정부 모두 보완성의 원리를 지방분권의 기본원칙으로 규정하였다(Council of Europe, 1988). 따라서 지방분권을 논의할 때에는 어느 계층의 지방정부에 이양할 것인가를 결정하게 된다.

그런데 기존 자치행정체제의 개편을 전제로 할 때에는 매우 복잡한 상황으로 전개된다. 왜냐하면 자치행정체제의 개편이 지방분권과 유사한 수준으로 복잡하고 어려운 과제이기 때문이다.

② 동적인 정책구조

지방분권과 자치행정체제의 개편이 동시에 추진되는 상황이 전개되면 지방분권과 자치행정체제 개편정책의 관계는 매우 복잡한 상태로 바뀐다. 자치행정체제의 개편방향이 명확하게 되면 새롭게 설치되는 지방정부의 체제에 맞추어 지방분권 개혁을 추진하게 되지만 자치행정체제의 개편방향이 모호하고 논란이 될 때에는 지방분권 개혁은 추진하기가 어렵다.

국내·외 사례를 실증적으로 분석해보면, 이러한 양자 간의 관계로 인하여 지방분권과 자치행정체제의 개혁을 동시에 추진한 나라는 거의 없다. 다만 기존의 체제에 새로운 체제를 추가하는 경우에는 별 문제가 되지 않는다. 영국이 1999년 수립한 지역정부의 수립이 대표적인 사례이다.

일본의 경우 일찍이 지방정부의 행정구역 및 자치계층제와 관련하여 도주제, 연방제, 부현합병제, 대도시제도론, 시·정·촌 합병론 등이 지속적으로 논의되었다. 1995년 이후 지방분권의 개혁논의가 본격화되면서 자치행정체제의 개편이 중요하다는 데에 인식을 같이하였다. 지방분권의 수용체제(受け皿)로서 중요하게 인식되었다(佐藤, 2002).

그러나 지방분권 논의가 본격화되면서 지방분권추진위원들이 지방분권과 자치행정체 개편의 정책적 구조를 이해하게 되었다. 지방분권 정책도 다루기 힘든 주제인데 여기에 자치행정체제의 이슈가 더해지면 지방분권은 달성하기 어렵다는 데에 의견을 같이하게 되었다. 전략적으로 양자 중 택일하여 추진하고 하나가 성취된 후에 다음 과제를 추진하는 것이 정책의 동적인 구조를 고려할 때 적절하다고 결론을 내렸다. 일본의 지방분권추진위원회는 기존의 자치행정체제 중 광역정부로 이양하는 전략에 기초하여 지방분권 개혁을 단행하였다. 시·정·촌 합병이나 도주제 논의는 지방분권이 이루어진 이후에 재개되는 상황이 전개되었음은 주지의 사실이다(김순은, 2004a). 상기에서 논의한 노무현 정부와 이명박 정부의 지방분권의 차이점을 정리하면 〈표 4-4〉와 같다.

표 4-4 노무현 정부와 이명박 정부의 지방분권 차이점

<table>
<tr><th colspan="3">정책평가의 대상</th><th>노무현 정부</th><th>이명박 정부</th><th>비교·평가 내용</th></tr>
<tr><td rowspan="10">정책의 내용</td><td colspan="2">추진목적</td><td>- 특별법
- 지방분권 계획서</td><td>- 특별법
- 지방분권 비전 및 과제별 추진 전략</td><td>- 선진 분권형 국가체제 건설로 유사함</td></tr>
<tr><td colspan="2" rowspan="2">추진목표</td><td>- 분권추진 로드맵</td><td rowspan="2">- 세부과제목록표
- 지방이양 대상사무 발굴현황
- 일정 부분적 명시</td><td rowspan="2">- 노무현 정부는 과제별로 추진일정을 명시하였으나 이명박 정부는 일괄일정을 제시</td></tr>
<tr><td>- 지방분권 5개년 종합실행계획</td></tr>
<tr><td colspan="2" rowspan="3">추진과제</td><td>- 분권 추진 로드맵</td><td rowspan="2">- 특별법</td><td rowspan="3">- 이상적 지방분권 모형 추진</td></tr>
<tr><td>- 특별법</td></tr>
<tr><td>- 종합실행계획</td><td>- 세부과제
- 지방이양 대상사무</td></tr>
<tr><td rowspan="3">추진체제</td><td>정책의지</td><td rowspan="3">- 특별법</td><td rowspan="3">- 특별법</td><td>- 노무현 정부 초기 강력하였으나 후기에는 미온적
- 이명박 정부 하에서는 미온적으로 추진함</td></tr>
<tr><td>추진 기구의 크기</td><td>- 노무현 정부: 회의의 효율성 낮음
- 이명박 정부: 회의 효율성 제고</td></tr>
<tr><td>기능 및 권한</td><td>- 노무현 정부: 심의, 점검, 평가, 권고
- 이명박 정부: 심의와 의결, 점검, 평가, 권고</td></tr>
<tr><td colspan="2">추진원칙</td><td>- 특별법</td><td>- 특별법</td><td>- 유사함
- 노무현 정부 선분권 후보완 강조, 이명박 정부는 언급 없음</td></tr>
<tr><td colspan="3" rowspan="2">집행의 과정 및 절차</td><td>- 분권 추진 로드맵</td><td rowspan="2">- 특별법</td><td rowspan="2">- 노무현 정부: 이해관계인의 광범위한 참여
- 이명박 정부: 연 2회 실적공개</td></tr>
<tr><td>- 분권 종합실행계획</td></tr>
<tr><td colspan="3" rowspan="2">집행의 성과</td><td>- 분권 추진 로드맵</td><td rowspan="2">- 세부과제목록표
- 지방이양 대상사무 발굴현황
- 세부실천과제 점검표</td><td rowspan="2">- 노무현 정부: 75% 성과 핵심과제 누락
- 이명박 정부: 65% 성과 핵심과제 누락</td></tr>
<tr><td>- 분권 종합실행 계획</td></tr>
<tr><td colspan="3">지방분권과 연계정책의 적합성</td><td>- 지방분권과 지역균형발전</td><td>- 지방분권과 행정체제개편</td><td>- 노무현 정부: 분권과 균형발전 동시추진
- 이명박 정부: 분권과 행정계층 추진</td></tr>
</table>

4. 시사점

1) 정책내용 비교·평가의 시사점

노무현 정부와 이명박 정부의 지방분권 추진목적은 모두 선진 분권형 국가체제를 건설하는 것이며 이를 위하여 구체적인 지방분권 추진과제도 크게 상이하지 않았다. 비록 노무현 정부의 추진목표에 비하여 이명박 정부의 추진목표가 명확하지 않지만 대체로 2012년까지 완료하는 것을 목표로 한다는 점에서도 유사하다.

추진체제에 관해서 이명박 정부의 지방분권촉진위원회의 추진체제는 노무현 정부의 그것보다 효율적이라고 사료되나 반면 추진의지는 상대적으로 강하지 않았다. 지방분권보다 오히려 자치행정체제의 개혁에 많은 비중을 두었다. 추진체제의 기능과 권한도 대체로 유사하였다.

결론적으로 표현하면, 지방분권의 목적과 목표는 이상형 지방분권 모형에 기초하고 있으면서 정책수단은 이상적 지방분권을 추진하기에 적합하지 않았다. 이상형 지방분권 모형에 맞추다 보니 소위 실현하기 어려운 과제가 다수 포함되어 있음에도 불구하고 이를 실현시키는 추진체제는 강력하지 못했다(전영평, 2008; 김주원 외 1, 2008).

정책추진체제가 보다 강력한 권한을 가졌어야 할 것으로 보인다. 최소한 일본의 사례처럼 위원회에서 의결된 사항은 바로 입법화에 착수할 수 있도록 지방분권일괄법 발의가 가능한 체제를 수립하였다면 좋았을 것이다. 현재 문재인 정부가 추진한 지방이양일괄법은 2020년 1월 9일 국회 본회의를 통과하였다.

2) 집행 과정 및 절차의 비교·평가의 시사점

노무현 정부는 추진과제의 과정 및 절차에 이해 관계자의 참여를 적극적으로 유도하는 경향이 강했다. 이명박 정부도 이런 점에서는 크게 다르지 않았다. 노무현 정부는 지방분권 로드맵을 통하여 지방분권의 전체적인 과정을 공개하였다. 이명박 정부는 매년 2회의 추진실적은 공개하고 있으나 거시적인 과정에 대해서는 명시적이지 않았다.

절차의 민주성을 강조하는 점에서는 매우 유사하나 향후 지방분권의 과정을 예측하는 데에는 서로 상이하다. 지방분권의 거시적 과정이 공개된 바와 같이 추진되든 안 되든 노무현 정부하에서는 예측이 가능하였다. 이명박 정부에서는 자치행정체제의 개편에 대해서는 별도의 법률이 제정되어 어느 정도 예측이 가능하나 그 외의 과제에 대해서는 2012년까지라는 총체적인 과정만 알 수 있었다.

3) 집행 성과의 비교·평가의 시사점

노무현 정부는 추진과제의 76%를 달성하였다고 자평하였다. 이명박 정부도 지방소비세의 도입, 지방행정체제 개편에 관한 특별법 제정, 중앙행정권한의 지방이양 등을 성과로 제시하였다. 물론 과제 수에 의존하여 평가하자면 정책의 성과가 크다고 할 수 있다.

그러면 추진목표나 추진목적의 달성이 성취되었느냐에 대해서는 이론이 많다. 과제별 실적 부풀리기가 심했다는 비판이 제기되었다(전영평, 2008; 김주원 외 1, 2008). 이명박 정부의 경우에는 아직 임기의 절박이 남았을 때에도 긍정적인 기대는 많지 않았다(김순은, 2010a). 일례로 2009년도 697건의 지방이양 대상사무를 확정하였지만 제도화를 이룬 사무는 4건에 불과하였다. 2010년 7월 348건의 지방이양 대상사무를 확정하였지만 제도화에 이른 사무는 한 건도 없다는 것도 그러한 반증 중의 하나였다.

4) 지방분권과 연계정책의 적합성 비교·평가의 시사점

노무현 정부는 지방분권과 지역균형발전을 연계하여 추진하였다. 전략적 조화의 부족으로 지방분권이 목표 대비 성과가 미흡했던 원인 중의 하나가 되었다. 전략적 조화의 원칙을 지켰다면 더욱 효과가 컸을 것으로 예상된다.

이명박 정부는 지방분권과 행정체제개편을 동시에 구상하였다. 행정체제개편 논의는 강도 높게 진행되었지만 지방분권 논의는 크게 추진력을 상실하였다.

5. 소 론

이명박 정부의 지방분권정책과 노무현 정부의 지방분권 정책을 정책집행의 관점에서 비교분석하였다. 이명박 정부의 임기가 2년 이상 남았던 시기였기 때문에 향후 어떻게 전개되느냐에 따라 그 내용도 달라질 가능성은 높았다. 본 논의는 이명박 정부의 출범 이후부터 2년여의 추진상황을 중심으로 노무현 정부와 비교하였다는 한계를 지니고 있다.

그럼에도 불구하고 이명박 정부는 앞에서 제시한 틀에 따라 비교하여 볼 때 명목적으로는 지방분권 정책에 매우 적극적인 입장을 견지하여 노무현 정부와 크게 상이하지 않았다. 특히 추진목적이나 추진기구는 오히려 더욱 보완된 점이 많았다. 지방소비세의 도입과 지방이양추진실적(위원회 결정에 한함)은 오히려 증가되었다.

그럼에도 실질적인 내용에서 보면 노무현 정부의 지방분권 실적과 비교할 때 이슈가 되는 과제에 대해서는 추진실적이 없다는 점에서 미흡하다고 할 수 있다. 그런데 자치행정체제의 개편작업이 개시되면서 자치행정체제의 추진이 지방분권에 부정적 영향을 미쳤다. 자치행정체제가 매우 정치적, 행정적으로 복잡한 이슈이기 때문에 지방분권과 동시에 추진되는 것이 진행상 어려움이 많았기 때문이다.

제7절 이명박 정부 지방행정체제개편위원회의 활동과 성과

1. 추진개요

이명박 대통령은 지방분권 과제와 함께 선진일류국가의 초석으로서 지방행정체제 개편을 동시에 추진하였다. 정부 말기에 오면서 지방분권보다는 지방행정체제 개편의 비중이 커졌다.

2012년 6월 대통령 소속 지방행정체제개편위원회는 "지방행정체제 개편에 관한 종합적인 기본계획"을 마련하고 이를 대통령과 국회에 보고하였다. 「지방행정체제개편법」에서 규정한 일정에 따라 기본계획서는 2012년 중점과제와 2013년 중점과제로 대분하여 정리하였다.

지방행정체제개편위원회는 2012년 중점과제로 시·군·구 통합, 특별·광역시 자치구·군의 지위 및 기능 개편, 대도시 특례의 발굴을 제시하였다. 2013년 중점과제는 도의 지위 및 기능을 재정립하는 것이었다. 2012년 중점과제인 시·군·구 통합, 특별·광역시 자치구·군의 지위 및 기능 개편, 대도시 특례의 발굴 등으로 기초지방자치단체의 행정여건이 변화한다는 가정 위에 수립된 것이다. 이와 연계하여 특별지방행정기관의 사무이양도 2013년 중점과제에 포함되었다.

2012년, 2013년 중점과제와 더불어 중·장기 발전과제로서 유형별 자치제도의 다양화 방안과 지방자치단체 간 경계제도 개선방안을 제시하였다. 지방행정체제개편위원회가 마련한 기본계획은 지방행정체제와 밀접하게 연계된 지방분권의 내용을 동시에 지니고 있기 때문에 양자를 분리하여 논의하는 것보다는 종합적으로 논의하는 것이 바람직하다는 판단 위에 추진되었다.

「지방행정체제개편법」에 따르면 시·군·구 통합, 특·광역시 자치구·군 개편, 대도시 특례의 발굴은 2012년 6월, 도의 지위와 기능 재정립 방안은 2013년 5월에 대통령과 국회에 보고하고 2014년 6월 지방선거 이전인 2014년 5월에 개편추진을 완료하는 일정이었다.

2. 지방행정체제 개편 기본계획의 주요내용

1) 2012년 중점과제

(1) 시 · 군 · 구 통합

① 통합의 필요성

기초지방자치단체인 시·군·구의 규모는 세계에서도 큰 것으로 평가되고 있다. 그럼에도 불구하고 시·군·구의 통합은 3가지 측면을 고려할 때 매우 필요한 것으로 판단되었다. 첫째, 행정구역과 생활권을 일치시킬 필요성이 제고되었다. 생활권과 행정권이 분리되어 공공시설의 이용 및 대중교통의 이용 등에 불편을 겪는 지역이 흔하게 발생하였다.

둘째, 현재와 같이 시·군·구 행정체제하에서 자치단체별로 공공시설이 설치되다 보니 문화회관이나 하수처리장 등에 중복투자가 발생하였다. 공공시설의 공동이용, 합리적 조직개편으로 소모성 경비의 절약 등 규모의 경제에 기초한 행정 효율성의 제고가 요구되었다.

셋째, 향후 지방자치단체 간의 자치역량에 기초한 경쟁이 가속화된다고 가정할 때 적절한 행정체제는 자치역량 강화에 매우 중요한 요소이다. 적절한 인구와 면적 및 재정을 확보할 수 있는 행정체제는 지역의 발전에 필요조건이다. 이는 곧 국가의 미래성장을 지지하는 기반이 될 것으로 보였다(지방행정체제개편위원회, 2012).

② 통합의 기준

지방행정체제개편위원회는 다차원적인 기준을 마련하였다. 인구 또는 면적에 의한 1차적 기준에 더하여 기타 지리, 생활, 역사, 향후 발전가능성을 고려한 2차적 기준을 적용하였다. 지방자치단체의 장, 지방의회 또는 주민들은 1차와 2차의 기준을 충족하지 않아도 행정체제의 통합을 건의할 수 있는 제도도 도입하였다. 지방행정체제개편위원회는 2011년 9월 8일 통합기준을 작성하여 공표하였다.

1차적 기준은 면적과 기준이 평균에 크게 미치지 못하는 경우에 적용되었으며 2차적 기준은 다음의 사항에 적용되었다.

- 지리·지형적 여건상 통합이 불가피한 지역
- 생활·경제권이 분리되어 주민 생활의 불편을 초래하거나 지역발전을 저해하는 지역
- 역사·문화적으로 동질성이 큰 지역
- 통합을 통하여 지역경쟁력이 강화될 수 있는 지역 등(지방행정체제개편위원회, 2012: 7)

③ 통합의 절차

지방행정체제개편위원회는 시·군·구 통합을 위한 절차를 마련하였다. 지방행정체제개편위원회는 우선 통합기준을 작성하고 공표하였다. 지방자치단체의 장이나 지방의회 또는 지역주민들이 지방행정체제개편위원회에 통합을 건의하게 되면 이를 토대로 지방행정체제개편위원회는 통합방안을 마련하고 이를 토대로 대통령과 국회에 보고할 기본계획을 작성하였다.

기본계획이 완료되면 행정안전부 장관은 기본계획에 따라 해당 지방자치단체에 통합을 권고하게 된다. 행정안전부 장관은 지방의회 또는 주민들의 투표를 거쳐 통합의사를 청취한다. 관계 지방자치단체는 통합추진공동위원회를 구성하여 통합 이후의 명칭, 청사 소재지 등을 결정하게 된다. 행정안전부와 국회는 통합 지방자치단체의 법을 제정하는 절차를 거친다.

④ 통합 방안

지방행정체제개편위원회가 마련한 통합기준에 따라 수도권, 강원권, 충청권, 호남권, 영남권 등에서 통합을 신청하였으며 이를 수도권, 강원·충북, 충남·호남, 영남권으로 대분하여 권역별 T/F가 구성되었다. 통합을 신청한 시·군·구는 〈표 4-5〉와 같다.

지방행정체제개편위원회는 38개 시·군·구를 대상으로 전문가의 조사와 평가,

현장방문, 주민여론조사를 거쳐 2012년 6월 8일 지방행정체제개편위원회에서 통합방안을 의결하였다.

표 4-5 통합신청 시·군·구 현황

구 분	지 역	건의 주체
수도권	수원 · 오산 · 화성	수원(주민, 시장, 의회), 오산(주민)
	안양 · 군포 · 의왕	안양(주민, 시장, 의회), 군포(주민), 의왕(주민)
	김포 · 강화 · 서구 및 계양구 일부(인천)	김포(시장)
	의정부 · 양주 · 동두천	의정부(주민), 양주(주민)
강원권	삼척 · 동해 · 태백 · 울진	삼척(주민)
	동해· 삼척 · 태백 · 강릉 옥계면	동해(주민)
	태백 · 삼척 · 영월 · 정선	태백(주민)
	속초 · 고성 · 양양 · 인제	속초(주민)
	철원 · 포천 · 연천 · 의정부	철원(주민)
충청권	괴산 · 증평	괴산(주민, 군수)
	음성 · 진천	음성(주민)
	논산 · 계룡	논산(주민)
호남권	군산 · 김제 · 부안 · 서천	군산(주민)
	전주 · 완주	전주(시장), 완주(군수)
	목포 · 무안 · 신안	목포(시장, 의회)
영남권	칠곡 · 구미	칠곡(주민)
	진주 · 사천	진주(주민)
	통영 · 거제 · 고성	통영(시장)
	김해 · 강서구(부산)	김해(시장)
	함안 · 창원	함안(주민, 군수)

*건의 시·군·구는 밑줄 표시
출처: 지방행정체제개편위원회(2012), p. 8

⑤ 통합대상 시·군·구

지방행정체제개편위원회가 최종적으로 선정한 통합대상 시·군·구는 아래와 같다. 특히 시·도의 경계를 초월하거나 시·군·구의 일부를 포함하는 지역은 대상에서 제외되었다. 도청 이전지역이나 과소 자치구는 향후 특별법 또는 통합취지에 따라 포함하였다(지방행정체제개편위원회, 2012).

표 4-6 통합대상 시·군·구의 현황

<table>
<tr><th colspan="2">구 분</th><th>통합대상 시·군·구</th><th>비 고</th></tr>
<tr><td colspan="2">건 의
지 역</td><td>「의정부+양주+동두천」, 「안양+군포」,
「동해+삼척+태백」, 「전주+완주」,
「구미+칠곡」, 「통영+고성」</td><td>여론조사 결과(50% 이상) 및
기타 통합여건 등 고려</td></tr>
<tr><td rowspan="5">미건의
지역</td><td>도청
이전지역</td><td>「홍성+예산」, 「안동+예천」</td><td rowspan="3">2개 이상 시·군·구에 걸친
대규모사업으로 통합이
불가피한 경우</td></tr>
<tr><td>새만금권</td><td>「군산+김제+부안」</td></tr>
<tr><td>광양만권</td><td>「여수+순천+광양」</td></tr>
<tr><td>과소
자치구</td><td>「종로구+중구」(서울), 「중구+동구」(부산),
「연제구+수영구」(부산), 「중구+남구」(대구),
「중구+동구」(인천)</td><td>인접 구와 통합할 경우 인구
또는 면적이 해당 특별·광역시
자치구 평균 이하</td></tr>
<tr><td>기타</td><td>「청주+청원」</td><td>위원회 결정으로 특별법상 통합
특례를 인정하기로 한 점을 감안</td></tr>
</table>

출처: 지방행정체제개편위원회(2012), p. 9

⑥ 시·군·구의 통합특례

통합으로 기구와 재정 등이 축소될 가능성이 있는 시·군·구의 적극적인 통합을 유도하기 위하여 추가로 특례를 제시하였다. 통합의 대상인 시·군에 지급하는 특별교부세를 통합되는 자치구·군에도 지급하는 것으로 결정하였다. 통합 이후의 시·군·구의 규모가 커진다는 점을 고려하여 8년간 한시적으로 1명의 부의장을 추가로 선출할 수 있고, 도농복합도시가 아닌 경우 100만 미만의 시·군에 8년간 한시 기구를 인정하도록 하였다. 통합으로 행정기구가 축소되는 경우 실·국 설치기준으로 하되 1개의 실·국을 예외로 추가할 수 있는 특례를 결정하였다(지방행정체제개편위원회, 2012).

(2) 특별 · 광역시 자치구 · 군의 지위 및 기능 개편

자치구·군의 지위와 기능에 대한 개편은 특별법 제13조에 근거하여 기본계획에 포함되었다. 기능개편의 배경으로는 먼저, 자치단체 간 갈등을 해결하고 시설과 기능 중복을 해소하여 효율적인 행정을 이루려는 목적이 있다. 또한 해당 계획은 행정자원(재정 및 인력)을 통합하여 효과적인 행정서비스 공급체계를 구축하며 자치단체 간의 재정격차로 인한 불평등을 완화함으로써 주민의 복리를 증진시키고, 재원과 권한을 확대함으로써 자치단체의 기반을 강화해야 할 필요성을 충족하기 위해 수립되었다. 개편의 기본 틀은 수도라는 특수성과 상징성 및 인구, 산업 측면의 차이 때문에 특별시의 구와 광역시의 구의 개편방안을 차별적으로 마련하고, 광역시의 군·구에는 동일한 지위를 부여하되, 군의 혜택은 종전과 같이 유지하는 것으로 제시되었다.

① 특별시 자치구

특별·광역시 자치구 개편에 앞서 4개의 대안이 검토되었다. 자치구의 지위 및 기능을 중심으로 현행과 같이 자치구를 유지하고 시-구 간 기능을 조정하는 방안, 구의회는 직선으로 구성하되 구청장을 시장이 임명하는 방안, 구청장은 직선으로 선출하되 구의회는 미구성하는 방안 및 구청장을 시장이 임명하고 구의회 역시 미구성하는 행정구 형태의 대안이 존재하였다. 각 대안을 네 단계를 통해 비교·분석하고 검토하였다. 먼저, 비용·효과분석에서는 '주민생활·행정서비스·지역사회·시와 구 간 관계, 수도로서의 특수한 영역(특별시)' 등을 고려하여 14개 지표를 통해 각 대안들을 평가[9]하였고 문제해결 측면에서는 주민서비스·대도시 경쟁력·행정운영 영역의 6개 평가지표로 평가[10]하였다. 또한 해외의 자치구의 기능과 형태를 분석[11]하였고, 각계의 의견을 수렴하는 절차를 거쳤다(지방행정체제개편위원회, 2012).

---

9) 우선순위: 행정구 〉 구청장 직선·의회 미구성 〉 현행 존치(기능조정) 〉 의회 구성·구청장 임명.

10) 우선순위: 행정구 = 구청장 직선·의회 미구성 〉 의회 구성·구청장 임명 〉 현행 존치(기능조정).

11) 대부분 행정구이며 일부 준자치구(자치단체장 선출, 조례제정권·예산심의권을 가진 지방의회 없음).

그 결과 특별시 자치구의 경우 구청장 직선·의회 미구성 안으로 추진되는 것으로 결정하였다. 특별시 자치구 지위의 경우 특별시장의 권한을 견제하기 위해, 구청장은 종전과 같이 직선제로 선출하나 지방자치단체로서 법인격은 없는 개편안을 채택하였다. 그 기능에 있어서는 국가 및 상위 자치단체(시) 사무를 위임받아 처리하며 지역경제, 도시개발, 주택 사무는 시에서 직접 수행, 주민생활 사무는 구에서 담당하도록 하였다. 또한 재원을 제한하여 구청장에게 독자적 조세권이 부여되지 않고 기존의 자치구세는 시세로 전환하는 안을 마련하였다. 이에 따른 예산 감액분에 대해 일부를 일정 기간 시에서 보전하여 주며, 다만 일정 수준의 구청장 재량재원은 보장하는 방식을 제시하였다.

기본계획에서는 이와 같은 개편에 따른 부작용을 최소화하기 위해 보안 방안을 함께 제시하였는데, 먼저 구청장의 권한을 자치구청장에 비해 제한[12)]하였고, 시의원의 수를 늘리고 시의회 내부에 별도의 구별 지역위원회를 설치하여 구 예산을 담당하도록 하는 등 광역의회를 개선하고, 구청장, 담당 시의원, 주민자치회장 등으로 구성된 구정협의회를 설치하여 구정에 관한 사항에 대해 협의하고 감시할 수 있도록 하였다. 뿐만 아니라 시장의 권한남용을 방지하고 견제하는 독립적 감사위원회의 설치 및 주민자치를 위한 읍·면·동 주민자치회의 설치를 부가적으로 논의하였다.

② 광역시 자치구·군

개편을 위해 자치구와 군의 차이를 검토하는 분석(인구, 산업구조, 재정력, 생활권 등 7개 분야의 10개의 세부지표)을 실시한 결과, 6개 광역시의 군과 자치구는 도시화, 산업구조, 생활권이 유사하다는 결론[13)]을 얻게 되어 동일한 개편 방안

---

12) 위임 사무에 한정된 규칙 제정권 및 조례 발의권, 과 단위 이하 조직권 및 5급 이하 직원에 대한 인사권, 예산 편성 요구권 등, 선출직 시장과 구청장 간 협력·조정을 위한 시·구협의회 구성·운영(지방행정체제개편위원회, 2012).

13) 인천의 강화·옹진군의 경우 자치구와의 차이는 존재하나, 향후 예상되는 개발 수요, 배후지 역할을 고려하면 차별적 지위를 적용하는 것이 부적절하다고 보았음(지방행정체제개편위원회, 2012).

을 수립하는 것으로 결정하였다.

개편안은 1순위와 2순위 두 개로 제시되었는데 1순위 개편안은 시장이 지역위원회의 인사청문회를 거친 후 구청장 혹은 군수를 임명하고 의회를 구성하지 않는 '행정구·군' 안이다. 이때 지방세 감면과 같이 종전의 광역시 군 혜택은 유지하는 것으로 한다. 개편안에서 사무와 재원은 특별시 자치구 개편방안과 동일하나, 광역시 구청장의 재량재원은 보장하지 않는다는 차이가 있다. 장기적으로는, 시 관리자 및 개방직의 구청장 선임방식을 검토하고 시의원 중에서 부시장 한 명을 선출하는 안, 그리고 선출직 회계감사관제도의 도입을 제안하였다. 2순위 개편안은 구청장 및 군수를 직선하되 의회는 미구성하는 안으로 특별시 개편안과 동일한 안이다.

(3) 대도시 특례 발굴

해당 과제는 특례를 통해 대도시의 자치권을 확대하여 주민수요를 충족하고 편의를 증진하며, 개발 사업의 진행 및 도시 문제를 신속하게 처리할 수 있다는 필요성에 의해 추진되었다. 특례 사무를 선정함에 있어 도시 경쟁력과 주민편의를 우선 고려하였으며, 지역 간 재정·인구 격차(50만, 100만) 및 광역행정의 필요성 등을 고루 고려하여 차별적으로 선정, 적용하도록 하였다. 심의는 예비특례 발굴(190개)-토론회 개최 및 의견 수렴 과정, 그리고 소위원회 구성 및 대도시 특례 심의-본위원회 의결의 과정으로 진행되었다. 그 결과 인구 50만 이상 대상의 55개 사무[14]와 100만 이상 대상 7개 사무[15]의 총 62개 사무를 발굴

---

14) 주민불편 해소 및 편익 증진 분야 24개(여객자동차 운송사업 개선명령, 마을정비구역 지정, 병원급 이상 의료기관 개설 허가 권한 등), 도시문제 해결 능력 및 도시 경쟁력 확보 분야 17개 (공원 시범사업 지정요청, 도시교통 개선 명령에 대한 실시계획 수립 등), 도와 대도시 간 이중규제 해소 분야 3개, 기타 11개(수질배출시설 설치허가 및 신고수리 권한, 에너지이용 합리화법상 과태료 부과 및 징수 등)(지방행정체제개편위원회, 2012).

15) 대도시 광역행정 기반 조성 분야 4개(국가하수도종합계획의 수립 및 변경을 위한 협의 등), 대도시 기능 확대 분야 3개(과세대상 시가표준액 결정, 자치구가 아닌 구 및 읍·면·동을 폐치·분합할 경우 도 경유 절차 생략 등)(지방행정체제개편위원회, 2012).
⇒ 100만 이상 대도시의 원활한 업무 수행을 위해 유사규모의 자치단체와의 형평성, 인구 및 업무량 등을 고려하여 본청의 실·국장 직급 조정 등 지원방안 마련(행정안전부).

하였고 '12년 7월 이후 특례의 세부보완사항과 입법추진을 진행할 계획을 수립하였다.

2) 2013년 중점과제

(1) 읍 · 면 · 동 주민자치회 설치

주민자치회는 특별법 제20·21·22조를 근거로 하며 지역에 대한 주민의 참여와 주민 간 교류를 증진시키고 풀뿌리민주주의를 강화하기 위한 목적에서 구상되었다. 또한 이를 통해 민관협력 및 지역사업의 참여 주체로 성장할 수 있는 공동체의 시발점을 마련하고자 하였다. 주민자치회 과제의 시행은 안정적이고 실질적인 권한을 법률로써 보장하고, 각 지역에 맞는 운영을 위해 자율성을 보장하며, 시범실시를 통해 점진적으로 추진하는 것을 기본방향으로 삼았다.

지방행정체제 개편 기본계획에는 주민자치회에 대한 세 가지 모델이 제시되어 있다. 주민자치의결기구(주민대표)와 집행기구(공무원, 읍·면·동사무소)를 통합하여 구성하고 두 기능을 모두 수행하는 통합형 모델, 읍·면·동사무소는 기존대로 운영되며 주민자치회는 주민자치회 사무에 더해 읍·면·동사무소의 기능에 대한 협의·심의를 수행하는 협력형, 자치단체가 읍·면·동사무소 기능을 수행하고 주민자치회는 특별법 제21조 제2항의 사무만을 수행하는 주민조직형이 그것이다. 주민자치회는 각 면·동별 1개 설치를 원칙으로 하고 약 20~30명의 주민자치위원으로 구성된다. 위원은 지역 주민, 지역 내 사업장·단체 근무자 중에서 위원선정위원회(읍·면·동 단위)가 선출하여 시군구 단체장이 위촉하며 2년 임기(연임 가능)로 활동하는 무보수 명예직의 지위로 한다. 또한 자치단체는 주민자치회에 대해 재정, 정보 및 기술 등을 지원하는 방향을 계획하였다. 이러한 계획은 타당성 검토를 통해 2013년 시범실시한 후, 그 결과를 반영하여 입법과정을 추진할 계획이었다.

(2) 도의 지위 및 기능 재정립

해당 과제는 시·군 통합과 연계된 개편방안(특별법 제14조에 근거)으로 도를 존치하되, 도와 시·군 간의 중복기능을 적절히 배분하고 도의 광역자치단체로서의 고유한 기능을 재정립하여 효율성을 추구하기 위해 마련되었다. 도는 광역행정의 중심기관으로서 기존 국가기능을 이양하고 기존 도의 기능은 시·군 이양하는 방식으로 행정 계층을 정리하고 기능 중복의 발생을 최소화하는 방향을 추구하였다. 해당 과제는 2단계 추진계획을 가지고 있는데, 2011년 1단계로서 중앙-도-시·군[16] 기능배분의 문제점과 실태를 조사하고, '12.4~'13.3년 2단계로 특별지방행정기관 사무와 같은 기능을 중앙에서 도에 이양하고 도와 시·군 간의 기능을 조정하려는 계획을 가지고 있었다. 또한, 이후에는 광역시의 지위·기능 역시 새롭게 검토할 것을 요청하였다.

(3) 지방분권 강화

① 특별지방행정기관 사무의 지방이양

특별지방행정기관은 2011년 기준으로 21개 부처에 5,145개 기관이 존재하였고, 21만 명의 국가공무원(전체의 34%)이 소속되어 있었다. 특별지방행정기관 사무의 지방이양은 행정서비스 창구를 일원화하여 이용자의 편의성을 높이며 사무중복 문제를 해소할 수 있는 대안으로 제시되었다. 사무이양에 있어서는 크게 전국적 통일성, 지역 특수성, 그리고 사무의 효율성 기준이 제시되었다. 관련하여 2011~12년 사무이양에 대한 중앙행정기관과 시·도 의견을 접수한 결과, 중앙행정기관에서 이양에 찬성한 사무는 4개 기관 10개 사무에 불과하였고 반대 의견은 1,381개 사무에 달하는 데 비해, 1개 이상 시·도에서 이양을 요구한 사무는 1,032개 사무에 달해 중앙행정기관의 이양 의지가 미약함을 확인하였다(지방행정체제개편위원회, 2012). 기본계획에서는 2012년 4월부터 2013년 3월에 걸쳐 도의 지위 및 기능 재정립에 연계한 방안을 수립하고 효과적인 수행을 위해 자치단체의 역량강화 및 지원을 수행할 것을 구상하였다.

16) 중앙·도(충남)·시·군(천안시·태안군).

② 교육자치와 지방자치의 연계·통합

교육자치와 지방자치 간 통합은 "국가는 교육자치와 지방자치의 통합을 위하여 노력하여야 한다"는 특별법 제40조에 의해 추진되었다. 교육 분야에 대한 자치단체의 지원을 강화하고 교육행정이 보다 분권화·지방화될 수 있도록 하기 위해서였다. 구체적인 추진사항으로 먼저, 교육감 선출 제도를 간접선출제(교육감 후보선출위원회가 복수후보자를 추천, 이 중 의회 동의를 얻어 시·도지사가 임명하는 방식), 러닝메이트제, 시·도지사 임명제 등으로 수정하여 자치단체와의 연계성을 높이는 방안이 추진되었다. 또한 국가-자치단체-교육청-교육지원청-학교 간 기능을 재조정하고 교육 분야에 대해 자치단체의 참여를 늘리고자 하였다. 또한 교육에 대한 주민참여를 제고하는 방안을 마련하여 지역의 실정에 맞는 교육행정이 이루어질 것을 도모하였다. 더불어 기존에 이전수입에 과도하게 의존[17)]하던 교육행정의 재정 구조를 개선하는 방안 역시 포함되었다.

③ 자치경찰제 실시

자치경찰제의 필요성은 지역에 특화된 치안서비스를 공급함으로써 지역 주민의 만족도를 높이고 지방행정과의 연계를 강화하여 치안행정의 책임성을 높이고, 국가와 지방의 치안행정 기능을 분리하여 특화시킴으로써 역량을 강화하고자 하는 목적을 가진다. 이러한 목적을 달성하기 위해 자치경찰의 고유기능 및 사무를 명확히 규정하여 정체성을 확실히 하고 치안행정의 효과성을 높이도록 하였다. 자치경찰제는 전국적 실시를 기본원칙으로 논의하나 일부 지역에 먼저 시범실시하여 장단점을 파악한 후 단계적으로 실시하는 방식으로 추진코자 하였다. 자치경찰의 기능은 2006년 출범한 제주특별자치도 자치경찰제도의 기본업무에 음주단속권 등의 사무를 추가하는 것으로 구상하였다.[18)] 이양된 기능과

17) 2010년 지방교육재정 약 48조 중 중앙정부 이전수입 약 32조와 자치단체 이전수입 약 8조를 합한 비중이 83.3%(지방행정체제개편위원회, 2012).

18) 제주특별자치도 자치경찰단: '06년 7월 1일 출범, 1단 4과, 1지역대, 1센터, 193명으로 구성, 생활안전, 지역교통, 지역경비, 사법경찰관리의 직무 등을 주요 사무로 함(지방행정체제개편위원회, 2012).

관련한 예산을 자치단체에 모두 이관하되, 자치단체 재정을 염두에 두고 부분적으로 국가에서 지원하는 방안도 함께 검토하였다. 더불어 연구용역 등을 통해 한국의 실정에 맞는 자치경찰 모델을 개발할 것을 계획하였다.

3) 보완·발전과제

(1) 지역유형별 자치제도 다양화

지역유형별 자치제도를 다양화하려는 계획은 획일적인 자치제도의 한계를 극복하고 각 자치단체에 맞는 제도를 마련·적용하고, 주민 선택권과 자치단체 자율권을 증진하기 위해 추진되었다. 이러한 목표를 위한 구체적인 개편방안은 다음과 같았다. 먼저, 지역주민이 주민투표로써 기관구성 등의 자치제도를 직접 결정하도록 하는 방안으로, 정부에서 자치단체 유형별 표준모형(기관대립형·기관통합형·절충형 등)을 제시하고 각 모형 중 주민투표를 통해 결정하도록 한다. 둘째, 자치기본조례(가칭)를 제정할 수 있는 권한을 자치단체에 부여하여 자치단체가 구성과 기능에 관한 자기결정권을 강화할 수 있도록 하는 것이다. 셋째로, 자치제도를 다양화하기 위해 자치단체를 인구·산업 및 특성 등의 기준으로 유형화하고 각 유형에 맞게 차별적인 제도를 설계하도록 하는 것이다.[19]

(2) 시 · 군 · 구 간 경계조정 제도 개선

행정구역의 경계를 조정하려는 과제는 다음과 같은 배경에서 계획되었다. 기

---

19) 유형별 다양화 예시(지방행정체제개편위원회, 2012)
- ▶인구밀집 대도시지역 : 인구 50만 이상 대도시의 행정구–동체제(2층제)를 다수의 광역동(단층제)으로 개편
- ▶인구과소 농산어촌지역 : 일반 행정과 교육·소방·경찰 등을 통합한 공공서비스 공급체계 구축
- ▶광역협력 필요지역 : 대규모 지역개발 사업의 추진 또는 규모의 경제 관점에서 개별 자치단체의 기존 관할 행정구역을 초월하여 지역 간 공동 발전 및 상호협력이 요구되는 지역은 지방자치단체조합, 광역행정청(광역행정의 의결기능과 집행기능을 함께 관장하는 특별지방자치단체)등을 설치
- ▶자립곤란 특수지역 : 도로, 선박 등에 관한 사무 중 일부를 광역(도)으로 이관하여 권한과 기능을 재조정하고 도서지역 특례를 강화하는 등 서비스 전달체계를 개선
- ▶자연환경 공유지역 : 비무장지대(DMZ)를 권역별로 나누어 (가칭) '평화시'를 설치하는 방안 등 검토

존의 행정구역과 생활권과 경제권의 불일치로 인해 이를 조정해야 할 필요성이 날로 커지고 있지만 이해관계자들 간의 합의가 이루어지지 않아 실행에 어려움이 있었다. 이에, 행정구역 통합이 어렵거나 부적절한 경우 경계조정을 활성화함으로써 많은 주민들의 편의를 도모할 수 있다고 보았다. 경계조정은 자치단체 간에 자율적인 조정을 통해 이루어질 것, 그리고 그 조정결과로 발생할 수 있는 자치단체와 주민 불이익을 가능한 방지할 것을 목표로 하였다. 이를 위해 먼저 경계조정의 대상이 되는 지역을 선정할 때, 그 기준을 구체화·명확화하도록 하였다. 이때 불편정도, 인구, 면적과 같은 조건들을 고려하는 동시에 경계조정 실현 가능성[20]을 염두에 둘 것을 제시하였다. 또한 효과적인 경계조정을 위해 자치단체 간 자율조정과 주민투표를 중심으로 조정과정을 진행하되 갈등이 첨예하여 자율조정이 불가능할 경우는 중앙정부의 직권조정을 검토하도록 하였다. 또한 경계조정을 통해 발생하는 재정손실에 대해 손실보전, 인센티브 지급 등을 제시하였다.

제8절 이명박 정부 지방분권 평가

1. 지방분권 과제의 평가

이명박 정부의 지방분권촉진위원회는 지방분권을 100대 국정과제에 포함하였으며 이를 4개 분야 20개 과제로 세분화하였다. 권한 및 기능의 재배분을 위하여 사무구분체계의 개선, 중앙행정권한의 지방이양, 특별지방행정기관의 기능조정,

20) 아파트단지가 동별·가구별 관할이 상이한 경우, 한 건물이 층별로 관할이 나누어진 경우, 택지개발·도로정비 등으로 행정구역이 기형적으로 된 경우 등(지방행정체제개편위원회, 2012).

교육자치제도의 개선, 자치경찰제도의 도입을 제시하였다. 지방재정 확충과제로 국세와 지방세의 합리적 조정, 지방교부세제도의 개선, 지방재정의 투명성·건전성을 포함하였다. 자치역량의 강화과제로서 자치입법권의 확대, 지방의회의 전문성·자율성 강화, 주민직접참여제도의 보완, 지방선거제도의 개선, 지방자치단체 평가기준 마련 및 진단·평가, 지방자치행정체제의 정비가 제시되었다.

협력 및 공감대 확산을 위하여 정부 및 지방자치단체 간 협력체계 강화, 분쟁조정 기능의 강화, 특별지방자치단체 제도의 도입 및 활용, 지방공무원의 인사교류 확대 및 교육훈련제도의 개선, 자원봉사활동의 장려와 지원, 지방분권의 홍보 및 공감대 확산이 포함되었다.

이명박 정부도 중앙-지방의 수직적 관계를 조성하였던 기관위임사무의 폐지를 골자로 국가사무와 고유사무의 명확화를 추진하였으나 논의의 수준에 그쳤다. 중앙행정권한의 지방이양은 763건이 이루어졌다. 이들은 김대중 정부가 이양확정한 4건, 노무현 정부가 이양확정한 243건, 이명박 정부가 이양확정한 516건으로 구성되어 있다. 이명박 정부가 이양을 확정한 건수는 1,587건이었는데 이 중에서 32.5%인 516건이 이명박 정부에서 이양이 완료되었다(김흥환·정순관, 2018).

특별지방행정기관의 정비과제는 해양·항만, 국도·하천, 식의약품 등의 3개 분야의 기능을 지방으로 이관하는 것으로 결정하였다. 주로 시설관리, 지도와 단속, 인가와 허가 등 집행사무의 성격을 띤 것이었다.

교육자치와 관련해서는 주로 지방자치와 교육자치의 통합이 주요한 이슈였다. 지방자치 관계자와 교육자치의 관계자 간 견해차가 심해 통합 논의가 진전을 보이지 않았다. 이명박 정부는 지방자치와 교육자치의 통합을 위한 첫 단계로서 교육의원을 폐지하고 지방의원이 교육의원을 담당하는 제도를 도입하였다. 교육 또는 교육행정의 비전문가도 교육의원이 될 수 있게 되었다. 교육자치와 지방자치의 통합을 위한, 진일보된 변화가 이루어졌다.

창원시의 통합을 계기로 자치경찰 논의가 활발하게 진행되었다. 지방분권촉진위원회는 창원시의 통합을 논의하면서 행정구역이 통합되면 통합되는 자치단체에 설치될 자치경찰을 심도 있게 논의하였다. 지방행정체제 개편을 계기로 기초 단위의 자치경찰을 심도 있게 논의하였으나 결실을 맺는 단계에 이르지는 못했다. 노무현 정부에서와 같이 자치경찰의 도입단위는 기초지방자치단체로 논의되었다.

이명박 정부는 역설적으로 재정분권과 관련하여 성과가 있었다. 경제활성화를 위하여 이명박 정부는 국세의 인하와 수도권 규제완화를 추진하였다. 2008년 이명박 정부는 소득세와 법인세를 인하하였다. 그 결과 내국세와 연동된 지방교부세가 크게 감소하게 되었다. 한편 수도권 규제완화로 지방의 반발이 적지 않았다. 종합부동산세의 개편을 포함하여 지방세원의 감소가 8조원에 달한 것으로 보고되었다. 이명박 정부는 이에 대한 보전방안으로 부가가치세의 5%를 지방으로 이양하는 지방소비세와 소득할 주민세를 지방소득세로 전환하였다. 이명박 정부 때부터 지방소비세와 지방소득세의 명칭이 사용되었다(김홍환·정순관, 2018).

지방의회와 관련된 분권과제는 자치입법권의 강화와 전문인력의 보강이었다. 꾸준히 제기되었던 "주민의 권리를 제한하거나 새로운 의무를 부과에 관한 사항이나 벌칙을 정할 경우 법률의 위임이 있어야 한다"라는 부분의 삭제는 위헌논란으로 이루어지지 못했다. 지방의원의 정책보좌관 요구도 제도화에는 이르지 못했다.

2. 지방행정체제개편의 평가

의욕적으로 추진되었던 지방행정체제개편은 창원, 마산, 진해를 통한한 창원시의 설립으로 막을 내렸다. 통합의 당위성은 크게 호응을 얻는 듯하였으나 행정구역의 통합이 지니는 정치성 등의 변수로 인하여 커다란 성과로는 이어지지 못했다. 이러한 과제는 다음 정부로 이어져 특·광역시의 자치구·군의 기능조정과 도의 재편 및 기능조정의 과제로 발전되었다.

제 5 장

박근혜 정부의 지방자치와 지방분권: 정책적 시련기

제1절 박근혜 정부 지방분권 추진개요

제18대 대통령 선거에서도 지방분권은 유권자의 큰 관심을 끌지 못했고 대통령 선거의 쟁점으로 부상되지 않았다. 대통령 선거에서 승리한 박근혜 대통령도 지방분권에 대하여 커다란 관심을 보이지 않았다. 복지정책이 지방재정을 더욱 악화할 것이라는 예상 속에 박근혜 정부가 출범하였다. 누리과정을 둘러싼 2014년과 2015년 중앙정부와 지방정부 간의 갈등은 이를 적절하게 대변하였다.

박근혜 정부는 지방분권촉진법과 지방행정체제법에 의하여 이원화된 지방분권의 추진체제를 「지방분권 및 지방행정체제개편에 관한 특별법」의 제정으로 단일화하여 추진체제의 효율성을 제고하려고 하였다. 2013년 9월, 이 법에 의한 지방자치발전위원회가 출범하게 되면서 지방분권의 새로운 추진체제가 수립되었다. 지방자치발전위원회는 2013년 10월 30일부터 12월 24일까지 17개 시·도 등으로부터의 다양한 의견수렴을 위하여 자치현장 토크를 실시하였다.

이를 토대로 2014년 6월 지방자치발전 20개 과제별 추진방안을 마련하고 2014년 7월부터 10월 사이에 관련부처 협의 및 지방정부의 의견을 수렴하였다. 지방자치발전위원회는 2014년 11월 24일 지방자치발전 종합계획(안)을 의결하였다. 위원회의 의결을 거친 지방자치발전 종합계획은 2014년 2월부터 12월까지 총 4회에 걸쳐 국회 지방자치발전특별위원회의 논의를 마치고 2014년 12월 2일 국무회의의 의결을 받았다. 최종적으로 지방자치발전위원회는 12월 8일 지방자치발전 종합계획을 발표하였다. 일련의 절차를 통해 알 수 있듯이 종합계획의 마련이 관계자의 숙의와 국무회의의 의결을 거쳤다는 특징을 지녔다(지방자치발전위원회, 2017).

'성숙한 지방자치를 위한 청사진: 지방자치발전 종합계획'의 내용은 크게 4개 분야·20개 과제로 이전의 위원회가 마련하였던 계획과 크게 다르지 않다(〈표 5-1〉). 강력한 지방분권 기조확립과 실천이라는 기본 방향하에 자치사무와 국가사무의 구분체계 정비, 중앙권한 및 사무의 지방이양, 특별지방행정기관 정비, 국가와 지방자치단체의 협력체제 정립이 제시되었다. 또한 자치기반 확충 및 자율과 책임성 강화라는 기본방향하에 지방재정 확충 및 건전성 강화, 지방선거제도 개선, 지방의회 활성화 및 책임성 제고, 지방자치단체 평가제도 개선, 지방자치단체 간 행정협력체제 정립이 포함되었다.

주민 중심의 생활자치·근린자치 실현이라는 기본방향 하에는 자치경찰제도 도입, 교육자치와 지방자치의 연계·통합 노력, 읍·면·동 주민자치회 도입, 지방자치단체 간 관할구역 경계조정 제도개선, 주민직접참여제도 강화, 지방자치단체 소규모 읍·면·동 통합이 있었다. 마지막으로 미래지향적 지방행정체제 구축이라는 기본방향하에 특별·광역시 자치구·군의 지위 및 기능개편, 대도시 특례제도 개선, 지방자치단체 기관구성 형태 다양화, 도의 지위 및 기능재정립, 시·군·구 통합 및 통합지자체 특례 발굴 등이 포함되어 총 20개 세부과제가 결정되었다. 이 중에서 2013년 박근혜 정부는 전국 31개 읍·면·동의 공모를 받아 선정하고 특별교부세를 지원하였다. 그 이후에도 주민자치회의 시범실시가 점진적으로 확대되어 왔다. 주민자치회의 시범실시와는 별개로 공동체 활성화 정책이 실행되고 있다.

그 외 과제에 대해서는 연구 수준에 머물러 있었으며 구체적인 실행계획에 대한 집행은 이루어지지 않은 것으로 미루어 볼 때 지방자치발전위원회의 종합계획도 계획의 수준에 머물렀던 것을 알 수 있다. 참여정부의 지방분권에 대한 혁신적 의지가 이명박 정부의 조정기를 거쳐 박근혜 정부에 들어 시련기를 맞았다.

표 5-1 박근혜 정부 지방자치발전 종합계획 추진전략

구분	내용	
비 전	**성숙한 지방자치, 행복한 지역주민**	
목 표	**주민편익 증진, 행정효율 제고, 지방경쟁력 강화**	
정책과제	**1 강력한 지방분권 기초 확립과 실천** ① 자치사무와 국가사무의 구분체계 정비 ② 중앙권한 및 사무의 지방이양 ③ 특별지방행정기관 정비 ④ 국가와 지방자치단체의 협력체제 정립	**2 자치기반 확충 및 자율과 책임성 강화** ① 지방재정 확충 및 건전성 강화 ② 지방선거제도 개선 ③ 지방의회 활성화 및 책임성 제고 ④ 지방자치단체 평가제도 개선 ⑤ 지방자치단체 간 행정협력체제 정립
	3 주민중심 생활자치·근린자치 실현 ① 자치경찰제도 도입 ② 교육자치와 지방자치 연계·통합 노력 ③ 읍·면·동 주민자치회 도입 ④ 지방자치단체 간 관할구역 경계조정 제도개선 ⑤ 주민직접참여제도 강화 ⑥ 지방자치단체 소규모 읍·면·동 통합	**4 미래지향적 지방행정체제 구축** ① 특별·광역시 자치구·군의 지위 및 기능 개편 ② 대도시 특례제도 개선 ③ 지방자치단체 기관구성 형태 다양화 ④ 도의 지위 및 기능 재정립 ⑤ 시·군·구 통합 및 통합 지자체 특례 발굴

출처: 지방자치발전위원회(2014), p. 6

영국과 일본이 지방분권을 재정위기를 타개하는 국정의 중요수단으로 인식하고 지속적인 지방분권을 추진하는 데 비하여 박근혜 정부는 지방분권은 물론 지방자치에 대한 적극적인 의지를 보이지 않았다. 오히려 박근혜 정부 들어서는 복지정책의 강화로 지방정부의 대응자금 비율이 높아져 지방재정은 더욱 어려워졌다(손희준, 2014). 지방정부의 재정력이 계속적으로 약화되는 상황에서 중앙정부는 지방정부에 주민세 등의 상향을 압박하였으며 실제로 많은 지방정부에서 주민세를 상향하였다. 향후 지방분권과 지방재정의 빅딜을 통하여 현재의 지방재정과 지방분권을 동시에 해결해야 하는 시점이 다가오고 있다. 박근혜 정부의 지방자치발전 종합계획의 내용은 아래와 같다.

제2절 박근혜 정부 지방자치발전 종합계획 주요내용

박근혜 정부는 지방자치발전 종합계획의 20개의 세부과제를 8개 핵심과제, 10개 일반과제 및 2개 미래발전과제로 나누었으며 국민들에게 파급효과가 큰 8개의 핵심과제에 우선적인 역량을 집중하려는 계획을 세웠다. 8개 핵심과제는 '자치사무와 국가사무의 구분체계 정비', '중앙권한 및 사무의 지방이양', '지방재정 확충 및 건전성 강화', '교육자치와 지방자치 연계·통합 노력', '자치경찰제도 도입', '대도시 특례제도 개선', '특별·광역시 자치구·군의 지위 및 기능 개편', '읍·면·동 주민자치회 도입' 등이다. 해당 과제들은 지방자치에 대한 근본적인 변화를 가져오는 정책들로 그 파급효과가 다른 과제에 비해서 큰 것들을 선정하였다. 10개 일반과제는 '지방의회 활성화 및 책임성 제고', '지방선거제도 개선', '지방자치단체 간 관할구역 경계조정 제도개선', '국가와 지방자치단체의 협력체제 정립', '특별지방행정기관 정비', '지방자치단체 평가제도 개선', '지방자치단체 간 행정협력체제 정립', '주민직접참여제도 강화', '지방자치단체 소규모 읍·면·동 통합', '시·군·구 통합 및 통합 지자체 특례 발굴'로 제도 정비와 관련된 과제들을 다루고 있다. 2개 미래발전과제는 보다 장기적 시점에서 국민적 합의가 필요한 발전과제들로 구성되었다.

1. 지방자치발전 종합계획의 핵심과제

1) 자치사무와 국가사무의 구분체계 정비

자치사무와 국가사무의 구분체계 정비는 「지방분권 및 지방행정체제개편에 관한 특별법」의 제9조와 11조를 근거로 추진되었다. 동 특별법의 제9조는 사무배분의 원칙에 관한 내용으로, 사무배분 시 국가와 지방자치단체 간 중복되는 사무를 배분하지 말 것을 규정하고 있다. 제 11조는 기관위임사무를 원칙적으로 폐지할 것, 그리고 자치사무와 국가사무로 이분화할 것을 규정하고 있다. 이에 박근혜 대통령은 행정서비스 제공에 있어서 지방과 중앙이 각자 상대적으로 강점이 있는 사무들을 정리할 것을 지시한 바 있다.[1)]

해당 과제의 구체적인 추진방안은 다음과 같았다. 먼저 사무를 배분하기 위한 기준을 구체화, 세분화하는 작업을 추진하였다. 국가사무와 관련해서는 기존 7개 기준에서 6개 기준을 추가, 시·도 사무와 관련하여 기존 6개 기준에 5개 기준을 보완, 시·군·구 사무는 기존의 1개 기준에 4개 기준을 더하였다. 그다음 국가 총 사무를 전수조사하여 보완된 기준에 따라 재배분하는 작업을 1차('13년 12월~'14년 4월)와 2차('14년 5월~9월)에 걸쳐 총 10개월간 실시하였다. 1차 재배분에서는 지역경제 활성화를 위한 사무와 실질적 권한이양 사무 등 약 2,122건의 사무들을 시·도 및 시·군·구 사무로 이양할 것을 결정하였고 기존의 시·도 사무로 분류되었던 174건의 안전 및 균형발전 관련 사무는 국가로 환원하는 작업을 수행하였다. 2차 시기에는 공동사무 2,884개 사무와, 처리권자 일원화

1) 2013년 5월 20일 수석비서관 회의

의 대상이 되는 사무 101개(국가환원 사무 80개, 지방이양 21개)를 재배분하였다. 2014년 12월 이후에는 1, 2차에 거쳐 재배분이 완료된 사무들을 실제 이양하는 절차를 수행하였다.[2)]

2) 중앙권한 및 사무의 지방이양

중앙권한 및 사무의 지방이양은 미이양된 사무의 일괄이양을 위해 법률을 제정하고 이양한 사무의 수행을 지원하기 위한 행정적, 재정적 지원을 제도화하는 것을 기본방향으로 한다. 이는 「지방분권 및 지방행정체제개편에 관한 특별법」 제11조에 근거한 것으로 특히 이양대상 사무는 주민과 가까운 사무, 지역에서 수행함이 적합한 사무들을 중심으로[3)] 선정하였다.

먼저, 이를 위해 「지방일괄이양법」(가칭)[4)]을 3단계로 나누어 제정을 추진할 것을 계획하였다. 1단계는 이전에 지방이양이 결정된 사무 중 해당 부처의 법률 제·개정이 이루어지지 않은 미이양 사무들을 일괄적으로 법제화하는 단계이다. 전체 20개 부처, 111개 법률, 649개 사무(기관위임사무 386개, 일반사무 263개)[5)]를 대상으로 한다. 2단계는 재배분한 국가총사무에 대한 일괄 법제화, 3단계는 특별지방행정기관과 대도시 특례사무에 대한 일괄 법제화 단계이다.

이에 더하여 지방이양 사무의 수용성을 높이기 위해 행·재정 지원사항을 법으로 규정하는 방안을 제시하였다. 먼저 이양사무에 소요되는 비용을 산정하여 그 결과를 바탕으로 행정적, 재정적 방안을 강구한다. 또한 기능 중심의 사무 발굴과 이양을 추진함과 더불어 규제완화 및 주민생활의 불편을 해소하는 사무를 중심으로 한 이양을 지속적으로 추진할 것을 제시하였다.

---

2) 실무위(자치단체와 관계부처의 의견 수렴 포함) → 분과위 → 본위원회의 3단계 심의·의결 과정을 거침
3) 대통령 보고내용('13.10.23)
4) 중앙행정 권한 및 사무 등의 지방일괄이양을 위한 관계법률 정비와 지원에 관한 법률
5) 기존의 확정된 지방이양사무 중 미이양 사무가 1,119개이며 이 중 법률개정이 필요한 사무(649개)를 지방일괄이양법에서 일괄 개정, 나머지는 시행령·규칙 등을 통해 개정할 것을 추진하였다(지방자치발전위원회, 2014).

3) 지방재정 확충 및 건전성 강화

지방재정을 강화하는 작업은 박근혜 정부 출범 초기 국정과제에도 포함되어 있는 주요 정책으로 해당 계획은「지방분권 및 지방행정체제개편에 관한 특별법」제13조에 근거하고 있다. 또한 지방이 부담하는 사회복지비용과 국고보조사업의 부담액의 증가추세 및 사무이양 및 체계 변경, 새로운 제도의 도입과 같은 추가적인 재정수요가 발생하는 등 사회적 변화가 예상되므로 이를 지자체가 수용할 수 있도록 지방재정을 강화할 필요성이 제시되었다. 이에 구체적으로 지방의 지방세 비중 확대 및 교부세 개선 등 근본적인 재정제도의 개선작업을 통해 지방재정을 확대하고 자율성을 높이는 방향으로 정책을 추진하였다. 지방의 권한을 확대하는 동시에 책임성을 보장하기 위해 지방 자체수입 증진 방안을 마련하여 재정 안전성과 건전성을 높이고 예산·세출 등의 투명성을 강화하기 위한 방안도 함께 마련하고자 하였다.

구체적 추진방안으로는 세제의 개편을 통해 지자체가 활용할 수 있는 재원을 확충하고 교부세율의 합리적 개선, 국고보조사업[6] 정비 및 보조금의 비율 조정을 통해 이전재원의 현실화를 꾀하였다. 한편, 지방재정의 건전성을 강화하기 위해서 지방의 세입 체납징수율을 높이고 경비를 절감하며, 재정위기관리제도를 개선[7]하여 긴급단계 시에는 국가가 인력을 파견하거나 단체장의 권한을 제한하는 등 적절한 개입이 이루어지도록 하였다.

또한 지방공기업에 대해 부채감축 관리의 시행, 효율적인 운영을 위한 구조조정을 실시하는 계획을 마련하였다. 2014년 12월 이후부터 이러한 작업의 후속조치로서 연도별 시행계획을 마련하고, 법제도의 의무적인 이행 및 지방재정부담심의위원회 운영이 내실화될 수 있도록 관리·감독에 노력을 기울였다.

부동산 취득세의 영구감면에 대한 재정지원책으로 부가가치세의 6%를 지방소비세로 전환하고자 하였다.

---

6) 2005년 359개(지방비 7조, 32%) → 2013년 956개(23조, 40%)

7) 기존 정상, 주의, 심각에서 긴급단계를 추가함.

4) 교육자치와 지방자치 연계·통합 노력

교육자치와 지방자치 연계는 「지방분권 및 지방행정체제개편에 관한 특별법」 제12조에 국가가 이를 위해 노력할 것이 명시되어 있다. 이러한 통합행정의 필요성은 종합행정을 통한 교육서비스의 효율성, 효과성 증진, 교육분권을 통한 창의성, 다양성 제고 그리고 교육행정의 자율성과 전문성 및 정치적 중립을 확보하는 데 있다.

먼저 종합행정을 위해서는 행정부서 간 인력교류를 활성화하고 재정에 있어서 협의를 증대하며 정책협력을 강화하는 등의 방식으로 교육자치와 지방자치 간의 연계와 협력을 강화하는 개편방안이 마련되었다. 교육분권을 위해 교육부와 시·도 교육청 사이의 사무를 조정[8]하고 기초단위에서 교육자치를 활성화시키며 개별 학교의 운영 자율성과 주민협력을 강조하였다. 더불어 교육감 선출[9]과 교육장 임용 절차[10]를 개선함으로써 자주성·전문성·정치적 중립성을 확보하고자 하였다.

5) 자치경찰제도 도입

자치경찰제도는 「지방분권 및 지방행정체제개편에 관한 특별법」 제12조 3항("국가는 지방행정과 치안행정의 연계성을 확보하고 지역특성에 적합한 치안서비스를 제공하기 위하여 자치경찰제도를 도입하여야 한다.")에 따라 추진되었다. 경찰행정을 지방행정과 통합하여 주민생활 관련 안전을 구축하기 위한 것이며 자치경찰제의 도입단위, 사무, 재원에 대한 적절한 기준을 마련하려는 목표를 가진다.[11]

---

8) 교육부는 국가 전체의 교육 기조 및 형평성과 통일성에 관련된 사무를, 이외 유·초·중등 교육에 관해서는 지방 교육청에 이양하는 방향 제시(지방자치발전위원회, 2014)

9) 후보의 교육 관련 경력 기준(3년 → 5년 이상)과 정당에 가입할 수 있는 기간 제한을(1년 → 3년 이상) 더욱 엄격히 하는 방향

10) 추천제 또는 공모제 방식

11) 대통령 보고내용(2013.10.23.)

당시 자치경찰 도입 기본방향은 시·군·구 등 기초단위(소규모 지자체의 경우 인근 지자체와의 통합운영)를 도입단위로 하고 주민 생활 밀착형 사무(62개)와 특별사법경찰 사무(23종)[12)]를 대상사무로 한다. 그 기구와 인력에서는 기초지자체에 설치된 자치경찰단의 경우 단장은 개방형직위로 주요 안건에 대해서는 자치경찰위원회를 설치하여 심의·의결하고, 광역단위에 시·도 자치경찰위원회를 두어 인사교류 및 분쟁해결을 처리하고자 하였다. 이때 계획되었던 소요인력은 총 12,000~14,000명 정도로, 자치경찰제도를 운영하는 데 드는 비용은 지방소비세, 과태료 제도의 조정과 범칙금 수입 등을 통해 증세 없이 충당하는 방향을 제시하였다. 제도를 효과적으로 도입하기 위해 법제화(자치경찰법 제정, 관련법 개정)와 추진조직을 설치하고 시범실시 기간을 거쳐 충격을 최소화하고자 하였다.

6) 대도시 특례제도 개선

박근혜 정부의 대도시 특례제도 개선의 기본방향은 각 지역의 규모와 역량에 부합하도록 대도시의 사무·행정운영·재정운영에 관한 특례를 발굴하되 다른 지자체에 대한 파급효과를 고려하는 것이었다. 이는 지방행정체제 개편 시 지자체의 규모와 자치역량을 고려해야 한다는 「지방분권 및 지방행정체제개편에 관한 특별법」 제18조와 특히 특별시와 광역시를 제외한 인구 50만 및 100만 이상 대도시의 경우 특례 발굴과 이행방안의 마련을 촉구하는 동 법률 제40조에 기반을 두었다.

구체적인 개선안으로 일반시와 구분하여 인구 50만 이상의 대도시는 '특례시'로, 100만 이상인 대도시는 '특정시'로 명칭을 부여하며 대도시 지정에 인구뿐만 아니라 면적기준을 적용하는 것을 검토하였다. 또한 대도시의 사무·행정운영·재정운영에 관한 특례를 확대하고자 사무 특례의 경우 예비 특례사무 422건을 발굴하였고, 행정운영 특례의 경우 기존의 총액인건비제가 도시의 인구 50

---

12) ① 주민 생활 밀착형 사무: 방범·질서유지·교통소통 관리, 학교폭력·성폭력·가정폭력 등 사회적 약자 보호활동 등 ② 특별사법경찰 사무: 식품·환경·공중위생·농축산물 분야 및 지적재산권 침해·무면허 운수사업 단속 등(지방자치발전위원회, 2014)

만을 기준점으로 차별적으로 적용되고 있는 것을 인구 100만 이상 대도시를 추가적으로 구분하여 기준인건비를 차등적용하는 안을 마련하였다. 재정운영특례 개정방향으로는 지방채의 발행비율을 8%로 확대하고 재정투자 및 융자 시 자체심사하는 신규사업 범위를 확대[13]하는 등 100만 이상 대도시 재정자율성을 확대하는 방안을 골자로 하였다. 또한 개선방안들을 법제화하기 위해 지방자치법, 특별법을 통해 이를 법으로 규정하며 사무특례와 관련해서는 지방일괄이양법 등의 새로운 법 제정으로 일괄 이양을 추진하고자 하였다.

7) 특별·광역시 자치구·군의 지위 및 기능 개편

박근혜 정부에서 특별·광역시 자치구·군의 개편은 특별시과 광역시의 구와 군을 행정구·군으로 개편하고 특별시와 광역시의 구는 차별적 지위를, 광역시의 구와 군은 동일한 지위를 부여하는 방향으로 진행되었다. 해당 개편의 목적은 같은 생활권이 서로 다른 자치단체로 나뉘어 주민들이 겪는 불편과 비효율을 제거하는 데 있었다. 제17·18대 국회에서 특위를 통해 개편방안을 마련하려고 하였으나 합의에 이르지 못하고 「지방행정체제개편 특별법」 제13조(「지방분권 및 지방행정체제개편에 관한 특별법」 20조)를 제정하여 개편방안을 마련하도록 규정하였다. 이에 지방행정체제개편추진위원회(행개위)에서 '특별·광역시 자치구·군 개편방안'이 마련되었으며 '지방행정체제개편 기본계획'에 포함하여 국회 보고 및 관계기관 통보를 마쳤다('12년 7월).

구체적으로, 특별시 자치구의 경우 구청장을 직선하되 구의회는 구성하지 않고, 국가(시)의 사무를 위임형태로 처리하는 방식으로 개편하며, 재정의 경우는 독자적 과세권이 부여되지 않고 자치구세를 시세로 전환하며, 대신 재원에 대한 구청장의 재량을 일정 정도 보장하는 방향으로 개편하였다. 광역시 자치구·군은 1순위와 2순위로 나누어 2순위 자치구·군의 경우 특별시 개편안과 동일하게 하

13) 기존 20에서 40억 원 미만 신규사업은 시 자체심사, 40에서 100억 원 미만도 의뢰 심사, 100억 원 이상 중앙 의뢰 심사에서 40-100억 원 미만 시 신규사업을 자체심사할 수 있도록 자율성을 확대하는 방안

고, 1순위 행정구·군도 시장의 단체장(구청장·군수) 임명, 구·군 의회를 구성하지 않는 것, 그리고 재원에 대한 재량을 보장하지 않는 것을 제외하면 특별시 자치구 개편방안과 동일한 개편안을 적용하였다.

이러한 개편안의 후속조치로서 '특별·광역시의 주민대표성 보완을 위해 시의원 증원', '지역위원회 설치' 등 의회제도를 개선하기 위한 방안을 마련하고 구정협의회를 설치하도록 하였다. 또한 시장을 견제하기 위한 독립적 감사위원회의 설치 및 선출직 회계감사관 제도를 검토하도록 하였고, 특별·광역시와 구·군 간 조직, 사무, 예산보전 등의 범위를 설정하도록 하였다. 한편, 특별시 구청장 직선제 및 광역시 구청장·군수 임명제를 보완하기 위한 장치를 도입하도록 하였다.

8) 읍·면·동 주민자치회 도입

읍·면·동 주민자치회는 근린자치를 활성화하기 위한 목적으로 주민관련 사항과 지자체 사무의 일부를 위임받아 수행하는 것을 주요 기능으로 한다. 「지방분권 및 지방행정체제개편에 관한 특별법」 제18조와 제27~29조를 그 근거로 하여 이미 시범실시 중인 읍·면·동 주민자치회의 성과에 대해 정밀 분석하여, 현실에 맞는 모델을 개발하고, 주민자치회의 세부 방향을 확정하는 데 개편안의 중점을 두었다.

새로운 주민자치회 도입안은 협력형, 통합형, 주민조직형의 세 모델(〈표 5-2〉)의 장단점을 고려, 절충하여 한국의 실정에 맞는 모델을 개발하는 것을 목표로 하였다. 각 모델은 읍·면·동사무소와 주민자치회와의 관계에서 주된 차이를 보인다. 협력형은 기존 읍·면·동 사무소가 존치, 기존 기능을 유지하면서 주민자치회와 협력하는 모델로 주민자치회는 주민자치 기능, 시·군·구 위임·위탁사무의 처리, 주민생활 관련 사안의 협의와 심의 기능을 담당한다. 통합형의 경우 주민자치회 내부에 주민자치위원회와 사무기구(기존 읍·면·동 사무소)를 포함시킴으로써 주민대표로 구성된 주민자치위원회는 의결기구, 사무기구는 집행기구로 나뉘는 방안이다. 이때 지방자치단체장이 주민자치위원회의 협의를 거쳐 사무기구의 조직과 인사를 결정한다. 통합형 주민자치회는 읍·면·동의 행정, 주민자치 기능을 수행하고 시·군·구의 위임·위탁사무를 처리한다. 주민조직형의 경우 기존의 읍·면·동사무소를 폐지하고 주민자치회가 의결·집행 기능을 담당하며 사무기구에서 주민자치위원회의 운영지원을 담당하는 형태이다.

표 5-2 주민자치회 설치·운영 방안

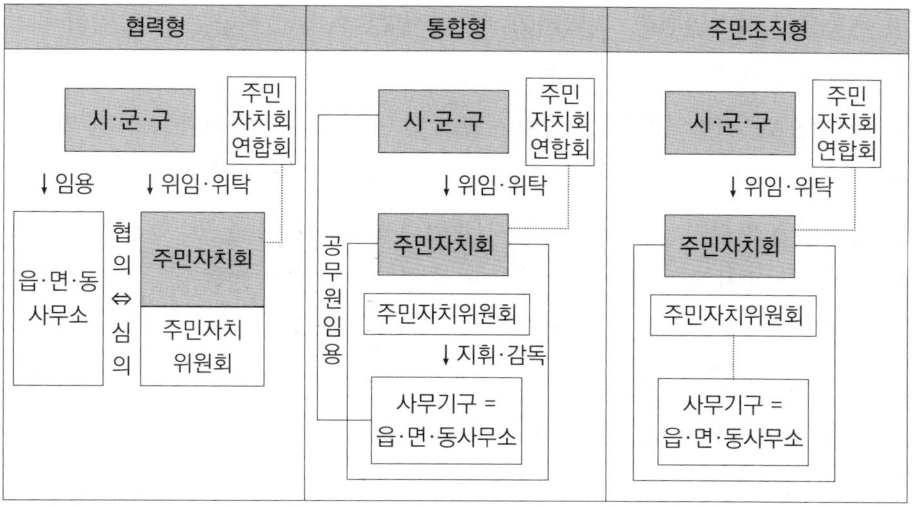

자료: 지방자치발전위원회(2014), 「지방자치발전 종합계획」.

박근혜 정부는 시범실시 결과를 분석·평가하여 도입방안 및 법령안을 마련한 뒤 국회의 법제화를 통해 주민자치회를 실시하려는 계획을 세웠다. 도입방안이 마련되면 「주민자치회 설치 및 운영에 관한 법률」(가칭)의 개별법을 제정하여 주민자치회의 근거를 두고 법률을 토대로 자치단체 표준조례안을 마련하는 안을 구상하였다.

2. 지방자치발전 종합계획의 일반과제

1) 지방의회 활성화 및 책임성 제고

해당 개편은 지방의회의 권한과 의원의 전문성을 강화함으로써 지방의회를 활성화하고 동시에 강화된 권한에 걸맞은 책임성을 확보하기 위해 추진되었다. 이는 「지방분권 및 지방행정체제개편에 관한 특별법」 제14조에 근거하여 추진된 계획으로 자치입법권, 지방의회 권한, 지방의회의원 전문성, 지방의회 의장의 인사 독립권 강화방안 마련을 골자로 한다.

구체적으로, 지방의회 권한 강화는 조례의 제정범위를 확대하고 상위 법률로의 위임을 금지하는 등 자치입법권 확대, 의회소속 공무원에 대한 지방의회의 인사 독립권의 강화, 행정사무감사 처리결과에 따른 조처를 할 수 있는 권한을 부여하는 등의 세부 방안을 구성하였다. 또한 지방의원의 전문성을 제고하기 위해 입법정책실 및 전문위원을 증원함으로써 이를 통해 지방의원의 입법지원기능을 강화하고, 지방의원의 교육을 전담하는 기관을 설립하는 방안을 마련하였다. 또한 지방의회의 책임성을 제고시키기 위해 의원의 겸직제한 대상을 확대하고 전원위원회제도와 선서규정을 도입하는 안을 제시하였다.

2) 지방선거제도 개선

해당 개편안은 지방선거의 불합리한 제도를 개선하고 투명성을 강화하며 선거공영제를 개선함으로써 책임성과 효율성을 고취하고자 하는 목적을 가진다. 「지방분권 및 지방행정체제개편에 관한 특별법」 제14조에 근거하여 지자체장과 지방의원의 선출방식을 개선, 선거구의 합리적 조정, 선거공영제 확대 등의 구체적 개선방안을 마련하고자 하였다.

기초단체장·기초의원 선거의 경우 정당공천제를 폐지하는 동시에 부작용을 최소화하기 위해 여성의원비율 확대 등의 보완책을 제시하였다. 기존의 선거공영제를 보완하고 후보자의 책임감을 높이기 위해 재·보궐선거의 경우 원인 제공자(해당 후보의 소속 정당, 무소속은 본인)가 선거비용 일부 부담하는 방식을 도입하며 당선무효의 경우 반환받은 기탁금 및 선거 보전 비용에 환수율을 높이고자 하였다. 또한 기초 및 광역단체장 보궐선거의 경우 기존의 전임자 잔여임기 승계제도를 폐지하고 기존의 임기를 수행하는 방안을 제시하였다. 기초의원 3~4인 선출 지역구가 확대되도록 하는 방안도 추진하였다.

3) 지방자치단체 간 관할구역 경계조정 제도개선

「지방분권 및 지방행정체제개편에 관한 특별법」 제45조는 행정구역과 생활권이 일치하지 않아 발생하는 주민 불편을 해소하기 위해 지자체 간 관할구역 경계를 조정하는 기능이 지방자치발전위원회에 있음을 명시하였다. 이에 추진과제로 경계조정 전담기구로서 중앙에는 중앙경계조정위원회를, 시·도에는 지방경계조정위원회를 설치하여 신청 접수 및 조사·권고·조정 기능을 수행하는 방안을 내놓았다. 경계조정과정의 신속성을 위해 이행기간을 1년으로 제한하여 절차가 마무리되도록 하였다. 또한 심의 전 경계조정 대상지역에 대한 자율조정협의체[14]를 구성하여 그 협의결과를 심의 시 존중하도록 하였으며, 관련 사항에 대한 입법화를 추진하였다.

4) 국가와 지방자치단체의 협력체제 정립

「지방분권 및 지방행정체제개편에 관한 특별법」 제17조는 국가와 지방자치단체 간 협력관계를 위한 협의기구 및 제도 도입을 규정하고 있다. 중앙-지방협력회의(가칭)를 설치하고 해당 협의체가 실질적으로 기능을 수행할 수 있는 방안을 마련하는 것이 주요 목적이다. 협의체는 국무총리를 의장으로, 행정자치부장관과 시·도지사협의회장을 부의장으로 구성하도록 하며, 중앙의 국무총리, 기획재정부 장관, 행정자치부 장관, 그리고 지방의 시·도지사 17명으로 구성된다. 주로 분권 관련 정책의 추진 및 지방에 영향을 크게 미칠 것으로 예상되는 법령·정책 등에 대한 사항을 심의하며 그 결과를 대통령에게 보고 이후 소관부처 장관

---

14) 주민·지방의원·소속공무원 및 관련전문가 등 20인 이내(지방자치발전위원회, 2014)

이 추진사항을 보고하는 방식이다. 협의체는 법률을 제정하여 이를 근거로 설치 및 활동하는 것으로 하였다.

5) 특별지방행정기관 정비

특행기관 사무 중 지자체가 수행하는 것이 적합한 사무에 대해서 이양해야 할 것을 지시한 「지방분권 및 지방행정체제개편에 관한 특별법」 제12조에 근거하여 수행되었다. 주로 특행기관과 지자체의 유사·중복 사무, 지역 경제단체와 협의가 필요한 고용분야 등 현지성이 강한 사무, 단순 집행의 성격이 강한 사무 등 기존에 위원회가 의결하였던 243개 이양 대상 사무 중 89개 사무를 우선적으로 이양하도록 하고 관계부처와의 협의를 포함한 3단계 심의를 거친 후 이양 여부를 결정하도록 하였다. 추가로 사무정비를 위해 해양항만분야 등의 이양 대상 사무를 발굴할 것을 중심내용으로 한다. 또한 이양이 결정된 사무에 대해서는 일괄적으로 법제화하는 것을 목표로 하였다.

6) 지방자치단체 평가제도 개선

지자체 평가제도를 개선하는 것은 전국을 아우르는 국정 통일성을 확보하고 지방행정의 책임성을 높이기 위한 목적을 가지고 있다(「지방분권 및 지방행정체제개편에 관한 특별법」 제16조). 주요 개선방향으로는 기존에 시행되던 정부합동평가, 개별평가제도에 대한 개선방안을 마련하고 향후 평가제도의 개선에 있어 기관위임사무 폐지 등을 고려한 개선방향을 제시하였다.

먼저, 현행제도 개선에서는 정부합동평가의 실효성을 확보하기 위해 평가의 기간과 지표 등에 대해 정부업무평가위원회에서 더욱 엄격하게 심의하도록 하고, 전년도 평가결과에 대한 정책 반영사항을 해당 연도의 '합동평가결과보고서'에 추가하도록 하였다. 중앙부처가 회계시스템 등을 통해 직접 증빙자료를 확보하는 등 증빙자료의 제출을 간소화하도록 하였다. 특별교부세를 통해 정부합동평가에 대한 인센티브 재원이 확보되도록 노력하였다. 개별평가에 대해서는 정부업무평가위원회와 협의 및 보고체계를 강화하고 일몰제[15]를 확대 시행하는 등 평가 신설을 억제하도록 하였다. 향후 평가제도 개선에 있어 기관위임사무 폐지를 고려하여 국가평가가 필요한 사무를 재선정할 것을 제시하였다.

7) 지방자치단체 간 행정협력체제 정립

해당 계획은 기존 행정협력체제를 개선하고 특별지방자치단체 제도를 구체화하는 것을 주요 내용으로 한다. 협력체제에 대한 평가결과를 반영하여 사무위탁제도를 개선하며 「지방분권 및 지방행정체제개편에 관한 특별법」 제17조 3항에 근거하여 특별지방자치단체를 도입하는 것을 검토하였다.

이를 위해 집행기관의 사무위탁 전 지방의회의 의결을 필수로 거치도록 「지방자치법」 제151조를 개정하고자 하였다. 특별지방자치단체의 경우 「지방자치법」 제2조에 설치근거가 명시되어 있으나 절차와 운영에 관한 세부규정이 없어 실현되지 못하는 맹점을 해소하기 위해 대상 사무와 기관구성에 대한 계획이 마련되는 대로 법 제·개정을 추진하려 하였다.

8) 주민직접참여제도 강화

지방자치발전위원회는 주민참여 활성화를 목표로 참여제도를 개선하고자 하는 과제를 선정하였다. 이는 「지방분권 및 지방행정체제개편에 관한 특별법」 제15조에 근거한 것으로 각종 청구 제도의 개선과 요건의 완화를 통해 제도 활성화를 도모하였다.

구체적 방안으로는 조례제정 및 개·폐 청구에 대해 주민청구 조례안은 임기만료 시 자동 폐기를 금지하는 특례를 도입하며 조례제정 청구요건(서명자 수)을 완화[16]할 것을 제시하였다. 또한 주민감사청구의 대상기간을 기존 2년에서 3년

15) 새로운 정책과 같이 평가가 오랜 기간 이뤄져야 하는 경우 개별평가를 폐기할 시기를 명시하여 평가실시계획을 제출함.

16) 시·도 및 대도시의 경우 기존 19세 이상 주민 총수의 1/100~1/70이던 것을 1/150~1/100 이내로 완화하며 시·군·구의 경우 19세 이상 주민 총수의 1/50 이상 1/20 이하 → 1/100 이상~1/50 이하로 완화함.

으로 연장하여 시일이 지난 위법사항에 대해서도 감사청구를 가능하게 하고, 지방의원에 대한 주민소환 청구요건을 기초자치단체장과 동일한 수준(주민소환투표권자 15/100 이상 서명)으로 완화할 것을 과제로 삼았다. 주민참여예산제도에 관해서는 위원회 심의 절차를 의무화하여 지자체 예산에 대한 주민권리의 행사를 강화하도록 하였고, 참여대상 예산범위가 대부분 일반회계에 한정되어 있다는 문제를 해결하기 위해 특별회계, 기금, 지방채 발행을 포함하는 것을 의무화하는 것을 과제로 삼았다.

9) 지방자치단체 소규모 읍·면·동 통합

해당 과제는 기술변화와 행정개편 등의 환경변화로 인해 읍·면·동의 규모를 적정화할 필요가 있다는 전국시장군수구청장협의회의 건의를 통해 추진과제로 채택되었다. 주민편익과 복리를 우선하는 방향으로 기준을 마련하며 통합 대상이 되는 지역에 대해서 행·재정적 지원을 병행하는 것을 기본방향으로 하였다.

구체적으로 통합기준에 있어 인구·면적·지역적 특성 및 예상되는 기능개편을 고려하였으며, 통합유형 모델은 주민참여가 확대되는 방향으로 고려하였다. 주민의 자율이 중시되는 통합이 이루어져야 하지만 통합 필요성이 큰 지역에 대해서는 통합을 유도하도록 하였다. 통합에 따르는 지원에 대해서는 먼저, 지역을 통합함으로써 생겨나는 유휴인력을 새로운 행정수요가 발생하는 분야에 전환·재배치하며, 통합으로 인한 유휴청사에 대해서는 주민복리를 증진하는 새로운 목적으로 활용하도록 하고 통합을 저해할 수 있는 선거구 및 공무원 수와 같은 요인들을 해소하도록 노력하도록 하였다.

10) 시·군·구 통합 및 통합 지자체 특례 발굴

시·군·구 통합 과제의 경우 「지방분권 및 지방행정체제개편에 관한 특별법」 제22조~26조 및 제30조~39조에 근거하였다. 먼저 통합을 위한 절차 및 방법과 통합 시 주어지는 통합 지자체에 대한 특례를 주요 내용으로 하였다. 기존 통합 건의지역인 14개 시·군(의정부·양주·동두천 등)에 대해 통합 여건을 조사하고 지원을 진행하고자 하였다. 이미 통합이 이루어진 통합 여수, 창원, 청주 등에 대해 성과평가 결과를 반영하여 통합제도를 개선하고자 하였다. 통합 지자체에 대해 주어지는 특례는 보통교부세 등 지원특례에 대한 기한을 연장하고 추가로 필요한 특례를 발굴하는 작업을 추진할 계획이었다. 또, 통합 대상지역을 추가적으로 선정할 것을 계획하였다.

3. 지방자치발전 종합계획의 미래발전과제

1) 지방자치단체 기관구성 형태 다양화

지방자치단체 기관구성 형태 다양화 과제는 박근혜 정부의 출범과 함께 국정과제(국정과제 105-4)에 근거하여 지방자치발전 종합계획에도 포함되었다. 기존 지자체가 대부분 단체장-의회 대립형의 구조를 취하고 있어 헌법에 위배되지 않는 내에서 지자체의 기관구성을 다양화할 수 있도록 정부가 다양한 모형을 제시하고 주민(지자체)이 그 중 적합한 모형을 선택할 수 있도록 하는 것이다.

먼저, 현재 기관구성 형태는 단체장 중심형으로 주민이 직선한 단체장 권한이 집행, 인사권을 모두 포괄하며 의회에 비해 강력한 것이 특징이다. 이에 비해 단체장의 권한이 상대적으로 분산된 모형으로는 부단체장·감사위원장 임명동의형, 부단체장·행정위원장 임명동의형이 있다. 부단체장·감사위원장 임명동의형의 경우 제주도에서 시행되는 기관구성과 유사한 형태로 단체장의 권한을 분산하는 독립적인 감사위원회를 설치하고, 단체장이 부단체장과 감사위원장을 임명하지만 의회의 동의를 받아야만 한다. 또한 기존과 유사하게 인사권·집행권 등은 단체장에게 있다.

부단체장·행정위원장 임명동의형의 경우 독립적 지위를 갖는 행정위원회(감사위원회, 인사위원회)를 다수 설치하여 단체장을 견제하며 단체장이 행정위원(장)과 부단체장을 임명하되 의회의 동의를 받는 형태이다. 반대로 의회의 권한이 강한 모형으로는 미국의 약시장-강의회형 지자체와 유사한 의회중심형을 제시하였다. 이 모형에서는 지방의회의 의장이 단체장을 겸하며 실질적인 행정권한과 집행에 대해서는 의회가 선임한 책임행정관이 수행하게 된다. 이러한 기관구성 다양화는 우선 기초자치단체에 한정하여 시행하는 것으로 하고 모형 선택은 주민의 직선으로 선출한 의회의 의결 또는 직접 주민투표를 통해 결정하였다.

2) 도의 지위 및 기능 재정립

해당 계획은 「지방분권 및 지방행정체제개편에 관한 특별법」 제21조에 의거하여 도를 존치하되 국가사무에 대한 지방이양 및 교육자치와의 통합을 함께 고려하여 그 지위 및 기능을 개편할 것을 목적으로 하였다. 단기적으로는 도를 존치하는 것을 전제로 국가 및 기초지방자치단체와의 기능 및 관계 재조정을 시행하며 장기적으로는 남북통일과 같은 변화에 대비할 수 있는 방향을 모색하고자 하였다.

도의 기능 재정립과 관련하여 지방에서 수행함이 적합한 기능들에 대해 국가 → 도/시·군, 도 → 시·군으로 이양하며, 이양 시·도는 광역적 기능에 대해 이양받고 시·군은 주민생활과 밀접한 기능들을 이양받는다. 도의 기능이 강화되는 개편 요소는 주로 국가 → 도로 기능이 이양되는 경우로 국가와의 중복되는 사무 도에 이양, 기관위임사무의 폐지, 특별지방행정기관의 사무의 지방이양, 교육자치와의 통합 등이 있다. 도의 기능이 약화되는 요인으로는 기초자치단체(시·군)로 더 잘 수행될 수 있는 사무를 도 → 시·군에 이양하는 경우로 도와 시·군 간의 공동사무 이양, 기관위임사무 폐지와 같은 요인들이 있다. 도의 지위와 관련해서는 기관위임사무, 공동사무 폐지 등을 통해 국가-도-시·군 간 관계가 기존의 상급-하급 관계에서 사실상 동등한 파트너 간 관계로 변화하게 된다.

미래를 대비하여 기초자치단체, 광역자치단체 간의 통합 및 광역행정청 설치와 같은 경쟁력 제고를 위한 개편 역시 고려하였다. 또한 남북통일 등의 미래변화를 예상하여 그에 맞는 국가행정체제의 미래 모델을 구상하고 그에 맞는 지방행정체제의 개편방향을 설계하는 방향을 제시하였다.

제3절 박근혜 정부 지방분권 평가

1. 지방분권 평가의 배경

지방분권은 18대 대선 당시 유권자의 큰 관심을 끌지 못했으며 쟁점으로 떠오르는 이슈가 아니었다. 선거에서 승리한 후에도 박근혜 대통령이 지방분권에 보인 관심은 낮은 수준이었다. 분권보다는, 복지정책으로 인한 지방재정의 악화 가능성과 이를 둘러싼 중앙정부-지방정부 간 갈등이 주된 이슈였다.

박근혜 정부는 지방분권촉진법과 지방행정체제법에 의하여 이원화된 지방분권의 추진체제를 「지방분권 및 지방행정체제개편에 관한 특별법」의 제정으로 단일화하여 추진체제의 효율성을 제고하려고 하였다. 제도 정비를 통해 단일화된 지방자치발전위원회는 우수한 지방자치발전 계획을 수립했음에도 불구하고 대통령의 의지부족과 급작스런 탄핵파동으로 인해 이를 실행에 옮기지는 못하였다.

2. 지방분권의 평가

박근혜 정부의 지방분권은 이명박 정부가 설치한 지방분권촉진위원회와 지방행정체제개편위원회를 통합한 개혁으로부터 시작되었다. 두 추진주체의 통합으로 탄생된 지방자치발전위원회는 2014년 12월 지방자치발전 종합계획을 발표하였다. 핵심과제와 일반과제로 구분하고 전자에는 자치사무와 국가의 사무의 구분체계 정비, 중앙권한 및 사무의 지방이양, 지방재정 확충 및 건전성 강화, 교육자치와 지방자치 연계 및 통합노력, 자치경찰제도의 도입, 대도시 특례제도 개선, 특별·광역시 자치구·군의 지위 및 기능개편, 읍·면·동의 주민자치회 도입이 포함되었다. 후자에는 지방의회 활성화 및 책임성 제고, 지방선거제도 개선,

지방자치단체 간 관할구역 경계조정제도의 개선, 국가와 지방자치단체 간 협력체제의 정립, 특별지방행정기관의 정비, 지방자치단체 평가제도의 개선, 지방자치단체 간 행정협력체제의 정립, 주민직접참정제도의 강화, 지방자치단체 소규모 읍·면·동의 통합, 시·군·구 통합 및 통합 지자체의 특례발굴이 포함되었다.

여기에 미래과제로서 지방자치단체 기관구성 형태의 다양화와 도의 지위 및 기능의 재정립이 포함되었다. 박근혜 정부가 발표한 지방자치발전 종합계획은 국무회의의 의결을 거쳤다는 점에서 정부의 종합계획이라는 의의를 지녔다. 박근혜 정부는 그동안 선행 추진기관의 활동을 토대로 하여 지방분권을 위한 제도적 계획의 완성도가 높은 것으로 평가되고 있다(정정화, 2017). 그럼에도 세부적인 계획의 실행은 매우 미미한 수준으로 남았다.

중앙행정권한 및 사무의 이양을 위하여 박근혜 정부는 행정사무 일괄이양법을 추진하였다. 20개 부처에 걸친 728개의 사무를 일괄법의 형식으로 검토하였다. 종전의 방식이라면 124개의 법률에 해당하는 사항을 각각 개정하는 것이었으나 단일의 일괄법으로 추진하는 새로운 형태였다. 여기에 기관위임사무가 56%인 409개에 달하였다. 그러나 추진되지 못하고 미완으로 마무리되었다(김홍환·정순관, 2018).

중앙정부의 권한과 사무의 이양에 대해서는 사무이양의 기준을 2013년 새롭게 마련하였다. 이를 토대로 중앙정부에서 시·도로 1,378개, 시·군·구로 480개, 시·도에서 시·군·구로의 이양이 264개 등 총 2,122개의 사무가 이양대상 사무로 논의되었다. 지방자치발전위원회는 이 중에서 127개의 사무를 이양대상으로 결정하였으나 최종적으로 대통령에게 보고되지 못했다.

박근혜 정부는 교육의 정치적 중립성을 토대로 교육자치의 개혁을 추진하였다. 교육자치와 지방자치를 통합하기 위하여 정치색이 짙은 교육감 직선제를 폐지하는 방안을 추진하였다. 이에 대하여 야당과 전교조 및 일부 교육단체들이 강하게 반발하였다. 지방자치발전위원회는 이러한 상황을 고려하여 제1단계는 지방재정과 교육재정을 통합하고, 제2단계로 교육행정과 일반행정을 통합하는 전략을 추진하였으나 성과를 거두지는 못했다(김홍환·정순관, 2018).

박근혜 정부는 이명박 정부가 추진하였던 시·군·구 수준의 자치경찰을 설치하는 방안을 검토하였다. 현재 지방정부가 수행하는 특별사법경찰의 기능에 방범과 교통을 추가하여 치안서비스를 보완하는 방안이었다. 추산되었던 자치경찰의 인원은 12,000~14,000명 규모로 국가경찰의 기본적인 골격은 그대로 유지하는 것이었다. 재원은 주로 교통관련 과태료와 범칙금과 소비세율의 인상분을 충당하는 것으로 설계되었다. 자치경찰의 논의만 진행되었으며 구체적인 성과로 이어지지 못했다.

특별지방행정기관의 정비를 추진하는 전략은 매우 보수적이었다. 이명박 정부의 지방분권촉진위원회가 발굴한 특별지방행정기관의 사무이양을 토대로 검토를 개시하였다. 지방분권촉진위원회가 발굴하였던 103개의 사무를 중심으로 지방자치발전위원회의 재검토가 이루어졌으나 대통령에 보고도 되지 못한 채 지방자치발전위원회는 임기를 마치게 되었다.

박근혜 정부가 지방분권과 관련하여 의의를 부여할 수 있는 것은 부가가치세의 6%를 추가로 지방소비세로 전환한 것이다. 이명박 정부가 5%, 박근혜 정부가 6%를 지방소비세로 전환하여 부가가치세의 11%가 지방소비세로 전환되었다. 박근혜 정부는 부동산 경기진작을 위하여 취득세율을 영구적으로 인하하였다. 이에 지방정부는 지방세입의 감소를 강력하게 항의하였고 이에 대한 보전으로 부가가치세의 6%를 추가로 지방소비세로 전환하였다. 지방소비세의 재원으로 부가가치세를 추가로 인상한 것으로 지방세원의 확보라는 측면에서 긍정적이었다. 박근혜 정부는 지방분권에 대한 의지가 약한 가운데 대통령 탄핵이라는 정치적 상황의 변화로 인하여 지방분권의 성과는 미미한 상태로 종료되었다.

제 6 장

문재인 정부의 지방자치와 지방분권: 지방분권의 포용적 르네상스기

제1절 문재인 정부 자치분권 추진상황

문재인 정부는 2017년 5월 10일 출범하였다. 당시에는 지방분권의 추진주체였던 지방자치발전위원회의 위원장과 부위원장이 정권교체에 따라 사임한 상태였다. 박근혜 정부하에서 구성된 제2기 지방자치발전위원회는 지도부의 부재로 활동이 중단되었다. 새로운 위원장이 2017년 8월 임명되었으나 제2기 지방자치발전위원회의 위원들이 임기가 종료되어 활동이 이어지지 못했다. 지방자치발전위원회 위원장 1인 체제하에 지방자치분권에 관한 사업이 추진되는 가운데 제3기 지방자치발전위원회의 위원들이 2018년 1월 23일 위촉되었다. 문재인 정부의 지방자치발전위원회는 2018년 1월 23일 출범하게 되었다. 「지방분권 및 지방행정체제 개편에 관한 특별법」이 한시법으로 종료되고 대체법안으로 「지방자치분권 및 지방행정체제에 관한 특별법」이 2018년 3월 제정되면서 새로운 추진주체로서 자치분권위원회가 출범하게 되었다.

문재인 정부는 출범하면서부터 연방제 수준의 자치분권을 천명하였다. 지방분권의 수준을 연방제로 은유한 점과 종전의 "지방분권"이라는 용어를 "자치분권"으로 대체한 것이 문재인 정부가 추진하는 지방분권 개혁의 주요한 특징이다. 연방제 수준의 자치분권의 의의는 아래와 같다.

제2절 문재인 정부 연방제 수준의 자치분권

1. 자치분권의 배경

1980년대 이후 선진국을 중심으로 지방분권 운동이 확산되면서 우리나라도 표면적으로는 지방분권의 흐름에 관심을 보였다. 특히 노무현 정부가 출범한 이후에는 어느 정부보다도 지방분권이 정부의 주요 정책으로 결정되었다. 오랜 중앙집권 체제하에서 초래된 수도권의 집중 문제를 더 이상 간과할 수 없었기 때문이다. 노무현 정부를 이은 이명박 정부와 박근혜 정부는 지방분권에 소극적이었으며 문재인 정부가 들어서면서 자치분권이 새롭게 조명을 받고 있다.

행정안전부가 2017년 10월 발표한 지방분권 로드맵(안)에서 '내 삶을 바꾸는 자치분권'을 위하여 '연방제에 버금가는 강력한 지방분권'을 목표로 설정하였다. 문재인 대통령도 지방분권을 강조할 때마다 연방제에 버금가는 자치분권을 강조하면서 연방제라는 용어가 사용되었다. 그런데 연방제는 시대와 국가에 따라 매우 다양하다. 이런 관점에서 볼 때 '연방제 수준'의 의미도 매우 다의적이다. 본 절에서는 연방제의 의의와 기본원리를 분석하고 이를 토대로 연방제 수준의 의미를 논의하였다.

2. 연방제의 의의[1)]

국가의 정치·행정체제를 분류할 때 중앙-지방의 관계를 중심으로 연합제, 연방제 및 단방제로 분류한다. 지방의 권한이 중앙정부의 권한보다 강하면 연합제, 중앙정부의 권한보다 약하면 단방제, 비교적 대등한 수준의 권한을 양분하고 있으면 연방제라고 정의한다. 1776년 미국이 독립한 이후 1787년 연방헌법을 제정하기 이전의 미국체제나 국제연합이 대표적인 연합제의 예이며 우리나라가 단방제의 대표적인 국가이다. 단방제에 비하여 지방의 권한이 강한 국가로서 지방의 주권이 인정되는 체제를 연방제로 정의하며 여기에는 미국, 스위스, 독일, 캐나다 등이 속한다.

연방제는 다양한 문화와 인종을 가진 사회로 구성된 국가, 중앙의 권력이 지방을 압도할 만한 수준이 아니거나 지방의 권력이 독립을 주장할 만큼 크지 않은 국가, 헌법이나 의원내각제 등 연방제를 뒷받침할 사회적 제도 등이 마련된 국가 등에서 채택될 가능성이 크다. 물론 연방제로 분류되는 국가 간에도 중앙-지방의 관계는 매우 다양하다. 구소련과 같이 중앙집권적인 특성이 강한 국가가 있는 반면 현재의 스위스와 같이 연합제에 가까운 국가도 있다. 그럼에도 불구하고 일반적으로 연방제라고 하면 중앙집권보다 지방분권을 선호하는 사회에서 채택될 가능성이 매우 높기 때문에 연방제는 지방분권체제를 상징하는 용어가 되었다.

3. 연방제의 기본원리

1) 자치

연방제가 지방분권체제를 상징하는 용어가 된 것은 연방제가 안고 있는 기본

1) 연방제에 관한 부분은 필자(2018a)의 "연방제에 버금가는 자치분권의 시사점"을 수정·보완하였음.

원리에 기초한다. 연방제의 기본원리로 논의되는 사항은 자치(自治: self rule)와 공치(共治: shared rule)이다. 1776년 미국독립 이후의 미합중국 건국과정을 보거나 스위스의 연방제 발전과정을 보면 자치가 연방제 논의의 시발점임을 알 수 있다.

연방제가 지향하는 기본적인 가치는 다양성에 기초한 민주주의이다. 다양한 문화, 언어, 역사, 종족을 가진 사회는 평화로운 공존을 위하여 다양성이 무엇보다도 존중되어야 한다. 다양성에 기초한 민주주의 체제로서의 연방제와 단방제와의 차이는 소수자 보호에 있다. 민주주의는 다수결의 원리에만 의존하게 되면 다수의 독재가 될 가능성이 크다. 소수자에게도 평등권(equal rights)과 더불어 평등할 권리(right to be equal)가 보장되는 민주주의 체제가 연방제이며 이를 위하여 자치가 인정되는 것이다(Fleiner, 2000).

우선 연방제를 구성하는 정치 주체는 그들의 언어, 인종 및 역사와 문화에 의하여 결정된다. 비교적 동일한 문화와 역사로부터 파생되는 자신들의 이익과 정체성의 확보를 위하여 스스로 통치하기를 희망하게 되는데 이것이 자치이다. 자치는 그들의 평등권과 평등할 권리의 실현을 위한 정책의 결정과 집행 및 이를 위한 재원의 조달 등을 자율적으로 결정하는 것이다.

자치를 위해서는 스스로 결정할 수 있는 권한의 배분 및 분권이 반드시 전제되어야 한다. 자치의 관점에서 보면 분권에 기초한 자치가 연방제 하의 민주주의 정통성 확보에 필수적 개념인 것이다.

2) 공치

정체성을 지닌 지방이 각자의 사익을 추구하는 과정에 지방 간의 갈등이 발생한다. 때로는 다양한 이익으로 대표되는 지방의 사익을 초월하는 집단적 공익(collective right)의 추구가 필요하다. 다양한 사익 간의 갈등을 해결하고 공익의 추구를 위하여 공치가 요구된다.

공치의 개념은 크게 3가지로 구체화할 수 있다. 우선 공치는 연방정부의 정치과정에 참여하는 지방의 권한과 관련되어 있다. 독일의 연방정부에서와 같이 지방이 제도적이고 체계적으로 참여할 수 있는 경우 공치는 중앙정부와 주정부 사이에서 형성된다. 독일의 상원은 이를 제도적으로 보장하는 국가이다. 참여가 공치에 절대적으로 필요한 요소임을 보여주고 있다. 공치는 때로 중앙정부를 포함시키지 않고 지방 간의 협력을 통하여 이루어지기도 한다. 공치는 지방 간의 수평적 협력을 의미한다. 끝으로 공치는 공익을 추구하고 보존하는 중앙정부의 권한을 의미한다. 미국이나 스위스의 연방정부가 주정부로부터 위임된 권한으로 형성된 국가이다. 주정부의 주권에 기초하여 중앙정부에 이양된 권한이 공치이다(Muller, 2017).

상기의 자치와 공치의 원리를 종합하면 자치와 공치는 상호·보완의 관계에 있음을 알 수 있다. 각 지방은 정체성에 기초한 자치를 추구하는 한편 지역 간의 갈등해결과 공익의 실현을 위하여 공치가 실현되는 정치체제를 구현한다. 미국과 스위스 등의 연방국가는 국가의 현대화 과정에서 자치와 공치가 변증법적으로 발전한 대표적인 국가로서 양자가 상호·보완관계에 있음을 실증적으로 보여주었다.

3) 연방제와 민주주의

민주주의는 국민이 주체가 되는 정치체제를 의미한다. 국민의 개인 또는 집단적 권리의 보장이 민주주의 체제가 지향하는 최상의 목표이다. 이를 위하여 국민의, 국민에 의한, 국민을 위한 정부를 구성하게 된다. 민주주의는 이러한 정부의 정통성을 보장하는 절차인 동시에 발생하는 다양한 갈등을 평화적으로 해결하는 절차이다.

민주주의 절차라는 관점에서 절차의 정통성은 단순 다수결의 원리가 기초가 되었다. 다수의 의견이 전체의 의견이 되는 결정과정에서 민주주의 정당성이 한동안 인정되었다. 그런데 단순 과반수에 의한 독재가 빈발하면서 소수자의 권리가 보장되어야 한다는 주장이 대두되었다. 이를 위하여 직접 민주주의와 연방제의 공치 원리가 강조되었다. 이러한 경향은 만장일치를 지향하는 민주주의에까지 발전되었다. 연방제는 만장일치를 지향하는 민주주의의 디딤돌이 되었다.

4. 연방제에 버금가는 자치분권의 시사점과 의의

상기에서 논의한 연방제의 의의와 기본원리로부터 "연방제에 버금가는 자치분권"의 시사점은 몇 가지로 요약할 수 있다. 첫 번째의 시사점은 혁신적인 수준의 지방분권을 의미한다. 김대중 정부 이후 우리나라에서 자치분권이 논의되었지만 지역에서 체감할 수 있는 수준에는 이르지 못했다. 노무현 정부가 다소의 성과를 창출하였지만 만족할 수준에는 이르지 못했다. 이런 점을 감안하여 문재인 정부의 자치분권은 지역에서 체감할 수 있고, 지역균형발전에 기여하는 수준이 되어야 한다. 이런 관점에서 문재인 정부의 자치분권 목표는 연방제의 분권체제, 즉 혁신적인 분권적 체제를 지향한다는 것을 보여주는 수사적 표현이다.

두 번째의 시사점은 작은 단위의 영토적 민주주의와 참여가 중시될 것임을 시사한다. 연방제는 작은 단위의 정치적 주체를 통하여 주민자치가 중시되고 중앙의 정치과정에 지방이 참여하는 제도로 자치와 공치의 조화를 이루고 있다. 연방제에 버금가는 자치분권도 자치와 공치의 조화를 통하여 완성될 수 있다. 문재인 정부가 제시한 자치분권 로드맵 중 풀뿌리 민주주의 확산은 전자를 위한 것이며 논의되는 제2국무회의[2]는 후자를 위한 제도이다. 이러한 제도와 장치가 마련되면 다수의 독재와 소수의 횡포를 자치분권으로 견제 또는 해결하는 자치분권체제를 구축하게 된다.

연방제에 버금가는 자치분권은 다양성의 존중과 다양성에 기초한 갈등의 평화적 해결절차를 의미하기도 한다. 우리나라는 다행히 언어 또는 인종 간 갈등은 존재하지 않지만 지역 간의 정서적 지역주의는 주요 갈등의 원인이 되었다. 자치분권은 권한을 지방으로 이양함으로써 지역 간 갈등의 공간을 축소하는 효과를 보인다.

끝으로 연방제에 버금가는 자치분권은 헌법개정의 지향점이 될 수 있다. 연방원리는 지역의 정치·행정역량에 따라 기본적 지위와 부가적 권한을 상이하게 부

2) 지방자치법 전부 개정안에는 중앙-지방 협력회의로 개칭함.

여하는 조합이다. 전자는 지역 간의 차이에도 불구하고 기본적으로 존중되는 부분이며 후자는 지역의 역량에 따라 차별적인 권한이 인정되는 부분이다. 미국 상원의 경우 주 정부 내 인구규모의 차이에도 불구하고 동등하게 2명씩 배정되는 것은 전자의 예이며 하원의 수는 인구비례에 따라 주 정부 간 커다란 차이를 보이는 것은 후자의 예이다. 향후 논의되어야 하는 자치분권의 개헌은 자치와 공치가 지역의 역량을 반영할 수 있는 제도적 기초가 되어야 한다.

구체적으로 명시하는 수준은 아니지만 연방제에 버금가는 자치분권은 연방제의 가능성까지도 포함할 수 있다. 현재 영국은 공식적으로 단방제 국가이지만 웨일즈, 스코틀랜드, 북아일랜드에 획기적인 지방분권을 실행함으로써 연방제 국가보다도 더 분권적인 체제를 구축하였다. 영국과 같은 획기적인 수준의 자치분권은 적어도 준연방제라고 칭해도 무방할 것이다.

제3절 문재인 정부 자치분권 헌법의 철학과 주요 내용[3)]

1. 추진배경

헌법은 서로 상이한 이익과 이해관계를 갖고 있는 인간들이 국가라는 틀 안에서 질서와 평화를 유지하기 위하여 제정한 최고의 규범이다. 헌법은 통상 국민들의 기본적 인권과 이를 수호하기 위한 통치구조에 관한 사항을 규정한다. 국민의 기본권과 통치구조의 내용은 헌법의 제·개정 시의 정치적 이념과 철학에 따라 결정된다. 정치적 이념과 철학은 시대적인 사회적 가치의 부산물이다.

문재인 정부는 현재의 사회적 가치를 다음과 같은 표현으로 압축하고 있다.

---

3) 필자(2018b)의 "지방분권 개헌과 지방의회"를 수정·보완하였음.

문재인 대통령은 제19대 대통령 취임사에서 “기회는 평등하게, 과정은 공정하게, 결과는 정의롭게”라는 표현으로 현재의 사회적 가치를 제시하였다. 이는 더욱 발전하여 2019년 3·1절 행사를 통하여 혁신적인 포용국가로 이어졌다.

이런 관점에서 본 절은 1987년 이루어진 제9차 개정헌법의 의의와 문제점을 토대로 문재인 정부가 추진한 자치분권헌법의 개정의 필요성을 논의하였다.

2. 사회적 가치와 1987년 헌법의 의의

1970-80년대를 견뎠던 국민들의 관심사는 산업화에 희생되었던 민주주의의 복원이었다. 1987년 6·10항쟁으로 민주화에 대한 국민들의 열망이 표출되었고 이를 반영한 것이 1987년 제9차 헌법개정이었다.

1987년의 사회적 가치는 민주주의의 착근 내지는 부활이었다. 산업화 시대 효율성 중심의 철학에 의하여 희생되었던 민주성을 회복하는 일이 당시 최고의 가치였다. 이를 구현하는 구체적인 방안으로 민주화 세력은 대통령 직선제와 지방자치의 부활을 지속적으로 주장하였다. 국민들의 직접 선거로 대통령을 선출하는 제도가 도입되지 않고는 여·야간의 정권교체는 어렵다는 것이 국민적 합의였다.

지방자치는 공정한 선거를 위한 필요조건이었다. 이러한 사회적 가치를 반영한 1987년 제9차 헌법개정은 우리나라 정치사에 있어 의의가 매우 컸다. 1987년의 헌법개정과 1991년의 지방의회의 출범 및 1995년 선출직 지방정부의 구성이 뒤를 이었으며 2018년까지 여·야간의 정권교체가 2차례 이루어져 민주주의의 착근에 근본적으로 기여하였다. 그럼에도 불구하고 제9차 헌법개정은 현재의 사회적 가치에 비추어 몇 가지 중요한 문제점을 안고 있다.

3. 1987년 헌법의 한계 및 개정 필요성

1987년 개정된 현행 헌법은 현재의 사회적 가치라는 관점에서 볼 때 크게 3가지 문제점을 안고 있다. 첫 번째 문제점은 현행 헌법의 국민주권에 기초한 국가주의와 이에 기초한 중앙집권주의이다. 보댕의 주권이론은 봉건영주의 권력을 견제하고자 중앙정부의 권한을 강화하기 위한 목적으로 탄생한 개념이다. 최고성 및 절대성의 의미를 가진 국민주권은 지금도 국가권력의 연원이다. 우리나라도 "주권은 국민에게 있고 모든 권력은 국민으로 나온다"고 규정하고 있다. 현행 헌법하에서 중앙정부는 곧 국가이며 국민의 주권을 위임받은 유일한 대의적 정부이다. 지방은 중앙정부가 위임한 권한을 집행하는 지방자치단체로서 정부의 지위가 인정되지 않는다. 국가주의하에서 중앙정부는 곧 국가가 되어 중앙집권을 낳았다. 우리나라의 경우 수도권 집중도가 49%를 상회하는 등 수도권과 비수도권의 격차로 말미암아 기회의 균등을 저해하는 것은 물론 정의로운 결과를 낳는 데에도 부정적으로 작용하고 있다.

효율성 중시의 이념하에서 국민의 기본권이 지나치게 제약되고 있다는 것이 두 번째 문제점이다. 민주주의의 발전에 따라 국민의 기본권이 꾸준히 신장되고 있지만 아직도 다른 선진국과 비교해 보면 기본권이 제약받는 범위가 상대적으로 크다. 대표적인 예로 우리나라에서는 주민의 자치권이 기본적으로 보장되고 있지 않다.

세 번째의 문제점은 중앙정부의 지휘·감독하의 하향식 통치이념이다. 산업화의 성공을 위하여 자원의 효율적 사용이 요구되었고 이는 정치권력의 통합으로 이어졌다. 중앙정부 내에서는 대통령으로의 권한집중을, 중앙-지방 관계에서는 중앙정부의 권한집중을 낳았다. 1961년 이후 지방자치의 폐지는 중앙-지방 관점에서 중앙정부의 지휘와 감독이 얼마나 강조되었는지를 가장 명백하게 보여주는 헌법적 조치였다.

문재인 정부가 추진하였던 헌법개정은 상기에서 논의한 문제점을 개선할 수 있는 내용이어야 했다. 이는 다음 절에서 논의하였다.

4. 사회적 가치가 반영된 자치분권 개헌의 내용

1) 새로운 헌법이 반영하여야 할 사회적 가치

새로운 자치분권 헌법이 반영하여야 할 가치는 앞에서 언급하였듯이 기회의 균등, 절차의 공정, 결과의 정의여야 한다. 이를 구체적으로 실현하기 위해서는 헌법의 무게추가 국가주의에서 지방주의로, 효율성 중시에서 민주성 중시로, 통치에서 협치의 이념으로 이동해야 한다.

국가주의에서 지방주의로의 전환은 헌법에 국민주권의 개념과 더불어 주민주권이 반영되어야 함을 의미한다. 중앙정부에 위임되어 행사되는 국민주권을 넘어 주민 스스로 결정하는 주민자치를 위한 기초로서 주민주권의 사상이 도입되어야 한다. 과도한 중앙집권주의에 대한 지방분권주의로의 대전환을 의미한다.

이를 위해서는 현재 국가주의 관점에서 정의된 국가를 새롭게 정의하여야 한다. 이제는 중앙정부만이 국가라는 개념을 벗어나 새로운 헌법에서 국가는 중앙정부와 지방정부로 구성되는 개념으로 전환되어야 한다. 국가가 새롭게 정의되면 논리적으로 국정운영의 원리를 다음과 같이 변용하여야 한다.

지금까지 국가주의와 효율성의 이념하에서 제약되었던 국민 개개인의 기본권을 확대·보장하여야 한다. 자치분권과 관련해서는 주민의 기본권으로 자치권을 보장하여야 한다. 이에 기초하여 지방정부의 자치입법권 강화로 이어져야 한다.

새로운 헌법은 하향식의 통치에서 협력과 배려의 협치로 전환하는 것이어야 한다. 이전에는 자원의 효율적 사용을 위하여 중앙정부와 대통령 중심으로 권한을 집중하였으나 이제는 권력분립과 견제 및 균형의 원리가 적절하게 작동되어야 할 때다. 수평적으로는 국회, 행정부, 사법부가 권력을 분점하듯이, 중앙정부와 국가의 구성체로서 정부로 인정된 지방도 협치의 원리 하에 대등한 관계를 맺으며 국정의 파트너가 되어야 한다. 주민의 국정 참여가 절대적으로 보장되는 것 역시 협치에 있어서 빼놓을 수 없다.

2) 자치분권 개헌의 내용

앞 절에서 논의한 사회적 가치가 반영되는 자치분권 헌법의 구체적인 조항은 아래와 같다. 각각의 실천이념을 구현하는 조항을 아래에서 각각 예시하였다.

가. 국가주의에서 지방주의로

(1) (주민주권) 제117조 ① 모든 지방정부의 권한은 주민의 주권에 기초하여야 한다.

(2) (분권이념) 제1조 ③ 대한민국은 지방분권형 국가이다.

(3) (지방정부) 지방자치단체라는 용어를 지방정부로 전환하여 사용한다.

(4) (국가와 중앙정부의 구별) 국가는 중앙정부와 지방정부로 구성한다.

(5) (주민참정제도) 지방정부는 중요한 의사를 결정할 때에는 주민투표에 부의하여야 한다. 주민투표에 부의하여야 할 사항은 따로 법률로 정한다.

(6) (보충성의 원칙) 지방정부는 자기책임하에 모든 지역적 사무를 우선적으로 처리할 권한을 가진다. 중앙정부는 이를 보장하여야 한다.

나. 효율성 중시에서 민주성 중시로

(1) (국가와 중앙정부의 분리) 개정헌법에서는 국가와 중앙정부를 구별하여야 한다. 국가는 중앙정부와 지방정부를 포함하는 개념이어야 한다.

(2) (지방정부 용어의 사용) 지방자치단체라는 용어를 폐기하고 지방정부라는 용어를 사용하여야 한다.

(3) (주민의 자치권) 주민은 스스로 결정할 수 있는 자치권을 갖는다.

(4) (자치입법권) 입법권은 국회와 지방의회가 행사한다. 지방의회는 법률에 위배되지 않는 범위 내에서 지역에 관한 자치법률을 제정한다.

(5) (헌법재판소 관할 범위 확대) 지방정부는 자치권의 침해를 이유로 헌법재판소에 심판을 청구할 수 있다

다. 통치에서 협치로

(1) (제2국무회의) 제90조 ① 제2국무회의는 지방정부와 관련되는 중요한 정책을 심의한다.

② 제2국무회의는 대통령·국무총리·5인 이하의 국무위원 및 20인 이하의 지방정부의 장, 지방의회 의장 등으로 구성한다.

③ 대통령은 제2국무회의의 의장이 되고, 국무총리 및 법률로 정하는 지방정부의 장이 부의장이 된다.

④ 다음 사항은 제2국무회의의 심의를 거쳐야 한다.

1. 중앙정부와 지방정부 간의 역할분담에 관한 중요한 사항
2. 지방정부의 재정에 관한 중요한 사항
3. 지방자치에 영향을 미치는 중요한 정책
4. 기타 대통령·국무총리·국무위원 및 법률이 정하는 바에 따라 지방정부의 장 또는 지방의회의장이 제출한 사항

⑤ 제2국무회의의 조직·직무범위·기타 필요한 사항은 법률로 정한다.

(2) (수직적, 수평적 재정조정제도) 중앙정부와 지방정부 간, 지방정부 상호간 적정한 재정조정이 이루어지도록 법률로 정한다.

(3) (헌법개정안 국민발의권) 국민은 법률이 정하는 바에 따라 헌법개정안을 발의할 수 있다.

상기 논의사항을 표로 정리하면 〈표 6-1〉과 같다. 이외에도 다수의 요소가 포함될 수 있지만 적어도 아래의 사항이 포함된다면 개정 헌법이 사회적 가치의 실현에 기여할 수 있을 것이다.

표 6-1 사회적 가치와 자치분권 헌법의 실천이념 및 요소

사회적 가치	자치분권 헌법의 요소	
	실천이념	요소
기회의 균등 절차의 공정 결과의 정의	국가주의에서 지방주의로	- 국민주권과 주민주권의 조화 - 지방분권국가선언 - 지방정부 용어의 사용 - 국가는 중앙정부와 지방정부로 구성 - 주민자치와 주민직접참정제도 - 보충성의 원칙
	효율성 중시에서 민주성 중시로	- 자치권의 기본권화, 자치입법권 - 지방정부의 헌법재판소에의 제소권
	통치에서 협치로	- 제2국무회의 도입 - 재정조정제도(수직적, 수평적) - 헌법개정안 국민발의권

출처: 김순은(2018c)

제4절 문재인 정부 자치분권 종합계획의 주요 내용

1. 추진개요

문재인 정부가 설치한 자치분권의 추진주체인 자치분권위원회는 2018년 9월 문재인 정부의 자치분권 종합계획을 발표하였다. "우리 삶은 바꾸는 자치분권"이라는 비전하에 주민과 함께하는 정부, 다양성이 꽃피는 지역, 새로움이 넘치는 사회라는 목표를 설정하였다.

문재인 정부는 자치분권 종합계획에서 '우리 삶을 바꾸는 자치분권'이라는 비전과 3대 목표하에 6대 전략, 33개 과제를 통해 추진하고자 하였다. 6대 전략은 주민주권 구현, 중앙권한의 획기적인 지방이양, 재정분권의 강력한 추진, 중앙-지방 및 지방자치단체 간의 협력 강화, 지방자치단체의 자율성과 책임성 확

그림 6-1 문재인 정부 자치분권 종합계획 비전과 추진전략

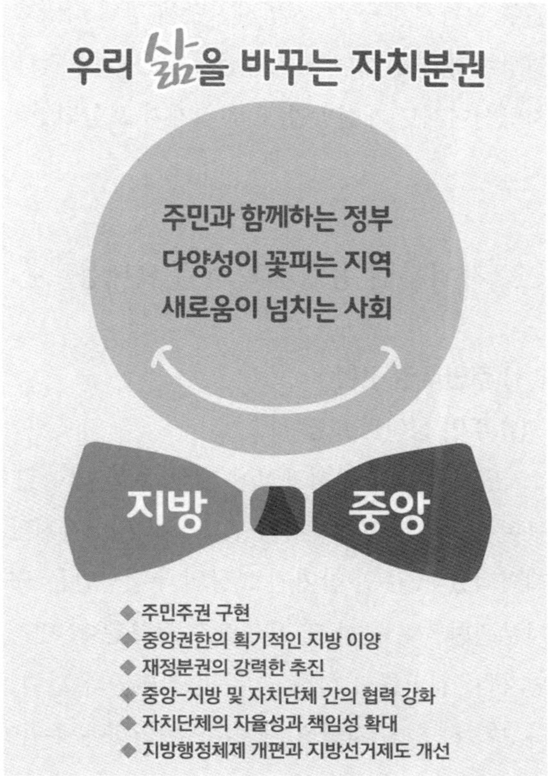

출처: 자치분권위원회(2018), p. 2

대, 지방행정체제 개편과 지방선거제도 개선으로 구성되었다. 주민주권 구현 전략에 따르는 과제들은 주민 참여권 보장, 숙의 기반의 주민참여 방식 도입, 주민자치회 대표성 제고 및 활성화, 조례 제·개정의 주민직접발안제도 도입, 주민소환 및 주민감사청구 요건의 합리적 완화, 주민투표 청구대상 확대, 주민참여예산제도 확대 등이다. 중앙권한의 획기적인 지방이양 전략을 위하여 중앙-자치단체 간 사무 재배분, 중앙권한의 기능 중심 포괄 이양, 자치분권 법령 사전협의제 도입, 특별지방행정기관 정비, 대도시 특례 확대, 광역단위 자치경찰제 도입, 교육자치 강화 및 지방자치와의 연계·협력 활성화 과제가 추진되었다. 재정분권의 강력한 추진 전략에는 국세·지방세 구조 개선, 지방세입 확충 기반 강화, 고향사랑 기부제 도입, 국고보조사업 개편, 지방교부세 형평 기능 강화, 지역상생발전기금 확대 및 합리적 개편 과제가 포함되었다. 중앙-지방 및 지방자치단체 간의 협력 강화 전략에는 중앙-지방 협력기구 설치·운영, 지방자치단체 간 협력 활성화 지원, 제주·세종형 자치분권 모델 구현 과제가 포함되었다. 지방자치단체의 자율성과 책임성 확대 전략에는 지방의회 인사권 독립 및 의정활동정보 공개, 자치조직권 강화 및 책임성 확보, 지방인사제도 자율성 및 투명성 확보, 지방공무원 전문성

강화, 지방재정 운영의 자율성 제고, 지방재정정보 공개 및 접근성 확대, 자치분권형 평가체계 구축, 지방자치단체 형태 다양화 과제가 포함되었다. 마지막으로 지방행정체제 개편과 지방선거제도 개선 전략에는 지방행정체제 개편방안 및 지방선거제도 개선방안 모색 과제가 포함되었다.

2. 자치분권 종합계획의 주요내용

1) 주민주권 구현

(1) 주민 참여권 보장

지방자치단체 정책과정에 대한 주민 참여권 보장은 주민중심의 지방자치를 구현함으로써 지방자치의 민주성과 지방자치단체의 책임성을 강화하기 위해서 계획되었다. 주민 참여권 보장의 추진방안은 크게 지방자치법 개정과 지역별 자치분권협의회 구성 및 운영으로 구분된다. 먼저, 지방자치법은 목적 규정에 '주민자치' 원리를 강화하고, 주민 참여권과 관련 규정을 신설하는 방향으로 개정하고자 하였다. 지역별 자치분권협의회는 주민이 직접 참여하는 협의회로, 자치분권 과제에 관하여 정보를 교환하고 정책을 제안하며 의견을 수렴하는 협의체로서 운영하고자 하였다.

(2) 숙의 기반의 주민참여 방식 도입

숙의 기반의 주민참여는 주민들이 숙의 민주주의 방식으로 정책 과정에 참여하여 지역 공동체를 회복하고 갈등을 해소하기 위해 추진되었다. 주민배심, 공론조사 등 다양한 방법을 적용하되 대표성 있는 다수의 주민이 참여하도록 하고, 충분히 토의할 수 있도록 기회와 정보를 제공하며, 참여자들은 정보에 근거하여 공적인 판단을 내려야 한다는 요건이 제시되었다. 주로 공공시설 설치 등 주민생활에 큰 영향을 미치는 정책이 적용 대상이 되며, 지방자치단체에는 주민참여 운영 매뉴얼 및 우수 사례 발굴 등을 지원하고자 하였다.

(3) 주민자치회 대표성 제고 및 활성화

주민들이 자발적으로 지역의 문제를 해결하는 대표기구로서 주민자치회의 대표성을 제고하고 설치를 확대하고자 하였다. 지방자치법에 주민자치회 설치와 지원 근거 등에 관한 규정을 마련하고, 자치규약 제정, 공공시설 위탁 업무 수행 등 실질적인 권한과 역할을 부여하고자 하였다. 이와 동시에 주민자치회를 중심으로 주민참여 중심의 행정혁신을 추진하고자 하였다. 지역 내 다양한 기관과 주민자치회 간 협력체계를 구축하였으며, 부처별 마을단위 지원사업들의 연계를 강화하고 사업 지원체계를 개선하고자 하였다.

(4) 조례 제 · 개정의 주민직접발안제도 도입

당시 조례 제정 및 개폐 청구제도는 청구요건이 엄격하여 활성화되지 못하고 있다는 문제가 제기되었다. 이에 (가칭)'주민발안에 관한 법률'을 제정하여 주민도 조례 제·개정 및 폐지안을 제출할 권리를 부여하고 청구연령을 하향할 것을 검토하였다. 청구요건은 인구 요건 상한 외에는 지방자치단체 자율에 맡기고자 하였으며, 서명 확보를 원활하게 할 수 있도록 온라인 전자서명 시스템을 운영하고자 하였다. 지방자치법 전부 개정안에는 주민직접조례청구권이 포함되어 있다.

(5) 주민소환 및 주민감사청구 요건의 합리적 완화

현재 주민소환 및 주민감사청구 요건은 지나치게 엄격하다. 지방선거직 및 지방정부 견제 기능이 미흡한 문제를 해소하기 위하여, 요건을 합리적으로 완화하는 과제가 추진되었다. 주민소환 제도의 경우, 청구요건인 서명인 수 및 개표요건을 합리적으로 하향하고, 비례대표 지방의원도 소환 청구 대상자에 포함하는 방안을 검토하였다. 주민감사청구의 경우, 청구인 수를 시·도 500명에서 300명으로, 50만 이상 지역 300명에서 200명으로, 시·군·구 200명에서 150명으로 하향 조정하고자 하였다. 청구연령 또한 하향할 것을 검토하였으며 청구 가능 기간을 기존 2년에서 3년으로 연장하고자 하였다.

(6) 주민투표 청구대상 확대

주민들이 지역 사안을 직접 결정할 수 있는 풀뿌리 주민자치 제도인 주민투표의 활용도를 높이기 위한 방안들이 제시되었다. 주민투표법 제7조 제2항에 따라 투표 제외대상으로 지정된 행정기구의 설치, 공무원 인사 및 정원, 지방자치단체 재정 및 예산 사항 등도 청구대상에 포함하는 방안을 검토하였다. 투표 참여를 독려하기 위해 모바일 투표 시스템을 도입하고자 하였으며 개표 요건도 지방자치단체 규모에 따라 완화하고자 하였다.

(7) 주민참여예산제도 확대

기존에 소규모 사업 중심으로 운영되던 주민참여예산제도를 지방예산 전반으로 확대하는 과제가 추진되었다. 이를 위해 주민참여예산기구 설치를 확대하고, 비공모사업에도 참여를 유도하기 위하여 지방자치단체 예산 전 과정 및 주요사업으로 범위를 확대하고자 하였다. 또한, 효과적인 제도 운영을 위해, 지방자치단체 유형별 주민참여 운영 모델을 개발하고 이를 확산할 계획을 세웠다.

2) 중앙권한의 획기적인 지방이양

(1) 중앙-지방자치단체 간 사무 재배분

그동안 중앙-지방자치단체 간 사무 배분은 지방자치법상 예시된 지방사무의 목록을 따르고 있었으나 현장적합성이 부족하다는 비판을 받아 왔다. 지방자치단체의 자율성을 강화하는 방향으로 기관위임사무를 정비해야 한다는 주장이 제기되어왔다. 이에, 보충성의 원칙을 바탕으로 국가사무과 자치사무를 배분하는 명확하고 일관된 원칙을 세우고자 하였다.

주요 분야별로 세분화된 구분 기준들을 향후 지방이양 대상 기능 발굴 등에 적용할 계획이었다. 해당 기준을 바탕으로 기관위임사무를 국가에 환원하거나 지방으로 이양하여 원칙적으로 폐지하고자 하였다. 재배분이 어려운 일부 사무는 (가칭)법정수임사무를 도입하여 배분하는 방안을 검토하였다. 국가-자치사무뿐만 아니라 광역단체와 기초단체 간 사무배분도 보충성의 원칙을 바탕으로 배분하는 합리적 기준을 마련하고자 하였다. 즉, 종합적 기능은 광역단체가, 주민생활에 밀접한 기능은 기초단체가 수행하고, 일부 사무는 지방자치단체 간 협력방식으로 처리하는 방안을 검토하였다.

(2) 중앙권한의 기능 중심 포괄 이양

기존의 지방이양은 단순 집행사무를 중심으로 이루어져 실질적인 권한이양은 이루어지지 않았다는 한계가 있었다. 이에 기능 중심, 수요자 중심의 지방이양이 추진되었다. 기능 중심으로 사무를 포괄 이양하였으며, 이때 파급효과가 큰 기능-주민생활 관련 기능, 규제완화 등을 우선으로 이양하고자 하고자 하였다. 이양사무 발굴 시 공무원뿐만 아니라 전문가, 시민단체, 지역주민들이 참여하여 수요자 중심의 지방이양이 이루어지도록 하였다.

지방이양을 조속히 시행하기 위한 제도개선도 추진되었다. 장기간 이양되지 않은 571건의 사무를 신속히 이양하기 위해 지방이양일괄법 제정을 추진하고자 하였다. 향후 의결하는 지방이양사무들도 이와 같이 일괄 법제화 방식으로 이양할 계획을 세웠다. 이밖에 이양사무로 인한 지방자치단체의 부담 완화를 위한 행정, 재정방안을 마련하고 재정지원 규모 산정을 위한 (가칭)지방이양비용평가위원회 설치를 검토하였다.

(3) 자치분권 법령 사전협의제 도입

법령 제·개정으로 새로운 사무가 발생 시 중앙행정기관이 주도적으로 사무를 배분하는 관행으로 인해 지방자치단체의 자치권이 제약되는 문제를 해소하기 위하여 사전심사를 확대하고 중앙행정기관장이 발의하는 모든 제·개정 법령을 대상으로 자치분권 법령 사전협의제를 도입하기로 하였다. 사전심사는 제·개정하는 법령안으로 인한 사무배분의 합리성, 국가 관여의 적정성, 기타 자치권한 침해여부를 중점적으로 살핀다. 자치분권 사전협의제는 다음과 같은 순서로 실시한다. 먼저, 입법예고 전까지 각 부처는 (가칭)사무배분 검토지침에 따라 사전평가를 실시한다. 행정안전부가 평가 결과의 적정성 여부를 검토한 뒤 법제처 심사 전까지 담당 기관에 통보하며, 중앙행정기관의 검토결과를 법령안에 반영한다. 이러한 사전협의 의견을 국무회의 시 첨부하게 하여 제도적으로 구속력을 부여하고자 하였다. 또한, 사전협의 시 자치단체, 지방4대협의체 및 전문가의 의견을 수렴할 수 있는 시스템을 구축하고자 계획하였다. 2019년 7월 1일부터 자치분권 사전협의제를 도입하여 실시하고 있다(〈그림 6-2〉 참조).

그림 6-2 자치분권 사전협의제 절차

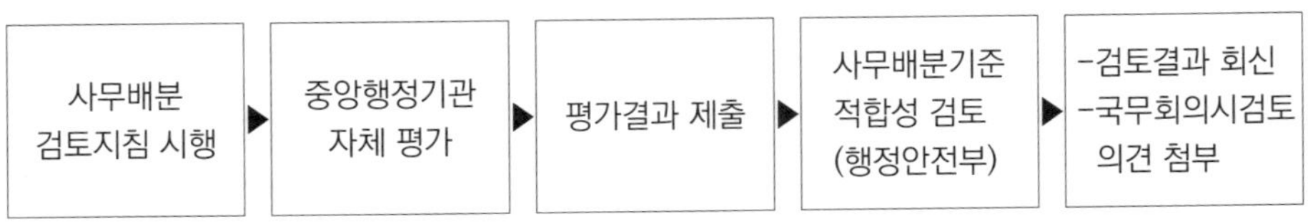

출처: 자치분권위원회(2018), p. 19

(4) 특별지방행정기관 정비

특별지방행정기관의 사무 중 지방자치단체 사무와 유사하거나 중복된 사무들을 정비하여 비효율을 개선하고자 하였다. 먼저, 광역단위로 특별지방행정기관 기능 이관 수요조사를 실시하여 중복수행, 집행적, 지역적 사무의 이양을 검토하고자 하였다. 특정 지방자치단체로 이관이 어려운 경우에는 특별지방자치단체 설립을 통한 권한이양을 검토하도록 하였다. 동시에 특별지방행정기관과 지방자치단체 간 협업을 제도화하고자 하였다. 지역단위 협의회를 두어 소관 사무에 관해 논의하고 조정하도록 하고자 하였다. 분과협의회는 환경, 복지, 안전 등에 대하여 지역별 여건과 행정수요에 따라 자율적으로 운영하도록 하였다. 지역단위 협의회와 분과별 협의회로 상호 연계, 협력하도록 하였다.

(5) 대도시 특례 확대

인구 50만 이상, 100만 이상 대도시는 특수한 행정수요에 대응할 필요가 있으며, 지방자치단체의 역량에 부합하는 기능과 역할을 부여하기 위해 대도시 특례를 확대하고자 하였다. 2017년 말 기준 인구 50만 이상 대도시는 11개, 100만 이상 대도시 4개였다. (구)지방행정체제개편위원회 및 (구)지방자치발전위원회에서 발굴한 사무 184건(50만 대도시 145건, 100만 대도시 39건)에 대도시 특례를 우선 부여하며, 이후에도 지역별 수요가 높은 사무들을 우선 발굴하고 이양하고자 하였다.

(6) 광역단위 자치경찰제 도입

중앙집권적 경찰권을 민주적으로 분권화하면서 현장과 주민 중심의 치안시스템을 구축하고자 광역단위의 자치경찰제를 추진하였다. 경찰을 자치경찰과 국가경찰로 분리하여, 자치경찰은 주민 밀착형 치안 서비스 관련 사무를, 국가경찰은 전국적 치안 수요 관련 사무를 담당하도록 한다. 자치경찰제 특별위원회를 구성하여 추진하되, 초기 부작용과 혼란을 최소화하기 위하여 단계적으로 추진하고자 하였다.

(7) 교육자치 강화 및 지방자치와의 연계 · 협력 활성화

지역 자원을 충분히 활용하여 교육서비스의 질을 높이기 위해 교육자치 강화가 추진되었다. 지방자치와의 연계 및 협력을 활성화하고자 하였다. 교육자치는 유·초·중등교육 권한을 교육부로부터 시·도 교육청 그리고 학교로 단계적으로 이양하고 관련 법령을 정비하는 방식으로 추진하고자 하였다. 국가는 국가 교육표준, 미래교육 전략 및 방향, 교육격차 해소, 안전 및 갈등관리 등 최소 범위의 역할을 수행하고 이외 권한을 재배분하고자 하였다. 이를 위해 교육부·교육감협의회 공동으로 유·초·중등교육 이양협의체를 구성하고자 하였다. 권한이양에 따른 교육자치 시 주민의 참여도 활성화하고자 하였으며, 지역자치와의 협력도 활성화하고자 하였다. 온종일 돌봄 체계 구축 등 지역 자원을 협력적으로 활용할 수 있는 방안을 마련하고, 지방자치단체와 지방교육기관 간 연계를 강화할 수 있는 제도들을 마련하고자 하였다.

3) 재정분권의 강력한 추진

(1) 국세 · 지방세 구조 개선

복지 지출 등으로 인해 지방재정 부담이 증가함에 따라, 현재 과도하게 낮은 지방세 비중을 높여 지방재정의 자율성을 제고하고자 하였다. 기본 방향은 현재 8:2인 국세와 지방세 비율을 7:3, 6:4로 점진적으로 개편하고자 하였다. 이때, 확대하는 지방세는 세수의 안정성과 신장성이 높고 지역 경제활동과 밀접하게 연관되는 소비·소득과세 중심으로 구성하고자 하였다.

구체적으로는 현재 부가가치세의 11%인 지방소비세 및 국세(소득세 및 법인세) 세율의 10% 수준인 지방소득세 규모를 확대하고자 하였다.[4] 그 외 지방세에 적합할 것으로 판단 시 일부 국세를 지방세 이양하는 방안도 검토하고자 하였다. 지방세 확대 시 지역 간 세수 불균형이 발생할 수 있으므로 지역별 가중치 적용 등 재정 균형장치를 마련할 계획이었다.

(2) 지방세입 확충 기반 강화

지방재정의 안정적 세입기반을 마련하여 지방자치단체의 자율성을 확대하기 위하여 지방세입 확충 기반을 강화하고자 하였다. 먼저, 지방세 신세원을 발굴하고자 하였다. 우선적으로 현행 지역자원시설세의 과세대상과 유사한 미과세 대상을 발굴하여 과세를 확대하고자 하였다. 취득세, 레저세 등에 대해서도 신규 과세대상을 발굴하고자 하였다.

안정적 세입을 위해 지방세 비과세·감면율을 15% 수준으로 관리하고자 하였다. 일몰도래를 합리적으로 재설계하고, 감면 사전·사후평가를 강화하고자 하였다. 지방세제 및 세정을 전반적으로 개선하도록 하였는데, 예를 들어 차세대 지방세·세외수입 시스템을 구축하고, 납세자 보호관제도를 활성화하고, 지방자치단체별 특성이 반영된 세목 조정을 검토하는 등의 방안이 검토되었다. 이밖에

---

4) 부가가치세의 10%를 지방소비세로 전환하는 개혁이 2018년 이루어져 4%는 2019년, 6%는 2020년 각각 실시될 예정이다.

지방세외수입 또한 징수율과 부과요율을 합리화하는 방안도 검토되었다.

(3) 고향사랑 기부제 도입

인구유출로 세수는 감소하고 고령화로 인해 복지비 지출은 급증하는 지방재정을 보완하기 위하여 고향사랑 기부제 도입이 추진되었다. 기본적으로 지방자치단체에 개인이 기부 시, 기부금 일부에 대해 세액 공제와 같은 혜택을 부여하고자 하였다. 다만, 답례품 제공은 과열 경쟁을 방지하기 위해 상한선과 종류 제한 규정을 둘 계획이었다. 기부금 모집과 활용의 투명성을 담보하기 위하여 모집액 및 지출실적을 공표하고, 별도 계정을 마련하도록 하였다. 또한, 기부금 사용분야는 지역공동체 활성화 지원, 취약계층 지원, 청소년 육성 및 보호 등과 같은 분야로 제한하는 규정을 두고자 하였다. 이밖에 기부를 활성화할 수 있도록 종합정보시스템을 구축하고자 하였다.

(4) 국고보조사업 개편

국고보조사업이 증가함에 따라 지방비 또한 이에 대응하기 위해 증가하여 지방재정 부담이 가중되고 경직성은 높아지고 있었다. 2017년 기준 국고보조사업은 960개로 총 69.8조 원의 예산 규모 중 국비가 46.4조로, 평균보조율은 67%에 달하였다. 이에 문재인 정부는 국고보조사업의 중앙-지방 분담체계를 개편하고자 하였다. 국가-지방 간 기능 재조정에 있어, 국가책임을 강화해야 하는 부분은 국민최저수준 보장적 복지사업이며, 지방사업화해야 하는 분야는 지역밀착형, 지역특화사업 등이다. 국고보조사업 개편 시, 기준보조율 체계 개선 및 지방 부담 합리화를 위한 성과관리 체계 수립을 진행하고자 하였다.

(5) 지방교부세 형평 기능 강화

2006년 이후 10년간 고정된 지방교부세 법정률을 상향하여 지방 균형발전 재원으로서의 교부세 역할을 강화하고자 하였다. 지방교부세 법정률은 2000년 15.0%, 2005년 19.13%, 2006년 19.24%로 변경된 이래 현재까지 유지되었으나, 지방교부세의 형평기능을 강화하기 위하여 법정률 상향을 추진하였다. 이에 더하여 지방자치단체의 세입확충 노력을 유도하기 위한 인센티브로 탄력세율, 감면 축소 등의 방안을 검토하였으며 산정방식 합리화를 위한 제도개선을 동시에 추진하였다.

(6) 지역상생발전기금 확대 및 합리적 개편

지방이 직면한 문제들에 공동으로 대응하고 지역 간 재정격차를 완화하기 위한 방안으로서 지역상생발전기금을 확대하고 합리적으로 개편하는 방안들이 추진되었다. 지역상생발전기금은 수도권이 규제합리화에 따라 발생한 개발이익을 비수도권에 지원하는 기금으로 2010년 도입되었다. 수도권 시·도인 서울, 인천, 경기가 지방소비세수 5%p분에 해당하는 35%를 출연하는 것으로 2010년 3,079억에서 2017년 3,944억 규모로 증가하였다. 기금 확대는 재정분권과 연계하여, 지방세 확대를 전제로 하는 대신 기금 출연규모를 확대하는 방안 등을 검토하였다. 기금 배분은 지방자치단체별 전반적 재정 여건, 지방이양 사업 비중, 지방세 확충 규모 등을 고려하는 방향으로 배분 기준을 개선하고자 하였으며, 구체적 방향은 지방자치단체 협의를 거칠 예정이었다.

4) 중앙-지방 및 지방자치단체 간의 협력 강화

(1) 중앙-지방 협력기구 설치 · 운영

중앙과 지방 간 동반자적 관계를 구축하고, 지방에 영향을 미치는 정책의 결정과정에 지방자치단체의 참여를 제도화하는 통로로써 중앙-지방 협력기구의 설치 및 운영이 추진되었다. (가칭)'중앙-지방협력회의' 설치 근거를 지방자치법 등에 마련하고, 의장인 대통령, 국무총리, 관계부처 장관 및 지방자치단체로 구성하고자 하였다. 중앙-지방협력회의가 다루는 논의사항은 국가와 지방자치단체 간 역할 및 재원 분담, 지방자치제도와 지방재정 및 세제에 관한 사항, 지방자치 및 균형발전에 관한 사항, 국가와 지방자치단체 간 협력에 관한 사항 등이다.

(2) 지방자치단체 간 협력 활성화 지원

인구감소로 인해 지방소멸 위기가 커지는 상황 속에서 인접한 지방자치단체 간 종합적이고 상시적인 연계와 협력의 필요성이 커졌다. 이에 지방자치단체 간 협력을 활성화하기 위한 지원 방안들이 추진되었다.

첫째, 협력을 지원하기 위한 새로운 협력제도들이 마련될 계획이었다. 특별지방자치단체를 두어 지방자치단체 관할구역을 넘어 권역 내 사무를 처리할 수 있도록 하고자 하였다. 사무는 광역계획 등을 수립하여 추진되며, 규약을 두어 특별지방자치단체장 및 의회를 선거로 선출하는 민주적, 독립적 운영 방식을 검토하였다. 이에 더하여 지방자치단체들이 상호 협약을 체결하여 별도 조직을 설치하지 않고도 역할분담을 할 수 있는 협약제도를 검토하였다. 또한 지방자치단체 간 협의로 제정되는 규약 아래 기관 또는 시설을 공동 활용할 수 있도록 하였다. 이 밖에 사무위탁, 조합, 행정협의회 등 현행 협력제도들을 개선하고자 하였다.

둘째, 협력제도를 활성화하기 위한 행정적, 재정적 지원을 추진하였다. 협력분야는 토지이용, 지역자원 공동관리 등 광역적 행정사무가 가능한 범위를 발굴하고 확대하고자 하였다. 이 과정에서 분쟁이 발생하지 않도록 표준안을 마련하고자 하였다. 표준안은 협약 절차, 협력제도 기본지침, 표준 규약 등을 포함한다. 그럼에도 불구하고 분쟁이 발생하는 경우 자체분쟁조정을 거치고 미해결 시에는 시·도 및 중앙분쟁조정위에 부의하는 방안을 추진하였다. 협약 및 규약내용은 지방의회 의결이 필요하고 주민에게 공지되며, 협력사업에 대한 재정지원의 근거와 방안들도 마련할 계획이었다.

(3) 제주 · 세종형 자치분권 모델 구현

문재인 정부는 그동안 특별시·도로서 분권이 추진되어온 제주특별자치도 및 세종특별자치시의 자치분권 모델을 정립하고자 하였다.

먼저, 제주특별자치도는 중앙권한 이양 및 규제개선을 통해 외형적 성장은 이루었으나 주요 정책결정권 이양이 충분하지 않았다. 이에 지역주민과 밀접한 분야-교통, 투자, 문화, 관광, 산업, 복지, 미래성장동력 등- 사무를 포괄적으로 권한이양할 것을 추진하였다. 자치경찰제를 비롯한 자치분야, 조세 및 재정 분야, 금융 분야에서도 분권과제를 발굴하고 특례를 부여하고자 하였다. 사무이양에 더하여 자치입법권 강화를 위해 제주특별법 위임조례 확대를 추진하였다.

제주특별자치도법이 규정하는 권리제한 및 의무부과 사항 등을 제외하면, 제주특별자치도 사무에 대해 자치입법권을 보장하고자 한 것이다. 이밖에 도민들의 자기결정권을 보장하기 위한 직접민주주의를 활성화하고자 하였다. 지방정부의 형태와 구조, 선거 등에 대한 자기결정권을 부여하고, 도의회의 기능과 감사위원회의 독립성을 강화하고자 하였다. 또한 주민 중심의 분권모델을 수립하기 위해 마을 또는 읍·면·동 자치와 같은 풀뿌리 민주주의를 강화하고자 하였다.

세종특별자치시는 행정기관 중심인 도시라는 점, 단층제 구조, 급증하는 행정수요 등을 고려하여 맞춤형 자치모델을 구축하고자 하였다. '시민주권특별자치시 세종'이라는 기치 아래, 마을입법, 마을조직, 마을재정, 마을계획, 마을경제 5대 권한을 읍·면·동 단위로 나누어 지원함으로써 시민참여를 일상화하는 체계를 구축하고자 하였다. 자치경찰제는 단층제 구조와 같은 지역 여건을 고려하여 시범 도입하고자 하였다. 권한 이양의 경우, 도시 조성에 특화된 세종형 행정특례를 우선 발굴하고자 하였다. 이밖에 세종형 자치조직운영의 자율성을 확대하고자 하였다. 예를 들어, 단층제를 고려하여 본청과 읍·면·동의 기능을 조정하고 자치조지권 특례를 부여하는 방안 등을 검토하였다.

5) 지방자치단체의 자율성과 책임성 확대

(1) 지방의회 인사권 독립 및 의정활동정보 공개

지방의회의 전문성을 강화하기 위하여 지방의회가 독립적으로 사무직원 인사권을 갖도록 하고 전문인력을 확충하는 방안이 추진되었다. 지방의회 사무처 인사권 독립은 사무처 인력 규모를 고려하여 추진될 예정이었으며, 지방의원의 의정활동을 지원할 정책지원 전문인력을 확충하고자 하였다. 이밖에 조례제정 범위를 '법률에 위반되지 않는 범위'로 확대하는 등 자치입법권 및 의회 운영 자율성을 확대하는 방안이 추진되었다. 지방의회의 권한을 강화함과 동시에 책임성을 담보하고자 민간위원으로 구성된 윤리심사자문위원회를 의무적으로 설치하고, 의정활동 정보를 공시하는 제도 도입을 추진하였다.

(2) 자치조직권 강화 및 책임성 확보

지방자치단체가 급변하는 행정수요에 유연하게 대응할 수 있도록 지방조직의 자율성, 즉 자치조직권을 강화하고자 하였다. 현행 제도 중 불합리한 제한 규정 또는 조직관리제도로는 실·국·본부 수 인구구간, 부단체장 정수와 통솔범위, 인력 산출용 행정수요 지표, 직속기관 및 하부행정기관 등 설치 제한, 전문임기제 운영 사항 등이 있으며 이 제도들을 합리적으로 개선하고자 하였다. 예를 들어, 기구정원규정은 지방자치단체 간 형평성을 유지하기 위한 최소기준만 두고 개선하고자 하였다. 기구설치의 자율성도 확대하였으며, 지방자치단체장직 인수위원회를 제도화하여 운영상 의무와 책임을 명시하였다.

자치조직권을 강화함과 동시에 책임성, 전문성, 효율성을 강화하기 위한 조치들도 추진되었다. 성과 중심 관리를 목표로 소방, 복지, 생활안전과 같은 핵심 분야의 지표들을 공개하여 지방자치단체별로 비교할 수 있도록 하고자 하였다. 소방, 사회복지와 같이 충원이 자주 이루어지는 분야는 정밀한 조직진단을 실시하고자 하였다. 이밖에 지방자치단체의 기구와 정원관리 현황을 지방의회에 의무적으로 제출하도록 하고 더 많은 조직정보를 주민들에게 공개하도록 할 계획이었다.

(3) 지방인사제도 자율성 및 투명성 확보

지방자치단체 인력구성의 변화에 맞추기 위해 지방인사제도의 자율성을 강화하고 이와 더불어 인사운영의 투명성을 확보하는 방안들이 추진되었다. 각 지역의 특성을 반영하여 성과, 채용, 보수와 같은 인사제도들을 단계적으로 개선하고자 하였다. 예를 들어, 지역별 인재상에 따라 시험과목을 자율화하거나, 직렬을 신설하고 통합하거나, 성과평가 방식을 지방자치단체별로 설정하거나, 직급별 보수 및 수당 등을 지방자치단체에 따라 규정하는 방안들이 검토되었다. 동시에 인사운영 현황 공개를 확대하도록 하며 투명성을 강화하고자 하였다. 이를 위해 지방인사통계 통합시스템을 구축하고, 2019년 25종인 인사현황 공개 대상을 더욱 넓히고자 하였다.

(4) 지방공무원 전문성 강화

잦은 순환보직과 부족한 교육 등으로 인해 약화되기 쉬운 지방공무원의 전문성을 인력관리, 채용, 보직, 교육 측면에서 강화하기 위하여 지방인사시스템을 혁신하기 위한 계획들이 추진되었다. 인력관리 측면에서는 지역의 특성과 인력구성의 변화를 반영하여 인력관리계획을 수립하고자 하였다. 채용의 경우, 선발시스템을 직무중심으로 개편하고 면접을 강화하는 방향으로 개선을 추진하였다. 예를 들어, 공직가치관을 평가하고, 선발예정인 직류와 업무특성이 반영된 면접질문지를 개발하는 방식이 검토되었다. 보직 측면에서는 직무의 특성에 따라 장기근무형(또는 전문가형) 및 순환근무형(또는 관리자형)으로 이원화된 보직관리 체계를 운영하고자 하였다. 또한, 평정시 가산점 등 전문직위에 인센티브를 부여하는 방안이 추진되었다. 교육의 경우, 경력단계별로 맞춤화된 교육을 제공하고 임용후보자, 시간선택제, 개방형직위 등 다양한 대상자에 대한 맞춤형 교육기법과 커리큘럼을 도입하고자 하였다.

(5) 지방재정 운영의 자율성 제고

확충되는 지방재정을 주민 중심으로, 자율적으로 운영하기 위하여 지방재정제도 전반을 개편할 필요성이 제기되었다. 우선적으로 지방재정관리제도의 자율성을 확대하고 주민 중심으로 개선하는 방안을 추진하였다. 예산 또한 지역별 특성을 반영하여 편성할 수 있도록 하고자 하였다. 지방채무의 경우 한도액 설정과 초과발행에 있어 지방의 자율성을 확대하고자 하였다. 구체적으로는 한도액 설정주체를 현 행정안전부 장관에서 지방자치단체의 장으로 변경하고, 한도액을 초과하여 발행 시 기존에는 행안부장관 승인이 필요하였으나 협의하는 것으로 변경하는 것을 추진하였다. 이밖에 기초지방자치단체 중 자체수입을 통해 인건비를 충당하지 못하는 경우 교육경비 보조제한에 관한 규정을 완화할 것을 검토하였다.

(6) 지방재정정보 공개 및 접근성 확대

지방재정의 책임성과 투명성을 확보하기 위하여 지방재정정보 공개를 통해 주민의 참여와 통제를 강화하고자 하였다. 지방채무의 경우 매년 지방자치단체장이 관리계획을 수립하며 이를 지방재정365에 공개하여 채무현황과 상황계획에 대한 주민의 접근성을 높이고자 하였다. 투자사업에 대한 정보-사업비, 진행상황, 심사시기 등-들도 지방재정365에 공개하고자 하였다. 재정사업의 구체적인 성과정보도 공개하도록 하였으며, 그밖에 재정정보들도 주민들이 쉽게 이해하고 접근할 수 있도록 개선하고자 하였다.

(7) 자치분권형 평가체계 구축

자치분권이 추진됨에 따라, 지방자치단체의 자율성과 경쟁력을 위한 평가체계를 구축하고자 하였다. 대표적으로 자치분권형 평가체계 구축을 위해 합동평가 제도를 개선하고자 하였다. 평가지표를 단순화하고 지표 수를 줄여 주민의 이해를 도왔다. 또한, 합동평가 시스템을 통해 평가절차를 자동화하고, 정보공개 시스템을 통합하고, 정보를 주민에게 실시간으로 공개하고자 하였다.

지치분권형 평가체계에서 지방은 각 지방자치단체들이 독립적인 평가기구를 두고 자체 평가를 실시하고, 그 결과를 공개한다. 예를 들어, 독립적 지위를 지닌 지방 감사위원회가 평가 및 감사를 수행할 수 있다. 중앙은 평가지표를 개발하고, 결과 공개 시스템을 구축하고, 평가 사후 모니터링을 실시할 수 있다.

(8) 지방자치단체 형태 다양화

지방자치단체 기관구성을 현재와 같이 획일화된 형태로 유지하지 않고, 지역특성에 따라 주민의 선택 하에 다양하게 운영하도록 하는 방안이 검토되었다.

기관구성 표준모델(안)을 마련하고자 하였으며, 다양화 모델은 단체장-의회형, 의회-행정관리자형, 위원회형 등이 가능하다. 단체장-의회형은 감사·인사위원회와 같은 독립적인 행정위원회를 두고 직선으로 선출된 단체장이 의회 동의 하에 부단체장과 행정위원장을 임명하는 형태이다. 의회-행정관리자형은 지방의회 의장이 단체장을 겸임하고, 의회에서 행정관리자를 선임하는 형태이다. 위원회형은 주민직선으로 선출된 위원회가 의결 및 집행 기능을 동시에 수행하는 형태이다. 이와 같이 다양한 기관구성 모델을 선택 가능하도록 하기 위하여 법제화 추진 방안들이 검토되었다. 별도 법률로 제정하는 방안은 구체적인 사항을 별도 법률로 제정하고 지방자치법에는 그 근거만 규정한다. 조례로 규정하는 방안은 기관구성 형태별 세부사항을 조례에 위임하는 방식이다. 다양한 모델의 시범 적용은 희망지역에 우선적으로 실시하는 것으로 추진할 계획이었다.

6) 지방행정체제 개편과 지방선거제도 개선

(1) 지방행정체제 개편방안 모색

4차 산업혁명, 통일, 저출생 및 고령화 등으로 인해 지방환경이 급변함에 따라 지방행정체제 개편 논의를 지속할 필요성이 커졌다. 기본적으로 지방자치와 지방행정 계층을 적정하게 구성하며, 주민 편익을 중심으로 자치구역을 조정하고, 지방자치단체 규모 및 역량에 맞는 역할과 기능을 부여하고자 하였다. 이를 위해 해외 선진사례 및 개편 동향에 관한 사례분석을 실시하고자 하였다.

또한, 전 과정에서 주민참여 절차를 강화하고자 하였다. 예를 들어, 동일 시·도 내에서 시·군·구 간 경계를 조정하는 경우에는 시·도 조례에 위임하며, 지방자치단체 명칭을 변경하거나 폐치·분합 등을 실시할 때에도 주민의 의견을 실질적으로 반영할 수 있도록 제도 개선이 추진되었다.

(2) 지방선거제도 개선방안 모색

지방선거 투표율을 높이고 후보자들의 책임성을 강화하기 위한 제도 개선방안들이 모색되었다. 정당공천제, 교육감 선거, 비례대표제, 선거구제 등 선거제도 전반을 민주적, 합리적으로 개편하는 절차는 국민의 공감과 국회와의 협력 하에 추진하고자 하였다. 지방자치단체장의 책임성을 제고하기 위한 방안들도 검토되었다. 예를 들어, 재보궐선거의 원인을 제공한 자에게 선거비용의 일부를 부담시키거나, 합리적인 연임 기간을 검토하거나, 당선무효자가 반환받은 기탁금에 대한 환수를 강화하는 등의 방안들이 검토되었다.

제5절 문재인 정부 자치분권 종합계획의 철학적 기초와 의의[5)]

1. 자치분권의 역사적 비교

국가의 운영체제는 역사와 전통에 따라 매우 다양하다. 대통령제와 의원내각제, 연방제와 단방제, 그리고 중앙집권과 지방분권체제 등의 분류를 통하여 국가체제의 특징을 일반화하여 논의하는 경향이 강하다. 영국은 오랜 분권적 전통 위에 의원내각제를 발전시켰으며 분권과 집권을 반복하였다. 보수당은 자유 민주주의의 이념을 토대로 비교적 분권을 선호하였으며 전국적 통일적 기준을 필요로 했던 노동당은 집권을 선호하였다. 그러나 이와 같은 전통과 관행은 1980년에 들어 변화하였다.

1980년대 IMF 구제금융의 약속을 이행하였던 대처의 보수당 정부는 정부개혁을 위한 강력한 중앙집권체제를 구축하였다. 정부개혁에 반대하였던 런던광역시를 해체한 사례가 대표적인 집권적인 조치였다. 반면 1997년 정권을 잡은 노동당 정부는 지방분권을 강화하여 해체되었던 런던광역시를 신설하고 스코틀

5) 필자(2018d)의 "문재인 정부 자치분권 종합계획의 철학적 기초와 의의"를 수정·보완하였음.

랜드와 웨일스의 지역에 획기적인 분권적인 조치를 단행하였다.

미국은 1787년 대통령제를 채택하였다. 그럼에도 당시의 미국 헌법은 의회의 권한을 강하게 규정하는 의원내각제의 특징을 다수 포함하였다. 분권적인 특징이 강한 연방제하에서도 시대적 상황에 따라 집권적인 색채가 강하게 나타난 시기가 있다. 초기의 연방정부 강화형의 이론이 성립된 시점이나 1930년 대공황기가 여기에 속한다. 1960년대 "위대한 사회"의 건설을 제시하였던 시기가 시대적 연방정부의 목표가 강하게 지방에 전달되었던 시점이다.

연방제에 가깝던 일본은 메이지 유신을 거치면서 중앙집권국가로 전환되었다. 중앙집권체제하에서 산업화를 달성하였다. 전후에는 분권적인 민주체제를 구축하려던 미 군정의 시도를 기관위임사무, 지방사무관제도 및 필치제도를 통하여 무산시키고 중앙집권체제를 유지하면서 근대화에 성공을 이루었다. 이러한 일본도 1980년도 재정적자의 위기 속에서 행정개혁의 일환으로 지방분권 개혁을 단행하고 있다.

우리나라는 대통령제와 의원내각제를 모두 경험한 국가로서 중앙집권의 전통이 강하다. 우리나라는 민주주의의 발전이라는 관점에서 대통령제에서 의원내각제로 전환하였다. 4·19 혁명의 결과로 탄생한 1960년 민주당 정부는 이승만 정부의 독재를 반면교사로 삼아 의원내각제의 정체를 수립하였다. 1980년대 이후 우리나라도 세계의 흐름에 따라 지방분권의 필요성을 인정하고 최소한 수사상으로나마 지방자치와 지방분권을 주장하였다. 노무현 정부와 문재인 정부는 지방분권의 필요성을 특히 강조한 정부이다.

문재인 정부는 2018년 9월 11일 자치분권 종합계획을 발표하였다. 본 절은 9·11 자치분권 종합계획을 관통하는 철학적 가치와 의의를 분석하였다. 제2항에서는 우리나라의 지방자치와 지방분권이 독특한 시대적 상황을 반영한 것이라는 전제하에 우리나라 자치분권의 역사적 맥락을 분석하였다. 제3항에서는 자치분권 종합계획의 사회적 가치와 철학적 기초를, 제4항에서는 주요 내용을 각각 논의하였다. 제5항에서는 자치분권 종합계획이 지니는 의의를 분석하였다.

2. 우리나라 자치분권의 역사적 맥락

1) 미 군정하의 지방자치

3년여간 실시된 미국의 군사정부 기간 동안 우리나라에 근대적인 지방자치가 소개되었다. 서울시가 특별시로 승격되었으며 특별시헌장이 제정되었다. 비록 후속조치의 미비로 실행되지는 못했지만 의미를 지닌 도입이었다.

미국의 시 헌장(City charter) 제도를 모형으로 삼아 제정된 서울특별시 헌장은 미국 로스앤젤레스 시의 헌장을 기초로 하였다. 로스앤젤레스 시는 헌장도시로서 기관분리형의 구조하에서 집행부의 권한을 분산한 것이 주요한 특징이다. 시장 외에 회계감사관과 재무관 및 법무관 등이 별도의 선출직 공무원이다.

1948년 제헌헌법이 제정되면서 지방자치가 헌법적 제도로서 도입되었다. 지방자치에 관련된 것은 비록 2개의 조항에 불과하며 지방자치보다는 지방자치단체에 관한 조항이지만 이 두 조항을 통하여 지방자치가 제도적으로 보장되는 계기가 되었다. 특히 제헌헌법은 지방의회를 헌법기관으로 인정하였다는 의의가 있다.

2) 자유당 정부 하의 지방자치

제헌헌법에 의거하여 자유당 정부가 출범하고 헌법에 근거하여 1949년 지방자치법이 제정됨으로써 민주주의의 제도적 기초를 마련하였다. 그러나 자유당 정부는 지방자치의 실시에 대해 소극적이었다. 자유당 정부는 지방자치 선거를 바로 실시하지 않고 연기하다가 정치적인 이유로 1952년 수복지구를 중심으로 지방자치 선거를 실시하였다. 전격적으로 전쟁 중에 지방자치 선거를 실시한 배경은 정권연장을 도모하였던 자유당 정부가 정치적 우군을 얻기 위함이었다(임용주, 2002). 자유 민주주의의 원리를 구현하는 수단 중의 하나이며 민주주의의 학교로 평가되는 지방자치가 자유당의 반민주적 정치수단으로 이용되었다는 것은 우리나라 정치사의 아이러니였다. 1952년 지방선거에서 당선된 지방의원의 60%가 자유당 성향이었으며 이들이 여론을 조성하는 역할을 담당하였다.

1952년 시·읍·면 의회를 구성하는 선거가 실시되었고 단체장은 지방의회에서 선출하였다. 기관통합형의 형태를 채택한 것이다. 이후, 1956년 지방자치법 개정을 통하여 시·읍·면장을 주민의 직접선거로 전환하였고, 1958년 개정에서는 단체장의 임명제가 도입되는 변화를 겪었다.

자유 민주주의 제도의 도입이라는 역사적 의의에도 불구하고 자유당 정부의 지방자치의 모습과 운영은 혼란과 갈등의 연속이었다. 기관통합형의 구조를 지녔던 제1기 지방의회에서는 지방정부의 단체장이 66회에 걸쳐 불신임되었고 이에 대하여 지방정부의 장이 지방의회를 해체한 사례는 18회였다. 이를 시정하고자 1956년에는 지방정부 장의 선출 방식을 직선제로 전환하였고 이후에는 임명제로 전환하는 지방자치법 개정이 뒤를 이었다(김순은, 1997).

3) 민주당 정부하의 지방자치

자유당 장기집권을 종식시킨 4·19 혁명은 우리나라의 민주주의를 한 단계 발전시키는 계기가 되었다. 제2공화국 헌법은 지방자치 제도를 유지하면서 제1공화국 헌법과는 상이한 조항을 추가하였다. 지방정부의 장인 시·읍·면장은 주민이 직접선거로 선출하도록 규정하였다. 지방자치는 광역지방정부에도 확대되었다. 광역지방정부의 장인 서울특별시장, 도지사도 선거직으로 전환되어 민주주의 구현을 위한 지방자치의 틀이 마련되었다.

지방자치의 실시와 더불어 지방정부 장의 위법행위와 일탈 등을 제어하기 위한 견제와 균형의 원리를 철저하게 구현하였다는 점도 의의가 크다. 내무부 장관은 서울특별시장과 도지사의 위법행위를 견제하고 도지사는 시·읍·면장의 일탈을 징계위원회에 회부할 수 있었다. 지방의회의 의장단도 불신임의 대상이었다.

제2공화국은 민주주의의 발전차원에서 지방자치의 대상을 광역지방정부로 확대하였다. 서울특별시장과 도지사가 선출직으로 전환되었고 이 외에 동·리장도 선거제로 전환되었다. 그럼에도 헌법에서는 시·읍·면장에 대해서만 주민의 직선을 규정하였다는 점도 특이하다. 선거연령이 21세에서 20세로 하향 조정된 점도 같은 맥락에서 이루어진 조치였다. 다만 이러한 조치들이 1961년 5·16 쿠데타에 의하여 1년도 지속되지 못하고 폐지되었다는 것이 아쉬움이었다.

4) 공화당 정부하의 지방자치

자유당 정부 시절에 경험하였던 지방자치의 모습과 현황은 주민들에게는 희망보다는 혼란을 준 측면이 적지 않았다. 지방자치 관련 제도들, 특히 지방정부의 장의 선거제도가 수시로 개정된 것이 대표적인 사례이다. 민주당 정부는 지방자치의 의지를 제대로 실현해 보지도 못하고 중단되고 말았다.

공화당 정부는 정권이 지니는 정통성 문제로 경제발전과 산업화에 몰입하였다. 경제발전과 산업화의 성공적 수행을 위하여 민주성보다는 효율성이 더욱 중요시되었다. 자유당 정부와 민주당 정부하의 지방자치가 낭비와 비효율의 대명사로 평가됨으로써 공화당 정부는 지방의회의 해산과 단체장의 임명직 전환을 통하여 지방행정의 효율을 높이는 중앙집권체제로 전환하였다.

공화당 정부는 지방행정의 효율을 제고하기 위하여 지방자치의 중단 이외에도 다양한 제도개혁을 실시하였다. 특별지방행정기관의 정리 차원에서 선거관리위원회를 지방자치단체와 통합하였고 기관위임사무를 강화하였다. 다양한 중앙부처의 사무를 기관위임사무의 형태로 지방으로 위임하였다. 초기에는 일반행정기관과 교육행정기관을 통합하였으나 1963년 교육법의 개정에 따라 지방행정과 교육자치를 분리하여 현재에 이르고 있다. 반공 등 국가교육의 필요성에 따른 조치였다. 지방자치와 지방분권이 산업화와 효율성에 밀린 결과이다.

1970년대 이후 민주화 운동이 거세지면서 지방자치를 재개하여야 한다는 주장이 제기되기 시작하였다. 지방자치가 한국의 민주화 운동에서 빼놓을 수 없는 수단적 성격을 띠게 되었다. 1980년에 들어 헌법에서도 지방자치의 재개를 통일과 연계시키지 않고 지방정부의 재정자립도에 따라 실시 시기를 조정하였다.

민주화 운동이 확대되면서 지방자치의 필요성이 더욱 부각되기 시작하였다. 여·야 간의 정권교체를 민주화 운동의 완성으로 보는 야권을 중심으로 지방자치의 재개에 대한 중요성이 크게 주장되었다. 임명직 지방정부의 장의 체제하에서는 관권선거를 피할 수 없고 이는 야권의 필패를 의미하는 것이었기 때문이다.

따라서 이 시기에 주목받았던 지방자치의 핵심은 단체장의 선출방식이었다. 지방자치는 곧 임명직의 단체장을 선거직으로 개정하는 것을 의미하였다. 1987년 6·10 항쟁의 결과 6·29 선언이 이어져 선거직 단체장의 실현이 가능해졌다. 대통령 직선제와 지방자치의 실시는 당시 민주화 운동의 최고 결실이었다. 동시에, 현재와 같이 지방자치법의 내용이 불완전한 성격을 띠게 된 것 역시 상기와 같은 정치적 상황에 기인하였다.

5) 1991년 이후의 지방자치

(1) 지방자치의 정치적 배경과 의의: 정권교체를 위한 자치분권

1991년 지방의회의 구성으로 역사적인 지방자치가 재개되었다. 1995년 지방정부의 장의 선거 역시 실시되면서 적어도 외형상으론 정치적 분권이 구현되었다. 1991년 이후 실시된 대통령 선거에서 김대중, 노무현, 이명박, 박근혜, 문재인 대통령 등 여·야 간에 정권교체가 이루어져 평화로운 선거에 의한 정권교체가 가능하게 되었다.

그럼에도 불구하고 1988년의 정치적 상황은 지방자치의 실질화에는 적지 않은 장애물로 작용하였다. 1991년 실시 이후 지금까지 많은 연구들은 우리나라의 지방자치 문제점을 지적하고 있다. 공통적으로 지적하는 지방자치의 문제점은 1988년 지방자치법 개정에 기초하고 있다(김순은, 2015c).

당시 지방자치의 재개에 소극적이었던 내무부의 의지대로 지방자치법이 개정된 것은 당시 지방자치의 재개를 서둘렀던 야당의 정치적 의도와 밀접하게 관련되어 있었다. 정권교체를 위해 선출직 단체장을 간절하게 바랐던 야당은 선출직 단체장을 강하게 원했던 반면 기타의 사항은 내무부의 뜻을 존중하는 선에서 협상이 이루어졌다. 이것이 1991년 임명직하의 극강시장 제도의 탄생 배경이 되었다. 1995년 단체장의 선출직화로 야당의 뜻이 관철되었다.

1991년 지방자치가 재개되어 여·야 간에 정권이 교체되는 민주주의 발전에 크게 기여하였음은 재론의 여지가 없다. 지방자치의 재개로 지방행정의 모습이 변화하고 지역에서의 변화가 가능하게 된 점 역시 의문의 여지가 없다(김순은, 2015c; 김순은, 2016a). 그럼에도 여전히 우리나라 지방자치는 단체자치의 특성이 강하게 유지되었기 때문에, 주민 중심의 자치가 이루어지는 데 많은 한계와 제약이 따랐다. 따라서 지방자치가 재개되었음에도 여전히 중앙집권체제를 바탕으로 하는 국가주의의 전통이 이어졌다. 김대중 대통령 이후 이러한 문제를 해결하고자 지방분권 개혁이 추진되었다. 그러나 소기의 목적을 이루는 데에는 크게 미흡하였다(소순창, 2011; 김순은, 2016a). 이때의 개혁은 실질적인 성과보다는 명분을 앞세운 경향이 매우 강했다.

(2) 명분에 가린 자치분권

영국을 제외한 대부분의 선진국에서 1980년대는 지방분권의 시대였다.[6] 미국은 1960년대 민주당 정부가 "위대한 사회(Great Society)"를 건설한다는 기치 아래 창조적 연방제(creative federalism)를 추진하였다. 연방정부의 목표를 위한 창조적 연방제는 결국 중앙집권적인 특성을 지니게 되었다. 정권을 이어받은 공화당은 중앙집권적인 창조적 연방제에서 분권적인 신연방제(new federalism)로의 전환을 추진하였다.

십자군 전쟁 이후 도시국가의 발전이 늦었던 프랑스에서는 상대적으로 봉건영주의 압박이 강했다. 도시의 시민들은 주권이라는 개념을 통하여 왕권과 연합하여 중앙집권국가를 건설하였다. 중앙집권 국가가 봉건영주의 권력을 통제하고 상대적으로 도시의 시민들에게 재량권을 부여하는 협약에 따른 것이었다.

중앙집권의 전통이 강했던 프랑스도 1980년대 들어 유럽통합이라는 외생적 변수를 피할 수는 없었다. 이에 대한 대응이 지방분권 개혁을 추진하는 것이었다. 3단계에 걸쳐 프랑스의 지방분권 개혁이 이루어졌다. 제1단계는 1982년부터 1995년 사이의 미테랑 사회당 정부의 개혁으로 중앙행정권한의 지방이양과 중앙-지방의 권한 배분의 원칙을 정한 시기이다. 주요 성과로서 1982년 지방분

---

6) 영국은 1997년 노동당 정부의 출범 이후 대대적인 지방분권 개혁이 이루어졌다.

권법과 1983년 권한이양과 배분법이 제정되었다.

프랑스의 제1단계 개혁은 우파 정권에서도 지속되었다. 제2단계는 1995년부터 2012년 사이의 시라크와 사르코지의 우파정권하에서 추진되었다. 주요 성과로는 2003년의 분권형 개헌과 2004년의 지방분권법이 있다. 헌법개정과 지방분권법에 의하여 지방분권의 정책적 비중이 강화되었고 재정분권을 위한 체제가 마련되었다. 제3단계는 2012년 당선된 올랑드 사회당 정부의 개혁을 의미하며 2010년 지방자치단체법에 의한 행정체제개편과 지방자치단체 간의 협력강화를 위한 시기라고 할 수 있다(전훈, 2016).

일본은 전후 기관위임사무, 지방사무관, 필치규제 등을 통하여 중앙집권체제를 유지하였고 이를 토대로 산업화와 현대화에 커다란 성공을 거두었다. 그럼에도 불구하고 1980년대 이후 중앙집권체제의 부작용이 크게 나타났다. 동경 1극집중의 문제점은 물론이고 재정적자로 인한 국가운영의 위기는 행정개혁의 고삐를 강화하게 되었다.

일본의 지방분권은 행정개혁의 차원에서 추진되었다는 특징을 지니며, 프랑스와 유사하게 시대별로 뚜렷한 특징을 보였다(김순은, 2016a). 제1기는 1995년 지방분권추진법의 제정 이후부터 2005년까지의 개혁이다. 주로 중앙정부의 재정적자를 해소하고자 하는 중앙정부의 목표와 지방분권이 연계되어 추진되었다. 19991년 지방분권일괄법의 제정과 국고보조금 정리, 지방으로의 재원이전, 지방교부세 개혁을 통합하는 3위 1체 개혁이 이루어졌다.

제2기 지방분권은 지방분권추진법이 2006년 지방분권개혁추진법으로 대체되면서 지방분권개혁추진위원회가 담당하였다. 2010년 3월 해체될 때까지 4차례에 걸친 지방분권 권고안을 제출하였다. 2009년 이후의 지방분권 개혁을 제3기로 칭하며 현재까지 이루어지고 있다. 현재까지 제8차에 걸친 지방분권일괄법이 제정되어 지방분권을 이어가고 있다.

우리나라도 1999년 이후 특별법을 제정하면서 지방이양 및 지방분권을 추진하여 왔다. 이를 앞 장에서 정부별로 분석하였다. 시기별로 군사정부의 수동적 지방분권, 문민정부의 소극적 지방분권, 국민의 정부의 디딤돌 지방분권, 참여

정부의 미완의 지방분권, 이명박 정부의 미온적 지방분권(소순창, 2011)으로 대분하기도 하며 대통령별로 분리하여 평가하고 있다(김홍환·정순관, 2018).

3. 자치분권 종합계획의 사회적 가치와 철학적 기초

1) 국가주의와 국민주권에 대한 비판적 고찰

1960년대 이후 우리나라의 사회적 가치는 산업화에 기초한 경제발전이었다. 1인당 국민소득 82US$의 가난에서 벗어나 "한강의 기적"을 달성하고자 하는 목표는 국민 모두의 염원이었다.

경제발전을 위하여 민주성보다 효율성이 중시되었다. 경제적 효율성을 위하여 국가 전체가 일사불란하게 움직이는 체제가 요구되었으며 이를 정당화하기 위한 철학이 국가주의였다. 국가주의하에서 국가는 중앙정부를 의미하였으며 지방은 정치의 주체로 인정되지 않고 중앙정부의 지시와 감독을 수행하는 지방행정에 머물렀다. 지방은 그저 행정의 대리인이었다. 지방은 자치단체로서 중앙정부의 지시와 감독 또는 위임에 따른 행정을 수행하는 수동적인 지위의 지방행정을 의미하였다. 국가주의 아래 정치·행정은 논리적으로 중앙집권체제로 이어진다. 현재 제도적으로도 국가라는 용어가 중앙정부를 의미하는 것으로 사용되고 있다(김순은, 2018a).

우리나라의 국민주권 사상은 국가주의와 중앙집권을 뒷받침하였다. 주권의 연원은 프랑스이다. 도시국가의 건설이 늦었던 프랑스 도시의 시민들은 봉건영주의 압제에서 벗어나기 위하여 왕권과 연합하였으며 이때 왕권의 강화를 위하여 창안한 개념이 주권이다. 왕권신수설에 의한 군주주권이 홉스를 거치면서 사회계약에 의한 군주주권론으로 발전되었다. 시민들은 군주주권론에 기초하여 강력한 군주제를 옹호하며 그 대가로 봉건영주의 압제를 견제하는 효과를 기대하였다.

우리나라의 국민주권 사상은 국가와 중앙정부의 권한을 강화하는 이론적 기초였다. 국민들은 중앙정부에 권한을 위임하고 지방은 중앙정부가 재위임한 범위 내에서만 권능을 부여받은 것으로 해석함으로써 지방의 정치주체성을 크게 제약하였다. 국민주권하에서 지방은 정치의 주체로서 인정받지 못한 것이다.

효율성 중시의 국가주의와 국민주권 사상은 적지 않은 사회적 문제와 부조리를 낳았다. 개인 간의 양극화는 물론이고 수도권과 비수도권 등 지역 간의 양극화를 낳았다. 49%를 상회하는 수도권 집중도는 우리의 지역 간 격차의 심각성을 보여주고 있다. 지나친 효율성 중시의 국가주의하에서 국민의 기본권은 크게 제약되었다. 무엇보다도 사회권의 보장범위가 매우 협소하였다.

1991년 이후 비록 지방자치의 재개로 정권교체를 통한 민주주의의 발전이 이루어졌지만 아직도 대리인 중심의 자치가 일반적이다. 일반 주민들의 참여에 의한 주민자치는 아직도 미완의 과제로 남아 있다. 문재인 정부의 사회적 가치는 이러한 국가주의와 국민주권에 대한 비판으로부터 도출된다(김순은, 2018a).

2) 문재인 정부의 사회적 가치

문재인 정부의 사회적 가치는 대통령 취임사 및 자치분권형 헌법안을 통해서 확인할 수 있다. 문재인 대통령은 기회의 평등, 절차의 공정, 결과의 정의를 가장 중요시되어야 할 사회적 가치로 취임사를 통하여 천명하였다. 국가주의와 국민주권에 기초한 중앙집권의 폐해를 시정할 수 있는 대안으로 새로운 사회적 가치를 제시한 것이다(〈표 6-1〉 참조).

이를 실현하기 위한 헌법적 사항은 이전 절의 〈표 6-1〉에 정리한 바와 같으며, 해당 사항들을 포함한 헌법안을 제시하였다. 헌법안은 크게 국가주의에서 지방주의로, 효율성 중시에서 민주성 중시로, 통치에서 협치로 전환하는 내용으로 구성되어 있다. 이의 최종 목표는 연방제 수준의 자치분권으로 이어질 것으로 보인다(김순은, 2017a).

3) 자치분권의 철학적 기초

(1) 지방주의

지방주의와 관련된 논의는 미국의 헌법과정에서 확인할 수 있다. 미국 독립 이후 강력한 연방정부의 필요성을 주장한 해밀턴(A. Hamilton), 제이(J. Jay), 매디슨(J. Madison)에 대하여 제퍼슨(T. Jefferson)은 지방주의의 중요성을 역설하였다.

제퍼슨의 지방주의는 정부책임의 극대화라는 목표를 달성하기 위해서는 주민들로부터 먼 연방정부보다는 주정부와 지방정부의 권한이 강해야 한다는 주장을 펴며 강력한 연방정부의 출현에 신중한 자세를 견지하였다. 이것은 정부에 주민의 참여를 극대화하는 제도이기 때문이었다. 같은 맥락에서 강력한 리더십에 기초한 정부계획 최소화와 주민의 참여에 의한 상향식의 정부가 오히려 정부의 책임을 제고할 수 있다고 믿었다. 기능의 분권화도 적극 권장되었다. 분권화된 기능의 목표는 명확하여야 하며 가능한 한 행정의 재량은 최소화할 것을 권고하였다.

21세기 지방주의는 영국에서 제창되었다. 2010년 5월 정권을 잡은 보수당의 캐머런 정부는 노동당 정부가 추진하였던 지방분권과는 차별화된 공동체 및 지역사회의 중요성을 강조하는 지방주의에 기초한 지방분권 정책을 추진하였다. 2011년 의결된 지방주의법(Localism Act 2011)은 중앙정부의 권한을 지역공동체와 개인에게 이양하는 데에 초점을 두었다. 선출직 시장제와 주민투표의 확대도 같은 맥락에서 추진되고 있다. 주민 개인이 할 수 있는 권한은 원칙적으로 지방정부의 권능으로 하자는 것이 지방주의의 핵심이다.

문재인 정부의 지방주의는 헌법개정안에서 명백히 나타났다. 헌법에서 지방분권 국가임을 선언하고 그동안 기피하였던 지방정부라는 용어를 통하여 지방이 정치의 주체임을 확인하고 있다. 종전과는 달리 국가는 이제 중앙정부와 지방정부로 구성된다는 것은 당연한 논리적 귀결이다. 지방정부의 사무는 보충성의 원리에 의하여 보장됨으로써 자치권의 확대를 기대할 수 있게 된다.

(2) 주민주권론

상기에서 논의한 국민주권과는 달리 주민주권이 논의된 데에는 크게 3가지 배경이 작용하였다. 첫째, 지속가능한 발전에 대한 필요성이다. 기존의 발전모형이 환경파괴, 격차사회로 이어지면서 경제발전과 더불어 사회발전 및 환경보존이라는 복합적 목표는 기존의 개념을 통해 달성하기에 한계를 노정하였다. 환경보존과 사회발전은 지역주민의 참여가 전제되어야 달성하기 가능한 목표가 되었다.

둘째, 주민참여와 거버넌스의 발전이다. 간접 민주주의에 대한 실망과 주민참여의 발전적 확대는 이를 포용할 새로운 개념을 요구하게 되었다. 주민들은 단순히 행정의 객체를 넘어 파트너 또는 주체의 지위로 발전하게 되었다. 영국에서는 공동체와 개인이 행정의 주체가 되는 지방주의가 대두된 바 있다.

셋째, 지방분권에 대한 실망이다. 우리나라의 지방자치와 지방분권은 주로 그들만의 자치와 분권으로 머물렀다. 선거직 공무원의 영역에 머문 지방분권과 자치는 정권교체를 통해 우리나라의 민주주의 발전에 기여하였지만 민주주의의 질적 발전으론 이어지지 못했다. 주민참여를 바탕으로 한 지역발전과 복지와는 아직도 상당한 거리감이 있다.

현재 논의되는 주민주권 사상은 주민자치에 기초한 풀뿌리 민주주의를 발전시켜 민주주의의 질적인 제고로 이어질 것이다. 그뿐만 아니라 주민주권과 보충성의 원리는 지방정부의 권능을 높여 지방정부의 자치입법권의 확대로 발전될 것이다(김순은, 2012, 2017b).

4. 자치분권 종합계획의 의의: 자치분권의 르네상스

문재인 정부의 자치분권 종합계획은 노무현 정부 이후 자치분권의 르네상스를 예고하고 있다. 문재인 대통령은 대통령 선거를 통하여 “연방제 수준에 버금가는 자치분권”을 공약으로 제시하였다. 연방제의 실체적 내용은 매우 다양하지만 일반적으로 자치분권의 상징적인 용어로 사용되고 있으며 대표적으로 미국 등이 사례로 적시되고 있다.

우리나라에서 사용되는 "연방제 수준의 자치분권"은 혁신적인 수준의 자치분권을 상징하는 용어로 해석하는 것이 타당할 것이다. 비록 단방제 국가라도 혁신적인 수준의 자치분권이 이루어지면 연방제의 국가보다 분권적인 체제를 구축할 수 있다. 현재의 영국이 대표적인 사례이다(김순은, 2018b). 이러한 관점에서 2018년 9·11 자치분권 종합계획의 의의를 논의하면 아래와 같다.

첫째, 자치분권 종합계획의 가장 큰 의의는 자치분권의 르네상스를 개막하기 위한 철학적 기초와 법적 논리로서 주민주권을 도입하였다는 점이다. 그동안 우리나라는 국민주권의 틀 하에서 국정이 운영되었다. 현재 우리나라의 국민주권은 프랑스의 사례와 매우 유사하다. 국민이라는 용어는 "국가에 순종하는 사람"이라는 함의가 내재되어 있다. 국민과 주권이라는 용어가 결합한 국민주권은 우리나라의 중앙집권체제를 뒷받침하였다. 국민주권의 사상하에서 단체자치가 우리의 전통이 되었다. "국민학교"가 초등학교로 개명한 것과 같은 취지로 우리도 주민주권 개념을 수용하여야 한다. 단체자치의 틀 안의 그들만의 자치가 되어서는 안 된다. 향후의 지방자치는 명실공히 주민의 참여에 기초한 주민자치가 주를 이루어야 한다.

자치분권 종합계획이 지니는 두 번째의 의의는 지방의 지위에서 찾을 수 있다. 중앙집권 체제에서 우리나라의 중앙-지방은 상하·복종 또는 지도·감독의 관계였다. 단체자치의 전통하에서 지방은 상위의 법령안에서 자치법규를 제정할 수 있었다. 다수의 특별법에 따라 지방의 지위와 권능은 크게 제약받았다. 중앙-지방의 관계를 정부 간 관계라고 정의할 수 없었다. 자치분권 종합계획은 지방정부라는 용어를 직접 쓰고 있지는 않지만 2018년 상반기에 시도된 헌법개정안의 취지에 따라 지방 역시 정부라는 인식 위에 중앙-지방의 관계를 구축할 계획이다. 중앙-지방은 국정의 동반자로서 파트너십에 기초하여 국가의 목표를 추구한다. 종전에는 중앙정부가 지방자치와 분권에 저해되는 법령의 제정을 일방적으로 추진하였다. 향후에는 정부가 추진하는 법령 중 자치분권에 영향을 미치는 법령은 자치분권사전협의를 거쳐야 한다.

재정분권의 방향성과 내용에서 자치분권의 세 번째 의의를 찾을 수 있다. 재산세는 그동안 모든 국가에서 지방정부의 주요한 세원이었다. 19세기 이후 지방정부가 제공하는 서비스 대부분이 재산과 관련되어 있었기 때문이다. 그러나 지방정부의 역할과 기능은 크게 변화하였다. 우리나라의 경우 지방정부가 주로 담당하는 서비스가 사회 서비스로서 일반 주민과 관련되어 있다. 따라서 지방세제도 이와 관련하여 변화되어야 한다. 현재 8:2로 되어 있는 국세와 지방세의 비율을 7:3 나아가 6:4로 개선할 때 주요한 세원은 지방소득세와 지방소비세가 될 전망이 높다. 이렇게 될 경우 지방소득세와 지방소비세는 지방세입의 기간세가 된다는 의의를 지닌다. 지방정부가 제공하는 주민별 서비스와도 부합하는 세제가 될 것이다.

자치분권의 네 번째 의의는 자치분권 종합계획이 자치분권의 체감도와 집행력에 초점을 두고 있다는 점이다. 자치분권 종합계획이 제시하는 6개 전략과 33과제는 앞의 자치분권 추진주체들이 제시한 과제들과 크게 다르지 않다. 각 과제들이 실행되는 과정에 과제의 행정적 전문성과 정치적 특성 등으로 인하여 적지 않은 어려움이 산재해 있다. 1999년 이후 정부마다 자치분권을 추진하였음에도 성과가 크지 않은 이유이다(김순은, 2018a). 문재인 정부는 자치분권의 추진전략을 구축함에 있어서 주민들의 체감도를 우선적으로 고려하고 있다. 자치경찰의 실시와 재정분권의 확대를 주민의 체감도를 높일 수 있는 과제로 인식하고 이에 대하여 정책적 비중을 두고 있다. 문재인 정부에 이러한 과제들이 실현된다면 자치분권의 분위기를 제고하는 데 크게 이바지할 것이다.

문재인 정부는 앞선 정부에 비하여 자치분권에 대한 정책적 관심은 물론 집행력에서도 커다란 차별성을 보일 것으로 예상되는데, 이는 2018년 현재 지방이양일괄이양법을 수용하기로 한 여·야 합의를 통해서도 확인할 수 있다.

문재인 정부는 그동안 우리가 다소 등한시하였던 기회의 평등, 과정의 공정, 결과의 정의를 구현하여야 할 사회적 가치를 추구한다. 자치분권은 그동안 수도권과 비수도권, 도시와 농촌 간의 불평등, 불공정 등을 해소할 수 있는 지방정책

중에서 가장 핵심적인 사항이다. 1999년 이후 김대중 정부, 노무현 정부, 이명박 정부, 박근혜 정부가 다양한 방식과 전략으로 자치분권을 추진하였으나 주민들이 체감할 수 있는 수준에는 이르지 못했다. 이러한 상황에서 출범한 문재인 정부는 주민주권의 구현, 지방의 지위 제고, 체감도 있는 정책집행 등의 특징을 지닌 자치분권 종합계획을 발표하였다. 이제는 종합계획대로 자치분권이 구현될 수 있도록 모든 국민들이 합심하여 국민의 합의와 노력 위에 자치분권의 르네상스를 열 것으로 기대된다.

제6절 자치분권과 지역균형발전의 상생적 추진전략[7)]

1. 추진배경

우리나라의 지역정책은 다양하고 복잡하다. 사실상 중앙정부가 추진하는 대부분의 정책을 지역정책이라고 명명해도 무방하다. 중앙정부의 정책이 지방에 영향을 미치는 경우가 대부분이기 때문이다. 국토교통부가 담당하는 국토종합계획이나 산업통상자원부가 담당하는 산업입지정책이 대표적인 예이다.

그럼에도 불구하고 지역정책이라는 용어는 특히 자치분권과[8)] 지역균형발전을 상징하는 용어가 되었다. 일본과 영국 같은 선진국은 물론 개발도상국에서도 자치분권이 지역정책의 핵심을 이루고 있다. 1980년대 이후 자치분권은 국가에 따라 다양한 배경에 기초하여 추진되었다. 영국과 필리핀은 지역 간의 갈등을 해소하고 민주성을 제고하려는 정치적 배경이 두드러졌고, 중국은 경제적 발전

---

7) 필자(2018e)의 "자치분권과 지역균형발전의 상생적 추진전략"을 수정·보완하였음.

8) 자치분권은 '자치와 분권' 또는 '자치를 활성화할 수 있는 지방분권'을 의미하는 용어로 정의하며, 본 글에서는 후자의 지방분권이라는 용어 대신에 사용하고자 함.

을 위한 재량부여의 성격이 강했다. 일본은 민주성의 제고라는 정치적 배경, 재정규모의 축소라는 행정적 배경과 함께 수도권 집중과 중앙집권의 폐해가 주요한 배경이 되었다. 우리나라는 민주성의 제고라는 정치적 이유와 수도권의 비대화·집중이 주요한 배경적 변수이다. 1970년대 이후 민주화 운동의 주요한 내용 중의 하나가 지방자치의 부활이었고 수도권과 비수도권의 격차가 지역정책의 주요한 근거였다.

일본과 우리나라는 지역균형발전이 우선 강조되고 이후에 자치분권이 부각되었다는 점에서 유사하다. 일본은 1950년 국토총합개발법이 제정되면서 전국의 지역발전이 제도적인 토대를 갖게 되었다. 그 이후 1962년부터 1998년까지 5차에 걸쳐 전국에 걸친 지역정책을 추진하였다. 주로 고도성장에 따른 지역의 소득과 사회간접자본의 불균형을 해소하는 것이 주요한 목적이었다. 물론 대도시의 과밀과 인구유출에 따른 지역의 인구과소 문제의 해소도 중요한 정책적 과제였다(김순은, 2017a; 植田, 2001).

자치분권은 1980년 행정개혁과 함께 본격적으로 논의되기 시작하였다. 1982년 임시행정개혁추진심의회는 "증세 없는 재정재건"을 목표로 행정개혁을 추진하면서 자치분권을 행정개혁의 주요한 내용으로 논의하였다(佐佐木, 1999). 최근 일본의 지역정책은 2017년 4월 아베정부에 의한 지방창생정책과 「지역의 자주성과 자립성을 제고하는 개혁을 추진하기 위한 관계 법률의 정비에 관한 법률(地域の自主性及び自立性を高めるための改革の推進を図るための関係法律の整備に関する法律)」이라는 제7차 지방분권 일괄법의 제정을 통해 지속되고 있다(김순은, 2017a).

우리나라는 1948년 제헌헌법 이후에도 경제적 어려움이 계속되었기 때문에 경제 정책의 주요 목표는 가난 극복이었고 지역균형발전은 논의의 대상이 아니었다. 지역균형발전은 1960년대 이후 경제발전이 수도권과 경부선축을 중심으로 가속화되면서 이슈로 떠올랐다. 이때부터 수도권과 비수도권, 영남권과 호남권의 불균형이 부각되기 시작하였기 때문이다(이민원, 2007). 이에 우리나라는 1972년 이후 불균형발전론을 토대로 제4차 국토종합계획을 수립하였다(임형백,

2013). 이후 지역균형발전이 비중 있는 정책으로 채택된 것은 수도권정비법이 제정된 1982년부터이다(이윤, 2009).

자치분권에 관한 논의는 1980년대 시작되었으나 본격적으로 자치분권과 지역균형발전을 동시에 추진한 것은 노무현 정부의 출범 이후이다. 노무현 정부는 역대 정부 가운데 최초로 자치분권과 지역균형발전을 국정의 핵심과제로 설정하고 강력하게 추진하였다. 그럼에도 자치분권의 성과는 기대에 부응하지 못하였고 수도권의 인구 집중도에 비추어보면 지역 간의 불균형은 오히려 심화하였다(김순은, 2017b; 김현호, 2017). 자치분권과 지역균형발전 정책의 성과가 기대에 못 미친 데에는 다양한 원인이 거론되었다. 그중에서도 상이한 정책인 자치분권과 지역균형발전을 통합적으로 동시에 추진한 것이 중요한 원인이라는 지적이 많았다(이승종, 2003, 2005; 김순은, 2017c).

2017년 출범한 문재인 정부에서도 노무현 정부의 기조를 이어받아 자치분권과 지역균형발전이 100대 국정과제에 포함되었다. 뿐만 아니라 노무현 정부와 같이 자치분권과 지역균형발전이 지역정책의 두 축이 되었다. 이러한 정책적 상황을 고려하여 두 정책의 상충으로 발생하는 상쇄효과보다는 시너지 효과에 집중하여, 시너지 효과를 배가하는 방안을 모색하고 있다.

2. 자치분권과 지역균형발전의 의의와 비교분석의 틀

1) 자치분권과 지역균형발전의 의의

자치분권은 민주주의와 지방자치의 구현을 위하여 중앙과 지방 사이에 정치·행정권한을 배분하는 것으로 정의할 수 있다. 중앙정부와 지방정부 간의 권력분립을 의미한다. 따라서 지방정부가 지방의 문제를 자주적으로 해결하고, 정치적으로 중앙정부를 견제할 수 있는 수준의 권력이 배분되어야 한다. 상향식으로 국가를 형성한 미국을 제외하면 중앙정부의 권력이 월등히 크고 지방정부의 권한은 제한적인 것이 보편적이었다. 이러한 상황에서 자치분권은 지방자치의 발전과 성숙을 위한 지방분권을 의미하는 것이다.

자치분권을 지방자치의 발전과 성숙을 위한 지방으로의 권력이양이라고 볼 때, 권한의 범위에 따라 정치적 자치분권, 행정적 자치분권, 재정적 자치분권으로 대분된다. 또한 분권대상에 따라 권한의 수준이 동일하냐에 따라 대칭적, 비대칭적 자치분권으로 나뉜다. 권한사무 분권과 재정분권으로 분류하는 것은 권한의 내용에 따른 것인데 이에 대해서는 아래에서 상세히 논의하였다(김순은, 2017b).

자치분권에 비하여 지역균형발전은 매우 다의적인 용어이다. 지역균형발전은 국가가 추진하는 모든 정책의 가이드라인이 되는 국정이념 또는 정책 틀(policy framework)로부터 구체적인 정책목표에 이르기까지 매우 광범위하다(김순은, 2017d; 임형백, 2013: 320). 정부는 산업의 입지 등을 결정할 때 지역균형발전을 중요한 이념으로 고려한다. 이때 지역균형발전은 공간적으로 평등권을 실현하려는 이념인 동시에 지역 간 정의를 뜻하며(조명래, 2011; 김석태, 2008) 이때의 평등은 헌법에서 보장하는 기회의 균등(손은일, 2007; 최진혁, 2015; 이병규, 2015; 변창흠, 2013) 나아가 결과의 평등을 의미하기도 한다(신기현, 2002). 학자에 따라서는 지역균형발전을 "국가경제의 형평성과 효율성을 동시에 만족시키는 개념"(최창곤, 2014: 1993)으로 보기도 하였다. 결론적으로 지역균형발전은 지역 간의 격차가 낳은 정치적 이념이라는 공통점을 볼 수 있다(이윤, 2009). 참여정부가 지역균형발전이라는 용어 대신 국가균형발전이라는 용어를 사용한 것도 그러한 이념적 성격이 강했다.

지역균형발전은 지역의 균형발전을 지향하는 통합적 정책을 의미하기도 한다. 정책의 통합적 실행을 위하여 노태우 정부는 청와대의 지역균형발전기획단, 김대중 정부는 대통령 비서실의 지역균형발전단, 노무현 정부는 대통령 산하의 국가균형발전위원회, 이명박 정부와 박근혜 정부는 지역발전위원회를 각각 설치하였다. 이때 지역균형발전은 참여정부가 추진하였던 자치와 분권, 분산, 분업, 혁신을 위한 정책들의 총합을 의미한다(안동규, 2003). 중앙권한의 지방이양과 재정분권, 정부와 공공기관의 지방이전, 기업의 전국적 배치, 지방정부의 혁신역량과 관련된 모든 정책들이 지역균형발전에 포함된다. 이외에 모든 국가에서 시행되고 있는 교부세, 포괄 및 국고보조금도 이 부류에 속한다(김순은, 2017d). 분산정책을 협의의 지역균형발전으로 보는 견해도 있다(이승종, 2003; 김석태, 2008).

가장 협소한 의미의 지역균형발전은 우리나라 지역정책의 정책목표를 의미한다(임형백, 2013). 보다 구체적으로는 삶의 질의 관점에서, 삶의 질의 최소기준을 전국에 구현하려는 것을 의미하였다(김세권, 2011). 시대별로 지역균형발전의 구체적인 목표는 상이하였는데, 노무현 정부는 수도권과 비수도권의 격차해소, 이명박 정부는 지역의 특화발전과 지역의 경쟁력 확보, 박근혜 정부는 안전과 통합의 사회를 목표로 제시하였다(변창흠, 2013).

2) 자치분권과 지역균형발전의 비교분석의 틀

자치분권과 지역균형발전을 비교한 선행연구 중 이승종 교수(2003)는 자치분권과 지역균형발전을 정책의 내용과 성격 및 행위자의 정치적 관점에서 8개 항목으로 구분, 비교·분석하였다. 정책의 내용은 수단, 이념, 대상, 범위로 세분되어 분석되었다. 행위자들의 정치적 관점에서 지지세력, 양 정책의 상호관계, 발전기제와 효과로 구분하여 비교하였다. 이를 더욱 발전시킨 연구는 김순은(2005)의 연구로 자치분권과 지역균형발전을 11개의 항목(정책의 목적과 목표, 정책의 기본성격, 정책의 내용, 정책수단(재원)의 필요성, 규범적인 추진논리, 정책의 정치적 구조와 추진전략, 중앙정부가 선택하는 정책의 선호도, 지방정부의 정책에 대한 태도 및 인식, 정책추진의 상호 우선순위, 주민들의 정책에 대한 인지 및 선호도, 선거전략 상의 중요도 등)에서 상세하게 비교분석하였다. 후속연구(김석태, 2008)는 성격, 정책내용, 지역 간 대우, 소요비용, 갈등기제, 정책의 가시성, 이해관계, 정책수행기제 등 8개의 항목에서 자치분권과 지역균형발전(분산정책)을 비교분석하였다. 이를 정리하면 〈표 6-2〉와 같다.

표 6-2 자치분권과 지역균형발전의 비교항목

선행연구	비교항목
이승종(2003)	- 수단, 이념, 대상, 범위, 지지세력, 상호관계, 발전기제, 효과
김순은(2005)	- 정책의 목적과 목표, 정책의 기본성격, 정책의 내용, 정책수단(재원)의 필요성, 규범적인 추진논리, 정책의 정치적 구조와 추진전략, 중앙정부가 선택하는 정책의 선호도, 지방정부의 정책에 대한 태도 및 인식, 정책추진의 상호 우선순위, 주민들의 정책에 대한 인지 및 선호도, 선거전략상의 중요도
김석태(2008)	- 성격, 정책내용, 지역 간 대우, 소요비용, 갈등기제, 정책의 가시성, 이해관계, 정책수행기제

이들 연구는 2003년 이후 지역정책의 두 축을 형성하는 자치분권과 지역균형발전의 관련성과 조화에 대한 논란을 논리적으로 분석한 논문들로서 양 정책의 특성을 이해하는 데 크게 기여하였다. 상기 연구들의 공통점은 자치분권과 지역균형발전이 상호보완적 특성을 지니고 있다는 점을 간결하게 제시하였다는 의의를 가진다. 그럼에도 상기의 연구들은 두 가지 차원에서 아쉬움을 남겼다. 세 연구 모두 비교항목들의 이론적 기초를 제시하지 못해 입체적인 이해에는 이르지 못했다. 자치분권과 지역균형발전은 매우 다양한 내용들을 포괄하는 패키지 정책임에도 불구하고 지나치게 단순하게 처리되어, 양 정책의 효과적인 추진전략을 제시하는 데에도 한계가 있었다.

이러한 문제의식을 토대로 비교정책의 이론적 기초를 보완하고 정책의 통합성(패키지 정책의 특성)을 고려한 비교분석의 틀을 제시하였다. 비교정책의 관점에서 2개의 정책을 비교·평가할 때 비교의 틀을 활용하면 효과적이기 때문이다.

1970년대 이후 정책에 대한 관심이 커지면서 정책학이 발달하였다. 정부가 추진하는 정책은 매우 복잡하고 다양하다. 따라서 다양한 정책의 특성을 정확히 이해함으로써 정책의 효과를 높일 수 있다는 가정으로부터 정책의 특성을 분석하려는 다양한 학문적 시도가 이어졌다(Gordon, 1986). 정책의 특성은 경제, 사회, 국방정책 등 정책의 기능별 분류에 따라 매우 상이하다. 정책의 특성을 집단화하는 시도 중의 하나가 정책의 근거, 효과, 행위자의 행동 등의 특성에 따라 구성정책, 분배정책, 재분배정책, 규제정책으로 구분하는 것이다. 각 정책의 분류에 따라 정책의 강제력 등의 차이가 크다(Lowi, 1972).

정책설계에서부터 정책평가에 이르는 일련의 정책 과정을 분석하여 특성을 분석하는 방식도 존재한다. 정책설계단계에서는 정책목적과 목표, 정책수단, 정책의 이론적 기초 등 정책내용이 주요 분석대상이 된다(Kim, 1991). 정책과 관련된 핵심 당사자들의 관계는 정책의 전 과정에서 매우 중요한 역할을 수행한다. 정책과정이 정치적인 특성을 띠게 되는 중요한 이유이다. 상기의 정책이론과 선행연구의 분석을 기준으로 본 연구의 비교분석의 틀을 정리하면 〈표 6-4〉와 같다.

3. 자치분권과 지역균형발전의 비교분석

1) 정책의 특성

(1) 추진이념

자치분권과 지역균형발전 정책은 특성에 차이가 있다. 먼저, 추진이념을 보면 자치분권은 자유, 경쟁, 효율을 중시한다. 지방정부는 주어진 자유의 구현을 경쟁하고 이를 위하여 효율이 중시된다. 자유로운 경쟁은 지방정부의 자주를 요구하며 여기에는 참여를 통한 책임이 수반된다. 지역능력의 최적화(local optimum)가 원칙이다. 요약하자면 시장친화적이라고 할 수 있다.

반면 지역균형발전 정책은 평등과 배려 및 형평을 중시한다(이승종, 2003). 이는 국가의 통합과 통일을 위한 것이며, 최소기준 확립(national minimum)의 원칙으로 실현된다. 전반적으로 재원의 강제배분으로 반시장적 특성을 지닌다.

(2) 정책의 성격

자치분권은 특정 국가의 정치행정 상황이 집권적이며 집권의 폐단이 크다는 전제를 가진다. 자치분권은 집권을 타개하기 위한 전략적, 상황적 정책으로 향후 분권의 폐단이 커지면 집권으로 회귀되어야 하는 정책이다. 분권의 폐단으로는 상기에서 언급한 경쟁과 효율 중시로 인해 지역 간의 차별이나 갈등이 커지는 경우를 들 수 있다. 반면 지역균형발전은 지역격차를 해소하여 지역 간의 갈등을 감소시키는 정책으로, 시간과 공간을 초월하여 적용되는 상시적 정책이다.

자치분권은 재화의 생산방법을 이양하는 수단적 성격의 정책인 반면 지역균형발전은 재화의 이양이 중요한 내용으로 최종목표적 정책이다. 전자는 특구와 같은 차등분권의 경우를 제외하면 모든 지방정부가 대상이다. 때문에 지방정부의 입장에서는 자치분권의 내용이 공유재의 성격을 띠어 무임승차가 가능한 데 반하여, 재원의 이양을 주요 내용으로 하는 지역균형발전은 한정된 재원으로 말미암아 배타적인 경쟁이 가미된 사유재산 성격의 정책으로 무임승차가 어렵다(김순은, 2005a).

2) 정책의 분류

정책의 특성을 분석하는 방식 중의 하나는 정책이 지니는 특성별로 배분정책, 재배분정책, 구성정책, 규제정책 등으로 구분하여 분석하는 것이다(Lowi, 1972). 배분정책은 불특정 다수의 국민을 위한 정책을 의미하며 통상적으로 일반 개인이나 집단을 위하여 조세에 의한 세입을 사용한다. 재배분정책은 사회적 약자나 소외된 계층을 위한 정책으로 소득의 재배분 현상이 발생한다. 구성정책은 국가나 정부의 구성과 관련된 정책을 의미하며 규제정책은 사회적 정의나 공정한 경제적 거래 등을 보장하기 위해 개인 또는 기업에 규제를 가하는 정책이다.

자치분권은 분권적인 정치·행정체제를 구축하기 위하여 중앙정부의 권한이나 사무를 이양한다는 차원에서는 구성정책에 속한다. 반면 지방세 등의 조정을 포함하는 재정분권은 배분정책으로도 분류할 수 있다. 재정분권 중 이전재원 부분은 재배분정책에 속한다(〈표 6-3〉 참조).

평등과 배려 및 형평을 지향하는 지역균형발전은 큰 틀에서 보면 재배분정책이다. 수도권과 비수도권, 도시와 농·산·어촌 간의 격차를 해소하기 위하여 강제적으로 재원을 재배분하기 때문이다. 그런데 범위별로 보면 좀 더 복잡하다. 지방정부로의 재원조정은 대표적인 재배분정책이다. 산업입지정책은 재배분정책과 배분정책의 성격을 동시에 띠고 있다. 선택과 집중이라는 측면에서는 배분정책이지만 낙후된 지역에 대한 산업입지는 재배분정책이다. 공공기관의 지방이전이나 지역 간 분산은 재배분정책인 동시에 구성정책에 속한다(〈그림 6-3〉 참조)(김순은, 2017d).

정책의 분류라는 관점에서 볼 때 자치분권과 지역균형발전은 큰 틀에서는 상이하지만 세부적으로는 공통점이 있음을 알 수 있다. 공통점을 토대로 양자 간 조화를 모색할 수 있다. 이에 대해서는 다음 절에서 논의하였다.

3) 정책의 내용

(1) 정책의 범위

자치분권과 지역균형발전의 범위는 매우 다양하다. 자치분권은 중앙정부의 권한 및 사무의 이양과 재정분권으로 크게 나뉜다. 재정분권은 세입과 세출 자주권으로 세분되며 전자는 과세자주권과 이전재원으로 나뉜다. 앞에서 논의하였듯 각 항목은 정책의 분류상 상이하다(김순은, 2017d).

표 6-3 자치분권의 범위

자치분권의 종류			자치분권의 내용
권한·사무 분권			중앙의 정치 및 행정권한과 사무
재정분권	세입	지방세	과세자주권(세원 및 세율)
		이전재원	교부세, 포괄보조금, 국고보조금
	세출		세출자주권

출처: 김순은(2017b), p. 14

지역균형발전의 범위는 더욱 복잡하다. 우선 지역균형발전은 3분 정책으로 구성되며 3분은 분산, 분업, 분권을 의미한다. 공공기관 및 기업체의 지역적 분산과 산업의 지역적 배분이 주요한 범위이며 여기에 지역혁신을 매개로 분권이 지역균형발전의 중요한 수단이 된다. 이를 좀 더 세분화하면 지역균형발전은 선택과 집중에 의한 경제적 원리를 존중하는 합리적 지역균형발전정책과 지역 간의 배분적 균등기준을 기초로 한 혁신적 지역균형발전정책으로 대분할 수 있다. 또 다수의 국가에서 발견되는 보편적 정책과 특정한 국가에서만 발견되는 특수적 정책으로 대분된다. 이를 종합하면 〈그림 6-3〉과 같다(김순은, 2017b).

그림 6-3 지역균형발전의 분류

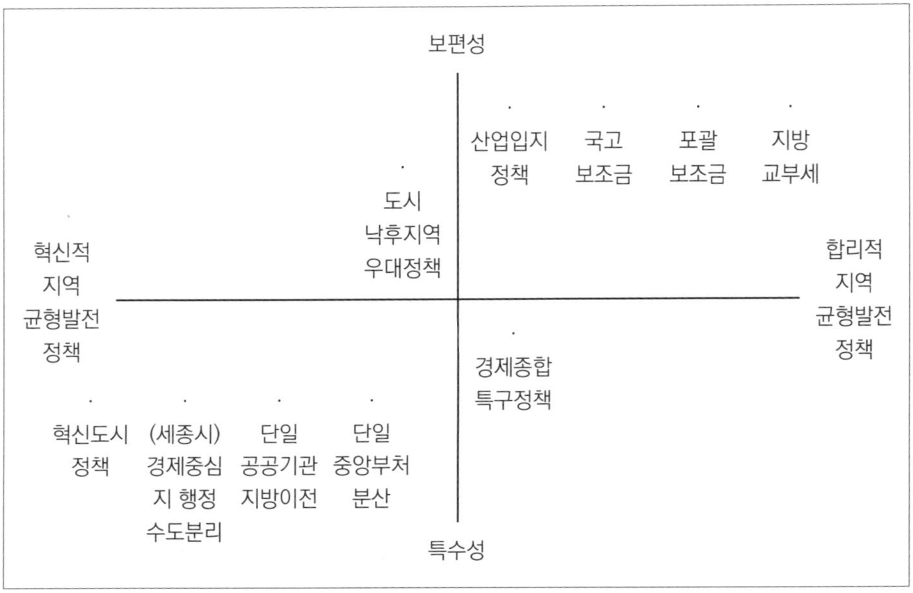

출처: 김순은(2017b), p. 16

대부분의 국가에서 활용하는 교부세와 보조금 등의 중앙정부의 재원이양은 가장 보편적이고 합리적인 지역균형발전정책이다. 많은 국가가 산업의 지리적 배분을 통한 산업입지정책으로 균형발전을 모색하고 있다. 지역별로 특화산업을 육성하는 것이 대표적인 예이다. 종합특구를 활용한 정책은 특정한 국가에서만 발견된다. 예를 들어, 중국은 특구제도를 활용하여 경제발전에 성공을 거두었으며 일본도 국가전략특구나 지방창생특구를 통하여 균형발전을 모색하고 있다. 낙후지역이나 발전지체지역에 대한 우대정책과 특정지역에 대한 규제정책은 많은 국가에서 발견할 수 있는 혁신적 정책이다(김순은, 2017b).

중앙부처나 공공기관의 지방이전을 통하여 균형발전을 모색하는 국가로는 영국이 대표적이다. 우리나라와 같이 행정수도나 행정중심도시를 건설하는 예는 특수한 혁신정책이라고 평가할 수 있다. 미국의 경우에도 뉴욕과 캘리포니아 등에서 경제중심도시와 행정수도를 분리하였다. 행정수도를 건설한 국가로는 브라질, 캐나다, 말레이시아 등이다. 수도권에 소재하던 공공기관을 일제히 지방으로 분산하여 설립한 혁신도시정책은 어느 국가에서도 찾아볼 수 없는 혁신적인 정책이다.

(2) 정책목적 및 목표

중앙정부의 권한과 사무를 지방으로 이양하는 자치분권은 분권형 거버넌스를 구축하는 것을 목적으로 한다. 형성된 분권형 거버넌스는 지역발전의 균등한 기회로 작용한다. 지역균형발전은 수도권과 비수도권, 도시와 농촌, 영남과 호남 등 지역 간의 경제·사회적 격차를 해소하는 것이 주요한 목적이다. 이를 위하여 집권식 재원의 강제배분을 목표로 설정한다(김순은, 2005a).

(3) 정책수단

자치분권과 지역균형발전의 정책수단은 권한·사무와 재원의 지방이양이라는 점에서 공통점을 가진다. 지역균형발전이 분권을 포함하고 있기 때문이다. 차이점은 재원이양의 방식이다. 자치분권은 현재 중앙-지방 간의 수직적 재정조정을 의미하지만 재정분권이 실현되면 지방-지방 간의 수평적 재정조정을 포괄하여야 한다. 이때의 수평적 재정조정제도는 지역균형발전의 목적을 내재하는 것이다.

지역균형발전은 중앙-지방 간 재정조정을 주요한 수단으로 하고 있다. 앞에서 언급한 바와 같이 재정분권에 의하여 지역 간 재정력의 격차가 확대되면 수평적 재정조정제도를 도입하여야 하는데 이때의 수평적 재정조정제도는 지역균형발전의 2차적 수단이 된다.

아울러 자치분권의 경우 권한·사무의 이양과 재정분권을 시차를 두고 실행할 수 있어 행정비용을 절약할 수 있다. 일본의 경우 권한·사무의 지방이양과 삼위

일체 개혁이라는 재정분권을 6년의 시차를 두고 실행하였다. 반면 지역균형발전은 초기부터 막대한 재정이 요구된다(김순은, 2005a; 김석태, 2008).

(4) 이론적 기초

자치분권은 지역의 통일된 의견을 반영하는 등 분권적 논리에 기초한다. 중앙은 대개 지역 이기주의에 의한 지역갈등, 지역의 자치역량 부족 등을 이유로 자치분권에 소극적이다. 이들을 설득하기 위해서 지방의 자치 및 혁신역량을 강화하여야 한다. 향후 자치분권이 강화될 경우 논란이 될 지역 간의 재정조정도 규범적인 측면에서 지역 스스로 해결하여야 하는데 이 또한 분권논리의 일부이다(김순은, 2005a).

중앙정부의 재원을 지역 간에 배타적으로 배분하는 지역균형발전은 집권적 논리가 기초가 된다. 각 지역은 한정된 재원을 둘러싸고 치열하게 경쟁하고 중앙정부는 이를 적절히 관리하기 때문이다. 이제까지 중앙정부의 재원을 둘러싼 지방정부 간의 끊임없는 갈등이 이를 입증하고 있다. 그런데 배분된 자원을 활용하여 지역혁신을 이루고, 이를 통해 자생적 발전을 모색하는 단계에서는 분권의 논리가 요구된다. 지역이 자신의 창의성과 지역적 특성을 바탕으로 배분된 자원을 효율적으로 활용하는 자생적 발전은 철저히 분권적으로 수행되어야 한다.

앞에서 논의한 바와 같이 지역균형발전의 중요한 내용 중의 하나가 지방으로의 재원이양이다. 주요 수단으로 〈그림 6-3〉의 교부세와 보조금 및 지방세가 주로 쓰인다. 이때에도 지방세, 교부세, 포괄보조금과 같이 지방의 재량을 강화하는 재원의 이전은 분권적 논리에 따른 것이다.

4) 정책 행위자

(1) 중앙정부

자치분권과 지역균형발전의 주체는 중앙정부와 지방정부, 시민 및 시민단체이다. 중앙정부는 이제까지 시도된 자치분권 개혁의 과정에서 매우 소극적인 자세를 보였다. 권력게임으로도 표현되는 자치분권에서 중앙정부의 권력축소를 의미하는 분권에 중앙정부는 항상 소극적이었다. 국회와 중앙행정도 모두 유사한 자세를 취했다는 것이 일반적인 평가이다(김순은, 2015; 이기우, 2007; 이승종, 2005). 중앙정부, 특히 국회의원들이 자치분권에 소극적인 이유는 자치분권이 선거에 중요한 이슈가 되지 않기 때문이다. 자치분권이 선거에 주요한 이슈로 다루어진 것은 노무현 대통령 선거와 문재인 대통령 선거가 유일하다.

반면 지역균형발전은 중앙정부가 매우 중요하게 인식하고 적극적으로 대응하는 정책이다. 정책을 자문하는 기구의 명칭은 국가균형발전위원회, 지역발전위원회 등으로 변화하였지만 정책의 핵심은 지역의 균형발전이었다. 〈그림 6-3〉에서 보는 바와 같이 비록 지역균형발전이 매우 다양한 내용으로 구성되지만, 대부분의 정책에서 중앙정부의 역할이 핵심적이다. 한정된 재원을 지역 간에 배분하는 것이 중앙정부의 주요한 역할이기 때문이다. 한정된 재원을 둘러싸고 지역 간의 경쟁이 펼쳐지고 그 결정권은 중앙정부가 가지고 있기 때문에 중앙정부는 지역균형발전에 자치분권보다 대응적이고 적극적이다. 지역 간의 재원배분이나 가시적인 시설 및 공공기관의 이전을 내용으로 하는 지역균형발전 정책은 선거에도 매우 유리하게 작용하기 때문이기도 하다(김순은, 2005a).

(2) 지방정부

자치분권과 지역균형발전에 대한 지방정부의 반응과 대응은 내용별로 차이점이 있다. 〈표 6-3〉에서 보는 바와 같이 자치분권의 권한·사무의 이양과 세출자주권에 관하여서는 지방정부 간의 합의가 비교적 용이하다. 물론 권한·사무 이양의 우선순위에 대해서는 이견이 있을 수 있으나 큰 틀에서는 합의가 용이하다. 자치분권은 주로 지방정부와 중앙정부 간의 갈등구도로 나타났다. 때로는 중앙정부에 대한 요구의 정도는 상대적으로 크지 않다. 왜냐하면 차등분권을 실행하는 경우는 몰라도 대등분권의 경우 무임승차가 가능하기 때문이다. 그런데 과세자주권이나 교부세와 보조금 등 재원이전에 대해서는 지방정부 간 이견이 크다. 재원이 비교적 양호한 지역과 부족한 지역 간에 견해차가 크기 때문이다. 대표적으로 세원이 풍부한 도시지역과 그렇지 못한 농·산·어촌 간의 갈등이 크다. 재정분권의 성과가 미미한 이유 중의 하나이다.

지역균형발전은 큰 틀에서 수도권과 비수도권, 영남과 호남, 도시와 농·산·어촌 간에 재원의 배분을 둘러싸고 형성된 갈등구조가 일반적이다. 재원이 부족한 지방정부일수록 중앙정부의 이전재원에 민감하게 반응하기 때문이다. 지역발전을 위한 중앙정부의 재원이 경쟁을 통하여 지원되는 구조하에서는 지방정부 간에 갈등이 발생할 수밖에 없다. 왜냐하면 한정된 재원을 둘러싸고 제로섬 게임을 하여야 하기 때문이다(이승종, 2003; 김순은, 2005a; 김석태, 2008).

(3) 시민 및 시민단체

통상적으로 시민들의 자치분권에 대한 관심은 높지 않은 편이다. 지방자치에 대한 무관심과 무관하지 않다. 그간 정부가 자치분권의 약속을 실행하지 않은 것도 시민들의 무관심과 밀접하게 관련되어 있다(이승종, 2005; 이기우, 2007; 김순은, 2015). 반면 지역발전과 직결된 지역균형발전에 대한 시민의 관심은 매우 크다. 그러나 지역의 시민단체들은 양 정책에 모두 민감하게 반응하고 있다. 시민단체들의 운동내용을 보면 항상 자치분권과 지역균형발전을 동시에 요구하고 있다. 최근 전국에 설치된 지방분권협의회의 명칭으로, 충청북도는 자치분권과 지역균형발전이라는 용어를 동시에 사용하기도 한다. 상기의 논의를 종합하면 〈표 6-4〉와 같다.

4. 자치분권과 지역균형발전의 관계에 관한 이론

자치분권과 지역균형발전의 관계에 대해서는 다양한 학문적 주장이 제기되었다. 자치분권과 지역균형발전 간 관계는 각 정책의 특성에 따라 상호보완설과 상호긴장설로 대분하여 논의할 수 있다. 전자는 주로 우리나라의 자치분권과 지역 간 격차의 현실과 양 정책의 정적인 구조를 고려한 규범적 주장인 반면 후자는 양자의 일반적 특성에 기초한 실증적 이론에 가깝다(최진혁, 2005; 김순은, 2005a; 김석태, 2008; 변창흠, 2013; 이병규, 2015).

표 6-4 비교분석의 틀과 분석결과

비교기준		자치분권	지역균형발전
정책의 특성	추진 이념	- 자유, 경쟁, 효율 - 자주, 참여, 자율, 책임 - 지역능력의 최적화 - 시장친화적	- 평등, 배려, 형평 - 통합, 통일 - 최소기준의 확립 - 반시장적 특징 보유
	성격	- 전략적, 상황적 정책 - 차별성과 경쟁을 전제 - 재화 생산방법의 이양적 성격 - 수단적 성격의 정책 - 공유재산 성격의 정책 - 무임승차 가능	- 시간과 공간을 초월한 상시적 정책 - 차별성의 축소 - 재화의 이양적 성격 - 최종목표적 정책 - 사유재산 성격의 정책 - 무임승차의 어려움
정책의 분류		- 구성정책, 배분정책, 재배분정책	- 재배분정책, 배분정책, 구성정책
정책의 내용	대상	- 정치·행정권한 및 행정사무의 지방이양 - 재정분권	- 전략산업의 지역적 배분 - 지역의 혁신정책 - 공공시설의 분산: 행정중심복합도시, 중앙부처 및 공공기관 지방이전 - 재정조정제도
	목적 및 목표	- 분권형 정치행정체제 (분권형 거버넌스) - 지역발전의 균등한 기회제공	- 지역의 균형발전 (수도권과 비수도권, 지역 간의 경제적 격차 해소) - 집권식 재원의 강제배분
	수단	- 권한·사무의 지방이양, 수평, 수직적 조정제도 - 재원의 수요를 연차적 처리 가능	- 재원의 수직적 조정제도, 수평적 재정조정 - 정책집행의 초기부터 막대한 자원필요
	이론적 기초	- 분권논리가 적실성이 높음: 지역의 통일된 의견이 반영될 가능성이 높음. - 수평적 재정조정 보완	- 집권논리가 적실성이 높음: 지역의 경제적 격차를 해소시키는 정책으로 중앙정부의 의견이 반영될 가능성이 높음. - 지역혁신을 통한 자생적 발전을 위한 분권논리 보완
	중앙 정부	- 중앙정부의 정치·행정권한이양이므로 소극적인 태도 - 선거의 활용도 낮음	- 재원의 중앙집권식 배분이므로 상대적으로 적극적임 - 선거의 활용도 높음
	지방 정부	- 서울을 포함한 지방정부의 통일적 의견 수립이 용이 - 지방정부 간의 합의가 상대적으로 용이함(재정분권 제외) - 공유재산의 성격으로 정책에 대한 열의가 적음	- 수도권과 비수도권, 영남과 호남, 도시와 농촌 등 다원화된 갈등구조 - 지방정부 간의 갈등의 소지가 큼 - 재원의 이양을 의미하기 때문에 정책에 대한 열의가 상대적으로 높음
	시민	- 기회의 제공을 의미하는 분권정책에 상대적으로 중요도에 대한 인지도 낮음	- 지역발전을 의미하는 균형발전에 인지와 관심도가 높음
	지역의 이익단체	- 관심이 높음	- 관심이 높음

출처: 김순은(2005a), "지방분권 정책의 평가와 과제: 국가균형발전 정책과의 패키지화에 대한 비판적 고찰", p. 129의 표를 수정·보완하였음.

1) 자치분권과 지역균형발전의 상호보완설

자치분권과 지역균형발전의 상호보완설은 우리나라의 현실에 기초하고 있다. 우리나라의 중앙과 지방의 사무배분은 7:3, 재원분은 8:2로 중앙집권적 형태를 보이고 있다. 아울러 인구의 49.5%가 수도권에 거주하는 높은 중앙집중도를 보인다. 92%에 이르는 도시화가 보여주듯이 도시와 농·산·어촌의 격차는 점점 벌어지고 있다(김순은, 2017d). 이러한 현실을 타개하기 위해서는 자치분권과 지역균형발전 상호 간 시너지 효과를 발생시킬 수 있도록 양 정책을 패키지화하여 동시에 추진하여야 한다(김순은, 2007b). 지방에서 자치분권과 지역균형발전을 주장하는 시민단체들은 대부분 이와 비슷한 주장을 펼치고 있다.

자치분권과 지역균형발전의 상호보완설은 양 정책의 정적인 구조에도 기초한다. 앞에서 논의하였듯이 지역균형발전은 분산, 분업, 분권으로 구성되기 때문에 자치분권이 지역균형발전의 필요조건이 된다. 자치분권에 의한 자치역량이 강화되지 않으면 지역의 혁신에 기초한 자생적 발전을 기대할 수 없다. 자치분권은 지역균형발전의 필요조건으로서 기타의 분산과 분업보다 선행되어야 한다는 주장이 여기에 속한다. 자치분권은 주로 발전의 기회를 제공하기 때문에 자치분권의 결과 지역 간 격차가 발생할 수 있다. 초기부터 경쟁의 여건이 갖추어지지 않은 지역은 때로는 자치분권으로도 발전을 기대할 수 없다. 발전지체지역과 낙후지역은 지역균형발전으로 보완하여야 한다. 즉 지역균형발전과 자치분권은 상호보완성을 유지하여야 한다(김순은, 2007b). 두 정책이 상생적이어야 한다는 주장들이 이 부류에 속한다(변창흠, 2013). 이런 관점에서 볼 때 자치분권과 지역균형발전의 상호보완설은 규범론적 주장의 성격이 강하다(이종수 외6, 2003).

2) 자치분권과 지역균형발전의 상호긴장설

자치분권과 지역균형발전의 관계를 논의함에 있어서 상호 간에 갈등이나 마찰의 소지가 크다는 지적도 많다(이승종, 2003; 김석태, 2008; 김순은, 2005a). 상기에서 제시된 〈표 6-4〉를 큰 틀에서 보면 자치분권과 지역균형발전은 매우 상이한 특성과 내용을 지니고 있다. 특히 정책의 동적인 측면, 부연하면 정책의 집행단계에서는 지역균형발전이 지역의 보다 큰 관심을 받는 반면 자치분권은 주민들의 무관심 속에 빠진다. 자치분권은 분권적인 논리에 따라 추진이 가능하지만 지역균형발전은 집권적인 논리가 강하다.

두 정책의 추진이념이 상이한 것이 상호긴장설의 주요한 이유이다. 자치분권이 분권을 지향하고 자유 및 경쟁 등의 이념을 추구하는 반면 지역균형발전은 평등과 형평 및 상호 간 배려를 강조하기 때문이다. 전자는 지역 간의 차이를 발생시킬 소지가 크지만, 후자는 그 격차를 축소시키는 정책이기 때문에 지향점이 상이하므로 정책 간 갈등의 여지가 크다. 이러한 주장은 주로 실증적이고 현실묘사적인 관점의 주장이다.

3) 자치분권과 지역균형발전의 전략적 조화설

큰 틀에서 보면 자치분권과 지역균형발전은 정책의 특성으로 인해 갈등의 소지가 높은 것으로 보인다. 실제로 대한민국시도지사협의회의 모임에서도 자치분권에 대해서는 상호 간에 신뢰도 높고 화기애애한 분위기 속에서 논의가 진행된다. 반면 의제가 지역균형발전에 관한 내용인 경우에는 지역 간에 상당한 견해차가 표출되는 것으로 전해지고 있다. 차이점을 이해하면 양자의 전략적 조화를 추진할 수 있다.

〈표 6-4〉를 보면 자치분권과 지역균형발전은 수단과 목표에 있어 서로 밀접한 관계를 맺고 있다. 재정분권과 관련된 이전재원은 자치분권 정책에 속하면서 지역균형발전에서도 중요한 부분을 차지한다. 지역의 시민단체들은 양자의 시너지 효과를 지지하고 있다. 이런 점을 고려할 때 앞의 분석과 같이 자치분권과 지역균형발전을 구성하는 정책 내용별로 분석하면 양자 간에 조화롭게 시너지 효과를 창출할 수 있는 전략을 수립할 수 있다. 자치분권과 지역균형발전이 지역복지 및 지역개발 등 지역발전을 목표로 한다는 공통점을 갖고 있기 때문에 가능하다. 〈그림 6-3〉에서 보면 제1상한과 제4상한에 속하는 정책들은 상대적으로 조화를 모색하는 데 용이하다. 왜냐하면 재정분권은 지역균형발전과 밀접

하게 관련되어 있기 때문이다(김순은, 2017b).

이전재원은 앞서 논의한 자치분권과 지역균형발전 모두에 속한다. 부연하면 재원이양은 자치분권이면서 동시에 지역균형발전에 속하는 정책으로 통합적인 차원에서 추진할 수 있다. 첫 번째의 전략은 양 정책의 과제 선택에서 공통점을 구하는 것이다.

두 번째의 전략은 과제의 추진방식에서 찾아야 한다. 이제까지 지역균형발전의 집권적·외생적인 추진방식이 주로 비판의 대상이 되었다. 이제는 자치분권적·자생적인 지역균형발전으로 선회해야 한다. 이런 관점에서 볼 때, 자치분권은 지역에 발전의 기회를 제공하기 때문에 우선적으로 실시되어야 할 것이다. 자치분권의 실시 이후 지역 간 차이가 발생하면 발전에 뒤처진 지역에 지역균형발전 정책을 실시하는 전략이 이론적으로는 타당하다.

그런데 현재의 상황을 고려하면 이미 지역 간의 상당한 발전의 차이를 보이는 것을 알 수 있다. 뿐만 아니라 도서 및 접경지역과 같이 낙후된 지역은 자치분권만으론 발전을 기대할 수 없다. 이러한 지역에는 지역균형발전에 초점을 둔 전략을 구사하는 것이 타당하다.

물론 자치분권과 지역균형발전의 조화로운 전략의 수립에는 지역의 발전수준과 자치역량, 지역여건 등이 고려되어야 한다. 자치분권과 지역균형발전 정책의 범위와 내용을 전략적으로 조합한다면 갈등의 소지를 줄이고 조화를 제고할 수 있다. 상기 〈그림 6-3〉에서 보는 바와 같이 제 3상한에 속하는 지역균형발전은 정책의 혁신성으로 인하여 자치분권과 갈등의 소지가 높은 정책이다. 그럼에도 우리나라에서는 이미 집행이 진행 중이거나 완료단계에 이르러 상대적으로 갈등의 여지가 적은 정책의 경우에는 전략적 조화를 모색하는 데에 유리하다. 구체적인 전략적 방안에 대해서는 다음 절에서 상세하게 논의하였다.

4) 3역(役) 체제의 구축: 행정의 역할론

지역정책은 크게 자치의 원리와 균형의 원리에 의하여 운영된다. 자치의 원리는 자유의 이념 하에 자기결정, 자기책임, 자기부담을 토대로 지방의 문제를 처리하는 것을 의미한다. 자치의 원리는 곧 경쟁으로 이어진다. 대부분 선진국의 경우 자치의 원리에 따라 지방정부가 운영된다.

자치의 원리가 경쟁으로 이어지고 경쟁의 결과 지방정부 간 격차가 발생함에 따라 균형의 원리가 도입되었다. 평등과 형평의 이념하에 자원 및 시설 등의 재배분을 통하여 균형을 추구한다. 앞에서 논의한 바와 같이 다양한 균형정책을 통하여 균형발전을 추진한다.

자치와 균형의 원리는 행정에 의하여 운영된다. 따라서 행정의 원리 또한 중요하게 작동한다. 행정의 원리는 행정의 가치와 수비범위와 밀접하게 관련되어 있다. 행정은 주로 효율성의 가치를 극대화하는 방향으로 작용한다.

우리나라의 경우 1990년대 이전에는 행정의 원리와 균형의 원리를 중심으로 지역정책이 운영되었다. 효율성의 강조로 말미암아 자치의 원리는 전혀 고려되지 않았다.

1990년대 이후 지방자치가 재개되면서 우리나라도 자치, 균형, 행정의 원리가 적용되기 시작하였다. 그럼에도 자치의 원리는 크게 반영되지 못하고 균형과 행정의 원리가 상대적으로 비중 있게 고려되었다.

자치분권이 강조되면서 자치의 원리도 비중 있게 다루어져야 한다는 것이 문재인 정부의 지역정책이다. 향후 지방자치는 자치의 원리, 균형의 원리 나아가 행정의 원리가 적절히 조화를 이루는 3역 체제를 구축하여야 한다. 이때 지역균형발전은 지역정책의 목표이다. 자치분권은 자생적, 자율적 지역균형발전을 위한 수단적 성격을 띠고 있다. 이에 대해서는 다음 절에서 상세히 논의하였다.

우리나라의 경우 행정이 국가발전에 매우 중요한 역할을 담당하였다. 발전행정의 틀을 넘어서는 새로운 21세기 새로운 발전행정의 관점에서 자치와 균형을 뒷받침하여야 한다. 중앙정부의 행정이 많은 것을 담당하던 집권적 행정을 지방의 자율성을 존중하는 분권적 행정, 후원적 행정으로 변모시켜야 한다.

이를 표로 정리하면 〈표 6-5〉와 같다. 1991년 이전에는 자치의 원리가 적용될 여지가 전혀 없었다. 지방자치가 전면 폐지된 시기이기 때문이다. 1991년 이후 지방자치가 재개되면서 자치의 원리가 적용되기 시작하였으나 행정의 원리가 그대로 강하게 적용되었다. 2017년 이후 문재인 정부가 출범하면서 행정의 원리와 자치의 원리가 균형의 원리 위에 조화를 이루는 모양새를 갖추고 있다.

표 6-5 시대별 3역의 비중

	자치의 원리	균형의 원리	행정의 원리
1991년 이전	X	O	O
1991-2017년	△	O	O
2017년 이후	O	O	O

5. 자치분권과 지역균형발전 정책의 조화적 추진방안

1) 자치분권과 지역균형발전의 과제선정의 전략

(1) 전략적 과제의 추진: 자치교육(초등학교)의 통합추진

자치분권과 지역균형발전의 조화를 모색하는 첫 번째 방안은 양자의 상충점을 최소화하며 정책의 효과를 극대화할 수 있는 과제를 선정하는 것이다. 아직 우리나라의 인구 자체는 감소하지 않았지만 저출산으로 인해 인구의 구조는 크게 변화하고 있다(김순은, 2017e). 농·산·어촌의 인구, 특히 저출산과 도시화로 인한 유아청소년 인구의 감소는 학교의 폐쇄 내지는 지방의 소멸이라는 위험까지 시사하고 있다. 비도시지역은 인구가 급감하고 있어 지역균형발전의 중요한 대상이 되고 있다.

우리나라는 제3공화국부터 지방교육행정과 지방행정을 분리하고 중앙집권식의 교육모형을 채택하였다. 반공교육 등의 성과도 있었지만 지방교육의 다양성과 창의성을 저해하는 부작용을 낳았다. 자치교육의 부재로 지방의 특색에 따른 교육의 다양성을 보여주지 못했다. 지방에서 일반행정과 교육행정을 분리한 것은 지역에서의 종합행정 발전에 커다란 장애가 되어 지방자치의 본질을 해치는 결과로 나타났다. 참여정부 이후 자치분권의 주요 과제로서 자치교육이 지속적으로 논의되었는데, 특히 교육행정과 지방행정의 통합이 주요한 이슈였다.

농·산·어촌의 인구감소로 인한 학교의 폐쇄를 예방하기 위해서는 효과적인 출산정책을 수립해야 하며 도시로의 인구유출을 방지하여야 한다. 여기에는 다양한 저출산 대책과 지역발전 정책이 수반되어야 한다. 이러한 정책들이 지역주민들의 가장 높은 관심을 갖는 교육과는 직접적인 관련성이 적은 일반지방행정을 통하여 이루어지기 때문에 정책의 연계성을 높이지 못하고 있다. 일반지방행정과 교육행정을 통합한다면 지역발전은 물론 출산정책의 효과를 제고할 수 있다.

교육행정의 전면적 통합이나 연계성 제고가 어렵다면 최소한 초등학교의 교육행정만이라도 현재의 시·군·구의 일반행정에 통합시킨다면 정책효과를 기대할 수 있다. 주민자치에 관한 연구결과에 비추어보면 좋은 초등학교의 유지와 운영이 인구유출효과를 줄이고 지역발전을 이룩하는 데 탁월한 기능을 하기 때문이다. 이미 서울 일부 구에서는 자치구 차원에서 청소년위원회 등을 구성, 중·고등학교에서 실행하지 못하는 방과 후 활동을 주도적으로 추진하여 좋은 반응을 얻고 있다(김순은·한상우, 2014). 덧붙여 향후 주민자치의 활성화를 위해서도 기초단위의 종합행정이 무엇보다 시급하다.

초등학교의 교육을 시·군·구의 일반행정과 통합하는 경우 예산은 지방의회의 교육위원회가 담당하고 시장·군수·구청장은 집행만을 담당하되 교육담당 부단체장의 설치로 전문적인 보좌를 받는 체제가 적합할 것이다. 이처럼 초등학교의 교육행정과 지방행정을 통합하는 일은 지방자치 본래의 모습을 찾는 과정이기도 하다.

(2) 재정분권과 지역균형발전 재원이양의 조화로운 추진

노무현 정부가 2003년 이후 자치분권을 본격적으로 논의할 때부터 재정분권은 자치분권 과제의 중요한 부분을 차지하였다. 현재까지 지방정부가 꾸준히 재정분권을 요구했음에도 불구하고 재정분권의 성과는 미미하였다. 세출자주권은 다소 개선된 부분이 있으나 과세자주권이나 이전재원의 확충은 크게 진전되지 못했다. 과세자주권은 조세법률주의의 엄격한 해석으로 발전되지 못했고 이전재원에 대한 중앙정부의 관행화된 역할은 이전재원의 개선을 가로막았다. 중앙정부가 상세하게 명시한 보조금은 지방의 재량을 용납하지 않았고 오히려 지역 간의 중복투자로 낭비의 소지마저 안고 있었다.

상기 〈그림 6-3〉에서 보는 바와 같이 교부세와 포괄보조금 및 명시보조금은 지역균형발전의 가장 전통적이고 합리적인 정책이다. 동시에 〈표 6-3〉에서 보는 바와 같이 재정분권의 중요한 내용을 구성하고 있다(이달곤, 2017). 중앙정부에서 명시보조금의 용도를 상세하게 지정하여 이전함으로써 지방의 재량이나 상황을 반영하지 않는다는 점을 고려할 때, 교부세와 포괄보조금을 확대하고 명시보조금을 삭감하는 방안이 자치분권과 지역균형발전을 만족시키는 바람직한 전략이다. 일본에서 2006년 3위 1체라는 재정분권 개혁을 추진하면서 명시보조금을 교부세화와 일반세원이양으로 전환한 것도 같은 맥락이다(이재원, 2009; 최철호, 2015; 김순은, 2016a). 영국에서도 캐머런 정부 이후 지방주의(localism)의 틀 하에서 포괄보조금을 통하여 중앙정부가 지방정부에게 다양한 분야의 공공 서비스의 집행권한을 이양하였다(이원섭, 2017).

교부세의 혜택을 받지 못하는 지역은 물론 지방정부의 책임성은 과세자주권으로 보완할 수 있다. 법정외세도 여기에 해당한다(최철호, 2015). 영국의 대헌장(Magna carta), 미국독립혁명, 프랑스 대혁명 등 시민혁명은 세금으로부터 촉발되었다. 납세자는 자신이 납부하는 세금의 정당성에 매우 민감하기 때문에 이를 사용하는 정부에 대하여 매우 비판적이다. 지방정부의 책임성이 특별히 요구되는 이유이다. 지방정부의 과세권은 한편으론 지방정부의 권한을 강화하는 동시에 시민들로 하여금 정부를 감시하게 하는 통제의 방안이 될 수 있다. 이때에도 지역균형발전의 방안으로 수평적 재정조정제도를 반드시 반영하여야 한다. 과제자주권으로 세입이 크게 증가하는 지방정부는 재원이 부족한 지역에 수평적으로 지원하여야 과제자주권의 확대에 따른 지역 간 불균형의 부작용을 완화할 수 있다.

2) 자치분권과 지역균형발전 추진방식 상의 전략

(1) 시 · 도의 활용전략(제2국무회의의 활용)

자치분권과 지역균형발전을 조화롭게 추진하기 위해서는 종래와는 달리 지역균형발전을 분권식으로 추진하는 방안이 필요하다. 종래의 지역균형발전은 주로 중앙정부의 주도로 추진되어 중앙-지방, 지방정부 간 갈등이 고조되었다. 행정수도의 이전과 혁신도시의 건설을 둘러싼 갈등이 대표적이다.

향후에는 지역의 혁신을 통하여 지역이 주도하는 자생적 지역균형발전이 되어야 한다. 분권형 지역균형발전의 추진(차미숙, 2017)으로 패러다임을 전환하는 것이 필요하다. 이를 위하여 시·도의 역할이 강화되어야 한다. 중앙정부는 시·도 간 지역균형발전을 위한 정책을 수립하고 시·도 내의 영역은 시·도가 담당하는 분권형의 방식이 자치분권과 지역균형발전 간 조화를 이룰 수 있는 방식이다. 현재 농·산·어촌의 인구감소로 군의 존립이 위협받는 상황하에서 시·도의 역할이 강화되어야 한다(김순은, 2017b). 물론 낙후지역이나 휴전선 접경지역 등은 예외로 다루어야 한다. 현재 논의되는 제2국무회의에 시·도지사를 포함시켜 자치분권과 지역균형발전을 논의하게 된다면 양자 간의 접점을 구하는 데 긍정적으로 기여할 것이다. 문재인 정부가 주도하는 연방제 수준의 분권을 위해서도 시·도의 지위와 권한을 강화하는 것이 바람직하다.

앞에서 예시하였던 영국의 자치분권 협상을 우리나라에서도 시·도별로 하는 것도 방안 중의 하나로 검토할 수 있을 것이다. 이때 시·도별로 설치된 혁신도시를 시·도 발전의 거점으로 설정하는 것과 이를 위한 구체적인 자치분권 및 지역균형발전 방안 등이 논의의 대상이 될 수 있다(김순은, 2017b).

(2) 자치분권 추진방식의 다양화로 조화 모색

앞의 방식이 지역균형발전이 자치분권과 조화를 이루기 위하여 구상된 방식이라면 자치분권 추진방식의 다양화는 자치분권이 지역균형발전과 조화를 이루기 위한 것이다. 이제까지는 자치분권도 내용은 분권적인 사항이지만 추진방식은 중앙집권적이었다. 중앙정부에 설치된 추진기구가 자치분권의 과제와 전략을 수립하고 결정하였다. 지방의 의견을 수렴하는 절차를 거쳤으나 그 효과는 크지 않았다.

향후에는 자치분권의 과제와 추진방식에 지역의 의견이 반영되어 지역균형발전과 조화를 이룰 수 있어야 한다. 중앙정부가 직접 주도적으로 추진할 과제를 선정하고 추진하는 방식에 지방정부의 의견을 수렴하여 과제를 선정하고 추진하는 방식이 보완적으로 이루어진다면 지역은 지역균형발전의 차원에서 자치분권의 과제와 대안 등을 제안할 수 있을 것이다. 자치분권의 과제 중 자치교육, 자치경찰, 지방의회의 강화 등 지역 간의 갈등이 적은 분야는 중앙정부가 적극적으로 추진하는 것이 효과적이다. 그 외에 전국적으로 의견의 통일이 가능한 대상, 즉 대등적 자치분권에 있어서는 제안공모방식을 선택적으로 활용할 수 있다. 반면 지역에 따라 차등적인 자치분권이 적합할 경우에는 개별신청방식도 고려해 볼 만하다.

아래에서 논의하였지만 수도권 등 발전지역에 있어서는 자치분권의 선행적 집행으로 지역의 경쟁력을 유지하면서 그 외 지역에 대해 지역균형발전을 추진한다면 수도권의 경쟁력을 유지하는 동시에 지역 간의 균형을 모색해 볼 수 있다(이종수 외6, 2003; 이승종, 2003; 김순은, 2005a; 김석태, 2008).

3) 공간구분의 3분(권역) 전략: 맞춤형 전략

지역균형발전은 평등권의 공간적 배분이다(조명래, 2011). 이점을 감안하여 전국의 공간적 배분에 따라 양 정책을 상이하게 추진하는 전략이 맞춤형 전략의 핵심이 될 것이다. 이를 상론하면 아래와 같다.

(1) 종합특구전략

정책이 미치는 범위를 특정한 구역에 한정하는 방식이 특별구역제도(특구제도)이다. 특구제도는 특구 내에 한정된 자원을 집중하고 규제상의 특례를 통하여 경제적 효과를 극대화하려는 제도이다. 우리나라도 다양한 형태의 특례를 인정하는 특구제도를 인정하고 있다. 다수의 규제에 대한 특례를 인정하는 경제자유구역이나 1~2개의 특례를 허용하는 지역특화발전특구 등이 있다. 종합특구는 다수의 규제에 특례를 허용한다는 점에서 경제자유구역과 유사하며 대상지역이 광범위하다는 점에서 지역특화발전특구와 유사하다(김순은, 2017b).

1980년대 중국이 특구를 통하여 국가발전을 달성하였으며 일본도 국가전략특구, 지방창생특구, 부흥특구 등 다양한 방식의 특구를 통하여 제2의 도약을 추진 중이다. 영국도 2016년 도시와 지방정부 자치분권법(Cities and Local Government Devolution Act 2016)을 제정하여 지방정부들의 연합이 가능하게 되었다. 연합정부를 구역으로 새로운 차원의 권한과 재원에 관해 중앙정부와 협상을 수행할 수 있게 되었다. 주택, 교통, 도시계획 및 경찰과 관련된 권한이 협상의 주요 대상이었다(Wikipedia, 2017). 광역 맨체스터(Greater Manchester), 쉐필드(Sheffield), 서요크(West Yorkshire), 콘월(Cornwall)을 포함하여 8개의 지역에서 연합정부를 구성하였고 이 구역을 중심으로 중앙정부와의 자치분권과 재원이양에 관한 협상에 착수하였다.

우리나라에서 채택한 제주특별자치도와 세종특별자치시도 특구제도에 속한다. 문재인 정부가 제시한 세종시의 행정중심복합도시로의 완성도 특구개념에 기초하고 있다. 이 외에 전주시와 강원도가 추진하는 문화특별시와 평화특별자치도도 여기에 속한다. 규제완화는 자치분권에 해당하며 한정된 자원의 분배는 지역균형발전에 속하기 때문에 특구제도는 양자를 조화시키는 최선의 전략이 된다. 발전이 지체된 지역이나 낙후지역에 특히 효과적이다.

(2) 3분(권역) 맞춤형 전략

3분(권역) 맞춤형 전략은 전국을 발전의 수준에 따라 상·중·하 3권역으로 대분하고 분류된 권역에 따라 맞춤형 정책을 추진하는 것이다. 상기에서 논의한 종합특구전략은 낙후지역, 발전의 여건이 미비한 지역, 접경지역 등 지역의 특수한 사정을 고려한 맞춤형 전략이다. 지역별로 맞춤형 전략을 추진하는 것은 영국이 지역별로 실행하고 있는 도시권 협상(city deal), 지역성장 협상(local growth deal), 분권협상(devolution deal), 지방정부의 연합기구(combined authority)의 구상과 유사하다(이원섭, 2017).

3분(권역) 맞춤형 전략은 전국을 발전지역, 발전기회지역, 발전지체지역의 3권역으로 대분하고 권역에 따라 맞춤형 정책을 추진하는 전략이다. 초광역을 대상으로 한다는 점에서 일본의 광역연합이나 영국의 도시권 협상이나 분권협상(devolution deal)제도와 유사하다(이원섭, 2017). 문재인 정부도 로드맵에서 광역연합제도를 제시하였다(행정안전부, 2017).

발전지역은 중앙정부의 권한·사무만을 이양해도 발전을 더욱 촉진할 수 있는 지역이다. 세원이나 지역재원이 풍부하기 때문에 과제자주권 등을 강화하여 증가하는 세입으로 발전의 토대를 구축할 수 있다. 국세와 지방세 등의 조정으로 지방세원이 튼튼할 경우 수평적 재정조정제도를 도입하여야 하는데 이 경우 재원이양의 주체가 될 수 있는 지역이다. 주로 수도권이나 대도시가 발전지역에 속한다(김순은, 2017b).

발전지체지역은 중앙정부의 권한·사무의 이양만으로는 오히려 재원이 축소되어 발전에 지장을 초래할 지역이다. 세원이나 지역의 재원이 부족하여 중앙정부나 재원이 풍부한 지역으로부터의 재정조정이 필요한 지역이다. 이러한 지역에는 지역균형발전정책이 집중적으로 적용되어야 한다. 대부분의 농·산·어촌과 재정자립도 하위에 속하는 비수도권 지역이 여기에 속한다.

발전지역과 발전지체지역을 제외한 제3의 권역이 발전기회지역이다. 이 지역은 중앙의 권한·사무와 적정한 수준의 재원이양으로 발전의 활력을 찾을 수 있는 지역이다. 특히 지역의 상황에 따라 개별신청방식으로 권한·사무를 이양함으로써 발전을 촉진시킬 수 있다. 주로 세종, 대전, 청주를 포함하는 중부권 지역이 여기에 속한다. 본 전략을 추진하기 위해서는 3권역으로 대분할 때 기준으로 삼기 위한 정확한 지수의 개발이 관건이다.

4) 추진기구의 전략적 파트너십 확보전략

정책 추진기구의 구성과 운영에 관련된 체제는 정책의 성공과 밀접하게 관련되어 있다(Kim, 1991). 2003년 노무현 정부가 자치분권과 지역균형발전을 위해 각각의 추진기구를 설립한 이후 현재까지 자치분권을 전담하는 추진기구와 지역균형발전을 담당하는 기구를 별도로 설치하여 운영하였다. 문재인 정부가 출범하면서 두 기구의 통합이 논의되었으나 기존의 방식을 유지할 것으로 보인다. 이제까지는 양 기구로 나뉘어 정책의 시너지효과를 높이기 위한 노력도 많지 않았다.

앞 절에서 논의하였듯이 자치분권과 지역균형발전의 특성을 비교하여 보면 차별성뿐만 아니라 공통점을 함께 확인할 수 있다. 광의의 지역균형발전에는 자치분권도 포함된다. 자치분권은 지역균형발전의 필요조건이라고 할 수 있다. 자생적 지역균형발전은 자치분권을 전제로 추진되어야 함을 의미한다. 때로는 자치분권만으로는 지역발전을 기대할 수 없는 지역도 다수 있음은 앞에서 상세히 논의하였다.

자치분권과 지역균형발전은 매우 긴밀한 상호 조정과 양자 간 조화를 모색하는 실행절차가 요구된다. 따라서 자치분권과 지역균형발전 추진기구 간에 지역정책을 위한 파트너라는 인식과 믿음에 근거한 협력적 거버넌스를 형성해야 한다. 이를 통하여 정책의 우선순위와 적정한 전략을 선택한다면 지역정책의 효과는 배가될 수 있다. 문재인 정부가 추진하는 지역균형발전의 거버넌스 개편도 양 기구의 협력과 소통을 바탕으로 추진되어야 할 것이다. 2018년 1월 제주에서 개최되는 지방분권과 지역균형발전이라는 국가비전을 알리는 대토론회가 지역발전위원회와 지방자치발전위원회가 공동으로 주최했다는 것은 양 기구가 정책의 파트너라는 인식하에 협력적 거버넌스를 구축하는 첫 단계로서의 의의를 지녔다.

자치분권과 지역균형발전은 지역정책의 양 축이다. 우리나라는 그동안 중앙집권체제를 유지하면서 수도권 집중이라는 폐해를 낳았다. 수도권으로의 집중은 지역 간 격차를 확대하는 더 큰 부작용으로 귀결된다. 이러한 현재 우리나라의 상황을 고려할 때 자치분권과 지역균형발전은 어느 것 하나 소홀히 할 수 없는 중요한 정책이다.

그런데 본 절에서 분석하였듯이 양 정책은 매우 상이하다. 정책의 특성, 내용, 이론적 기초 등에서 커다란 차이를 보인다. 그럼에도 내용별로 보다 심층적으로 분석하면 같은 부분을 공유하고 있음을 알 수 있다. 양 정책이 모두 지역을 대상으로 한다는 공통점을 토대로 양자 간에 조합을 추진하면 오히려 시너지 효과를 창출할 수 있음을 보았다.

특히 양 정책의 추진전략을 적절히 수립하면 모순과 상충효과를 줄이고 양 정책의 효과를 배가할 수 있다. 적절한 추진전략은 과제의 선택, 추진방식, 공간의 구분 등을 통하여 이루어진다. 자치분권과 지역균형발전을 조화시킬 수 있는 정책과제의 선택은 무엇보다도 중요하다. 초등학교 프로젝트와 이전재원의 전략이 여기에 속한다. 추진방식은 시·도의 활용(제2국무회의)[9]이나 제안공모방식 및 개별신청방식 등으로 다양화할 수 있다. 전국을 3권역으로 나뉘어 정책을 수립하는 3분 전략도 효과적이다.

이 외에 자치분권을 추진하는 자치분권위원회와 지역균형발전을 담당하는 국가균형발전위원회의 상시적·협력적 거버넌스가 무엇보다도 중요하다. 상시적인 대화와 소통을 통하여 조화로운 합의점을 추구하는 작업기제는 양 정책의 차별성을 축소하고 시너지 효과를 창출하는 핵심 기제가 될 수 있다.

5) 3합의 구현: 포용국가를 위한 연방제에 버금가는 자치분권의 내용

자치와 균형을 효과적으로 수행하기 위해서는 3가지 차원의 통합이 이루어져야 한다. 중앙정부는 현재 부처별로 다양한 프로그램을 세분하여 국고보조금을 통하여 집행하고 있다. 이와 같은 정책구조는 지방의 정책적 통합을 방해할 뿐만 아니라 대응자금의 요구로 재정적 어려움을 발생시키고 있다. 이러한 문제를 해결하고자 다음과 같은 통합들이 요구된다. 첫째, 국고보조금의 통합이 필수적이다. 부처 간의 통합 프로그램을 통해 현장에서의 집행 효과성을 제고할 수 있다.

두 번째는 지방자치단체 간의 통합적 운영이다. 인구감소, 저출산·고령화 등으로 지방자치단체 간의 협력과 조정이 어느 때보다 요구된다. 이를 위하여 시·도, 시·군·구의 행정구역을 넘는 통합이 이루어져야 한다. 현재 논의되는 특별지방자치단체의 구상이 도움이 될 것이다.

세 번째는 지방자치단체 내에서의 통합적 운영이다. 상기의 통합이 이루어지면 3번째의 통합은 보다 용이할 것으로 기대된다.

9) 개정될 지방자치법에서는 중앙-지방협력회의로 개칭함.

(1) 재정분권과 지방재정조정제도

자치분권과 균형발전의 비교에서도 본 바와 같이 재정분권은 자치분권과 균형발전에 모두 관련된 중요한 과제이다. 특히 교부세, 지역상생기금, 수평적 재정조정제도, 고향사랑 기부세 등은 실질적으로 포용적 관점에서 반드시 고려되어야 할 핵심과제들이다. 이들은 〈그림 6-3〉에서 보는 바와 같이 균형발전정책 중에 합리적, 보편적 정책의 부문에 속하는 정책들이다.

(2) 정부 간 협력 (특별자치단체의 설치)

지역 간의 격차를 해소하는 방안 중의 상향식 방안은 지방정부 간의 협력을 강화하는 것이다. 우리는 그동안 다양한 제도와 정책을 제안하였으나 협력의 활성화에는 이르지 못했다. 17개 시·도와 226개의 시·군·구의 규모와 저출생·고령화 등을 고려할 때 전례와는 상이하게 지방정부 간의 협력이 절실히 요구된다. 현재 논의되는 특별자치단체가 그 대안 중의 하나가 될 수 있다. 특히 발전지역과 발전낙후지역의 협력강화는 포용적 발전에서 매우 효과적일 수 있다.

특별지방자치단체의 효용성은 수도권에 대응하는 강력한 지역정부의 구축에도 기여할 것으로 기대된다. 우리나라는 19세기 말부터 행정구역의 축소 경향이 나타났다. 1895년은 23부로 분할되었다가 이듬해에 현재 남·북도제가 탄생되었다. 1988년에는 광역시의 도입으로 도의 행정구역이 거듭 축소되었다.

수도권에 대응하는 강력한 지역정부의 자립적, 지속가능한 균형발전을 위해서는 시·도의 연계·통합을 강화하는 방향으로의 행정체제개편이 이루어져야 한다. 특별지방자치단체는 이를 위한 효용성이 높은 제도이다. 초광역권을 중심으로 할 때 제주도와 강원도를 제외하고 현재 국토교통부의 지방청과 같은 규모로 5개 정도로 통합하면 될 것으로 보인다. 위에서 논의 한 3합 중의 하나이다.

(3) 주민주권과 주민자치의 실현(상향식 접근)

주민자치의 활성화를 위하여 우리도 주민주권의 개념을 적극적으로 활용할 필요가 있을 것이다. 주민주권에 대한 합의가 이루어진다면 그동안의 법체계에 다음과 같은 변화가 예상된다. 국민주권은 국가의 정체를 위한 개념으로 이론화하고 주민주권은 지방정부의 통치권에 대한 개념으로 이론화할 수 있을 것이다.

주민주권에 기초한 지방정부는 주민의 실질적인 참여와 결정을 통하여 주민의, 주민에 의한, 주민을 위한 자치를 구현할 수 있을 것이다. 현재는 종래와는 달리 교통·통신의 발달로 주민의 직접참여가 다양한 방식으로 가능하게 되었다. 인터넷의 블로그와 사회적 네트워크 서비스(SNS) 등을 통한 주민의 참여는 눈부시게 확대되고 있다. 이런 점들이 지역 공동체에 접목하여 주민주권에 기초한 주민자치를 구현할 수 있다면 지역공동체의 발전은 새로운 국면을 맞을 수 있다.

국민주권론이나 민본위민사상은 국민의 기본적인 권리의 보호를 목적으로 태생된 개념이나 국민의 기본권을 실현하는 방식은 추상적인 성격을 띠고 있다. 반면 주민주권론은 주민의 기본권을 보장하기 위한 보다 구체적인 방식을 제공하고 있다고 할 수 있다. 아울러 주민주권론은 지방정부의 통치권을 뒷받침하고 나아가 주민자치의 활성화를 추진할 수 있는 주장이 되었다.

주민주권의 발전으로 풀뿌리 민주주의가 강화, 나아가 숙의 민주주의의 구현과 주민참여의 확대가 촉진되면 민주주의 질적 제고가 이루어지는 결과로 이어진다. 이는 공동체 중심의 지속가능한 포용국가로의 토대를 마련하는 길이다.

6) 소론

자치분권과 지역균형발전은 문재인 정부가 추진하는 지역정책의 양 축이다. 우리나라는 그 동안 중앙집권체제를 유지하면서 수도권 집중으로 인한 지역 간 격차라는 폐해를 낳았다. 수도권의 집중은 논리적으로 지역 간 격차를 확대하는 부작용을 낳았다. 현재 우리나라의 상황을 고려할 때 자치분권과 지역균형발전은 어느 것 하나 소홀히 할 수 없는 중요한 정책이다.

그런데 본 논의에서 분석하였듯이 양 정책은 매우 상이한 특성을 지니고 있다. 정책의 특성, 내용, 이론적 기초 등에서 커다란 차이를 보이고 있다. 그럼에도 각각의 내용을 보다 심층적으로 분석하면 일치하는 부분도 있음을 알 수 있다. 양 정책이 모두 지역을 대상으로 한다는 공통점을 토대로 양자 간에 적절한 조합을 추진하면 조화로운 효과를 창출할 수 있다.

두 정책의 효과를 모두 창출하기 위해서는 상충효과를 줄일 수 있는 적절한 추진전략이 필요하다. 양 정책의 추진전략은 과제의 선택, 추진방식, 공간의 구분 등을 통하여 이루어진다. 자치분권과 지역균형발전이 조화로운 정책과제의 선택이 무엇보다도 중요하다. 초등학교 프로젝트와 이전재원의 전략이 여기에 속한다. 추진방식은 시·도의 활용(중앙-지방협력회의)이나 제안공모방식 및 개별 신청방식 등으로 다양화할 수 있다.

자치와 균형 및 행정의 3역체제 구축, 중앙부처와 시·도 및 시·군·구의 연계·통합적 노력 등 3합, 전국을 3권역으로 나뉘어 정책을 수립하는 3분 전략도 효과적이다.

이의 효과적 추진을 위하여 자치분권을 추진하는 자치분권위원회와 지역균형발전을 담당하는 국가균형발전위원회의 상시적인 협력적 거버넌스가 무엇보다도 중요하다. 상시적으로 대화와 소통을 통하여 조화로운 합의점을 추구하는 작업기제는 양 정책의 차별성을 축소하고 시너지 효과를 창출하는 기제가 될 수 있다. 여기에 행정의 역할이 더해야 함은 물론이다. 자치와 균형의 원리가 행정에 의하여 조화롭게 추진되어야 하기 때문이다. 3役 체제의 필요성이 제기되는 대목이다.

세분화된 중앙부처와 이에 따른 지방정부의 부서조직, 고전적인 지방행정체제 등을 고려할 때 통합적인 시각이 필요하다. 3合의 전략이 필요한 배경이다.

국가균형발전은 포용국가로의 발전을 위한 필요조건이다. 지역 간의 격차를 해소하는 균형발전이 이루어지지 않고는 공간적 차원의 포용국가를 달성하기 어렵기 때문이다. 반면 자치분권은 국가균형발전을 위한 정부혁신에 속한다. 국가운영체제의 개혁이기 때문이다. 자치분권이라는 정부혁신의 전략적 접근으로 국가균형발전의 목표에 접근하는 방안이 혁신적 포용국가가 되는 길이다.

제 7 장

역대 정부별 지방분권의 비교

제1절 정부별 지방분권 비교·분석

1. 추진기구

김대중 정부 이후부터 문재인 정부까지의 지방분권의 추진 주체를 보면 정부별로 상이한 명칭과 추천방식을 활용하였다. 1999년 1월 「중앙행정권한 지방이양 촉진에 관한 법률」에 의거하여 대통령이 위촉한 위원으로 지방이양추진위원회를 구성하였다. 지방이양추진위원회는 행정사무의 지방이양을 추진하였다. 지방이양추진위원회는 국무총리, 행정자치부, 기획예산처, 국무조정실장, 법제처장 등 5명의 당연직 위원과 대통령이 위촉하는 민간위원, 국가공무원, 지방공무원 등 15명, 총 20명으로 구성하였다. 대통령 소속 지방이양추진위원회는 국가사무의 지방이양을 담당하였으며 노무현 정부에서도 활동을 이어갔다. 획기적인 지방분권을 추진하기에는 권한이 미흡하였다(정정화, 2017).

노무현 정부는 지방분권의 추진체제를 이원화하였다. 대통령령에 의하여 설치된 대통령 직속 정부혁신지방분권위원회와 김대중 정부하에서 구성된 지방이양추진위원회가 각각 기능을 분담하였다. 전자는 지방분권의 주요정책을 결정하고 의결하여 대통령에 자문하는 역할을 수행하였으며 후자는 종전처럼 국가사무의 이양을 계속하였다. 정부혁신지방분권위원회는 위촉직 위원 18명, 당연직 위원 7명 등 25명으로 구성하였다. 당연직 위원으로는 경제부장관, 대통령 비서실 정책실장, 행정자치부, 정보통신부, 기획예산처, 중앙인사위원회 위원장, 국무조정실장이었으며 자치단체장, 지방의원은 4명으로 위원장이 위원으로 지명하였다. 지방분권 체제가 이원화됨으로써 추진과정의 통합성이 떨어지고 추진활동의 효율성이 저하되었다(김순은, 2010a; 정정화, 2017).

이명박 정부도 추진체제를 이원화하였다. 지방이양추진위원회를 폐지하는 대신에 지방분권촉진위원회와 지방행정체제개편추진위원회를 설치하였다. 지방분권촉진위원회는 위원의 수를 10명으로 대폭 축소한 것이 주요한 특징이다. 대통령 2명, 국회의장 2명, 지방4대 협의체 추천 4명과 행정안전부 장관, 기획재경부 장관이 포함되었다.

반면 지방행정체제개편추진위원회는 27명의 위원으로 구성되었다. 대통령 6명, 국회의장 10명, 지방4대협의체 8명과 행정안전부 장관, 기획재경부 장관, 국무조정실장이 포함되었다. 27명은 이어 구성된 추진체제의 정원이 되었다. 이명박 정부하에서는 지방분권의 추진체제가 이원화되어 업무의 중복이 발생하였다.

박근혜 정부는 이러한 비판을 토대로 27명의 위원으로 구성되는 지방자치발전위원회로 기구를 통합하였다. 대통령 6명, 국회의장 10명, 지방4대협의체 8명 외에 행정안전부 장관, 기획재정부 장관, 국무조정실장을 포함하는 단일의 기구를 출범시켜 지방분권에 대한 기대를 높였다.

지방분권 추진체제의 틀은 문재인 정부로 이어졌다. 2018년 관련 법률의 개정으로 자치분권위원회로 명칭이 변경된 점을 제외하곤 기구의 구성 및 권한과 성격이 유사하다. 대통령 6명, 국회의장 10명, 지방4대협의체 8명 외에 행정안전부 장관, 기획재정부 장관, 국무조정실장을 포함하는 기구의 구성은 동일하다. 지방자치발전위원회와 자치분권위원회를 비교할 경우 자치분권위원회가 지방분권 개혁에 대한 의지가 강하고 크다. 대통령의 정치적 지지로 자치분권위원장의 정치적 위상이 다소 높은 것으로 평가된다.

표 7-1 역대 위원회 위원구성 현황

위원회	위원 구성
지방이양 추진위원회	20명 - 위촉직 위원(15) 대통령 위촉위원, 국가공무원 및 지방공무원 - 당연직 위원(5) 국무총리(민간위원과 공동위원장), 행정자치부·기획예산처 장관, 국무조정실장, 법제처장
정부혁신 지방분권위원회	25명 - 위촉직 위원(18) - 당연직 위원(7) 경제부 장관, 대통령비서실 정책실장, 행정자치부·정보통신부·기획예산처 장관, 중앙인사위원회위원장, 국무조정실장 ※ 자치단체장, 지방의원(4) ※ 위원장이 위원으로 지명하여 회의 참석
지방분권 촉진위원회	10명 - 위촉직 위원(8) 대통령(2), 국회의장(2), 지방4대협의체(4) 추천 - 당연직 위원(2) 행정안전부·기획재정부장관
지방행정체제 개편추진위원회	27명 - 위촉직 위원(24) 대통령(6), 국회의장(10), 지방4대협의체(8) 추천 - 당연직 위원(3) 행정안전부·기획재정부장관, 국무총리실장
지방자치 발전위원회	27명 - 위촉직 위원(24) 대통령(6), 국회의장(10), 지방4대협의체(8) 추천 - 당연직위원(3) 행정안전부·기획재정부 장관, 국무총리실장
자치분권위원회	27명 - 위촉직 위원(24) 대통령(6), 국회의장(10), 지방4대협의체(8) 추천 - 당연직위원(3) 행정안전부·기획재정부 장관, 국무총리실장

김대중 정부 이후 현재까지 구성된 지방분권의 추진기구를 분석하면 무엇보다도 지방분권의 의지가 높지 않은 인사들이나 전문성이 극히 떨어지는 인사들이 분별없이 추천되어 위원회를 구성하였다는 점이 커다란 문제점이다(정정화, 2017). 역대 지방분권 추진체제의 제도적 구성현황은 〈표 7-1〉과 같다.

2. 지방분권 추진과제

정부별로 추진한 지방분권의 추진과제도 상이하다. 김대중 정부는 3개 분야에 걸쳐 지방이양을 실시하였다. 이는 노무현 정부에 들어 7개 분야 47개 과제로 크게 확대되었다. 이명박 정부에서 지방분권촉진위원회는 4개 분야 20개 과제로 축소하였다. 이명박 정부의 행정개혁위원회는 6개의 과제를 선정하였다. 박근혜 정부도 4개 분야 20개 과제를 유지하였고 문재인 정부에 들어 6개 분야 33개 과제로 확대되었다. 추진분야와 과제의 수는 정부별 정책적 비중에 따른 차이라고 할 수 있다.

김대중 정부는 지방분권의 포괄적인 종합계획을 수립하기보다는 복리증진, 지역발전, 기초 지방정부의 우선적인 단위사무를 지방으로 이양하는 원칙으로 수행하였다. 내용상으로는 중앙행정권한의 단위별 사무이양, 광역단위의 자치경찰, 사무의 전수조사 등 3개 분야가 전부였다(정정화, 2017).

종합계획은 노무현 정부부터 수립되었다. 노무현 정부의 정부혁신지방분권위원회는 중앙-지방정부 간 권한 재배분, 획기적 재정분권의 추진, 지방정부의 자치행정역량의 강화, 지방의정 활성화 및 선거제도 개선, 지방정부의 책임성 강화, 협력적 정부 간 관계 등 7개 분야로부터 47개의 과제를 도출하였다.

이명박 정부의 지방분권촉진위원회는 권한 및 기능 재배분, 지방재정의 확충, 자치역량의 강화, 협력 및 공감대 확산 등 4개 분야 20개를 제시하였다. 지방행정체제개편추진위원회는 지방행정체제의 개편과 교육자치와 지방자치의 연계·통합, 자치경찰제의 실시 등을 제시하였다.

박근혜 정부는 강력한 지방분권 기조확립과 실천, 자치기반 확충 및 자율과 책임성 강화, 주민중심 생활자치·근린자치 실현, 미래지향적 지방행정체제의 구축 등 4개 분야에 걸쳐 20개 과제를 제시하였다.

문재인 정부는 주민주권 구현, 중앙권한의 획기적인 지방이양, 재정분권의 강력한 추진, 중앙-지방 및 자치단체 간의 협력강화, 자치단체의 자율성과 책임성 확대, 지방행정체제 개편과 지방선거제도 개선 등 6개 분야에 33개 과제를 제시하였다.

3. 중앙행정권한 및 사무이양방식

중앙행정권한 및 사무의 이양방식은 문재인 정부를 제외하곤 커다란 차이가 없었다. 지방이양추진위원회가 구성된 이후부터 단위사무별로 심의·의결을 거쳐 이양하는 방식을 채택하였다. 그 결과 김대중 정부는 중앙정부의 612개 사무이양을 확정하고 대통령의 재가를 받았다,

노무현 정부는 902개의 사무를 이양하는 것으로 확정하였다. 이명박 정부는 1,687개의 이양사무를 확정하였다. 박근혜 정부는 127개의 사무에 대한 이양을 의결하였으나 대통령의 재가를 받지는 못했다. 사무의 발굴과 이양은 서로 다른 정부에서 발생한 경우가 많아 이양을 중심으로 논의하였다. 박근혜 정부의 경우 2,122개의 사무를 발굴하였으나 이 중에서 174개는 중앙정부로 환원하는 결정을 내렸다.

문재인 정부는 중앙행정권한의 이양방식에 커다란 변화를 주었다. 단위사무별 심사와 더불어 기능별 획기적 지방이양을 추진 중에 있다. 소단위의 기능을 중심으로 지방으로 이양하는 새로운 방식과 더불어 지방의 상황에 적합한 맞춤식 지방이양도 추진하고 있다.

정부마다 지방이양의 대상을 패키지로 하는 일괄법을 추진하였으나 국회에서의 상임위원회별 심사원칙에 막혀 실효를 거두지 못했다. 그러나 문재인 정부

출범 이후 2018년 여·야 간의 합의로 일괄법의 추진이 가능해 졌다. 2019년 7월 현재 571개의 사무를 포함한 지방이양일괄법이 국회에서 논의 중에 있다. 특히 지방이양일괄법의 내용에는 이양되는 사무에 따라 비용을 산출하는 지방이양비용평가위원회의 설치에 관한 사항도 포함되어 있다.

4. 행정사무의 구분

노무현 정부가 출범하면서 행정사무의 구분을 추진하였다. 중앙집권체제의 도구인 기관위임사무를 폐지하고 행정사무를 국가사무와 자치사무로 이원화하는 안이 추진되었으나 성과를 거두지는 못했다.

이명박 정부에서는 이에 더 나아가 기관위임사무를 폐지하는 법률안이 발의되었으나 입법화에 성공하지 못했다. 박근혜 정부는 국가사무와 자치사무 및 공동사무로 재배분하여 이양을 추진하였다. 문재인 정부도 위임사무는 정비하고 법정수임사무를 도입하는 안을 검토하고 있다.

5. 특별지방행정기관의 정비

특별지방행정기관의 사무에 대해서 노무현 정부 때에는 논의는 활발하게 진행하였으나 제주특별자치도에만 적용하였다. 제주특별자치도에는 국토관리, 노동위원회, 보훈청의 지방사무를 완전히 이관하였다. 해양수산, 중소기업, 노동 및 환경부의 특별지방행정사무는 일부를 이관하였다.

이명박 정부는 제1단계 논의로서 국도·하천, 해양항만, 식의약품 분야에 대해서는 논의를 완료하였다. 그 결과 국도하천, 해양항만, 식의약품 분야의 일부 사무를 위임형식으로 지방으로 이관하였다.

박근혜 정부는 이명박 정부의 1단계 논의를 보완하고 제2단계 논의를 추진하였다. 문재인 정부는 기능이양의 차원에서 특별지방행정기관의 정비를 논의하고 있다. 주로 특별지방행정기관과 지방자치단체와의 협업방안을 추진하고 있으며 기능이양도 검토·추진하고 있다.

6. 대도시특례의 개발

인구 50만 이상과 100만 이상의 도시가 인구의 규모를 고려할 때 도시행정의 특례가 필요하다는 데에 모든 정부가 동일한 의견을 가졌다. 노무현 정부는 총 87건의 특례를 개발하여 2006년 30건을 이양하였다. 이명박 정부는 50만 이상의 도시에 55개, 100만 이상의 도시에 7개 등 총 62개의 사무특례를 발굴하였다. 이 중에서 법제화를 완료하여 특례가 인정된 것은 6개 사무였다.

박근혜 정부는 대도시 특례로서 50만 이상의 도시에 95개, 100만 이상의 도시에 42개 등 총 422건의 사무를 발굴한 것 외에도 재정운영특례를 조사·발굴하였다. 이 중에서 6개를 법제화하였다. 100만 이상의 도시에 재정운영특례를 부여하여 지방채의 비율을 5%에서 8%로 상향조정하고 재정투·융자사업의 자체심사 범위를 확대하여 기존 20억에서 40억 미만으로 자율성을 확대하는 방안 등이 논의되었다.

7. 자치경찰

김대중 정부는 광역단위 자치경찰을 심도 있게 논의하였으나 도입에는 성공하지 못했다. 그 이후 노무현 정부, 이명박 정부, 박근혜 정부는 모두 기초단위 자치경찰을 논의하였다.

문재인 정부에 들어 광역단위 자치경찰이 심도 있게 논의되었다. 현재 검·경 수사권 조정과 함께 국회에 광역단위 자치경찰에 관한 법률안이 논의 중에 있다.

문재인 정부의 자치경찰은 현행 국가경찰 중 43,000명의 인력을 분리하여 자치경찰로 이양하는 이원화 모형이다. 무엇보다도 시·도지사의 정치적 중립을 보장하기 위하여 시·도 자치경찰위원회를 설치하고 위원회의 성격을 행정위원회로 함으로써 시·도지사가 아닌 시·도 자치경찰위원회가 자치경찰을 지휘·감독하는 것으로 설계되었다.

8. 자치교육

우리나라의 자치교육은 주로 대의제 민주주의의 관점에서 논의되었다. 1991년 지방자치의 재개에 따라 교육자치도 재개되었다. 1991년 교육감과 교육위원의 간선제가 도입되어 2006년까지 유지되었다. 1991년 제정된 교육자치에 관한 법률제정이 오히려 훗날 지방자치와 교육자치의 연계 및 통합을 저해하였다는 비판도 제기되고 있다.

노무현 정부는 교육자치와 지방자치의 연계방안을 본격적으로 논의하기 시작하였다. 교육자치를 자치분권 과제로 다루기로 결정하고 지방자치단체의 지방교육에 대한 권한과 책임을 강화하고자 하였다. 2007년 교육감과 교육위원의 직선제를 도입을 통한 자치교육을 실시하였다. 교육위원회는 지방의회의 상임위원회로 전환하였다. 선거에 의한 교육의원을 중심으로 교육위원회제도는 2014년 폐지되었다.

이명박 정부는 지방자치와 교육자치 통합에 대한 국가의 의무를 규정하였다. 2단계로 연계강화 후 통합하는 안을 제시하는 등의 자치교육에 관한 논의만 진행하였다.

박근혜 정부도 교육자치와 일반자치의 통합을 의제화하였으나 성과로는 이어지지 못했다. 주로 교육감 선거제도에 관한 논의를 재개하였다. 문재인 정부는 지방자치와 교육자치의 연계·통합방안을 논의하면서 교육자치의 선거제도는 중·장기 과제로 삼고 있다.

9. 재정분권

재정분권은 모든 정부가 목표를 의욕적으로 제시하였으나 성과는 크지 않았다. 노무현 정부는 교부세의 비율을 인상하였고 균형발전특별회계를 도입하였다. 0.96조 원 규모의 국고보조사업을 균형발전특별회계를 통하여 지방으로 이전하였다.

이명박 정부는 지방소비세와 지방소득세를 도입하였다. 부가가치세의 5%를 지방소비세로 전환하는 개혁을 단행하였다. 이때 수도권과 비수도권의 재정조정을 위하여 지역상생발전기금을 설치하였으며 포괄보조사업을 도입하였다.

박근혜 정부는 부가가치세의 6%를 추가로 지방소비세로 전환하였으며 교부세의 비율을 상향하려고 하였다. 문재인 정부는 재정분권의 차원에서 부가가치세의 10%를 추가로 지방소비세로 전환하였다. 4%는 2019년 반영하였으며 6%는 2020년부터 적용한다. 2019년 3.5조 원, 2020년 5.3조 원이 지방으로 이양될 예정이다. 이 외에 추가로 지방재정을 확충방안이 현재 논의 중에 있다.

10. 자치입법권

자치입법권은 노무현 정부부터 논의되었으나 이명박 정부는 논의에서 배제하였다. 박근혜 정부는 자치입법권의 확대를 추진하였다. 문재인 정부는 지방의회의 독립성 강화를 통하여 간접적으로 자치입법권의 강화를 추진하고 있다. 광역의회의 사무기구 독립성을 강화하고 정책전문인력의 도입을 지방자치법 전부개정안에 반영하였다. 무엇보다도 주민주권이라는 개념을 공식적으로 사용하여 간접적으로 자치입법권의 강화를 도모하였다.

11. 자치조직

중앙정부는 지방자치의 재개 이후 공무원의 정원과 조직을 관리하였다. 초기에는 표준정원제도를 도입하였으나 노무현 정부는 2007년 총액인건비제도로 전환하여 재량을 확대하였다. 총액인건비 제도는 박근혜 정부인 2014년 기준인건비제도로 전환되었다. 문재인 정부하에서는 부단체장의 수를 확대하는 지방자치법 전부 개정안이 논의되고 있다. 지방자치단체의 행정기구와 정원에 관한 규정을 개정하여 실·본부 수의 20% 내에서 실·본부를 설치할 수 있다. 실·본부 내에 국을 설치할 수 있음을 물론이고 그 하위 조직을 자율적으로 조정이 가능하게 되었다.

12. 중앙-지방 관계

노무현 정부는 지방 4단체의 연합체를 제도화하여 지방의 대표를 공식화하였다. 이명박 정부는 대통령-시·도지사 간담회를 실시하였고 박근혜 정부는 중앙-지방 협력회의를 추진하였다. 문재인 정부는 중앙-지방 협력회의의 입법화를 추진하고 있다. 문재인 정부의 중앙-지방협력회의는 대통령이 의장이 되는 것으로 추진하고 있다.

13. 주민자치

주민자치에 대한 관심도 점증하고 있다. 1999년 김대중 정부는 주민자치위원회를 설치하였고 박근혜 정부는 주민자치회를 시범적으로 실시하였다. 문재인 정부는 주민주권의 실현이라는 목표하에 주민자치회의 제도적 근거와 전국적 확대실시를 추진하고 있다. 지방자치법 전부 개정안에 주민자치회의 제도적 근거가 포함되어 있다. 상기의 차이점을 표로 정리하면 〈표 7-2〉와 같다.

표 7-2 역대 정부별 지방분권의 비교분석

역대 정부	김대중 정부 제도적 도입기	노무현 정부 혁신적 실행기	이명박 정부 미온적 조정기	박근혜 정부 정책적 시련기	문재인 정부 포용적 르네상스기
추진 기구	지방이양 추진위원회	정부혁신 지방분권위원회	지방분권 촉진위원회	지방자치 발전위원회	자치분권위원회
		지방이양추진 위원회	지방행정체제 개편추진위원회		
	대통령 소속	대통령 직속	대통령 소속	대통령 소속	대통령 소속
		대통령 소속	대통령 소속		
추진 과제	3개 분야	7개 분야 47개	4개 분야 20개(분촉위) 6개(행개위)	4개 분야 20개	6개 분야 33개 과제
사무 이양 방식	612개 이양확정* (대통령재가완료)	902개 이양확정	1687개 이양확정	127개 이양의결* (위원회 의결O, 대통령재가X)	단위사무 및 기능별 이양
사무 구분		위임사무 폐지와 국가사무, 자치사무	위임사무 폐지 법률안 발의	공동사무 재배분 및 이양추진	위임사무 정비 법정수임사무 검토
특행 정비		논의 (제주도 국토관리, 노동위원회, 보훈 완전 이관 / 해양 수산, 중소기업, 노동, 환경 일부 이양)	국도하천, 해양 항만, 식의약품 분야 일부사무 위임형식으로 이관	검토	특행-자치단체 간 협업 기능이양 검토· 추진
대도시 특례		87건 발굴 30건 부여('06)	50만 55개 100만 7개 총 62개 특례부여 (법제화 완료 6개)	50만 95개 100만 42개 총 422건 특례부여 (법제화 완료 6개) 재정운영특례 부여 (100만) -지방채발행비율 5→8% -재정투융자심사 완화: 40억~100억 자체심사	
자치경찰	광역단위 논의	기초단위 계획 (정부발의·폐기)	기초단위 계획	기초단위 추진	광역단위 추진 (국회 발의)

역대 정부	김대중 정부 제도적 도입기	노무현 정부 혁신적 실행기	이명박 정부 미온적 조정기	박근혜 정부 정책적 시련기	문재인 정부 포용적 르네상스기
자치 교육		교육감·교육위원 선거제 도입 교육위 지방의회 상임위로 전환	교육자치와 지방자치의 통합 단순논의	교육감 선거제도 개선논의	선거제도 논의 지방자치와 자치교육의 연계 및 협력 강화
재정 분권		교부세 개편 균형발전특별 회계 도입 국고보조사업 지방이양 (0.96조원 규모)	지방소비세(5%) 지방소득세도입 포괄보조사업 도입 지역상생 발전기금 도입	지방소비세(6%) 지방교부세 상향 추진	지방소비세상향 (10%) 국고보조사업 지방이양(2020, 3.6조원 규모)
자치 입법		논의	논의 배제	확대추진	지방의회 독립성 강화
자치 조직		총액인건비제	논의 배제	확대 추진 기준인건비	확대 추진 (부단체장 등)
중앙-지방 관계		4대 협의체 연합체 가능	대통령-시·도지사 간담회	중앙-지방 협력회의 추진	중앙-지방 협력회의 입법화
주민 자치	주민자치위원회 설치	좌동	좌동	주민자치회 시범실시	주민주권 구현 주민자치회 확대 실시

제2절 정부별 지방분권 특징 및 평가

1. 김대중 정부의 지방분권: 지방분권의 제도적 도입기

김대중 대통령의 지방자치에 대한 의지와 관심은 이미 앞에서 논의한 바와 같이 독재를 타도하고 민주주의를 발전시킨다는 이념에 기초하였다. 지방자치의 실시를 요구하였던 김대중 대통령의 1990년 10월의 단식은 1991년 지방의회의 출범을 낳았다. 정권교체를 위한 수단으로서 지방자치에 대한 김대중 대통령의 관심은 지방으로 권한을 이양하여야 하는 지방분권과는 다소 차이가 있었다. 오히려 호남출신의 대통령으로서 영·호남 간 경제발전의 지역균형에 보다 정책적 비중을 두었다(소순창, 2011).

비록 지방분권이 국정과제로는 채택되지 못했지만 분권과제가 제도적으로 논의될 틀을 마련하였다는 데에 커다란 의의가 있었다. 첫째, 광역단위의 자치경찰제가 논의되어 시안을 마련하였다. 일본형 광역자치경찰을 참고하여 작성한 1999년 모형은 훗날 자치경찰을 논의하는 데 참고자료로 활용되었다.

둘째의 성과는 1999년 「중앙행정권한 지방이양 촉진 등에 관한 법률」의 제정이다. 이 법에 따라 설치된 지방이양추진위원회는 이명박 정부가 지방분권촉진위원회를 구성될 때까지 중앙행정권한의 지방이양을 단위사무별 심사에 의하여 이양하는 역할을 담당하였다. 비록 단위사무이지만 중앙행정권한의 지방이양으로 지방분권을 제도적으로 실시하였다는 의의를 지닌다(소순창, 2011; 김순은, 2016a; 김홍환·정순관, 2018). 따라서 이 시기를 지방분권의 제도적 도입기라고 명명해도 무방할 것이다.

2. 노무현 정부의 지방분권: 지방분권의 혁신적 실행기

미국 민주주의의 발전에 잭슨 대통령이 있었다면 우리나라의 지방분권과 지역균형발전에는 노무현 대통령이 있었다는 표현이 적합하다. 엽관제라는 제도를 통하여 미국의 부패를 척결하였던 잭슨 대통령과 같이 노무현 대통령은 지방분권을 통하여 사회의 양극화를 해결하고 지역균형발전을 추진하였다.

2002년 대통령 선거공약에서 출발한 지방분권과 지역균형발전은 당선 이후 국정과제로 발전하였다. 2003년 「지방분권특별법」을 제정하였고 정부혁신지방분권위원회는 '참여정부의 지방분권 비전과 추진방향'이라는 지방분권 계획서, 지방분권특별법, 지방분권 촉진 로드맵, 지방분권 5개년 종합실행계획을 수립하면서 지방분권을 추진하였다. 지방분권에 관한 종합계획을 처음으로 수립하였던 것이다. 더불어 지방분권의 시금석(test-bed)으로서 제주특별자치도가 설치되는 등의 가시적인 성과가 있었다. 그러나 대통령의 탄핵사건 등으로 추진동력이 약화되면서 지방분권 로드맵의 계획에는 크게 미치지 못했다(김순은, 2016a; 김홍환·정순관, 2018). 또한, 정권 말기에 오면서 지역균형발전이 지방분권보다 더욱 주목을 끌었다(소순창, 2011).

3. 이명박 정부의 지방분권: 지방분권의 미온적 조정기

이명박 정부의 지방분권은 노무현 정부 때보다는 정책적 비중이 작았으나 나름의 성과를 보였다. 선거과정에서도 주목을 받지 못했으나 국정과제에는 포함되었다. 지방분권의 추진기구로서 기존의 정부혁신지방분권위원회와 지방이양추진위원회를 통합하여 2008년 12월 지방분권촉진위원회로 재편하였다. 지방분권촉진위원회는 '지방분권 비전 및 과제별 (4개 분야 20개 과제) 추진계획'과 2009년 2월 지방분권종합실행계획을 심의·의결하였다.

이와 더불어 지방행정체제 개편과 지방분권을 추진하기 위하여 2010년 「지방행정체제 개편에 관한 특별법」에 따라 2011년 2월 지방행정체제 개편 추진위원회가 설치되어 마산·창원·진해를 통합하여 통합 창원시를 탄생시켰다. 부가가치세의 5%를 지방소비세로 전환하는 성과도 거두었다. 정책적 비중에 작았던 데 비하여 나름의 성과가 있었던 것은 정책의 경로의존성과 시민단체의 역량이 지속적으로 강화되어온 것에 따른 결과이다. 지방이양추진위원회가 발굴한 사무들이 성숙효과로 이양된 영향도 작용하였다(김홍환·정순관, 2018).

정부혁신지방분권위원회와 지방이양추진위원회를 통합하여 지방분권촉진위원회를 설립함으로써 기구의 종합을 통한 시너지 효과를 거둘 것으로 예상되었다. 그러나 지방행정채제개편추진위원회를 새롭게 설치함으로써 지방분권을 추진하는 기구가 이원화되어 지방분권 정책을 조정하는 시기가 되었다.

4. 박근혜 정부의 지방분권: 지방분권의 정책적 시련기

지방분권은 제18대 대통령 선거에서 선거의 쟁점이 되지 못했다. 유권자의 관심도 낮았다. 지방분권에 대한 박근혜 대통령의 개인적 관심은 더욱 낮았다. 그럼에도 외형적인 조치는 통합적으로 이루어졌다.

이명박 정부 때 설치된 지방분권촉진위원회와 지방행정체제개편추진위원회 등 이원화되었던 추진체제를 단일화하였다. 「지방분권 및 지방행정체제개편에 관한 특별법」의 제정에 따라 2013년 9월 지방자치발전위원회가 설치되었다. 지방자치발전위원회도 기존의 추진체제와 같이 2014년 12월 지방자치발전 종합계획을 심의·의결하고 국무회의를 통해 발표하였다. 박근혜 정부 지방분권의 목표와 체제 및 계획은 외형적으로 양호하였으나 이를 실행하려는 의지와 성과는 매우 낮았다(김순은, 2016a; 정정화, 2017). 박근혜 정부의 지방분권 실행력은 이명박 정부보다 후퇴되는 등 지방분권의 정책적인 시련기였다.

5. 문재인 정부의 자치분권 르네상스

1) 문재인 정부의 자치분권 의지

2017년 5월 대통령에 취임한 문재인 대통령은 선거의 공약에서 자치분권과 지역균형발전을 지역정책의 두 축으로 설정하였다. 노무현 정부의 지방분권을 더욱 발전시킨 "연방제 수준에 가까운 지방분권"으로서 자치분권 개혁을 강하게 제시하였다.

문재인 정부는 출범 이후 자치분권과 국가균형발전을 국정과제에 포함하여 지역정책의 핵심으로 삼고 있다. 문재인 정부의 자치분권에 대한 의지는 정부 출범 이후 공약에 따라 추진한 분권형 헌법의 추진이었다. 비록 국회의 반대로 개헌에는 이르지 못했지만 자치분권을 위한 의미 있는 내용들이 헌법의 규정으로 반영되었다. 헌법 총강에 우리나라가 지방분권 국가임을 선언한 내용과 지방자치단체를 지방정부로 명시한 것 등이 그간 지방자치의 발전을 위하여 학계에서 꾸준히 주장된 것임을 감안할 때 획기적인 진보적 내용이었다. 대통령과 지방정부의 대표로 구성되는 제2국무회의의 구상도 지방정부의 위상을 중앙정부와 수평·대등한 관계로 재정립함을 의미한다. 헌법개정의 무산으로 제2국무회의는 중앙-지방협력회의로 개칭되어 현재 지방자치법 전부 개정안에 포함되어 있다. 주민의 자치권을 헌법적 권리로 보장하였다. 그 외에 지방정부 간의 재정적 형평성을 위하여 수직적·수평적 지방재정조정제도를 헌법에서 명시하였다.

문재인 정부는 대통령의 정책적 의지를 반영하고 자문할 기구로서 대통령 소속 자치분권위원회(이하 "자치분권위원회")를 구성하였다. 자치분권위원회는 대통령 소속으로 설치되어 문재인 정부의 자치분권을 총괄적으로 조정하고 자문하는 기구로서 자치분권을 관장하고 있다. 자치분권에 대한 문재인 대통령의 변함없는 의지는 자치분권위원회의 활동에 긍정적으로 작용하고 있다.

2) 문재인 정부의 주민주권론

(1) 주민주권의 배경

2018년 9월 자치분권위원회는 문재인 정부의 자치분권 종합계획을 수립하여 발표하였다. 이미 앞에서 논의한 바와 같이 자치분권위원회는 6개 분야 33개 과제를 자치분권의 과제로서 확정하였다. 그 중 "주민주권"을 명시하였다는 점이 주요한 특징이다. 주민주권을 제1의 자치분권 전략으로 강조하였다.

우리나라의 헌법은 제1조에서 국민주권을 명시하고 있다. 프랑스에서 주권이라는 개념이 생성될 때 숨겨진 취지는 도시국가의 발전이 늦어 봉건영주의 착취에 시달렸던 도시상공인과 미약한 왕권의 이익이 결합하자는 것이었다. 왕과 도시상공인의 연대로 파생된 주권개념으로 도시상공인이 왕권을 지지함으로써 봉건영주를 견제하자는 중앙집권적인 의도가 강했다. 우리나라에서도 국민주권은 대외적 최고의 권력, 대내적 단일의 불가분 권력으로 해석되면서 중앙집권체제의 옹호적 개념으로 발전하였다. 유신헌법과 지방자치의 부재 속에서 우리나라는 초중앙집권적인 체제를 오랫동안 유지하였다. 그러나 문재인 정부는 기존의 국민주권을 지양하고 자치분권의 사상적 기초로 주민주권을 도입하였다.

(2) 주민주권의 내용

주권개념에 관한 우리나라의 역사적 배경을 고려할 때 주민주권을 정부의 공식적 문서에서 사용했다는 것만으로도 자치분권의 발전이라는 관점에서 매우 역사적이다. 주민주권은 모든 권력은 주민으로부터 파생되고 주민에게 가까운 정부가 행사한다는 보충성의 원리를 내재하고 있다. 가까운 정부가 수행하기 어려운 권한과 사무는 차상위 정부가 보충성으로 행사하게 되며 최후에는 중앙정부가 행사하게 된다.

주민주권의 도입에 따라 무엇보다도 자치입법권의 범위가 크게 확대될 것으로 예상된다. 우리나라는 그동안 지방정부의 자치입법권이 크게 제약되어 왔다. 현행 헌법에 따라 "법령에 범위 안에서" 자치에 관한 규정을 제정할 수 있다. 「지방자치법」 제22조에 따르면 "지방자치단체는 법령의 범위 안에서 그 사무에 관하여 조례를 제정할 수 있다. 다만 주민의 권리제한 또는 의무 부과에 관한 사항이나 벌칙을 정할 때에는 법률의 위임이 있어야 한다." 그동안 지방자치법의 단서 조항이 논란이 되었다. 죄형법정주의의 엄격한 법해석으로 조례로서 과태료 외의 형사벌을 금지하고 있다.

향후 주민주권이 보편적인 헌법적 개념으로 발전하고 사법부에서 수용될 경우 지방정부의 자치입법권으로 발전될 것은 자명하다. 현재 일본의 지방정부는 "법령에 위반되지 않는 범위" 내에서 조례를 제정할 수 있다. 아울러 지방정부는 "법령에서 별도의 규정이 있지 않는 한" 조례로서 주민의 권리를 제한하거나 의무를 부과할 때에는 반드시 조례에 기초하여야 한다. 일본의 지방정부는 법령에 별도의 규정이 있는 경우를 제외하곤, 조례를 위반하는 자에 대하여 2년 이하의 징역이나 금고, 100만 엔 이하의 벌금, 구류, 과태료, 몰수형 또는 5만 엔 이하 과료를 부과할 수 있다.

일본의 경우 논란이 되었던 초과·강화조례가 주민주권과 밀접하게 관련되어 있다. 중앙정부의 법령에서 규정하고 있는 범위나 기준을 초과하거나 강화한 조례의 유효성 여부가 논란이 되었다. 보호하려는 권익이 사회정의, 환경보호, 수익적 가치 등과 같이 공익적 가치가 커다란 경우 초과 및 강화조례가 인정되고 있다. 일본의 지방정부들은 지방자치기본조례, 지방의회기본조례 등을 통하여 주민의 권리를 보장 또는 확대하는 노력을 계속하였다.

미국도 19세기 말 지방정부의 조례제정권은 주정부의 헌법과 법률 안에서 유효하다는 딜런의 법칙(Dillon's law)이 보편적이었다. 지방정부는 주정부의 헌법에 따라 탄생된 피조물로 보았기 때문이다. 그러나 지방정부의 도시화가 진행되고 새로운 행정수요가 급증함에 따라 현장에서의 대응이 무엇보다도 중요시되었다. 미국에서도 지방정부는 주정부의 법령에 위반되지 않는 범위 안에서 폭넓게 자치입법권이 인정되기 시작하였다. 19세기 말 20세기 초에 탄생되었던 헌장도시는 바로 쿨리의 법치(Cooley's law)에 따라 발전된 도시들이다.

영국 지방정부의 기능과 이에 따른 자치입법권은 제한열거적인 방식으로 매우 엄격하고 제한적이다. 권한위반 금지의 원칙(Ultra vires)에 따라 구체적으로 위임하지 않은 것은 무효라는 원칙이 전통이기 때문이다. 2010년 이후 지방정부연합회는 지방정부의 권한을 확대하려는 차원에서 지방정부의 일반적 권능(General power of competence)이라는 개념을 도입하였다. 캐머런 정부는 2000년 지방정부법에서 도입한 웰빙권(Well-being power)[1]을 보다 강화하였다. 지방주의법의 제정에 따라 일반적 권능은 위에서 예시한 바와 같이 상위의 법령에서 명시적으로 금지하는 않은 것은 지방정부가 자율적으로 조례로 결정할 수 있는 권능을 의미한다. 우리나라의 주민주권에 따라 우리나라의 지방정부의 자치입법권은 크게 신장될 것으로 보인다.

3) 문재인 정부의 자치분권 성과

문재인 정부가 출범한 지 2주년이 지났기 때문에 문재인 정부의 자치분권 성

1) 2000년 지방정부법, 2003년 스코틀랜드 지방정부법은 관할 내에서 경제, 사회, 환경적 웰빙을 증진할 권능을 갖는 것임.

과를 평가하는 것은 시기상조이다. 향후 3년여의 시간이 남아 있기 때문이다. 그럼에도 이제까지의 활동상황을 중심으로 활동내용을 보면 아래와 같다.

자치분권위원회는 우선 2018년 9월 문재인 정부의 자치분권 종합계획을 완성하여 대통령에 보고하였다. 구체적인 실행을 위하여 2019년 2월 자지분권 시행계획을 확정하고 2월에 공표하였다. 적어도 문재인 정부 하에서 추진될 자치분권의 청사진이 완성된 것이다.

문재인 정부 이전에도 지방이양추진위원회, 지방분권촉진위원회, 지방자치발전위원회 등이 중앙행정권한의 사무이양을 검토해 왔다. 지방으로 이양하기로 결정한 행정사무 중 571개를 정리하여 2018년 여·야 간의 합의를 거쳐 지방이양일괄법이 현재 국회에서 논의하기로 하였다. 2020년 1월 역사적으로 입법화가 이루어져 중앙권한의 지방이양은 물론 일괄법의 제정이라는 선례를 남겼다. 지방자치의 발전에 커다란 역사적 의의를 갖는 성과였다. 지방이양일괄법에 대해서는 후에 서술하였다.

자치분권 종합계획 및 자치분권 종합 시행계획 중 헌법의 개정을 통해서만 가능한 과제를 제외하고 지방자치법의 개정으로 달성할 수 있는 대부분의 과제는 현재 전부 개정 지방자치법안에 담겨져 있다. 주민주권의 실현을 위한 주민자치의 할성화 방안, 주민참여 확대방안, 중앙-지방 협력회의, 지방의회의 역량 강화, 지방정부의 조직권 확대, 기관구성의 다양화 방안, 지방정부 간의 협력강화 방안 등이 전부 개정 지방자치법안에 담겨져 있다.

건국 이후 최초의 광역단위 자치경찰의 틀이 완성되어 입법화를 앞두고 있다. 현재의 국가경찰을 존치시킨 채 지구대·파출소를 중심으로 민생치안 영역을 자치경찰로 넘기는 이원화안이 현재 입법화를 앞두고 있다.

시·도지사의 직접적인 지휘·감독을 배제하고 독립적인 시·도경찰위원회를 중심으로 운영되는 행정위원회안 등이 현재 법률안의 주요 내용이다. 광역에는 시도자치경찰본부, 시군구에는 시군구 자치경찰대를 설치하여 생활·안전, 여성·청소년, 지역교통, 지역경비 등의 민생치안을 이관하게 된다. 3단계에 걸친 단계별 실시를 통하여 민생치안의 54%와 사무 36%의 경찰인력을 자치경찰로 이관하게 된다. 이를 위한 "국가경찰과 자치경찰의 조직과 운영에 관한 법류"안이 현재 국회에 계류 중에 있다. 만약 입법화를 이루어진다면 가장 지역에서 체감도가 높은 자치분권 개혁이 될 전망이다.

우리나라의 지방재정은 재산세 중심의 재산세와 교부세 및 국고보조금으로 충당되어 왔다. 앞에서 논의하였듯이 재정분권은 정부마다 논의가 많았으나 특별한 시대적 상황에 따른 상황적 대처 외에는 성과를 이루지 못했다. 이명박 정부는 수도권 규제완화에 대한 보상 및 소득·법인세 인하에 따른 교부세의 감소분을 보전한다는 차원에서 부가가치세의 5%를 지방소비세로 전환하였다. 박근혜 대통령은 취득세의 영구 감소분을 보전하는 차원에서 부가가치세의 6%를 지방소비세로 전환하였다.

문재인 정부는 2018년 부가가치세의 10%를 지방소비세로 전환하기로 하고 2019년 4% 인상을 반영하였고 2020년 추가로 6%를 반영할 방침이다. 이와 더불어 지방소득세 등을 포함하는 제2차 재정분권협의회의 구성을 추진 중이다.

비록 2018년 자치분권의 헌법개정이 무산되고 현재 지방자치법 전부개정안과 자치경찰법 등이 국회에서 논의 중이라 결과는 예측할 수 없지만 현재까지 국회의 입법을 거치지 않는 명령의 개정으로 상당한 수준의 자치분권이 이루어졌다.

2019년 7월 1일부터 자치분권사전협의제가 실시되어 정부부처의 모든 법령들이 자치분권의 이념에 부합되는지를 행정안전부와 자치분권위원회의 사전협의를 거치고 있다. 제도 시행 이후 현재까지 180여 건의 법령들이 심의를 거쳤다.

지방자치단체의 행정기구와 정원에 관한 규정이 개정되어 지방정부의 자치조직권이 크게 확대되었다. 지방의 실·본부의 수가 정원 20% 내에서 자율적으로 조정할 수 있으며 실·본부 내에 국을 자율적으로 신설할 수 있도록 하였다.

향후 2년 반 안에 상기에서 논의한 자치분권의 구체적인 과제들이 입법화에 이르게 된다면 문재인 정부는 자치분권의 르네상스를 열게 될 것으로 보인다.

4) 지방이양일괄법의 정의와 의의

(1) 지방이양일괄법의 정의

2017년 5월 문재인 정부가 출범하면서 지방분권 개혁에 대한 열망이 매우 크다. 문재인 대통령은 노무현 정부에서 고위직을 거치면서 노무현 대통령의 통치철학을 학습하고 같은 흐름 속에서 국정을 운영할 것으로 예상하고 있기 때문이다.

2017년 5월 대통령 선거 과정에서 노무현 정부와 마찬가지로 지방분권에 대한 거대한 포부를 피력하였다. 지방분권은 균형발전과 더불어 문재인 정부의 중요한 지역정책이 될 것으로 예상되었다. 문재인 후보가 대통령이 된 이후 발표한 국정과제와 행정안전부가 마련한 지방분권의 종합계획이 이러한 사실을 입증하고 있다.

2018년 3월에는 지방분권 추진주체의 명칭을 자치분권위원회로 변경함으로써 새로운 틀의 자치분권을 추진하게 되었다. 최근 자치분권위원회의 첫 번째의 과제로서 지방이양일괄이양법이 추진되면서 세간의 주목을 끌고 있다.

우리나라에서 중앙행정권한이 지방으로 이양되기 시작한 것은 1999년 이후이다. 당시 김대중 정부는 「중앙행정권한의 지방이양 촉진 등에 관한 법률」을 제정하여 중앙행정권한을 지방으로 이양할 제도적 근거를 마련하였다. 이 법에 따라 지방이양추진위원회가 구성되어 지방이양의 추진주체가 되었다.

지방이양추진위원회는 중앙행정권한을 단위사무별로 분석·심의하고 의결을 통하여 지방이양의 가부를 결정하였다. 2000년부터 2012년에 걸쳐 지방이양추진위원회는 총 3,101개의 단위사무를 지방으로 이양하도록 결정하였다. 총 3,101개의 사무 중에서 이제까지 70% 가량이 지방으로 이양되었고 나머지 30%의 과제는 장기간 이양되지 못하고 있다가 자치분권위원회의 출범으로 제정된 지방이양일괄법을 통하여 비로소 지방으로 이양된 것이다.

현대 민주주의의 가장 기본원칙 중의 하나가 법치주의이다. 법률에 의한 지배를 기본원리로 하는 법치주의는 사람이나 폭력에 의한 지배를 지양한다. 국가권력이나 통제도 반드시 법률의 정한 범위 내에 한정함으로써 국민의 기본권을 보호하고 있다. 법치주의에 기초하여 국가 또는 지방정부의 권한이나 사무도 반드시 법률의 규정에 따른다. 국가나 지방정부의 권한과 사무는 헌법이나 지방자치법과 같은 일반법에서 규정하는 경우와 특정권한이나 사무를 특별법에서 규정하는 경우가 존재한다.

중앙행정권한의 지방이양이란 일반법 또는 특별법에 의하여 중앙행정의 권한이나 사무로 규정된 사항을 지방정부의 권한으로 이양하는 것이다. 대표적인 형태로 행정분권(administrative devolution)이 존재한다.

중앙행정권한을 지방으로 이양하도록 하는 일반법 또는 특별법을 개정하는 개별방식과 이양되는 사무를 하나의 법률로 통합하여 일괄적으로 이양하는 방식이 있다. 우리나라에서는 국회의 의결관행에 따라 단위사무별로 이양하는 개별방식으로 이루어져 왔다.

단일사무의 근거가 되는 법률의 개정안을 작성하여 국회에 제출하면 국회는 해당 상임위원별로 개정안을 심의하고 의결하는 절차를 따른다. 따라서 지방이양의 추진주체가 다수의 사무를 동시에 권고하더라도 국회의 상임위원별로 의결결과가 상이하게 되며 의결에 소요되는 기간도 상임위원회별로 상이하다. 지방이양을 준비하는 행정부의 관점에서 보면 단일사무별 이양은 매우 비효율적인 방식이었다.

따라서 학계에서는 단위사무별로 세분화되어 있는 개정안을 묶어 하나의 법률안으로 편성하여 일괄적으로 국회에 제출하면 국회는 해당 상임위원회별로 분리하여 심의하지 않고 합의된 상임위원회가 일괄하여 심의·의결하는 방식을 제안하였다. 전문성을 고려한 상임위원회별 심사라는 국회의 관행과는 다소 상이하지만 입법의 효과성이 크기 때문이다.

지방분권과 관련된 일괄법의 형식은 1999년 일본의 지방분권 과정에서 채택되었다. 1995년 지방분권추진법에 따라 일본은 지방분권의 대상을 선정하는 작업을 5년여 걸쳐 추진하였다. 그 결과물로 1999년 「지방분권의 추진을 도모하기 위한 관계 법률의 정비에 관한 법률(일명 지방분권일괄법)」을 제정하였다. 모든 중앙부처와 관련된 지방분권의 개정안을 단일의 지방분권일괄법안으로 작성하여 국회에 제출하고 국회는 이를 일괄적으로 심의하여 의결하였다. 1999년 「지방분권일괄법」은 총 475개에 걸친 법률의 내용을 개정하는 것이었다. 일본은 제1차 「지방분권일괄법」을 통하여 지방자치의 오랜 숙원이었던 기관위임사무와 지방사무관 제도를 폐지하고 다수의 필치규제를 대폭적으로 축소하는 개혁을 완성하였다.

미완의 개혁이라는 비판도 있었지만 제1차 「지방분권일괄법」은 일본의 지방분권에 대한 의지를 강하게 확인하는 것이었다. 그 이후 2018년 6월까지 제8차 「지방분권일괄법」의 제정을 통하여 지방분권개혁을 지속하였다. 중앙정부와 지방정부 간의 협력적 거버넌스의 제고를 위하여 설치한 "중앙-지방 협력의 장"도 「지방분권일괄법」의 제정을 통하여 도입된 제도이다.

우리나라에도 일괄법의 성격을 띤 입법례가 존재한다. 「세종특별자치시 설치 등에 관한 특별법」과 「제주특별자치도 설치 및 국제자유도시 조성을 위한 특별법」이 대표적인 예이다. 두 사례에서는 제주와 세종에 각각 특별자치도와 특별자치시가 설치되면서, 이와 관련된 다수의 법률에서 규정하는 내용의 특례사항이 단일의 법률에 포함되었다.

(2) 지방이양일괄법의 주요 내용

지방이양추진위원회는 1999년 구성되어 2008년 2월 폐지될 때까지 중앙행정권한을 지방정부로 이양하는 추진주체였다. 이명박 정부는 지방이양추진위원회와 노무현 정부의 정부혁신지방분권위원회를 통합하여 지방분권촉진위원회를 설치하여 지방분권의 추진주체로 삼았다. 2000년부터 2008년까지의 지방이양추진위원회의 활동성과와 그 이후부터 2012년까지의 지방분권촉진위원회의 활동성과를 집계하면 총 3,101개의 사무가 지방이양의 대상으로 확정되었다.

현재까지 이 중에서 70% 정도는 이양이 완료된 상태이며 미완의 사무가 30%에 이르렀다. 이들 과제는 19개의 부처에 걸쳐 있으며 단위사무의 총수는 518개에 달한다. 이들을 단위사무별로 이양하는 방식이라면 총 77개의 법률을 개별적으로 개정하여야 한다.

해양수산부 사무가 7개 법률에 걸쳐 119개로 가장 많다. 이어서 국토교통부의 사무가 92개로 12개의 법률이 관련되어 있다. 환경부의 사무가 11개의 법률에 걸쳐 61개, 여성가족부의 사무가 2개 법률 53개, 산업자원부의 사무가 6개의 법률 18개, 산림청의 사무가 2개의 법률 24개, 고용노동부의 사무가 4개의 법률에 걸쳐 34개, 보건복지부의 사무가 5개의 법률에 17개 사무, 식품의약품안전처의 사무가 2개 법률 7개, 행정안전부의 사무가 7개 법률 21개, 문화체육부의 사무가 3개 법률 19개, 중소기업벤처부의 사무가 3개 법률 11개, 과학기술정통부의 사무가 2개 법률 5개, 경찰청의 사무가 1개 법률 11개, 교육부의 사무가 4개 법률 15개, 기획재정부의 사무가 1개 법률 6개, 농림식품부의 사무가 3개 법률 3개, 소방청의 사무가 1개 법률 1개, 국방부의 사무가 1개의 법률에 걸쳐 1개 사무로 총 518개이다.

이들 사무를 국회상임위원회 소관별로 구분하면 12개 상임위원회에 속한다. 이들 사무를 유형별로 논의하면 인·허가 권한이 130개, 신고·등록이 97개, 검사명령이 131개, 과태료 등이 160개이다.

(3) 지방이양일괄법의 주요 의의

2018년 가을 정기국회에서 추진될 지방이양일괄법의 제정은 다양한 관점에서 중요한 의의를 지닌다. 그 동안 학계를 중심으로 자치분권의 효과를 높이기 위하여 지방이양일괄법의 필요성이 제기되었다. 국회는 이에 대하여 상임위원회별 실질적 심사를 이유로 부정적 태도를 보였다. 학계는 국회 내에 가칭 "지방분권위원회"라는 명칭의 상임위원회를 신설하면 가능할 것이라고 대안까지 제시한 바 있다.

2018년 3월 출범한 자치분권위원회는 문재인 정부의 자치분권 의지가 실현될 수 있도록 자문하는 기구로서 지방이양일괄법의 제정을 추진하였다. 출범한 이후 첫 번째 과제로서 일괄법의 제정을 결정하고 여·야의 국회의원을 설득하여 지방이양일괄법의 제정에 합의하였다. 정리된 지방이양일괄법의 내용이 정리되면 정부 내의 절차를 거쳐 정부입법으로서 추진될 전망이다. 지방이양일괄법의 제정은 무엇보다도 문재인 정부의 자치분권에 대한 정책적 의지를 단적으로 보여주는 의의를 갖는다.

중앙권한의 지방이양에 관한 여·야 간의 합의는 자치분권에 대한 정치권의 분위기를 간접적으로 가늠할 수 있다는 점에서 의의가 크다. 일반적으로 국회의원은 자치분권의 추진에 매우 부정적으로 인식하였다. 자치분권이 결과적으로 중앙정부의 주요기관인 국회의 권한을 중·장기적으로 축소할 것이기 때문이다. 그런데 지방이양일괄법에 대한 여·야 국회의원 간의 합의는 적어도 행정분권에 대해서는 매우 긍정적인 점을 확인할 수 있다. 행정분권이 가속화될 수 있는 토대를 마련하였다고 볼 수 있다.

현재는 정치적인 합의단계에 있지만 가까운 시일 안에 지방이양일괄법이 입법화되면 선례가 되어 향후에는 일괄법의 제정이 훨씬 용이해 질 것이다. 문재인 정부는 단위사무별 이양보다는 기능중심의 지방이양을 추진하고 있다. 기능중심의 지방이양이 일괄법의 방식으로 입법화된다면 그 효과는 배가될 것이다.

요약하면 국회의 자치분권에 대한 의식변화와 향후 입법절차의 관행 변화로 자치분권의 성과를 창출하는 데 어려운 장애물 중의 하나가 해결될 것이라 예상된다. 법치주의 국가에서 법률의 제정이나 개정이 없이는 어떠한 개혁이나 변화를 이끌어낼 수 없다.

행정부 내에서 아무리 훌륭한 대안들을 제시하더라도 국회의 입법과정을 거치지 않아 논의에 머문 사례가 비일비재하였다. 특히 자치분권과 관련된 논의들이 이에 해당하는데 1999년 이후 다수의 자치분권 추진주체들이 노력해왔지만 아직도 중앙집권체제에 머물고 있는 것이 대표적인 예이다.

2018년 3월 출범한 자치분권위원회가 추진하는 지방이양의 대상도 20여 년 전부터 논의된 것들이다. 향후에는 보다 신속하게 처리될 수 있다는 기대를 갖게 한다.

끝으로 강조하고 싶은 것은 단위사무의 지방이양과 더불어 수반되는 비용의 처리를 동시에 추진하고 있다는 점이다. 이제까지 중앙행정권한의 지방이양은 사무만을 이양하고 수반되는 인력이나 재정은 지방정부의 부담이 되는 경우가 대부분이었다. 이에 따라 지방정부의 부담이 커지면서 자치분권에 대한 회의론이 지방으로부터 제기되었다.

이 점을 고려하여 자치분권위원회는 중앙행정권한의 지방이양과 더불어 부수된 인력과 비용을 평가할 수 있는 "지방이양비용평가위원회(가칭)"를 자치분권위원회 산하에 설치하는 법률안을 동시에 추진하고 있다. 지방이양비용평가위원회가 구성된다면 지방이양에 따른 소요인력과 재정비용을 조사·산정하여 재원조달 방안 등도 권고하게 된다.

(4) 지방이양일괄법의 제정

학계에서 오랫동안 지방분권의 절차적 효율성 제고를 위하여 꾸준하게 주장하였던 지방이양일괄법의 제정이 달성되었다. 자치분권위원회가 517건의 단위사무를 일괄법으로 이양한다는 계획을 발표하였고 행정안전부는 2018년 정기국회에 지방이양일괄입법안을 제출하였다. 그동안 국회의 부정적 태도로 추진조차 어려웠던 지방이양 일괄법안이 여·야 간의 합의로 빛을 보게 된 것이다.

지방이양일괄법의 제정은 국회의 자치분권에 대한 긍정적인 태도 전환이라고 해석해도 무방하다. 만약 전통대로 상임위원별 심사를 고집했다면 일괄법의 제정추진은 종전과 같이 주장의 수준에 머물렀을 것이다. 일단 지방이양일괄법이 성공적으로 마무리되어 차후의 입법은 더욱 용이해 질 것이다. 전례가 생겼기 때문이다. 이러한 기회를 자치분권의 호기로 삼아 국가발전의 새로운 전략으로 삼아야 할 것이다.

2020년 1월 입법화된 지방이양일괄법은 16개 부처 46개의 법률에 걸친 400개의 행정사무를 대상으로 하고 있다. 공포 후 1년 후에 시행되며 이에 따른 후속조치는 향후 설치될 지방이양비용평가위의 심의에 따라 이루어질 전망이다.

주요사무로는 항만법상 41개의 사무가 이양되어 지방관리무역항 17개, 지방관리연안항 18개의 개발과 사용 및 감독권한이 시·도로 이양된다. 예산규모는 1,300억 원에 달할 전망이다. 이 외에도 외국인 환자유치기관의 등록 및 관리업무, 새마을 금고의 설립인가, 지역개발에 따른 초과이익에 대한 개발부담금의 부과 및 징수 등의 업무도 지방자치단체로 이관된다.

참고문헌

- 강재호. (2011). 노무현 정부의 지방분권. 「사회과학연구」, 27(2): 41-60.
- 강형기·김성호·손희준·안영훈·하혜수. (2005). 참여정부 2년 지방분권 정책의 평가. 한국지방자치학회 동계학술발표대회 발표논문.
- 고광용. (2015). 한국정부의 지방분권화 성과와 제약요인에 관한 연구. 「한국지방자치학회보」, 27(1): 63-91.
- 국가균형발전위원회. (2004a). 「상생과 도약을 위한 신국토구상」. 서울: 국가균형발전위원회.
- 국토연구원. (2005). 「지방분산·분권과 국토균형발전의 대응과제」. 경기: 국토연구원.
- 권경선. (2018). 참여정부의 지방분권정책과 문재인정부의 과제. 「국가법연구」, 14: 101-131.
- 금창호. (2009). 참여정부 지방분권정책평가와 향후과제. 「지방행정연구」, 23(1): 3-35.
- 금창호·김필두. (2017). 역대정부의 행정분권 평가와 차기정부의 과제. 「한국정책분석평가학회 2017년도 춘계학술대회 발표논문집」, 311-330.
- 금창호·박기관. (2014). 지방분권 국정과제의 평가와 성공적 추진전략. 「한국정책연구」, 14(1): 1-23.
- 금창호·최영출. (2012). 이명박정부의 지방분권정책 추진시스템의 평가. 「한국행정학회 2012년 하계학술발표논문집」, 1-16.
- 김광웅. (1998). 김대중정부 초기 정부조직개편에 관한 비판적 성찰. 「한국행정학보」, 32(2): 97-111.
- 김병준. (1999). 중앙행정권한의 지방이양 촉진 등에 관한 법률의 제정의의와 주요 내용. 「자치의정」, 139: 31-38.
- 김석태. (2008). 지역간의 정의와 분권 및 분산 정책간 선택. 「지방정부연구」, 12(1): 177-196.
- 김선기·김순은·임승빈. (2010). 「광역경제권발전위원회 거버넌스 개선방안」. 서울: 한국지방행정연구원.

- 김성배. (2006). 국가발전을 위한 지방분권: 시장보호형 지방분권체제의 구축. 한국지방자치학회 하계학술대회발표논문.
- 김세권. (2011). 국가균형발전과 지방분권의 상호보완에 관한 연구. 중앙대학교 석사학위논문.
- 김순은. (1994). 개정 지방자치법의 평가와 의미. 「지방자치연구」, 20: 27-40.
- 김순은. (1997). 「지방자치의 쟁점과 과제」. 부산: 진영문화사.
- 김순은. (1998). IMF와 지방정부개혁: 대처수상의 지방정부 개혁을 중심으로. 「지방의회연구」, 8: 5-28.
- 김순은. (2000). 1990년대 일본의 지방분권 개혁. 「시정연구」, 12: 1-28.
- 김순은. (2001a). 영국과 일본의 지방분권 비교분석. 「한국지방자치학회보」, 13(2): 101-121.
- 김순은. (2001b). 우리나라 지방분권의 특징과 과제: 영국과 일본의 지방분권화의 비교를 중심으로. 「한국사회와 행정연구」, 12(2): 57-75.
- 김순은. (2002). 「(21세기를 대비한)대도시 정치·행정체제의 개혁 : 런던광역시와 동경도의 비교분석」. 부산: 금정.
- 김순은. (2003a). 「지방분권과 지방정부의 혁신」. 부산: 금정.
- 김순은. (2003b). 지방분권과 지방의회의 역할. 한국인문·사회과학아카데미 편, 「한국의 지방분권」. 부산: 금정.
- 김순은. (2003c). 지방분권 정책에 대한 평가: 추진 절차 및 과정을 중심으로. 「지방행정연구」, 17(3): 41-72.
- 김순은. (2003d). 참여정부의 지방분권 추진 계획 (분권 로드 맵)의 평가. 「지방정부연구」, 7(2): 113-133.
- 김순은. (2004a). 일본 지방분권 정책의 집행에 영향을 미친 요인. 「지방정부연구」, 7(4): 7-30.
- 김순은. (2004b). 지방분권의 단계별 제도적 이슈. 「한국사회와 행정연구」, 15(1): 125-149.
- 김순은. (2004c). 지방분권 개혁의 전략적 접근: 지역의 관점에서. 「지방행정연구」, 18(2): 35-66.
- 김순은. (2005a). 지방분권 정책의 평가와 과제: 국가균형발전 정책과의 패키지화에 대한 비판적 고찰. 「한국거버넌스학회보」, 12(2): 95-133.
- 김순은. (2005b). 영국의 정부간 관계의 혁신적 모형: 거버넌스 모형의 시도. 「지방행정연구」, 19(2): 3-24.
- 김순은. (2005c). 지방분권특별법의 의의와 한계. 「한국지방자치학회보」, 17(3): 25-49.

- 김순은. (2007a). 제주특별자치도 출범 1년의 평가와 과제. 한국지방자치학회 하계학술대회 발표논문.
- 김순은. (2007b). 일본의 정부간 관계. 한국지방행정연구원 워크샵 발표원고.
- 김순은. (2007c). 선진지방자치와 지역균형발전의 새로운 모색. 한국지방자치학회 주최 발표논문.
- 김순은. (2008a). "따뜻한 시장경제"와 지방자치: 차기정부의 지방분권 및 지방자치과제. 희망제작소 주최 세미나 발표논문.
- 김순은. (2008b). 지방분권과 지역균형발전정책에 대한 전문가 인식분석. 한국지방자치학회 동계학술대회발표논문.
- 김순은. (2008c). 지역균형발전을 위한 광역체제의 대안모색: 외국의 제도를 중심으로. 한국지방자치학회 동계학술대회 발표논문.
- 김순은. (2008d). 국가와 지방자치단체와의 관계. 한국지방자치학회 편, 「한국지방자치의 이해」. 서울: 박영사.
- 김순은. (2009a). 지방자치의 새로운 패러다임 모색: 분권과 지역주의의 모색. 한국정부학회 춘계학술대회 발표논문.
- 김순은. (2009b). 「우리나라 도시 거버넌스의 실태: 한국의 도시 거버넌스」. 부산: 금정.
- 김순은. (2009c). 자치단체 통합, 무엇이 문제인가? 「공공정책연구」, 11: 28-29.
- 김순은. (2010a). 참여정부와 이명박정부의 지방분권 비교·평가. 「한국지방정부학회 학술대회 자료집」, 231-256.
- 김순은. (2010b). 이명박 정부의 지역정책 분석·평가 및 과제 : 지방분권과 지역균형발전을 중심으로. 한국행정학회 2010년도 제21회 국정포럼 발표자료.
- 김순은. (2010c). 기초의회 중선구제의 효과분석. 「한국지방자치학회보」, 22(3): 27-55.
- 김순은. (2011a). 영국과 일본의 지방분권 개혁 비교분석: 거대사회론과 지역주권론을 중심으로. 「지방정부연구」, 15(2): 73-96.
- 김순은. (2011b). 일본의 로컬거버넌스와 주민참여: 주민투표제도를 중심으로. 「한국지방자치학회보」, 23(2): 187-214.
- 김순은. (2012). 주민주권론과 지방자치의 발전. 「지방행정연구」, 26(1): 3-30.
- 김순은. (2013a). 우리나라 지방의회의 당면과제와 대안. 서울행정학회 주최 지방의회의 새로운 발전방안 모색을 위한 세미나 발표논문.
- 김순은. (2013c). 대도시 행정체제의 개편논의와 방향: 자치구의 지위를 중심으로.「지방정부연구」, 16(4): 55-77.

- 김순은. (2015). 지방자치 20년의 평가. 「입법과 정책」, 7(1): 57-82.
- 김순은. (2016a). 지방분권과 중앙정부와 지방정부의 역할배분. 김동욱·최태현·김순은·이수영·김봉환·엄석진, 「정부역할의 재정립: 행정」. 서울: 박영사.
- 김순은. (2016b). 「노무현 정부의 지방분권」. 서울: 한국행정연구소.
- 김순은. (2017a). 문재인 정부의 자치분권 정책방향. 「한국행정학회 2017년 하계공동학술대회 및 국제학술대회 학술발표논문집」, 1019-1041.
- 김순은. (2017b). 자치분권과 지역균형발전의 정책적 조화를 위한 추진 전략. 「국토」, 434: 13-19.
- 김순은. (2017c). 주민자치의 이념과 기본철학: 주민주권론을 중심으로. 「지방행정」, 66: 22-25.
- 김순은. (2017d). 일본의 지방창생정책. 「공공정책연구」, 33(2): 25-54.
- 김순은. (2017e). 고령사회의 인구추계와 대응방안. 서울대 SSK 고령사회연구단 월례발표회 발표자료.
- 김순은. (2018a). 사회적 가치를 반영한 자치분권 헌법의 개정. 「서울의회」, 188: 8-11.
- 김순은. (2018b). 연방제에 버금가는 자치분권의 시사점. 「지방행정」, 67(772): 40-43.
- 김순은. (2018c). 사회적 가치를 반영한 자치분권 헌법의 개정. 「서울의회」, 188: 8-11.
- 김순은. (2018d). 문재인 정부 자치분권 종합계획의 철학적 기초와 의의. 한국지방자치학회와 자치분권위원회 공동주최 세미나 발표논문.
- 김순은. (2018e). 자치분권과 지역균형발전의 상생적 추진전략. 「지방행정연구」, 32(1): 35-60.
- 김순은·한상우. (2014). 주민자치회의 현황과 발전과제 및 방향. 한양대 지방자치연구소 국제학술대회 발표논문.
- 김영정. (2010). 균형발전과 지방분권 논쟁. 사회통합위원회 제5차 토론회 발표논문.
- 김익식. (1998). 중앙과 지방정부간 기능 재배분 방안: 중앙행정권한의 지방이양촉진에 관한 법률(안)의 보완을 중심으로. 1998년 부산경남·울산제주행정학회 학술발표대회 발표논문.
- 김주원. (2009). 이명박 정부의 지방분권정책 변화와 대응방안. 뉴스레터(시사리서치). 강원발전연구원.
- 김주원·김정호. (2007). 「참여정부의 지방분권 추진결과 평가와 향후 지방자치 분야별 대응전략」. 춘천: 강원발전연구원.
- 김홍환·정순관. (2018). 역대정부 지방분권과제와 성과에 대한 평가. 「지방행정연구」, 32(1): 3-34.
- 김현호. (2017). 문재인 정부의 지역균형발전정책 어떻게 추진해야 하나. 「지방행정」, 765: 38-41.

- 김홍환. (2018). 참여정부 재정분권 정책에 대한 평가. 「한국지방재정논집」, 23(2): 1-38.
- 남궁근·황성돈. (2000). 김대중 정부 행정개혁에 대한 평가의 변화: 행정학자와 시민단체지도자 설문조사를 중심으로. 「한국행정학회 학술발표논문집」, 195-217.
- 박명호·박세각. (2018). 문재인 정치개혁-평가와 전망. 「사회과학연구」, 25(2): 197-216.
- 박수경. (2005). 김대중 정부와 노무현 정부의 행정개혁 비교. 「한국행정학회 2005년도 하계 공동학술대회 발표논문집(Ⅳ)」, 409-436.
- 박정민. (2008). 역대 정부의 재정분권화 성과 분석. 「한국거버넌스학회보」, 15(1): 289-313.
- 박희봉·김상묵. (1999). 외국 행정개혁과 김대중정부의 행정개혁 비교연구. 「한국행정학보」, 32(4): 19-35.
- 방승주. (2010). 지방행정체제 개편에 관한 특별법안의 평가. 국민대토론회 발표자료.
- 배준구. (2004). 프랑스의 지방분권 개혁. 「한국사회와 행정연구」, 14(4): 23-48.
- 변창흠. (2013). 지역상생과 지방분권의 새로운 방향모색. 김인희·오윤경, 「지역상생과 지방분권을 위한 이슈와 과제」 (pp. 153-177). 서울: 서울연구원.
- 성경륭. (2001). 「분권화와 지역균형발전정책: 평가와 과제」. 고려대 아시아문제연구소.
- 소순창. (2011). 역대 정부의 지방분권 정책의 평가. 「한국지방자치학회보」, 23(3): 39-68.
- 소순창. (2016). 역대 정부의 지방분권 정책의 평가. 2016년 동계 한국도시행정학회 학술대회 발표논문.
- 소영진. (2000). 지방분권의 주요과제와 실천방안. 전국참여자치시민연대 세미나 발표논문.
- 소진광. (2003). 참여정부의 지방분권 정책기조. 「지방행정연구」, 17(3): 3-40.
- 손은일. (2007). 균형발전과 지방분권의 조화를 통한 지역발전방안에 대한 소고: 경상남도를 중심으로. 「수도권 연구」, 5: 72-91.
- 손희준. (2014). 지방재정의 평가와 과제. 제6회 한국지방자치학회 지방분권포럼 발표논문.
- 신기현. (2002). 지방분권과 지역균형발전: 제도화 방향. 「지방자치연구」, 10: 17-52.
- 신현기. (2018). 문재인 정부 자치경찰제 도입방향 및 향후 전망. 「자치경찰연구」, 11(1): 3-24.
- 심상돈. (1999). "중앙행정권한의 지방이양 촉진 등에 관한 법률의 내용과 추진 그리고 과제". 자치행정 (서울: 지방행정연구소).
- 안동규. (2003). 지방분권과 지역균형발전 모형. 「신뢰연구」, 13(1): 51-65.
- 안성호. (1993). 지방의회 사무기구의 개혁방향. 「지방의회연구」, 4: 37-70.
- 안성호. (1999). 지방분권화정책의 변동과 향후 개혁과제: 정부간 기능재배분 개혁을 중심으로. 「한국지방자치학회보」, 11(4): 29-51.

- 양영철 외7. (2016). 「제주특별자치도 10주년 평가 및 제도개선 발굴연구」. 제주특별자치도 연구용역.
- 오재일. (1999). "중앙행정권한의 지방이양은 국가 시스템의 근원적 재편문제". http://www.dpla.go.kr/business/ (검색일: 2001. 2. 10).
- 오재일. (2005). 참여정부 지방분권화 정책, 2년의 평가와 과제. 정부혁신지방분권위원회 주최 세미나 발표논문.
- 유경화. (2013). 이명박 정부 지방분권정책 평가-성과와 과제. 「현대사회과학연구」, 17: 119-145.
- 유정인. (2017). 문재인 정부의 자치분권 추진 방향과 과제. 「국토」, 434: 5-12.
- 윤태범·이재원·양기용·하혜수. (2002). 김대중 정부 공공부문 개혁정책의 평가와 바람직한 개혁의 방향과 과제. 「한국행정학회 2002년도 하계지역학술대회 발표 논문집」, 251-280.
- 윤태웅. (2015). 역대 정부의 지방분권정책에 대한 성과와 개선방향. 「한국지방정부학회 학술대회자료집」, 389-413.
- 이기우. (2003). 지방분권화의 방향과 미래. 「경기논단」, 5(1): 41-55
- 이기우. (2006). 법률적 의미에서의 제주특별자치도 위상과 과제. 한국정치학회 하계학술발표대회 발표논문.
- 이기우. (2007a). 참여정부의 지방분권정책: 성과와 과제를 중심으로. 서울행정학회 동계학술대회발표논문.
- 이기우. (2007b). 참여정부 지방분권정책의 성과와 과제. 한국지방자치법학회 추계학술발표대회 논문.
- 이달곤. (2017). 재정분권과 지역발전. 「지방정부연구」, 20(4); 69-88.
- 이동영. (2016). "분권" 없는 한국의 지방자치와 지방의회. 「월간 공공정책」, 132: 28-32.
- 이민원. (2007). 국가균형발전 정책의 사명. 한국경제학회 2007년도 제1차 정책포럼 발표자료.
- 이병규. (2015). 지역균형발전의 헌법적 고찰. 「공법학연구」, 16(2): 29-53.
- 이삼걸. (2008). 이명박 정부의 재정분권 방향과 과제. 「한국행정학회 학술발표논문집」, 11-18.
- 이승종. (2003). 분권과 균형발전. 「지방행정연구」, 17(3): 73-100.
- 이승종. (2005). 노무현 정부의 지방분권정책 평가. 「행정논총」, 43(2): 351-378.
- 이승종. (2010). 지방행정체제 개편대안. 행정체제개편 국민대토론회 발표자료.
- 이원섭. (2018). 문재인 정부 국가균형발전 정책의 공간전략. 「한국지역지리학회 학술대회발표집」, 1-16.

- 이윤. (2009). 국가균형발전정책의 논리, 현실 그리고 전망. 「CEO Report」, 9: 1-22.
- 이윤식·노승용. (2009). 이명박 정부 정책의 진단과 제언. 한국정책학회 추계학술대회 발표논문.
- 이재원. (2007). 분권재정레짐과 지방재정관리의 새로운 모색. 희망제작소 주최 정책세미나 발표논문.
- 이재원. (2009). 포괄보조 방식을 통한 분권 지향적 국고보조금 운용과제: 분권교부세, 균특회계, 그리고 지역사회서비스 투자사업을 중심으로. 「한국지방재정논집」, 14(1); 57-89.
- 이종수. (1994). 한국정부간 기능재배분에 관한 연구. 「지방자치연구」, 6(2): 133-162.
- 이종수·곽채기·권해수·김경환·김성배·장경준·오영균. (2003). 국가경쟁력 강화 및 국가균형발전을 위한 수도권의 역할과 과제. 경기연구원 위탁연구.
- 이창균. (2010). 이명박정부의 지방분권방향과 성과 및 과제. 한국지방자치학회 하계학술대회 발표논문.
- 이민원. (2007). 국가균형발전 정책의 사명. 한국경제학회 2007년도 제1차 정책포럼. 국가균형발전전략의 득과 실, 3-64.
- 이병규. (2015). 지역균형발전의 헌법적 고찰. 「공법학연구」, 16(2): 29-53.
- 이원섭. (2017). 영국의 지역발전정책 분권화와 분권현상. 「국토정책」, 625: 1-8.

- 이윤. (2009). 국가균형발전정책의 논리, 현실 그리고 전망. 「CEO Report」, 9: 1-22.

- 이재원. (2007). 분권재정레짐과 지방재정관리의 새로운 모색. 희망제작소 주최 정책세미나 발표논문.
- 이주섭. (2010). 한국의 지방분권 추진현황과 과제. 「지방자치법연구」, 10: 149-175.
- 이창균. (2010). 이명박 정부의 지방분권방향과 성과 및 과제. 「한국지방자치학회 학술대회」, 141-157.
- 임승빈. (2012). 이명박 정부의 지방행정 평가와 과제. 「자치발전」, 2012(12): 22-28.
- 임용주. (2002). 「지방자치론」. 서울: 형설출판사.
- 임형백. (2013). 한국의 지역균형발전정책, 1972-2012. 「도시행정학보」, 26(3): 315-339.
- 자치분권위원회. (2018). 「자치분권 종합계획」. 서울: 자치분권위원회.
- 전영평. (2008). 참여정부의 지방분권 평가와 새 정부의 과제. 「경남발전」, 1: 1-10.
- 전훈. (2016). 프랑스 지방자치의 새로운 변화. 「법제논단」, 2016(3): 5-25.
- 정부혁신지방분권위원회. (2004a). 「분권형 선진국가 건설을 위한 지방분권 5개년 종합실행계획」. 서울: 정부혁신지방분권위원회 지방분권전문위원회.
- 정부혁신지방분권위원회. (2004b). 「지방분권 추진자료집」. 서울: 정부혁신지방분권위원회.

- 정부혁신지방분권위원회. (2008). 「참여정부의 지방분권」. 서울: 정부혁신지방분권위원회.
- 정세욱. (2000). 「지방자치학」. 서울: 법문사.
- 정정화. (2017). 박근혜정부의 지방분권정책 평가와 과제. 「한국자치행정학보」, 31(3): 1-23.
- 제16대 대통령직 인수위원회. (2003). 「대화: 제16대 대통령직 인수위원회 백서」, 서울: 대통령직 인수위원회.
- 조명래. (2011). 만들어진 공간 불평등, 지역격차. 「복지동향」, 157: 4-9.
- 조문부. (1999). "중앙정부의 자의성 배제, 이를 객관적으로 조정할 법률제정 필요".
- 조철주. (2009). 광역경제권의 이론적 배경. 지역발전위원회 편, 「지역발전과 광역경제권 전략」. 서울: 지역발전위원회.
- 주재복. (2010). 지방분권 강화를 통해 지방의 자율성과 책임성을 높여야. 한국지방행정연구원 자치포럼 발표자료.
- 지방분권촉진위원회. (2010). 지방분권 추진상황 보도자료. (2010. 7. 14.)
- 지방이양추진위원회. (2001). 지방이양 추진경위. http//www.dpla.go.kr/business/ (검색일: 2001. 5. 2).
- 지방분권촉진위원회. (2010). 지방분권 추진상황 보도자료. (2010. 7. 14.)
- 지방자치발전위원회. (2014). 「지방자치발전 종합계획」, 서울: 지방자치발전위원회.
- 지방자치발전위원회. (2017). 「지방자치발전백서」. 서울: 지방자치발전위원회.
- 지방행정체제개편위원회. (2012). 「지방행정체제 개편 기본계획」. 서울: 지방행정체제개편위원회.
- 지역발전위원회. (2009a). 지역발전위원회 제5차 회의자료.
- 지역발전위원회. (2009b). 지역발전위원회 정책안내. http://www.region.go.kr
- 차미숙. (2017). 지방분권시대의 균형발전정책 추진방향. 「국토」, 431: 8-16.
- 차재권. (2016). 노무현· 이명박· 박근혜정부 지역혁신체계의 특성과 성과에 대한 비교분석. 「21세기정치학회보」, 26(3): 33-58.
- 최근열. (2012). 이명박 정부의 지방분권정책 평가와 새 정부의 지방분권 추진과제 및 방향. 「한국정부학회 학술발표논문집」, 227-246.
- 최근열. (2015). 박근혜정부 지방자치 발전의 정책과제. 「한국정부학회 학술발표논문집」, 673-694.
- 최병대. (2013). 중앙과 지방의 상생을 위한 지방분권. 「의정연구」, 38: 5-38.
- 최상철·송우경. (2009). 이명박 정부의 광역경제권 정책방향과 전략. 지역발전위원회 편, 「지역발전과 광역경제권 전략」. 서울: 지역발전위원회.

- 최영출. (2008). 지방행정체제 개편의 쟁점과 과제. 한국지방자치학회 기획세미나 발표논문.
- 최진혁. (2005). 지방분권과 지역균형발전을 위한 행정중심복합도시의 발전과제. 서울행정학회 학술대회 발표논문집, 103-127.
- 최진혁. (2015). 지방분권과 지역균형발전에 따른 세종특별자치시의 발전과제. 「사회과학연구」, 26(4): 143-170.
- 최진혁. (2017). 지방분권의 제 2 도약으로서 대한민국의 자치분권 추진과제에 관한 연구. 「한국지방자치학회보」, 29(3): 55-84.
- 최창곤. (2014). 지역균형발전의 의미와 정책. 「한국산학기술학회논문지」, 15(4): 1992-1998.
- 최철호. (2015). 지방균형발전을 위한 지방재정의 현황과 확충방안. 「국가법연구」, 11(2); 63-84.
- 하혜수. (2005). 참여정부의 지방분권 성과 평가: 집권 2년을 중심으로. 「한국행정연구」, 14(2): 131-158.
- 하혜수. (2008) 지방행정체제 개편의 추진전략과 체제. 한국지방자치학회 기획세미나 발표논문.
- 한경원. (2013). 지역간 격차와 박근혜정부 지역발전정책. 「한국비즈니스리뷰」, 6(2): 61-80.
- 한국지방행정연구원. (1992). 「지방행정 기능분석에 관한 연구」. 서울: 한국지방행정연구원.
- 한국지방행정연구원. (1995). 「중앙과 지방정부간 사무배분에 관한 입법화 방안」. 서울: 한국지방행정연구원.
- 홍준현. (2000). 중앙행정권한의 지방이양사업의 운영상의 문제점과 개선방안. 「지방자치」.
- 홍준현. (2001). 중앙사무의 지방이양에 있어서 차등 이양제도의 도입방향. 「한국지방자치학회보」, 13(3): 5-20.
- 홍진이. (2002). 일본의 행정개혁과 고령사회. 「한국행정학회 학술발표논문집」, 127-143

- Bobrow, D. and J. Dryzek. (1987). *Policy Analysis by Design*. Pittsburgh: University of Pittsburgh Press.
- Byrne, T. (1994). *Local Government in Britain*, 6th ed. London: Penguin Books.
- Clark, G. (2012). *Decentralization: An Assessment of Progress*. London: HM Government.
- Council of Europe. (1988). *European Charter of Local-self Governments. Strasboug: Council of Europe*, Publishing and Documentation Service.

- Elazar, D. (1987). *Exploring Federalism*. The University of Alabama Press.
- Fleiner, T. (2000). *Federalism: Basic Structure and Value of Switzerland: Recent Developments in Swiss Federalism*.
- Gordon, G. (1986). *Public Administration in America*, 3rd ed. New York: St. Martins Press.
- Ingram, P. and D. Mann. (1980). Policy Failure: An Issue Deserving Analysis: In H. Ingram and D. Mann, (eds.), *Why Policies Succeed or Fail?* Beverly Hills: Sage Publications.
- Kim, S. (1991). Factors Affecting Implementation Effectiveness: A Study of Community Development Block Grant Implementation. Ph. D. Dissertation at Kent State University.
- Lowi, T. (1972). Four Systems of Policy, Politics and Choice. *Public Administration Review*, 32(4): 298-310.
- Muller, S. (2017). Self rule and shared rule: 50 Shades of Federalism. http://50shadesoffederalism.com. (2018. 1. 8).
- Office of the Deputy Prime Minister. (2002). Your Region, Your Choice: Revitalizing the English Regions. London: HMSO.
- Office of the Deputy Prime Minister. (2004). *Regional Government Bill of 2004*. London: HMSO.
- Robertson, D. (1984). Program Implementation versus Program Design: Which Accounts for Policy Failures? *Policy Studies Review*, 3: 391-405.
- Shah, A. (2006). A Comparative Institutional Framework for Responsive, Responsible, and Accountable Local Governance. A Shah, (ed.), *Local Governance in Industrial Countries*. Washington, DC: World Bank.
- Travers, T. (1986). *The Politics of Local Government Finance*. London: Allen and Unwin.
- Van Horn, C. (1979). *Policy Implementation in the Federal System: National Goals and Local Implementation*. Lexington, MA: D. C. Heath.
- Wikipedia. (2017). Cities and Local Government Devolution Act 2016. https://en.wikepedia.org. (검색일: 2017. 12. 15).
- Williams, W. (1980). *The Implementation Perspective: A Guide for Managing*

Social Service Delivery Programs. Berkeley: University California Press.

- Wilson, D. and C. Game. (1994). *Local Government in the United Kingdom*. London: Macmillan.

- 植田 浩·米澤健. (2001).「地域振興」. 東京: ぎょうせい.
- 加茂利男. (1990). 轉換器の大都市制度と東京·大阪. 植田政孝, 編,「世界大都市 7 東京·大阪」. 東京: 東京大學出版會.
- 神奈川縣. (2003).「分權時代における都道府縣のあり方について(最終報告)」. 神奈川縣:
- 神野直彦. (1993). 日本型税·財政システム. 岡岐哲二·奧野正寬, 編,「現代日本經濟システムの源流」. 東京: 日本經濟新聞社.
- 神野直彦, 編. (2007).「三位一體改革と地方税財政」. 東京: 學陽西房.
- 木村 收. (2001).「地方分權改革と地方税」. 東京: ぎょうせい.
- 小林治夫. (2007).「府縣制と道州制」. 東京: 高菅出版.
- 佐佐木信夫. (1999).「地方分權と地方自治」. 東京: keisoshobo.
- 佐藤英善. (2001). 日本における地方分權改革. 제1회 동의대·와세다대 공동국제학술대회 발표논문.
- 佐藤英善. (2002).「新地方自治の思想: 分權改革の法としくみ」. 東京: 敬文堂.
- 社會保障硏究所, 編. (1995).「福祉國家の政府間關係」. 東京: 東京大學出版部.
- 市町村自治硏究會, 編. (2002).「市町村合併 ハンドブツク」. 東京: ぎょうせい.
- 政府間關係硏究集團. (1983). 新新中央集權化と自治體の選擇.「世界」, 6.
- 白藤搏行. (2004). 地方自治制度をめぐる改革の論理と憲法の原理, 白藤搏行 編,「地方自治制度改革論」. 東京: 地自體硏究社.
- 新川達朗. (2003). 日本における分權改革の成果と限界. 山口二朗·山崎幹根·遠藤乾 編,「グローバル化 時代の地方ガバナンス」. 東京: 岩波書店.
- 新藤宗幸. (1989). 自治體の政府間關係: 視點と課題ついて. 新藤宗幸 編,「自治體の政府間關係」. 東京: 學陽書房.
- 新藤宗幸. (1999).「地方分權」. 東京: 岩波書店.
- 新藤宗幸·武智秀之. (1995). 福祉國家のおける政府間關係. 社會保障硏究所, 編. (1995).「福祉國家の政府間關係」. 東京: 東京大學出版部.
- 自治省. (2000). 地方分權. http://www.mha.go.jp

- 自治·分權ジャーナリストの會, 編. (2000).「英國の地方分權改革: ブレアの挑戰」. 東京: 日本評論社.
- 全國知事會. (1995).「都道府縣制度論: 新時代の地方自治のために」. 東京: 全國知事會.
- 全國知事會自治制度研究會. (2001).「地方分權下の都道府縣の役割」. 東京: 全國知事會自治制度研究會.
- 第1次 臨時行政調査会. (1964). 行政改革に関する意見–總論. 東京: 第1次 臨時行政調査」.
- 第17次地方制度調査會. (1979). 新しい社會經濟情勢に卽應した今後の地方行政制度のあり方についての答申. 東京: 第17次地方制度調査會.
- 第2次臨時行政調査会. (1981).「行政改革に関する第1次答申 (緊急提言)」. 東京: 第2次臨時行政調査会.
- 第2次臨時行政調査会. (1982).「行政改革に関する第3次答申 (基本答申)」. 東京: 第2次臨時行政調査会.
- 第2次臨時行政調査会. (1983).「行政改革に関する第5次答申 (最終答申)」. 東京: 第2次臨時行政調査会.
- 田村 秀. (2004).「道州制·聯邦制」. 東京: ぎょうせい.
- 城山英明, 鈴木寛, 細野助博. (1999).「中央省廳の政策形成過程: 日本官僚制の解剖」. 東京: 中央大學出版部.
- 高木健二. (1999).「分權改革の到達點」. 東京: 敬文堂.
- 地方分權改革推進委員會. (2007). 地方分權推進にあたつての基本的な考え方. 東京: 地方分權改革推進委員會.
- 辻山幸宣. (1995).「地方分權と自治体連合」. 東京: 敬文堂.
- 辻清明. (1969).「日本官僚制」の研究. 東京: 弘文堂.
- 辻清明. (1976).「日本の地方自治」. 東京: 岩波書店.
- 中頓 章. (2003).「自治体主權の シナリオ」. 東京: 草西房.
- 成田賴明. (1995). 地方分權と地方分權推進法.「ジュリスト」, 8-27.
- 內閣府. (2011). 地域主権改革に関する基本文書·閣議決定·工程表等. http://www.cao.go.jp (2011. 7. 3)
- 中村昭雄. (1996).「日本政治の政策過程」. 東京: 芦書房.
- 西尾 勝. (1990).「行政學の基礎概念」. 東京: 東京大學出版部.
- 西尾 勝. (1999).「未完の分權改革」. 東京: 岩波書店.

- 西尾 勝. (2002a). 地方自治の具體化方案. 東京市政調査會, 編, 分權改革の新展開に向けて. 東京: 日本評論社.
- 西尾 勝. (2002b).「行政學」. 東京: 有斐閣.
- 西尾勝. (2003). 地方自治の具體化政策. 東京市政調査會 編,「分權改革の新展開に向けて」. 東京: 日本評論社.
- 西尾勝, 村松岐夫 編. (1994).「講座 行政學: 制度と構造」. 東京: 有斐閣.
- 羽貝正美. (2011). 地域主權改革論が問いかけのもの. 都市政策研究所. 講演錄.
- 日本經濟新聞社. (2007).「地方崩壞再生の道はあるか」. 東京: 日本經濟新聞社.
- 野上修市, (1996).「行政改革の開幕と行方」. 東京: 新日本法規.
- 人見 剛. (2005).「分權改革と自治體法理」. 東京: 敬文堂.
- 堀 要. (1996).「日本政治の實證分析」. 東京: 東海大學出版會.
- 村上順. (2003).「日本の地方分權」. 東京: 弘文堂.
- 村松岐夫. (1984). 中央地方關係に關する新理論の摸索: 水平的モデルについて.「自治研究」, 60.
- 村松岐夫. (1988).「地方自治」. 東京: 東京大學出版部.
- 村松岐夫. (1999). 地方分權改革の成立構造. 日本比較政治學會編,「世界の行政改革」. 東京: 早稻田大學出版部.
- 村松岐夫. (2002). 90年代の包括的の地方ガバナンス改革. 東京市政調査會, 編,「分權改革の新展開に向けて」. 東京: 日本評論社.
- 村松岐夫·稻繼裕昭. (2003).「包括的地方自治ガバナンス改革」. 東京: 東洋經濟新報社.
- 松本克夫. (2000). 英國の分權, 日本の分權. 大和田建太郎 外7 編,「英國の地方分權改革」. 東京: 日本評論社.
- 松本克夫, 加藤嘉明. (2000). 復活した大ロンドン. 大和田建太郎 外7 編,「英國の地方分權改革」. 東京: 日本評論社.
- 毛 桂英. (1997).「日本の行政改革」. 東京: 靑木書林.
- 森田郞. (1999). 日本の行政改革. 日本比較政治學會編,「世界の行政改革」. 東京: 早稻田大學出版部.
- 山崎重孝. (2003). 基礎的地方公共團體のあり方.「自治研究」, 79(10): 3-64.
- 臨時行政改革推進審議會. (1985).「行政改革の推進方策に関する答申」. 東京: 臨時行政改革推進審議會.
- 臨時行政改革推進審議會. (1986).「今後における行財政改革の基本方向」. 東京: 臨時行政改

革推進審議會.

- 臨時行政改革推進審議會. (1989).「国と地方の関係等に関する答申」. 東京: 臨時行政改革推進審議會.
- 臨時行政改革推進審議會. (1993).「國際化對應·國民生活重視の行政改革に関する答申」. 東京: 臨時行政改革推進審議會.
- 恒松制治. (1993).「聯邦制のすすめ: 地方分權から地方主權へ」. 東京: 學陽書房.
- 古川俊一. (2003).「住民参政制度」. 東京: ぎょうせい.
- 吉田民雄. (2003).「地方自治·新世紀 都市政府のガバナンス」. 東京: 中央經濟社.
- 寄本勝美,. (2001).「市民主權の地方自治」. 東京: コモンズ.
- 龍円恵喜二. (1999).「日本政治過程論: 役割·役者連關モデル」. 東京: 北樹出版.

찾아보기

| ㅊ |